珍藏本
纪念版

汉译世界学术名著丛书

黑格尔早期神学著作

〔德〕黑格尔 著

贺麟 译

2017年·北京

HEGELS THEOLOGISCHE JUGENDSCHRIFTEN
herausgegeben von Herman Nobl
本书系根据 Minerva GmbH，Frankfurt/Main 1996 年版译出

汉译世界学术名著丛书
（120年纪念版·珍藏本）
出版说明

2017年2月11日，商务印书馆迎来120岁的生日。120年前，商务印书馆前贤怀揣文化救国的理想，抱持“昌明教育，开启民智”的使命，立足本土，放眼寰宇，以出版为津梁，沟通中西，为中国、为世界提供最富智慧的思想文化成果。无论世事白云苍狗，潮流左右激荡，甚至战火硝烟弥漫，始终践行学术报国之志，无改初心。

逐译世界各国学术名著，即其一端。早在20世纪初年便出版《原富》《天演论》等影响至今的代表性著作，1950年代后更致力于外国哲学和社会科学经典的译介，及至1980年代，辑为“汉译世界学术名著丛书”，汇涓为流，蔚为大观。丛书自1981年开始出版，历时三十余年，迄今已推出七百种，是我国现代出版史上规模最大、最为重要的学术翻译工程。

丛书所选之书，立场观点不囿于一派，学科领域不限于一门，皆为文明开启以来，各时代、各国家、各民族的思想与文化精粹，代表着人类已经到达过的精神境界。丛书系统译介世界学术经典，引领时代思想，为本土原创学术的发展提供丰富的文化滋养，为推动中国现代学术和现代化进程做出了突出的贡献。

为纪念商务印书馆成立120周年，我们整体推出“汉译世界学术名著丛书”120年纪念版的珍藏本，寄望既利于文化积累，又便于研读查考，同时向长期支持丛书出版的译者、编者和读者致以敬意。

两甲子后的今天，商务印书馆又站在了一个新的历史时间节点上。我们不仅要铭记先辈的身影和足迹，更须让我们的步伐充满新的时代精神。这是商务人代代相传的事业，更是与国家和民族的命运始终紧密相连的事业。我们责无旁贷，必须做好我们这代人的传承与创造，让我们的努力和成果不仅凝聚成民族文化的记忆，还能成为后来人可以接续的事业。唯此，才能不负前贤，无愧来者。

商务印书馆编辑部

2017年10月

译者序言

我于1963年在北京外文书店买到一册诺克斯和克朗纳合译的黑格尔著《早期神学著作》的英译本。我感到此书存在两个缺点：第一，克朗纳在长篇序言中说："存在主义的创始人不是基尔凯戈尔，而是黑格尔。"克朗纳又指出"黑格尔是最大的浪漫主义者，也是一个非理性主义者，他所以是非理性主义者，因为他是辩证法大师，而辩证法即是理性-非理性的东西"。克朗纳是名著《从康德到黑格尔》的作者，在第二次世界大战中到了美国和英国，他的一些哲学言论把黑格尔的思想与存在主义、浪漫主义，非理性主义紧密联系，这似乎不符合黑格尔哲学的思想实际。

第二，我发现此书缺乏很多重要篇章，特别是缺乏著名的《耶稣传》。于是我找院部出版局负责同志商量，由组织写信到莫斯科苏联总图书馆去借。但由于那时中苏之间有了隔阂，苏联拒绝出借，因此只好改向西德去借，不久西德图书馆惠然寄来诺尔（H. Nohl）本黑格尔著《早期神学著作》的第一版。寄来后由于复印机还未普遍使用，为了按时还书（借期只一个月），只能由出版局采用照像办法来复制。此复制照片现存哲学所资料室。

由于有了很好的德文版本，1964年暑期，所领导让我去青岛休养一个月，为了利用这一机会翻译这一著作，我另外又请了一个月假。在这两个月内我译出十万八千字，奠定了译出全书的基础。

以后又陆续翻译直到“文革”开始，不得不停顿了这项翻译工作。

1976年下半年，我已有了《耶稣传》译稿，并认识到此书是黑格尔在康德的伦理思想基础上改造耶稣，人道化、人本化耶稣，把耶稣看成是“实践理性”的化身，与马丁·路德开创新教的道路相一致。黑格尔认识到宗教是随时代而发展的过程。

我之所以有这种对《耶稣传》的看法，是因为我早就购有狄尔泰著《青年黑格尔的历史》一书（1921年柏林版），并在1974年2月，将其中讨论《耶稣传》部分翻译出来了。由于读到了黑格尔的《耶稣传》及狄尔泰关于耶稣宗教思想的论述，我才明确理解黑格尔的宗教思想是反对犹太教、天主教和中世纪经院哲学的，它认为宗教与道德不可分，理性宗教是根本与传统的权威宗教相对立的，倾向于神秘的泛神论的宗教，换言之，他的宗教思想是近代的启蒙的进步的资产阶级思想。

1978年，我委托薛华同志把《民众宗教和基督教》一篇中我未译完的大部分约三万字继续译完，并将我所译出的全部译稿校阅一遍。在《民众宗教和基督教》一文中，我曾经有意省略的两处，王玖兴同志特代为译出，而且抽查和审定了全书。此外，他对译文中译名有所改正，其他有错误和欠顺畅之处，亦多加改正。宋祖良同志阅读了全稿，并译出《基督教的权威性》的附录和全书附录的1—7，11—13。王玖兴同志对宋译部分也作了改正。此外，宋祖良同志又代我从《基督教的权威性》中摘抄了约三万余字在姜丕之、汝信同志主编的《康德黑格尔研究》上发表。在此，我对这几位同志表示特别感谢。

最后，我还应该特别感谢日本同志社大学的平石善司哲学教授。当 1979 年 6 月我们中国社会科学院学术访问团访问日本时，同志社大学的平石善司教授特意陪我去参观京都最大的丸善书店，并购买一册再版德文本的黑格尔著《早期神学著作》相赠，亦有助于本书的翻译出版。在此特向日本友人平石善司教授致谢。

贺　麟

1985 年 3 月 9 日于北京

目　　录

民众宗教和基督教

第 一 章

宗教是我们生活里最重要的事务之一——当儿童时我们已经被教导喃喃对神明作祈祷,我们已经学会合上小手,举起来向最崇高的存在敬礼,我们的记忆里被装进去一大堆当时还不了解的命题,以便将来运用并作为生活中的安慰。

当我们变得年长一些的时候,宗教事务充满了我们的大部分生活。甚至在许多人那里,他们整个思想和情意的范围都和宗教联系在一起,就像车轮的外圈与中心联系在一起那样。除了其他特定的节日外,我们把每个星期的第一天奉献给宗教,这一天从少年时起比所有别的日子都显得对我们更美好、更有节日的光辉。我们看见在我们周围有一特殊阶级的人,他们完全把为宗教服务作为职业。人的生活中与个人幸福攸关的一切大事和行动,即如诞生、结婚、死亡和葬礼都夹杂有某些宗教的东西。

人到了老年,总要反思他的整个存在的本性和特质,特别是要反思外部世界同他的整个存在的关系,而他的整个存在就是他的一切感受所指向或归趋的那个东西。人的本性总是倾向于这样:

凡是在上帝的教义中带实践性的东西，凡是可以成为人的行为的推动力、可以成为义务、知识的源泉和生活安慰的源泉的东西，就很容易为人的天真无邪的意识所接受。——而且我们自少年时起所受到的有关宗教方面的教育、概念，以及一切与之有联系的和一切曾给予我们深刻印象的外在情况，都具有这样的特点：即它们都同人们的精神的自然需要相联结，——常常是直接相联结，不过在很多情况下，可惜也只是通过任意的纽带既不基于灵魂的本性，也不基于由概念本身创造和发展出来的真理而联结起来的。[①]

理性对人类提出的崇高要求，在于推动人们的生活〔前进〕[②]。——理性要求的正当性我们常常全心全意地承认，特别是当我们内心充满了理性要求的时候。然而天真和聪明的人出于一种纯洁美妙的幻想所作的引人入胜的种种描写，我们却决不应为它们所支配，以致我们希望〔真的〕可以在现实世界里找到它们，或者相信这儿、那儿〔真的〕在现实里看到或经历到这种空中楼阁。——这样我们的心志就可以对现实中所碰见的东西，较少地为不满和厌烦的情绪所笼罩。因此当我们相信我们必定会发现，在人的一切行动和努力中感性或情欲是主要的因素时，我们不要吓坏了；要区别开决定意志的根据究竟是单纯的机智打算抑或是真实的道德观念，那是很困难的。如果我们只知道从好的一面去估计，承认欲望的满足是以幸福作为生活的最高目的，则按照外表看来，当然也就会产生同样的后果，就好象理性规律决定了我们的

① 这以下手稿脱落了四页。——诺尔注

② 加〔 〕号的话是中译者根据黑格尔的主旨加上去的，下同。——中译者注

意志似的。在一个伦理学体系里，越是严格抽象地(in abstracto)把纯道德和感性①分割开，那么就会越是使道德下降为感性，——那么我们在考察整个的人和他的生活的时候，就不应给他的感性，他对于内在天性和外部自然的依赖——亦即对他所生活于其中的环境和他的感性嗜好及盲目本能的依赖，予以〔过分〕优先的考虑。人的本性之为理性理念所浸润，只是像盐之渗透在菜肴里一样，如果调味搞得好，你决不会在菜里面找到整块的盐，不过盐味却渗透在整盘菜中，或者说，正如光明浸透一切、弥漫一切并发挥其作用于整个自然中，可是又不可被说成为一种实体，但它却能分布其自身于不同的事物中，使物类得呈现其形象，使得清新空气从草木中沁发出来。同样，理性的理念也使人的情欲的整个机构活跃起来，从而以它自己的特色，给予人的行为以影响，但它自己很少表露其原形，而其作用却浸透一切作为一种精微的物质，并且给予每一嗜好和欲望以一种特有的色彩。

宗教的概念本身内即包含宗教不仅仅是关于神的知识，关于神的特性的知识，以及关于人与神的关系、世界与神的关系和人的灵魂不灭等等的知识，这类的知识总是或者通过单纯的理性可以得到，或者也可以在别的方式下为我们所知悉，换言之，宗教不仅只是历史性的或者理性化的知识，而乃是一种令我们的心灵感兴趣，并深深地影响我们的情感，和决定我们意志的东西。一方面因为我们的道德义务和规律从宗教那里获得一强有力的敬畏之情，

① 这里以及下面，感性(Sinnlichkeit)主要指情欲或肉体的冲动要求。——中译者注

从而被我们看作神圣的义务和规律；另一方面因为上帝的崇高性和至善的观念使我们内心充满仰慕之意以及卑谦和感恩的情感。

因此宗教提供给道德和道德动因以一种新的崇高的振奋，并对感性冲动的势力给予一种新的强烈的阻碍。在感性的人们那里，宗教也是感性的。所以为了能够对感性起作用，宗教上作善事的动力也必须是感性的。这样一来，宗教动力诚然丧失了它们通常具有的尊严，因为它们变成了道德的动力。可是由于这样，它们就获得了一种人性的威望，并使得自己适合于我们的感觉或情感，以致我们的心情被美妙的宗教幻想所吸引而感到兴奋，从而常常容易忘记冷静的理性是不赞成那样的想像的，或者甚至于反对哪怕是仅仅谈说幻想。

当人们谈到公众宗教时，他们所理解的大都是指关于神的概念、灵魂不灭的概念以及其他与之有关联的东西，就它们构成一个民族的信仰并影响一个民族的行为和思想方式而言。此外，公众宗教还具有这样一些手段，一方面可以把神、灵魂不灭等观念教导民众，一方面也可以使那些观念深入人心。——其效果不仅是使人们直接理解到，个人不应该盗窃，由于这是上帝所禁止的，而且特别是使人们必须考虑到较长远的东西，而且长远的东西常常应该被视为最重要的东西。这些东西主要是民族精神的提高和高尚化，从而可以使得那些常常沉睡着的民族情感和尊严在灵魂里得以唤醒，这样，那个民族就不会自暴自弃，也不会被轻蔑、被抛弃，而民众也不仅感觉到自己是人，而且还可以用人道和善良的清新笔触描画出自己光明的远景。

基督教的主要教义，自从它创立以来，诚然仍然是一样的，但是由于时间条件的变动，遂使得有一些教义完全置诸脑后了，而另外一些教义却又突出地提到前面，由于这样的畸轻畸重，不是有些部分过于扩大发挥了，就是有些部分过于缩小冷落了。

整个一大堆的宗教基本原则，及从这些原则中产生出来的情感，特别是这些情感借以影响行为方式的强烈程度，——这些就是一个民众宗教的主要之点。对于一个被压制的精神(这精神在它的锁链的重负束缚下已丧失了它的青春的魄力而开始衰老了)，宗教观念便不大能在它那里造成任何印象。

一个民族的青春天才〔不同于〕一个日趋衰老的天才，前者富于热情，欢呼它自己的力量，如饥似渴地奔赴新事物，对新事物感到最生动活泼的兴趣，但是〔不久〕它也许又抛弃了这新事物，而抓住另外一种东西，但这种东西决不会是在他骄傲自由的脖子上套上枷锁的东西。那日趋衰老的天才则主要表现为在每一方面都固执地依赖于传统，所以他带着枷锁，就像一个老年人带着脚痛风〔亦称蹠刑〕，尽管他呻吟叫苦，但他却不能摆脱它，只好听任他的统治者为所欲为地以此来折磨他。但他只是以半自觉的状态，不自由地、不公开地、怡然自得地享受自己所引起来的别人的同情。——他以空谈来度过他的节日，就像对于一个喋喋不休的老年人那样，没有什么东西不可成为他漫谈的话题；他没有高声的大叫，也没有尽情的享乐。

客观宗教与主观宗教的差别的讨论；就整个问题看来，这种讨论的重要性。

客观宗教是“大众所信仰的宗教”〔fides quae creditur〕，理智和记忆在这种宗教里是起作用的力量，它们寻求知识、透澈思维，并且保持或相信其所知或所思。实践的知识也可以属于客观宗教，不过只就这些知识是一种僵死的材料来说。人们可以在头脑里对客观宗教加以整理，把它整理成为一个体系，写成一本书，并且可以向别的人讲演。主观宗教则只表现其自身于情感和行为中。当我说，某一个人有宗教时，我不是指他对于宗教有很多知识，反之，我的意思是说，他的心感到了上帝的行动、上帝的奇迹和上帝的临近。他的心在他的本性里、在人的命运里，认识了并且看到了上帝。他俯伏拜倒于上帝之前，以他的行为来感谢上帝、赞美上帝。他不仅只看到他的行为是否善良或聪明，而且还要有这样一种思想，即他的行为是上帝所嘉许的，而上帝才是它的推动力——常常是最强烈的推动力。在享乐时、在有吉庆之事时，他都想到了上帝，并为此而感谢上帝。主观宗教是活生生的，在人的内心本质起作用，在他的外部活动有影响。主观宗教是某种个体的东西，客观宗教则是抽象的东西。前者代表自然之活书，花草、昆虫、鸟、兽，彼此一体，都好象互为对方而生活似的，各自生存着，各自享受着，彼此混杂着，人们到处可以看见万类共存的现象。反之，客观的宗教是自然教师[①]的标本室，这位教师把昆虫弄死了，使花草枯萎了，动物则已被他加工制成标本或者被保存在酒精瓶内，——这就是把自然分离开来的东西排列在一起，而且只是按照一个目的来排列，——至于自然，则是把无限多样的目的混编成一个友谊的纽带。

① 指讲授生物学的教师。——中译者注

那些属于客观宗教的整个一大堆宗教知识，可以在一个伟大民族那里，甚至在整个地球上都是一样的。这些知识已经混进主观宗教里，不过只构成主观宗教中一个微小的、极为无足轻重的部分，当然在每个人那里表现得微有不同。那在主观宗教中须予考察的最重要之点乃是，人的情志是否和在多大程度上倾向于为宗教动因所决定，或者说，它对宗教动因的刺激究竟能有多大的敏感性；此外，那就是，哪些种表象给人心的印象最为突出，哪些种情感在灵魂中最易于新建立并且最容易产生。一个人如果对于较温柔的爱的表象没有什么感受，那么把对于上帝的爱拿来作为动因，也就不会打动他的心；反之，他的较粗糙的情感机能只有通过恐惧的刺激、通过雷声和闪电才能够震荡起来；他的心弦不是爱的抚弄所能弹出声响的，而另外一些人的两耳对于义务的呼声却又是聋的。促使他们去谛听行为的内心裁判官的声音（这位裁判官的案台即铺设在人心本身之内），去谛听良心的声音，那是无济于事的，在他们那里，良心的声音从来是没有效力的。私利才是钟摆，私利的摆动保持着他们的机器在运行。

主观宗教表现在每个个人那里的情况如何，就取决于（这种心情状态）取决于这种接受性，从少年期间在学校时起，人们就教导我们以客观宗教；在我们少年时候，人们就把客观宗教塞进我们记忆之中，以致我们那种还不够强健的理智，那开放的自由的官能之美丽柔嫩的幼芽常常受到〔传统权威宗教〕重负的压制。也可以说，好象植物的根子通过疏松的土壤向上生长，并从中吸取养料，然而受到一块石头的阻挠，只得转而寻求别的方向发展，同样那早年被放进记忆里的重负老是存留在那里，迄未经消化，那强化了的

灵魂力量只能或者完全把它甩掉，或者把它搁置在旁边，从它吸收不到任何滋养的汁液。

在每个人身上，自然都赋予了较优质的、从道德中生出的情感的萌芽，自然除了把单纯的感性赋予人以外，赋给人以一种体认道德理想和向往远大目标的性能。这些美丽的萌芽决不会窒息而死，并由此而产生出对道德观念和情感的一种现实感受力，这是教育和教化方面的事情。宗教并不是第一个能在人的情志中生根的东西，它为了能够兴盛发皇，首先必须具有一片垦殖了的土壤。

一切取决于主观宗教。主观宗教有其特有的真价值。神学家们尽管对于教条、对于凡是属于客观宗教的东西、对于它所提出来的原则的细致规定上彼此争论不休；每个宗教都具很少一些基本原则作为根据，这些原则在各种不同的宗教里或多或少地有所改变，受到歪曲，也或多或少地得到纯正的阐述。所有这些构成一切信仰、一切希望的根据的东西，宗教都可以给予我们的。当我说到宗教时，我总是完全从其中把关于神的一切科学的知识，或者毋宁说形而上学的知识、人与神以及全世界与神的关系等等的知识都抽掉了。这种仅仅为抽象论证的理智所从事寻求的知识，只是神学，而不复是宗教。在这里我只是把属于实践理性所需要的，以及与此有明显联系的那些关于神和灵魂不灭的知识，算在宗教范围之内。当然这里也不排除关于神对人的最高幸福的特殊安排方面，会有细节上的例外。①

① 意思是说，按照神的意旨（安排），信神的人是有幸福的，但细节上不排除例外，即信神的人也可能有灾难。——中译者注

我也要讲客观宗教，不过只就它成为主观宗教的一个组成部分范围内来说。

我的意图并不在于研究，哪些宗教教义使人心最感兴趣，或最足以使人的灵魂得到安慰和提高，也并不在于研究某一个宗教的教义的性质怎样、它是不是可以使得一个民族更善良和更幸福；反之，我要考察的乃是：有些什么样的措施，使得宗教的教义和力量可以渗透进人的情感的深处，从而成为人的行为的推动力，并表明其自身在他们那里是有生命力的、是有作用的。——换言之，我要考察的乃完全是主观的宗教，如果宗教是主观的，则它表现它的存在决不仅只通过合着双手、俯伏跪拜，把整个的心屈从于圣洁者，反之，它将扩展它自身于人的意欲的一切部门（也许灵魂并不直接意识到这些），并且到处发挥作用——不过只是间接地发挥作用——如果用我的话来说，它是以否定的方式在发挥作用，无论在人的欢乐享受方面或者在实现崇高的行为和履行人间的爱的温柔和德行方面，都是这样。即使它不是直接地起作用的话，那么它也有一种较温和的影响，至少可以使灵魂自由而开朗地继续发挥作用，而不致妨害灵魂所热望的活动——要想发挥人的力量，就需要无论是勇气的力量，抑或是道义的力量；就需要有天真无邪的胸襟、纯洁无愧的良心，正如要想投入欢乐的生活和生命的享受，就需要有一种摆脱嫉妒之类恶劣的精神状态的超逸自由的气度一样。而这两种品格，宗教是可以尽促进之力的。所以宗教至少具有这样的影响，它使得与它联系着的天真无邪的胸怀，准确地知道那个分界点：在那里，欢乐的生活会蜕化变质成放纵情欲，勇气和决心会蜕化变质成侵犯他人的权利。

主 观 宗 教

如果说神学是理智和记忆的事情，那么，它的源头起于什么地方都可以，唯独不能说起于宗教本身。须知宗教乃是心情(Herzen)的事情，它之所以令人感兴趣，乃由于实践理性的需要，因此显然可见，在宗教和神学那里是不同的精神力量分别起着作用，而且宗教和神学两者又要求具备不同的情志(Gemüt)方面的条件。为了希望最高的善中的一个组成部分能够得到实现，就要求我们尽义务，而为了希望整个至善得以实现，实践理性就要求信仰上帝，信仰灵魂不灭。

这至少是宗教所从出的一个根源。良心、是非感，不义行为应受到惩罚，正义行为应有幸福相随的正义感，在〔康德〕这种宗教的推演里只是归结为这个根源的组成部分、归结为明晰的概念。无论一个强有力的看不见的东西的观念，通过任何一种可怕的自然现象变成人心中的观念也好，或者无论上帝最初通过气象启示其自身给人，使每个人在气象的变化中，或者在晚风和煦的荡漾中，更切身地感觉到上帝的来临也好，上帝的观念都触动到那种道德感情，而这种道德感情又发现上帝的观念完全适合于它的需要。

宗教是单纯的迷信，如果人们在那样的情形下找出了决定行动的宗教理由，其实在那些场合里只消有一点机智就可以应付裕如，或者如果由于畏惧神而使得某些行为做出来了，借此人们相信可以避免神的不悦。在许多只局限于感性知识的民族里当然宗教的水平就只能是这样。神的观念和神对人的行动方式只局限在，神按照人的感性规律、而且仅只对人们的感性起作用，——只有很少一点道德因素夹杂在神的概念之中。上帝的概念,作为一个转回到它自身(崇拜上帝实是自身回复)的概念,已经是一个道德的概念,这就是说,它已经超出了感官看得见的特定秩序,而暗示着有了一种较高的、追求较伟大的目的意识了,——如果上面所提到的那种迷信诚然只能说是一种混合意识的话。但是随着神的问题的提出,为了一桩事业在将来的成功而呼吁神的支持,就产生了一切事情都取决于神的意旨的想法,而且到处都以这种信仰为基础,或者至少同这种信仰相联系就产生命运、自然的必然性〔的观念〕,以为:神仅赐予正义的人以幸福,而对于不义和凶恶的人则罚之以苦难。——总之,从宗教中取走了道德的动因,则宗教就成了迷信。

主观宗教是属于善良人们的宗教。客观宗教几乎可以说想要具有什么色彩,就可以具有什么色彩,所以完全是千篇一律的。纳丹[①]说得好:"凡是在你们看来,使我成为基督徒的那些东西,也是在我看来使你们成为犹太人的东西。"因为宗教是心情(Herz)的事情,而心情常常是不遵照理智或记忆所接受的教条而采取不一贯的行动的。那些最值得尊敬的人,无疑地,并不总是对于宗教玄思得最多的人,并不常常是把他们的宗教转化为神学的人,这就是说,他们常常投身于有丰富内容和充实深情的信仰中去,反对冷冰冰的知识和粉饰的语言。

宗教很少凭借理智而取得胜利,相反,理智的活动、理智的怀疑只能使心情冷淡,而不能使它热烈。一个人发现了别的民族或别的人所谓异教徒的观念形态中包含着许多荒谬的东西,于是就

---

① 莱辛:《哲人纳丹》,第 4 幕,第 7 场。

以为他自己具有高明的识见和理智，并且进一步让自己在他人眼里看来好象是最伟大的人物那样，因而自己感到高度愉快，——必须说，这个人对于宗教的本质是毫无所知。那叫喊他的耶和华、宙斯或梵的人，只要他是一个真正敬神的人，他也和真正基督徒一样，同样小孩子似的对神表示感谢和带来献礼。一个不为虔诚信仰者优美的简单朴素的品质所触动的人，即当他们以天真烂漫的态度对赐予他们幸福（亦即自然提供给他们的物品）的最大的恩人〔神〕，他们想把他们所收获的谷物和羊群中最优秀的，最纯洁无疵的、最先产生的东西贡献给神的时候，他看到却无动于衷，——这样的人，如果他看见柯里奥兰[1]他决不会惊佩：柯里奥兰在享受幸福的高峰时，却害怕复仇之神，像古斯多夫·阿多尔夫那样，在吕村战役里，对神表示谦卑，祈求神灵，而对罗马帝国的守护神却不予尊敬，反而加以侮辱。

类似这样的特征都是从心情深处发出的，要有心情、要有精神和情感上的简单朴素的品质，才可以领会它，不是用冷冰冰的理智所能矫揉造作的。只有具有派系偏见、自高自大的人，才会自以为他比其他党派中所有的人都更为聪明，才会对于苏格拉底之死轻轻放过，不能欣赏其意义，而加以恶意的议论[2]：苏格拉底临死的天真的最后的遗嘱，要献给健康之神一只雄鸡。苏格拉底优美的情操在于他把他的死看成一种病后的复元〔或健康的恢复〕，因此他必须感谢神灵。

---

① 柯里奥兰（Coriolan），公元五世纪的一位罗马大将，为了报复被流放之仇，他带领军队攻打罗马，经母亲劝告，立即收兵不攻。——中译者注

② 德尔图良（Tertulian）：《获教论》第 46 章。

正如在《纳丹》一剧中修道院兄弟一场所描写那样(上面有些话就是从那里引用过来的),心情仍然是关闭着的,并不像理智那样占上风,而理智却有充分时间对于一桩行为加以抽象的论辩——他的心情已经没有多大作用了,它里面已经没有什么爱情了。纯洁的内心、天真的情操的声音一点也听不见,而理智的抽象论辩却互相对立,得到很好展开,就像在福音故事中,谈到耶稣在一个结婚的宴会上,一个声名很坏的女人在他身上涂抹香油,她在大庭广众中毫无顾虑地倾泻出她为忏悔、信心和爱所浸透了的美丽的灵魂,而耶稣也带着喜悦和爱接待她,但在这个场合,他的一些门徒对于这个女人的深情和她基于忠诚的美丽的献礼,就带着一颗冷淡的心,不表示同情,他们借口为了善行的利益反而说了一些冷言冷语。当善良的格勒尔特在一个地方[①]曾经说过:"今天一个小孩对于神比起最聪明的异教徒(如德尔图良)来知道得还要多些",——这是一种多么直爽而有力的评语啊。[②]

启蒙想要通过理智来起作用

理智是只服务于客观宗教的:说明它的基本原则,阐述它的纯洁性。理智曾经产生了辉煌的成果——产生了莱辛的《哲人纳丹》,值得享有人们不断对它提出来的赞颂。

但是也就是由于理智,那些基本原则决没有得到实践。

理智是一个臣仆,它要奉承主人的颜色,顺从主人的脾气。它

① 参看《基督徒》一诗和他的《道德讲演录》第三讲。

② 此下原稿缺了一页。——诺尔注

知道怎样对每一个情欲、每一件行为说出一套理由，替它辩护。理智特别是极其锐敏的利己心的一个仆人，它善于给予业已犯过的错误或正在犯的错误渲染上一层美丽的颜色，利己心常常甚至赞扬自己的错误，所以它总想〔利用理智〕替自己找到一种好的借口。

理智的启蒙诚然可以使人更聪明一些，但不是使人更善良一些。如果我们也把道德归结为聪明，如果我们认为一个人没有道德就不可能有幸福，则就人们在行动的瞬间，道德也在起作用；就道德一般对于生活能够有影响来说，我们的衡量就会太冷酷、太吹毛求疵了。

如果谁有一套现成的最好的道德指南，他就会使人对一般的道德原则以及个别的义务和道德、熟悉其最严密的规定，并且在实际行为中，人们就要考虑到一大堆规则和例外，因而就会陷入这样一种复杂烦难的行为——这种行为老是在紧张的自己与自己争斗的状态中。只要谁曾写过一册道德指南，他就总会希望，有人或者把他的书读得烂熟，或者这人所作的每一件事，所有的每一种嗜好，不管是属于伦理方面的或法律方面的，都按照他的道德指示办事。然而这恰好就是道德教本所要求于一个人的东西。——使坏的嗜好不增长，不达到某一个很大的高度，这不是任何印出来的道德教本，也不是任何理智的启蒙所能做到的。康柏的《德奥佛朗》[①]的这种否定作用——说人应该自己行动、自己起作用、自己作出决定，不要让别人替自己行动——除了说人仅只是机器外什

① 康柏 (J. H. Campe):《德奥佛朗或者无经验的青年之有经验的顾问》，汉堡，1783。黑格尔在中学时曾读过此书。参看罗生克兰茨:《黑格尔传》第463页。——诺尔注

么也没有了。

当我们说到，使一个民族开明时，这就假定了这个民族受错误、受民族偏见的支配，而这些错误和偏见又是与宗教相联系的。大部分错误和偏见都或多或少地具有这种性质，基于感性、基于盲目地盼望某种结果，这结果会与产生它的原因毫无联系。在具有许多偏见的民族那里，原因的概念看来大部分还只是建筑在彼此单纯前后相随的概念上。因为在不少情况下，当他们谈到原因时，他们总是丢掉了和没有看见前后相继的结果间的中间环节。感性和幻想是偏见的源泉，即使经知性的研究正确地固持着的命题，在普通民众那里也仍然是偏见，因为他们只是相信那些命题，而不知道说明它们的理由。

因此偏见可以分为两种：

(甲)实际的错误，

(乙)实际的真理，不过还没有看出其真理性，还没有被理性本身认识到它是真理，而只是靠忠诚和信仰承认其为真理，因此在主观方面，没有多大价值。对民众来说，去掉他们的偏见，施以启蒙教育，就意味着在某些对象方面增进其理智(因为实践方面的偏见，亦即在决定意志上有影响的偏见，完全有其另外的源泉和另外的后果，关于这点这里不加讨论)，以便一方面使得理智实际上从对错误的信心中、从受错误的支配中摆脱出来；另一方面，理智可以通过寻找到理由而对实际真理有了信心。但是首先要问的是：一般讲来，哪一个有死的人能够裁决：什么是真理呢？但是我们在这里必须承认，真理是有的(有如人的知识可以更加具体地把真理说出来那样)，而且我们即使只是从政治方面来看，也必须承认(如果人类社会可以建立起来的话),有普遍有效的原则,这些原则不仅可以照亮人的常识,而且也必须作为每个宗教的根据,——只要这个宗教配得上享受宗教的称号的话,不管它还可以受到什么样的歪曲或蜕化。

第一,当然,无疑地,这种有了原则作为根据的宗教只是很少的,而且正因为如此,一方面,这些宗教上的原则是那样的一般和抽象,另一方面,如果按照理性的要求,对它们加以纯粹的阐述,则它们就显得与经验和感性假象相矛盾,因为它们并不是经验和感性假象的规则,而乃只能适合于〔与经验感性〕事物正相反对的秩序。因此它们没有资格很易于获得民众生动的接受,并且如果他们在记忆中还保持它们的话,它们也不能构成人们精神的、意欲的体系中有机组成部分。

第二,既然这样一种基于普遍真理(这种真理每一时代只有极少数卓越人物才能达到,才能全心全意地把握它、热爱它),而又为一般民众所能接受的宗教是不可能的,因此一方面总有不少附加的东西混杂进去,这些东西或者只能凭借单纯的忠诚和信仰予以接受,或者只能对纯粹的原则加以粗糙化,加上一层感性的外衣,以便民众可以了解,感性可以接受;而另一方面,必须导入一些宗教上的礼俗仪式,关于这些礼俗仪式的必要性或用处,人们自少年时起就被教导对它们有真诚的信仰或者养成习惯。因此显然可见,民众宗教(当然这种宗教的确是同宗教的概念本身结合在一起的),如果它的教义在生活和行为上能够起作用的话,是不可能只是建筑在单纯理性上面的。权威宗教必然建立在对传统的信仰上,通过传统,这个宗教就传袭给我们。因此我们相信权威宗教的习俗仪式，也只是通过这个理由，我们才与这个传统宗教相联系，与它的信仰相联系，即相信上帝是愿人类幸福的，并相信上帝是要我们尽道德义务。不过单纯从理性本身来考察，关于它们只能说这么多：即认它们有助于启迪人、唤醒人的虔敬情绪，而它们所要借以达到的目的性是可以被查究出来的。但是只要我确信通过这种礼俗仪式和崇拜节文并不是敬事上帝本身的途径，并确信作善事才是崇拜上帝最好的办法，同时我却又看见这些礼俗仪式只有启迪作用，那么正因为这样，这些礼俗仪式对我就失掉其大部分可能的感染力量了。

正因为宗教一般讲来是属于内心的事情，所以不禁引起这样一个问题：为了保持宗教，可以夹杂多少理智论证进去？如果我们对于〔宗教〕情感的起源、对于伴随宗教而兴起、足以唤醒人虔敬情绪的礼俗仪式、对于宗教的历史根源和目的性考虑得太多，那么无疑地它就会丧失掉它的圣洁性的光圈，而我们总是习于带着这种光圈来看宗教的，正如神学上的教条就会丧失掉它们的威信，如果我们结合着教会的历史来考察它们的话。但是那样冷漠的理智反思，在阻止人对于宗教的信仰方面，其力量是如何地微少。我们常常看见，有些人到了灰心的境况，就需要一根坚固的手杖来扶持，对于从前曾给予过他们安慰的东西，常常又使他们陷于绝望的境地，而他们现在越是更牢固，更紧张地为绝望所笼罩，不复能排除，则他们就越是有意地塞住耳朵不愿听抽象理智的诡辩。

智慧完全是一种不同于启蒙、不同于理智论证的东西。不过智慧并不是科学。智慧是灵魂的一种提高，在智慧中灵魂通过体验同反思〔反复考虑〕相结合，提高到超出对于意见和感性印象的信赖，而且如果这智慧是实践的智慧，不是傲慢自满、虚张声势的智慧的话，必然会有一种冷静的热情和温和的火气相伴随。智慧很少作理智推论，它也不是从概念出发的“数学方法”，通过一系列的推论，如全称肯定的推论和特称否定的推论之类，就达到了人们所假想的真理。智慧〔对于真理〕的信心并不是从一般市场上买来的，在市场上只要谁付出足够的钱，人们就售给他知识。智慧也不知道用现金、用各种通行的货币〔立刻〕在桌子上又交付出去，——它是从内心深处说出话来。

理智的培育和理智之应用于吸引我们兴趣的各种对象上，就是启蒙。——因此启蒙总有一种美好的优越性：它能够给予义务以明晰的知识，能够对于实践的真理给予论证或说明理由。但是启蒙却没有本领给予人以道德。在价值上它无限地低于内心的善良和纯洁，真正讲来，它同那些东西是“不”相称的。

欢快是有教养的年轻人的主要个性特征；环境不允许他这样，他不得不收敛起来，下决心把自己培养成一个品德高尚的人，而他在这方面还没有足够的经验，经验是不能靠书本得到的——也许他找到一本处世指南——为了把其中关于智慧和聪明的教导当成他的生活准绳，他每早每晚都读上一段，白天里反复琢磨，会有什么后果呢？成熟老练吗？练达人情吗？精明能干吗？这是需要长年累月的练习和阅历的——但一个星期之后，他就从对于这些条条框框的沉思默念之中解脱出来！他诚惶诚恐地走进社交中去，那里是只有懂得如何活跃社交气氛的人才受欢迎的；羞羞答答地享受了一次心情欢快的人才能尝到味道的娱乐——由于深感自己的欠缺，他对每一个人都作揖打躬——在妇女们的交际圈里很不舒畅，因为他胆小怕事——任何小姑娘哪怕轻轻一触动到他，就可使他激动得热血沸腾，显出一付手足无措的尴尬相——但是，他不会长此下去，不久他就会摆脱这长辈的监视，感到比较舒畅自在了的。

如果启蒙能够作到它的伟大的颂扬者们所颂扬它的那些事情，如果它配得上享有他们给它的颂词，那么它就是真正的智慧了，否则它只能是妄自夸耀的通常所谓“事后聪明”，在许多软弱的弟兄们面前装模做样，妄自尊大。这种虚骄之气通常发生在大部分年轻人或者在那些通过书本获得不少新识见，并且开始抛弃他们前此同大多数人所共同具有的信仰的人们那里，在这样做时，虚荣心常常起着特别重要的作用。谁懂得如何对世人的不可能设想的愚蠢大说一通，谁能够严密地证明一个民族有了那样的偏见是最大的愚昧，谁能够总是信口抛出类似启蒙、人类知识、人类历史、幸福、完美等等字眼，那么他除了是一个启蒙的空论家，一个市场出售廉价的万应灵药的叫卖商之外，再不是别的什么东西了。他们以空疏的词句互相供应对方，而忽视了圣洁的东西，人类情感中柔嫩的纤维。也许每一个人都可以在他周围听见到处传说着那样的〔启蒙人士〕例子，也许有许多人自己都有过这种亲身的经历。因为在我们这个一切都充分记载下来了的时代里，这种教化〔启蒙〕的过程是很常见的。如果这人或那人通过生活自身，对于从前只是作为死材料存放在他脑子里的东西知道得较多一些的话，那么在他们的胃里也还存留着没有消化的一大堆书本知识的脏物，因为这种脏物使得胃应接不暇，从而就妨碍了对健全养料的吸收，并且使得体内别的系统没有有养分的汁液流通。浮肿的外观也许

会给人以健康的假象。但是在全身器官里,一种干枯的粘液会对于它们的自由运行起着一种麻痹作用。

启蒙理智的一个任务在于扫除客观宗教的糟粕。但是正如启蒙的理智力量,对于促进人的改善、教导人具有伟大坚强的意向、达到高尚的情操和坚决的独立自主,并不起多大的作用一样,所以理智的产物即客观宗教在这方面也没有多大的分量。

如果人类的理智审视一下它自己的业绩,看看上帝知识和人类知识的那座巍峨大厦,它会沾沾自喜的。一切建筑器材,不用说都是由它制备的;它以此建立起一座大厦:不停地装修美化,甚至还外加上云边花饰;但这座由整个人类使用的建筑物,越是层次繁多,结构复杂,它就越不属于任何一个个人所私有。谁若是仅仅仿造这个公共的建筑物,只为自己搞成其中的一部分,那么,即使他完全不是局外人,即使他的一砖一瓦虽非全是自行制备却也都是胼手胝足翻来复去精心垒砌起来的,但毕竟不能算是他由自己建造了一个自用的小小房舍、有梁有柱的寓所。他是一个照葫芦画瓢的人,他没有什么自身的生活和历练。

谁若是仿照那座巍峨大厦只为自己建造一座宫殿,在里面生活着就像路易十四生活在凡尔赛宫里那样,那他就根本认不清他的宫殿里所有的厅堂,只不过占据了一个很小的内室,因为任何一位房主都能比他更好地讲解他祖辈留下的房产里每一个角落的情况,说出每一个旋梯、每一个厨柜,有什么用处,是什么来历,像莱辛所写的纳丹[①]那样。——对于它们中的绝大多数而言,我还能

① 纳丹是大卫时代的预言家,能预言休咎。——中译者注

说出:怎么样,在哪里?为什么我了解它。——

他这小小的寓所,人就可称它为他自己的寓所了。可是它必须由宗教来帮助建筑它,宗教能在这方面给人以多大的帮助呢?纯粹的理性宗教只是在精神内和在真理内祈求上帝,只是在道德行为中表现其崇拜,而偶像崇拜则相信除了基于善意本身的爱之外,还可以通过某种别的东西去接近神,两者之间的差别是那样的大,以致偶像崇拜相对于理性宗教而言就完全没有什么价值,以致两者完全不同类,对人类来说,把偶像崇拜排除掉,越来越导向理性的宗教,乃是极其重要的。于是就发生了这样的问题,既然一个普遍的精神的教会仍然只是理性的一种理想,既然建立一个完全没有任何一点偶像崇拜的公众宗教几乎是不可能的。那么一个民众宗教怎样可以建立起来呢?这个民众宗教(一)消极方面要尽可能少地给呆板依赖传统的风俗习惯提供机会,(二)积极方面要把民众引向理性宗教并被接纳进理性宗教。

如果在道德学里把圣洁的观念设定为伦理的最高点和努力的最后归宿,那么,这就足以证明有些人的反对意见〔是对的〕,这些人说,那样一种观念,对人来说,是永远达不到的(这一点就是那些道德学家本人[①]也承认的),相反地,人除了纯粹遵守道德〔规律〕之外,还应用另外一个与人的感性相联系的动力——这倒并不是由于人自己不可去追求,尽管他永远都在力求接近那个圣洁的观念,而是只因为人总是粗糙地、强而有力地依赖于感性,所以大多

① 按"那些道德学家"似指康德及康德派而言、故作多数;下文"他在纯粹道德……"之他,似指"在道德学里把圣洁的观念设定为伦理的最高点"的人,即指康德本人,故作单数。——中译者注

数人大都只满足于产生出合法的行为，而产生合法行为并不要求纯粹伦理的动力（参看《马太福音》，第 19 章，第 16 节），对伦理的动力来说，合法性据说没有多少意义。而且这已经是一种收获，尽管它（合法性或合法行为）只是对于粗糙的感性一种较细致的加工。——但至少也可以唤起对于某种较高的东西的兴趣，不是引起了纯粹的动物冲动，而是唤醒了可以更多地接受理性影响的情绪，从而更接于道德范围。或者说，这样一来只消有可能使肉体冲动受到一定的克制，道德情绪也有所萌芽，——一般讲来，这对于单纯的文化已经是一种收获。他们只想要说这样多，即在这个世界上，人类或者即使说一个个别的人诚然从来就不可能没有非道德的动力，而且在我们本性自身里就交织着一些非道德的情绪。这些情绪虽说是非道德的、不是出于对〔道德〕规律的尊重，因而既不很牢固稳定，也没有本身价值，也不值得人们尊重，但也一样值得欢迎，因为它可以抑制恶的嗜好，促进人的高尚品德，——如一切善良的倾向、同情心、善意、友谊等等。道德情绪也属于这种包括在嗜好范围之内的、经验的性格。这种道德情绪必定输送它的温柔的纤维进入到整个〔生活之〕网。这种经验性格的根本原则是爱。爱与理性有某些近似之处，因为爱在别人那里找到自己本身，或者也可以说，在别人那里忘掉了自己本身，使自己跳出自己本身、俨如生活在他人之中、活动在他人之内并与他人同其感受。同样，理性，作为一种普遍有效的原则，在每一个理性存在里，重新认识到自己是灵明世界内的一个公民。人的经验性格诚然要受到苦乐的感触，可是爱虽说是行为方面的一种病态原则，却是不自利的，它作一件事，并不是因为它计算到出于爱的行为比起出于肉体冲动或情欲满足的行为，更可以得到真纯长久的快乐。因此爱不是一种经过细致加工的自私原则，从自私原则出发，自我归根到底总是最后的目的。

要揭示根本原则，经验主义诚然是完全没有用，但是，如果提到如何对人起作用，那么我们就必须认识人的本来面貌，寻求人的一切好的冲动和情感，以便提高，这样，即使不是直接地提高人的自由，却也可以使人的本性更为高尚。在民众宗教里，这特别有极大的重要性，即不要使想像与内心老是得不到满足，而要以伟大的、纯洁的形象去充实想像、要以仁爱的情操去唤醒人的心。——使两者都获得良好的方向，在宗教方面尤其更为重要，因为宗教的对象是如此伟大、如此崇高，在那里幻想和心两者既容易自己开辟道路，也容易被引错道路：或者是，人的心误为虚假的表象和它自己的便利所诱惑，而去依赖于外在的东西，或在低劣的、虚假的卑谦的情绪中吸取养料，因而便相信自己是在为上帝服务了；或者是幻想误与事物结合成因果关系，（殊不知幻想与事物彼此先后出现的次序纯粹是偶然的，）因而许诺自己能违反自然而起着超出寻常的作用，或创造奇迹。人是一个多方面的东西：许多东西可以由人造出来，他的多方面交织起来的情感之网有其多种多样的目的，以致一切事物，不是从这方面出发，就是从那方面出发，总是同人有着联系。因此人是可以陷于最愚蠢的迷信、最野蛮的政治的和等级制的奴役的。所以人的情感乃是一种美妙的自然纤维，按照这种自然纤维的性能去织成一条高贵的纽带，——这必须首先成为民众宗教的职务。

民众宗教与私人宗教的区别主要在于：前者的目的（由于它强

烈地作用于想像力和人心），在于给整个灵魂灌输以力量和热情，灌输以精神，而精神是伟大和崇高的德性所决不能缺少的。私人宗教必须说是属于教化的范围：按照各人的性格给予个人以教养、关于各种在冲突情况中的处理、对于达到〔同一〕德性所要求的不同手段、对于个人陷于苦难与不幸境况的安慰和慰藉，凡此种种都必须归给私人宗教求处理。至于私人宗教不如公众的或民众的宗教之处，可由如下几点加以阐明：

（甲）关于各种在冲突情况中的义务的处理。这些义务是如此地多种多样，以致我这时之所以能使我的良心获得满足，只能或者通过正直而有经验的人的忠告，或者通过自己相信义务和德性是最高原则的信心，——这些原则前此在某些条件下曾经通过公众的宗教而固定下来，并且能够成为我们行为的通则或格言。像上面所提到的那种公众的道德说教，未免太枯燥并且太微小了，以致这种说教也不能够使得人的心灵在行动的一瞬间，为一些详细的决疑规则所规定；此外这种道德说教也会产生一种永远谨小慎微的态度，这种态度完全与道德所要求的决心和力量正相反对。

（乙）如果说道德不是教义和空谈的产物，而是像一种植物，虽说需要相当的培养，但却是依据自己的本能和自己的力量成长起来的，那么人们发明各式各样的技术，想要把道德在温室里培养出来，实正足以败坏道德，同样更不缺少这样的人，好象是让他野生野长，〔然而却使他依靠自己的力量在斗争中长成。〕[①]——宗教上

① 黑格尔在这里认为：用各式各样技术在温室里培养道德，反足以败坏道德、赞成让人野生野长，显然是多少采纳了卢梭的自然主义和浪漫主义思想，但又有所发展。末句意思不全，译者只好加上一句补充语意。——中译者注

对公众宣教，按其本性来说，一定会产生这样的情况，即不仅是对神的观念、我们同神的关系，须用理智加以说明，而且人们也在试图从我们〔对〕神所负的天职中去推演出所有别的义务，并且如果把我们对神的这些义务看得越是急迫，那我们就会把它们看得对我们越是有束缚力。不过这种推演未免有一些迂阔生硬，牵强附会。这种推演乃是一种拼凑，只有理智看见了其中的联系——一种常常是矫揉造作的，至少不为人的常识所理解的联系。而且事情往往是这样：人们越是多引证一些理由来说明一个义务，人们就越是冷淡地对待它。

（丙）在灾难中唯一的真正安慰是信赖上帝的意旨（对于痛苦是没有安慰的，克服痛苦只靠意志的坚强），任何别的东西都是从心中派生出来的空谈。

民众宗教的性质应该是怎样呢？（民众宗教这里被理解为客观宗教。）

（1）就它的客观的教义来看，

（2）就它的礼节仪文来看。

甲、Ⅰ.它的教义必须建立在普遍理性的基础上。

Ⅱ.幻想、心情、感性在客观宗教里必须不要空无着落，没有出路。

Ⅲ.民众宗教必须与生活的一切需要结合起来，必须与公众的政治行为结合起来。

乙、民众宗教必须避免什么东西？

避免拜物教，就是在我们这个名词很多、夸夸其谈的时代里，拜物教才特别流行，人们相信理性的要求通过空谈启蒙之类的东西就可以得到满足，——人们对于教条和教义永无休止地在相互争论，而同时对自己或者对别人都没有什么改进。

I

这些教义，虽说它们的权威是基于神圣的启示，但必须要具有这样的性质，即它们是真正为人的普遍理性所批准，以致每个人只要注意到它们，就会洞见到并感觉到有义务予以遵守。——因为这些教义除了或者提供我们一种特别的手段以获得神的欢心，或者约许替我们获致某种特殊的较高知识、在不可企及的对象上给予一种较方便的钥匙外，——当然是为了理性的利益，而不单纯是为了幻想的利益——。此外，这些教义迟早总会成为有思想的人们攻击的对象和争论的对象，同时总是越来越失掉实践的兴趣，或由于这种烦琐的争执，反而树立起一些不可容忍的标帜。因此这些教义，由于它们同理性的真需要、真要求的结合，虽为群众所相信，但一直总是不自然的，而且即使这种由于风俗习惯而来的联合是极其坚固的，它们也很容易被人们滥用或误用，——在情感上也永远不会达到纯洁、真纯直接与道德相联系的实践方面的重要性。

但是这些教义又必须是简单的，如果说它们是理性的真理的话，那么正因如此，它们必定是简单的，因为它们既不需要一套渊博的学识，也不需要劳神费力旁征博引的证明：由于它们具有简单性这一特点，从而它们更可以对于心灵有更大的力量、更深的印象，对于决定意志使见诸行动也能起更大的作用，——并且这样集中起来，比起只是一大堆命令，加以人为的排列（而且正因如此老

是有许多例外),对于一个民族精神的教养,远有更大的影响、更多的贡献。

这些普遍的教义同时必须是人性的,——这是一个伟大的和严重的要求。可以说是这样地是人性的,即它们适合于一个民族所赖以立脚的精神文化和道德所达到的阶段。恰好有一些最崇高、对人最感兴趣的观念很难普遍到配得上被接受作为通则,看来它们只是少数有资格的,由于长期经验达到智慧的有锐敏眼光的人的财产,在他们那里,这些普遍教义成为坚定的信仰,而不是摇摆着的信念。——相信聪明善良的天意特别是属于这种方式的信仰,如果这种方式的信仰是活生生的而且合乎正义的话,则它便与全心全意皈依上帝相联系。

这些教义,就其本身以及一切和它们相联系的东西来说,就是基督教会的主要教义,因为其中所教导的东西都可以归结为对上帝的无限向往的爱,一切都以对上帝的爱为出发点和归宿点。其次,年复一年,上帝被我们表象为越是亲近、越是如在当前,越是对于我们周围所发生的一切事情起着作用,而且我们周围所发生的事情不仅被认为同我们的道德有联系。同我们认为是最圣洁的东西有最必然的联系,而且又通过上帝本身经常的保证,通过别的许多使我们无可争议地相信这些保证的事实,而且被提高到最充分的确定性。——但尽管如此,我们通过经验在广大人群中,还可看到,一声霹雳、一个寒夜就可以使他们极其卑谦地信赖天命和耐心地遵从神意。——一般讲来,只是有智慧的那部分人才能够排除掉不耐烦、对希望破灭的愤怒、对不幸之事的忿懑不平。

那些对神的信赖受到骤然打击、很快就转化为对神不满的人，将会因此更可以缓和其情绪，因为我们不仅从少年时起就习惯于看见基督教的群氓，不停息地作祈祷，而且也可以经常力求借以说服他们关于信赖上帝的最高必然性，这样我们就可以约许给他们对于信赖上帝以某种满足或实现。

再则，对于遭受灾难的人们，我们总是尽可能从各个角度和各个方面搜集一大堆理由用以安慰他们的不幸，例如说：归根到底灾难对于一个人也不是什么了不起、一个人总不至每周死一次父亲或母亲、总不至因受打击而失明。这种看法实采取了这样的途径，即人们以不信神的机智天远地远地去追踪物质的和道德的后果，去尽量加以辩解开脱，而且当人们把这些后果或辩解提出来当作神的意旨和目的时，这样一来他们就相信他们进一步认识了神意对于人的计划，不仅是大体上、而且是个别地认识了。

但是只要我们不满足于默默无言地充满了圣洁的敬畏之情，那么最常见的情况莫过于，那些自负好奇心很大的人也想要掌握他们的前途，他们的性向，虽说不是在普通民众那里，但还是通过流行的许多理想化的观念可以得到加强。

所有这些于促进对上帝意志的皈依和满足并没有多大帮助。把基督教的这种信仰与希腊人的信仰加以比较，也许是很有趣味的：在希腊人那里，一方面，神灵赏善罚恶（即让可怕的复仇之神来处理恶）的信仰建筑在理性的深刻道德需要上面，（而理性却充满了活泼可爱的情感的温暖气息，）而不是建立在从个别事件推演得来的冷漠的、认一切都会向着最好的方面转化的信心上，这种信心决不能带来真生命;另一方面,在他们那里,不幸就是不幸、痛苦就是痛苦,凡是已经发生了的事情就是不可改变的,对于所发生了的事情的用意或目的他们是不能埋怨的,因为命运、必然性在他们看来是盲目的。但是他们后来也有意地用一切可能的委运的态度去服从这种必然性,他们至少有了这个优点,即较易于忍受自幼就习于看作是必然性的东西,而且不幸事件所引起的痛苦和灾难也不会带来许多沉重的、不可忍受的忿怒、怨恨、不满。由于希腊人这种信仰一方面尊重自然必然性的流转过程,〔另一方面〕同时具有这种信心,相信神灵是按照道德规律统治人的,所以它在神的崇高性面前显得是有人情味的,与人的弱点、对自然的依赖和有局限的眼界是相适合的。

希腊宗教中,单纯建立在一般理性基础上的教义一面,带着每一阶段的民族文化在自身内,而民族文化也将逐渐随着它的变化而对理性的教义有所改变,虽说大半只涉及外部作品、涉及感性幻想的绘画。

这些教义如果说是建立在人的一般理性基础上的教义的话,那么按照它们的性质来说,除了一方面通过教义自身,一方面通过与教义相联系的强烈而感人的宗教仪式所产生的魔力,只是在大体上作用于民众的精神而外,它们便没有别的目的。它们既没有渗入市民权利的行使方面,又不擅自拥有私人良心责罚的权威,由于它们的公式很简单,也不易于引起对于教义本身的争执。并且由于它们只要求并确立很少的权威性的东西,而且理性所制定的规律也只是形式的,所以在这样一种宗教中,祭司们的统治欲也有其限度。

Ⅱ

每一个算得是民众宗教的宗教，必定应该具有使心情和幻想得到满足的特点。即使最纯洁的理性宗教也将体现在人们的灵魂里——特别是在民众的灵魂里。当然对于这本身已经同神话密切联系着的宗教，为了防止幻想之冒险式的狂诞驰骛，为了至少给幻想指出一条美好的道路，使它尔后可以在这条道路上撒满鲜花，那将会是很好的。——基督教的教义大部分是同历史相联系的，或者说是通过历史表达出来的，而基督教演出的舞台是在地球上，虽说在上面表演的并不仅只是人。因此这里一个需要很好认识的目标呈现在幻想前面，但是仍然还留有很多余地，让幻想可以自由施展，如果它以黑的胆汁染上了颜色的话，它还能描画出一个可怕的世界。不过另一方面，幻想却很容易陷于稚气。因为真正讲来，那可爱的、美丽的、从感性中吸取来的颜色是为我们的宗教精神所排斥的。一般讲来，我们太多地是重理性、重言辞的人，以致不能喜爱美丽的形象。就仪式来说，一方面没有仪式的民众宗教当然是不可设想的，但另一方面又必须说，没有东西像仪式那样更严重地妨碍民众抓住宗教自身的本质。

宗教包含三个因素：（甲）概念，（乙）主要的风俗习惯，（丙）仪式。我们试看看洗礼、作为礼拜仪式的最后晚餐，有许多善行和恩典同它们结合着，这些善行和恩典是提出来作为我们的义务的，而对于这些义务的实行又是使得我们成为更完善、更道德的基督徒的，所以它们属于第二类〔即风俗习惯〕。可是如果只把它们看成其目的和作用是唤醒人们的虔敬情绪的工具，那么它们就属于第三类〔即仪式〕。

献礼也属于仪式范围，不过只能叫做非固有的仪式，因为献礼在同它联系在一起的宗教内是本质的，——属于宗教结构本身，不过仪式只是这个结构的粉饰、形式罢了。

献礼也可以从两个方面来考察。

（甲）一方面，献礼是呈献在神灵的祭坛上作为赎罪、作为赦免的代价，作为把可怕的身体的或道德的惩罚转化成一种金钱上的赔偿，作为一种对已失掉了恩宠的主人或赏罚的主宰者的谄媚。在这里评判这样一种风俗习惯为毫无价值，甚至谴责其违反理性和歪曲道德概念，都是很正当的。同时必须考虑到，献礼的观念事实上并没有在任何地方（也许除了在基督教里）那样极其突出地存在过。其次，还须不要完全否认了在献礼中的情感的价值：（即使这些情感并不是太纯洁的），——对圣洁的本质之圣洁的敬畏、在神面前的自我弃绝和内心悔恨，以及对神的信赖，即一个沉重的、呻吟着的灵魂被迫在神那里寻求安息之所那样的信赖或皈依的情绪。一个为罪恶意识的负担压迫着的去朝圣的信徒，抛弃了生活的舒适、远离开妻子和祖国的土地，赤着脚、穿着粗硬的[①]衣服走遍世界，寻找一个没有人踪的地方以作栖身之所，含着眼泪为他斗争着、悔痛着的心灵寻找安息。在涌出的每一滴眼泪里、在每一种赎罪行为里、在每一种牺牲里，他感到他的罪恶和痛苦的轻减。而且抱着这种思想，即：这儿是耶稣基督亲临过的地方。这儿是他为

① “粗硬的”原书作 härnen. 查字典没有这样一个字，想来是 härten 一字的误写，这里特加以改正。——中译者注

我们上了十字架的地方，他感觉得受到了鼓舞、又感到更为坚强、更能够信赖自己。——这样一个朝拜圣地的具有单纯朴素心情的信徒，对于某一些人来说，由于他们具有他们时代的另外一些概念，这样一种心情已经不复是可能的了。于是他就反而会在我们这里唤起一种法利赛人的情绪，即我会比那样的人要聪明一些，或者说，这些圣洁的情绪对我们说来会成为嘲笑的对象。这样的赎罪行为也就是我这里所谈过的献礼或牺牲，这些行为的发生正是出于刚才所提到的那种精神。

(乙)另一种较温和的、萌芽于较和煦的气候的献礼形式或许是较原始和较有普遍性的，这是基于对神有感谢之情和亲切之感的。在这里有着把神当作比人更为崇高的感情。人们意识到，他们所有的一切都必须感谢神，人们在无罪状态下所献给神的东西不会受到蔑视。人们有了这样的意向，即每作一件事情于开始时首先必须吁求神的支持。在每一种欢乐、每获得幸福的时会、于报答每一种授予的享受时首先必想到神。所收获的第一批产物和每一种幸福的花朵首先必须献给神，邀请神来享用，而且希望神同人友好相处。——呈献这样的献礼时所怀抱的意向，大不同于指望会减轻自己的罪恶和赦免应得的惩罚的思想。或者说，此时人的良心并不是使人深信，掌管诛罚的女神已因献礼而得到满足，已放弃了她对人的苛求并放弃了她建立道德秩序的诫律。

民众宗教的仪式应有如下的必要的特质：

(甲)主要的是，民众宗教的仪式应尽可能不要变成拜物教，〔不要〕仅只是表面仪节和机械主义，而没有精神活跃于其中。仪式的目的必须只在于提高献身的信念和圣洁的情绪。作为极少被滥用、而可起达到这种目的的作用的一种纯粹的工具,也许只剩下整个民族圣洁的音乐和歌曲了,——也许还有民众的节日狂欢,这里面必然夹杂着宗教。

Ⅲ

只要生活与教义间有一条鸿沟,或者只要两者彼此间有了分离或广大距离,那么就会产生一种怀疑,认为宗教的形式有一种缺点,不是充满了空言冗词,就是对人提出太多伪装信仰的要求,这是违反人的自然需要和感性冲动的,甚或两种情况同时都有。如果人们的欢乐、快活必须在宗教面前感到羞耻,如果在公众节日狂欢里公开使人快乐的东西,在庙宇内就必须偷偷摸摸地做,那么宗教的形式就有其阴暗的一面,不是像它所约许那样,人们为了〔满足〕他们的要求,是可以尽力寻求生活的欢乐的。

宗教必须同生活的一切情感友好相处,它虽说不想要钻入情感里面,但必须到处对情感表示欢迎。如果宗教想要对民众发挥作用的话,那么它就必须友好地到处伴随着民众,在民众的事务上和生活中严肃的事件上,以及在节日和欢乐方面支持鼓舞他们。可是又须不要显得是挤进去干涉他们,或者竟至像一个讨厌的管家婆那样,而须是他们的带路者和鼓舞者。希腊人的民众节日无疑地全都是宗教的节日,对一个神或者对一个对国家有功勋、因而也被神化了的人表示崇敬。一切节日活动,甚至豪饮的人群的狂欢也是奉献给一个神〔酒神〕的,甚至他们向公众演出的戏剧也是有一个宗教来源的,这个来源在他们进一步的文化发展中,他们也决没有否认过。同样,当阿迦东由于他所写的悲剧得到褒奖时,他不曾忘记即在得奖的第二天举行了一个宴会以感谢神灵。(柏拉图对话:《会饮篇》,第168页。)[①]

那创造和哺育伟大志操的民众宗教是同自由手携着手前进的。

我们的宗教志在把人们教育成天国中的公民,使他们的眼光老是望着天上,这就使得他们对于人的情感格格不入。在我们最大的公共节日里,人们在悲哀的色调里,以低垂的眼光,去享受圣洁的赏赐品。在这种本应欢度普天之下莫非兄弟的节日里,有人不敢接过兄弟们大家共饮的圣餐杯,怕在他之前饮酒的那位兄弟会给他传染上性病,心情恍惚,没有圣洁的情感,所以不得不在典礼期间,才把献礼从衣袋里取出放在盘子上。反之,希腊人戴上自然界友好的礼品——鲜花之冠,披上欢乐的彩色之衣,在富于开朗的友谊和爱的面容上洋溢着愉快的心情,走近他们亲善的神灵的祭坛。

一个民族的精神、历史、宗教、以及它的政治自由的程度,是既不容许按照它们的影响混在一起来考察,也不容按照它们的性质把它们分隔开来单独地考察。它们交织一起成为一个纽带。它们就像三个僚友,没有一个人可以离开另外的人能够做出什么事情,可是每一个人却又可以从另外的人那里吸取某种东西。培养个人的道德乃是私人宗教、长辈教导、自己努力和环境条件所形成的事情。培养民族精神一方面也是民众宗教的事情,一部分是政治境况的事情。

啊,在过去很远的日子里,一种关于人格之美,伟大中之伟大

① 这事见《会饮篇》篇首,在通行的斯悌芬本第172页。——中译者注

的感情映现在灵魂中了，——这是一种形象，各族人民的天才的形象，幸福和自由的儿子和美丽的幻想的产儿的形象。也是世间需要的坚强纽带把他束缚在地上了，可是他通过他的情感、通过他的幻想对这种条件给予那样的加工、洗练、美化，凭借优美女神的助力以玫瑰花环围绕着自己，以致他在这种束缚里感到舒展自如。他的仆人就是欢乐、愉快、高雅；他的灵魂充满了对于他自己的力量和自由的意识，他的严肃的游侣、友谊和爱不是山精林怪，而是有优美情操的、富有灵性的、具有为心灵和美梦的一切魅力所装饰起来的爱。

从他的父亲、幸福的一个宠儿、力量的一个儿子那里，他继承了对自己幸福的信赖和行为的骄傲作为遗产。他的慈祥的母亲，并非一个喜责骂人的、严厉的女人，她听任她的儿子接受大自然的教育，对他的柔嫩的肢体并不勉强裹在瘦小的襁褓中。作为一个善良的母亲，她宁愿顺从她的宠儿的脾气和奇想，而不愿加以限制。同这种态度相符应，他的乳母教育他，这个自然的孩儿，不是用棍棒或黑暗中的鬼怪去恐吓他，也不用靡靡之音的甜蜜的音乐使他志气萎靡不振，而是以高洁感情的纯净健康之乳去哺育他。她以美丽自由的幻想之手，用鲜花去粉饰那不可看透的帏幕，（这个帏幕使我们的眼光看不见神，）并且在帏幕后面布满了并变幻出种种活生生的形象，他可以带着丰满的高尚优美的情感把他自己心中伟大的观念寄托在那些形象里。由于在希腊人那里，保姆是家庭的友人而且在她整个一生都依然是孩子的朋友，所以她永远是他的朋友，他纯真地要对她表示他自由的感谢和自由的爱，她作为他交往很多的朋友，他使她得以分享他的欢乐、他的游戏，而他

〔孩子自己〕的欢乐也不会受到她的干扰。因此她正当地保持着她作为保姆的尊严，任何对于她的尊严的损害都会受到他自己良心的责备，她也总是保持她的权能，因为她的这种权能是建立在她所养育的幼儿对她的爱、谢忱和高尚的情操上面的。她以哺育这样一个幼儿自豪，她听从他的幻想自由发泄。可是她教导他尊重铁的必然性，她教导她毫无怨言地顺从这种不可改变的命运。

我们只是从传闻认识到这种天才。我们只有幸运从他的形象之遗留下来的摹本里，看见他的一些特征。我们以热爱和敬佩的态度去观察这些摹本，它们只是唤醒我们对于它们的原型之痛苦的仰慕。他是一个美少年，我们甚至也爱他的坦率不拘的性情。他具有美神的整个风采，他的灵魂呼吸着自然芬芳的气息，他从每一花朵里吸收其芳香，他是超脱了世间。

第　二　章

口头的教导只能在一个很有限制的范围内起作用，而且首先只能达到自然条件同我们接近的那些人。此外，能在广大范围内起作用的唯一方式就是通过著作。通过著作，教导者站在一个看不见的讲坛上，面对全体公众，由于他没有被公众看见，所以他在这里就可以敞开他的真心，将公众道德败坏的触目惊心的图景加以最鲜明的描绘。而且他对待公众也就不那么小心翼翼，就像他在别处对那些极受蔑视的人将会采取的腔调那样。我们的确很少看到，如果不是职务所致，一个道德家未经号召，单纯为改进人类的内心责任感所驱，曾有心把他当而对职位和等级上高贵的全部听众所说的话对一些人只透露一半，保留一半，如果他展示的图景并非是单纯空谈，他对付那种情景的手段也非单纯理论的骗术，还终于成心把那种情景抹去几笔。适于教导的方式一般总是必然合乎人们借以才能在一个民族中获得成功的情调和天才一样，我们在这里看到其方法也是不同的。苏格拉底生活在一个民主的城邦，那里每个公民都可以和他人自由谈话，但那时交往中高尚的礼节甚至几乎是最卑微的贱民也是可以享有的，因此苏格拉底是通过世上以极纯真的方式进行的交谈谴责人们，不带教训口气，没有企图教导人的样子，他开始作一场普普通通的谈话，以极巧妙的方式引出一条教训，这种教训是自然而然地产生的，就是诗神狄奥蒂玛那样的人也不会觉得是强加于人的。犹太人则相反，自他们的先人以来，他们就已习惯于由他们的民族诗人以极粗糙的方式来指引自己，从他们有宗教集会以来，他们的耳朵就已习惯于道德说教，习惯于直接教训的口吻，听从他们的经学家和法利赛人的争吵，又习惯于一种粗暴的驳斥对手的方式，因此他们听到并非也是法利赛人或撒都该人称呼说“你们这些蛇和奸徒”，也不像希腊人听起来那样，觉得难听刺耳。

我们可以相信，一个人即使有极好的禀赋和最优良的教育，终其整个一生，也决不可能停止在他的理智和道德完善上不断进行努力，一个纯真同时积极能动的人处在种种情势下决不可能轻易地就克制住自己，或者能相信会如此，一方面由于偶然他已和别人一起置于那种情势；另一方面他自己不断学习某种东西的行动也会把他带到那种情势之下。而在我们市民生活错综复杂的关系中，情形尤其如此。在这里甚至极坚定诚实的人也会常常发现自己处在歧义的义务的冲突之中，例如个别情况下实行通融和同情，同正义或至少是失效的权利的一般原则间经常的冲突；在这里如果聪明不是用于自己的事情，而是在或大或小的事情上帮助促进一大群人在某方面的福利，那么由于义务就必须更加小心谨慎。因而，有些笃信的拿但业人为了自己内心不必受到暴力侵扰，或者为了免得狼狈不堪，就宁可完全摆脱这类关系，因为关系愈多种多样，义务也就愈多种多样；相应地关系愈简单，义务也就愈简单。而且摆脱这些关系通常比根本不介入这些关系需要克服更多困难，正如没有别的需要比自愿戒绝它们要轻松一样。因此第欧根尼那种人可以用一碗水和一块次面包将就为生，他的荣耀心不是用紫袍来满足，而倒是用褴褛的外套，因此，他既不作为朋友，也不作为父亲，更不为了生计去进一步对他人承担像不触犯人、不盗窃人（他不大可能作这种尝试）那样的大义务。他不难使自己成为一个道德完善的人，甚至得到一种权利，被称为伟大人物，他有足够时间也致力于别的事情。

罗马人中间根本没有出过基督，没有出过苏格拉底这样的人；没有一个罗马人在其年壮之时，在只有一种德行起作用之时，会因知道他必须做什么而感到为难；在罗马只有罗马人，而根本没有人。在希腊则相反，Studia humanitatis〔人的研究〕、人的感情、人的爱好和艺术受到珍视，并且有许多离开本性的歧路，一位苏格拉底或者其他智者想要归于这种本性，因为背离罗马的本性就是叛国罪了。只要人们确定了某条达于完善的路线，把德行同某种客观的东西联在一起（在为这种东西服务时甚至情欲也能变成德行），那就不难判断什么接近德行或什么背离德行。达到了这一种判断，就有一种更高的兴趣。而在各种互相冲突的义务纷至沓来，或当人的欲求和义务在加强时，本性所应服从理性的界限和德行之间是极难区分的。

基督有十二使徒，十二这个数是个固定常数。门徒是有许多，但使徒却是这样一些人：他们享有与基督的亲密交往，他们摆脱一切其他关系，只享受和基督的交往，享受他的教导，力求尽可能使自己在各方面变得同他相仿，力图通过长期教导与跟他的生动榜样相接触，掌握他的精神。可是他们的期待、希求和观念最初是多么带有狭隘的犹太精神，是多么充满着俗气，如何慢吞吞地不使他们的眼光和他们的心思超脱某个犹太救世主和神国的缔造者，以为神国会授予将军和御前大臣位置，他们如何慢吞吞地不超脱那种首先想到自己的利己心，不能进展到以成为神国同胞为荣的单纯的荣耀心！基督不曾满足于有一些门徒，如拿但业、亚力马太的约瑟、尼哥底母等类人。也就是说，他并没有因和一些有头脑又有优良心地的人思想一致，多少使某些新的观念，某些火花投射到他们的灵魂为满足；如果火花落下时灵魂这种装置不灵，本身〔不〕包含燃料，火花就必然消失不见，这里是这样一些人：他们一方面晚上可以幸福自足地呆在自己家屋里，在他们职业活动范围内可以是能干的，另一方面又熟诸世事及其成见，因而对之表示宽容，尽管对自己却是严格的，这样一些人是不可能接受要求成为某种冒险家的。基督说，神国不会因表面作态而出现；因此他的门徒看来曾受他嘱托：你们到世界各处……给世人施洗礼，——由于他们已误解了这嘱托，他们把这种洗礼——一种外在的标志，看成了普遍必然的事情，当以此外在标志来区别人，正会引起宗派狂热，使得

别人远离开他们，这种情形就更为有害；一般地说，由于给道德的东西加上另外一种宗派性的东西，则道德的本质就被削弱了，仿佛就已失了它的光彩。基督说：谁在进行信仰活动，并不就等于谁在信仰我。不管这里是否有所指，使徒们却曾经都是那么想的，而他们的朋友、他们神国的公民的口号也曾不是德行，正直，而是基督，洗礼之类。——好象他们的基督不曾是那么好的一个人，见《哲人纳丹》〔第11幕，第1场〕。

苏格拉底有过各种各样的学生，更确切说来，也可以说他根本没有什么学生，他只是教员和老师，适如每个因其正直榜样和卓越理性而出众的人在每个人眼里都会是那样。如果我们事实上并没有听说他从讲坛或高山上向下传教——在希腊苏格拉底那样一个人一般怎么可能想起要传教呢，但他的目的是教导人，启导人们认识唤起他们最高利益的东西，鼓舞人们这样做，他可以无偿地把自己的智慧给予人们，他不曾矜于自己的智慧把他不和好的女人赶出家门，不想同她打什么交道，而是依然不厌其烦地保持做丈夫、做父亲的关系，并不有损于他的智慧。

苏格拉底的亲近朋友没有定数，第13、14位朋友等等和前面的朋友一样为他所欢迎，只要他和他们完全志同道合。他们是他的朋友，他的学生，尽管如此，他们每人还是保持过去独立自主的情形；苏格拉底并不生活在他们当中，也不是他们的首领，他们不是作为肢体从这一脑部取得活汁。苏格拉底不曾制作模式，以期把他的性格放到这个模式中去，他也没有制订一些规则，以期按这些规则消除他们的差异。在这方面也许只有一些渺小人物愿受他支配，他诚然也吸收了这样一些人，但这些人恰恰没有成为他的密友。他不曾想将一个小团体锻炼成自己的卫士，穿上一样的制服，作一样的操练，喊一样的口令，这些人凑在一起，又只能有一种精神，随后就永世荣膺他的名声。所以苏格拉底主义者确实是有，但从未有过什么帮会，这种帮会可以像泥水匠那样，看锤子和铲子就能分辨出来。苏格拉底的每个学生自己就是导师，许多人创立自己的学派，有些人是大将军、政治家和各类英雄；这些英雄不是一种类型，每人都是自己本行的英雄，不是在殉道和受难上是英雄，反之都是行动上的和生活中的英雄。除此之外，还有渔夫，谁是渔夫，就不能离开家园。他使每人都从自己手头工作开始，以此引导他们从手头达到精神，每个人既能为生，又能以精神作娱乐。他从人们灵魂中展示出一些概念，这些概念已孕含在人们灵魂之内，所需要的不外是一位助产婆；他不使任何人有机会讲：啊，这不是索夫罗尼斯库的儿子吗？他从哪得到这样的智慧，以致敢于教导我们？他不曾妄自尊大地伤害过谁，或用神秘的高谈宏论伤害过什么人，这种谈话只能使无知和轻信的人拜服，〔如不然〕他在希腊早成为一种笑料了。

苏格拉底是作为向医神祭献公鸡的希腊人死去的，而不是像摩柏丢伊那样穿着卡普棲僧衣死去，不是像参加卡普棲教团的圣餐那样死去。因此他死前，像一个希腊人仍以理性和幻想谈话一样，同他的学生谈论灵魂不朽，他谈得非常生动，以自己全部身心向他们指明这种希望，非常亲切，非常令人信服，以致学生们曾在自己一生中收集并掌握了这一公设的前提。这个希望是和人性、和人性的精神能力矛盾的，以致我们需要使这种希望变为确信。苏格拉底生动描绘这种希望到这样的程度，说当人的精神忘记它的死的同伴，自己就能超升；如果可以如此，人的精神就会使一种精灵从其坟墓出来，向我们宣示报应女神的意旨，[①]他会使我们听到比摩西立法和我们心中崇敬的先知的神谕更多的东西（如果我们的心终归可以违背人性的法则，他就没有必要通过复活去加强它们），只是对缺乏精神的人来说，由于这些人的精神中没有达到这一希望的前提，即没有活生生地存在着德行和至善的观念，不朽的希望也是软弱无力的。他没有留下什么泥水匠的标志，没有留下什么要宣示他的名字的教命，也没有留下什么谴责灵魂的方法和向灵魂灌注道德的方法，——ἀγαθον〔vertue〕美德是我们生而就有的，这是一种不〔能被〕通过说教注进的东西。为了培养人们在美德方面的完成，他并未指出什么可以到他那里的迂回路径（没有指出那种芳香熏人的花[②]），在迂回路径上他形同中心，似乎是首府，人们费劳苦到此旅行，从这里把恩赐而来的食物运回老家，并使之生利；他也没有给人指出什么 ordinem salutis〔舒适的历程〕，那样每种性格、每一等级、每种年龄、每种气质的人就都得经历受难的某些阶段，经历某些内心状态了，反之他是径直叩门入室，无须中间人，就把人引进自己内室，在那里他不必给某个不速之客、某一来自遥远国土的人物预备住房，相反地他要做的只是给他的老房东点灯让坐，而琴笛大作，强使这位老房东返回旧顶阁。[③]

① 参见席勒诗《弃世》，64/65。曾有一具尸体从坟墓出来，宣示报应女神的意旨。

② 见莱辛《哲人纳丹》，第 3 幕，第 1 场。

③ 本页手稿背面是从《耶拿文汇报》1792 年 117 号上对邓尼曼有关苏格拉底的目的所作论述的摘要。——诺尔注

第 三 章

各民族的国家制度、立法和宗教即使在其原始时的天真的精神早已消逝之后，也还长久带有这种精神的遗迹。① 当民族早已不再是一个家庭，而邦君也早已不再是一个父亲，权力也还长久在独自一人之手，一个家庭幼稚地让这个人以自己父亲的地位行使这种权力。各民族稍许得到扩展，就在国家制度和立法上立即感到自己天真的信赖已被滥用，并通过一定的法律对他们掌权者的恶劣意志或善良意志进行限制。这种天真的精神在宗教中保持得更为长久，各宗教自身总是带有这种精神的遗迹，当国家中除了被允许或受命之外，早已不再指望什么人做善事时，宗教中还有那种精神遗迹。

宗教中的这种幼稚智能把神看作一个强有力的主人，这位主人和人间统治者一样，还有欲求、情欲、甚至情趣，——神会娱乐，因此这位主人往往不依权利的法规进行赏罚，因此人们可以献媚；在他面前，与〔向他〕献出的爱相比较，人们更多〔感到的是〕恐惧，最高的是敬畏；像先前和现在也还对东方邦君们那样，像现在无辜者对其保护人或朋友们也还做的那样，从大自然给予人的美好赠物中——包括快感和满足，人们要向这位主人呈献一部分，且常常是留出最精美的、最新鲜的东西，作为表示信赖和愉悦的自愿的贡

① 这个残篇和下接三个残篇每篇有一印张，本版以空行把它们分开来，作为一章，因为它们无论如何是互相关联的：前两个残篇没有标号，另两个残篇以希伯来字母ב与ג标码。这里一定缺一大张手稿。又见附录。——诺尔注

品。幻想处处严格信仰这位主人，乐于想像他时时在可敬的、良善的人周围，在无辜者、某位白昔司的茅屋四周，他可以使幻想感到这些人、这些地方更可敬、更神圣——σεμνοί，πελώριοι；天真的理解力觉得这位主人在暴风雨中，在洪水中，在瘟疫、在海涛、在山崩中都同样或多样地直接起作用，并且天真的想像力把人类生活的事情和关系转交给这位主人。①

这种幼稚智能使宗教制度设施、仪式和观念（特别是牺牲、祈祷和赎罪）得以产生，这些在理性看来常常是怪诞的和可笑的；常常是可厌的，当理性看到统治欲是借这些欺骗人们的善良之心，这就尤其常常显得可鄙，但在天真的精神和停于那种智能的幻想看来，那些东西却是可爱的，甚至崇高的，乃至极其动人的。那些东西因传统而被神圣化，被传流下来，此外，许多人的利益以非常多样的方式和它们交织在一起，以致一方面是极大的堕落，另一方面是理性的进步，都足以使这种与一般习惯交织的制度在强力震撼下被逐出历史。一方面，最初生息于这些制度设施的精神愈多地消逝，这些神圣的礼仪和训练随之也更多地成为虔诚者前此不曾感到的负担，另一方面理性赢得更多的地盘，那些礼仪也就更确然地要崩坏。理性要求合义务的行为，随着这种理性一起，虔诚者就不能忍受了，不能容忍将礼物和牺牲品供给神庙，或者通过赎罪、苦修、斋戒，通过长久痛苦祈祷使自己的心得到慰藉，或者沉湎于爱的虔诚感，沉湎于神秘的感情了。随着理性的进步，许多感情不可遏止地丧失了，许多其他动人的想像力的联系变得更加无力了，

① 神从天而降。以观所多玛和巴伯尔。

我们把这些联系称为单纯的习俗，其景象使我们快慰，使我们感动，[①]对其丧失我们常常不无不正当地感到惋惜。这些东西的遗迹、神秘的特征，除了那些和任何人的欲求、私情联系起来的人而外，在想完全有理性的人由于自己的个人性情常常简直〔感到〕惊异时，还一直保存着。为什么在我们今天还有人热衷地寻找腓特烈大帝和卢梭的遗物，并加以贵卖呢？

那样一些神秘特征除其中勇敢、忠诚之类，产生于骑士时代的情景外，正是使我们很感到有吸引力的东西，这样一些想像的联系的消失正是时代视为习俗本身消逝的东西，而习俗本身的消逝又引起时代的慨叹。当习俗的这种单纯状态在一个民族中还普遍存在，当一切对邦君、对教士还像对整个民众一样是神圣的，那就不会有什么更动人的、更有益的戏剧场面，这正是南太平洋岛上居民的幸运，也是秘鲁人大约在阿塔华尔巴和华士卡尔兄弟相争前的幸运。但当行政等级或教士等级，或者二者同时丧失这种单纯的精神，这种建造他们的法律和秩序，迄今一直使之获得生气的精神的丧失，就不仅是这种单纯性无可挽回地亡去，而是随后就确定地出现了对民众的压迫，污辱和贬黜（所以等级的分化对自由确实是危险的，因为这就有可能存在 esprit de corps〔小集团精神〕了，这种精神不久就变得和整体的精神相抵触）。即使不超过民众先前已习惯的数量把献祭和赎罪加于他们，整体也永远不再一起是一个社团（这种社团怀有同一意向同心同德地走到自己诸神的祭坛

① lucus〔神林〕成为一堆木料，寺院成为一摊平平常常的石块。比较贺拉斯诗 I_6，V_{31}。

之前的),而是成了一堆人,他们的首领们可以骗取他们的神圣感情,而且这样对待他们时,自己并不表示同情,就像一个魔术家诱骗惊讶的观众惊佩一样,那时这位魔术家自己并不表示惊佩,不过当他使观众们惊奇时,自己却并不作态,反之那些首领则要伪善地从面部、从礼节上和口头词句上表示好感。这群无辜者的单纯无邪使冷静的观众愈感动,上述对照就愈使这些观众愤慨;如果这场表演的主角们不是直接给民众的感情掺进辛酸痛苦,正在祈祷的民众的景象,他们仰望天空的目光,他们合起来的双手,他们曲膝礼拜、深沉感叹和火热崇拜的景象,就一定会由于纯洁的热忱而使他们内心激扬起来。

民众将认识到这一点:自己的教士在自己礼拜时是否怀有与单只助长自己的虔诚心不同的另一类意图,自己对他们的信赖是否没遭到滥用?

教士的此种堕落的可能性的原因可能在于如下情形。除了宗教的对象是某种神秘的东西,绝大多数宗教,尤其是那些外在性的宗教都曾有它们或为秘密或为众所周知的神秘教义,为能成为它们的代理人,需有特别的能力,事先有特别的训练,这些都给他们以一种突出的地位,更直接的是凭借圣物甚至有一部分献给圣物的崇敬也到了他们身上。除这些而外就是,他们的任务是筹办宗教节日(而在每个民族节庆上宗教情绪都占主位),给神明奉送的礼物的收进和保管或者使用已委诸他们的良心。

因此一处民众如欲安排自己的公共礼拜,使之激动感官、幻想和内心(而同时又不失理性),使它的祷告是出于联合的事业和提高灵魂的所有力量,通过美和快乐使严格的义务观念受人欢迎,为人所能达到，这样一种民众就会自己筹办自己的节日，自己使用自己的礼品，以便不因自己的感情而把自己依存的权柄交某些人所组成的阶级掌握；而且，如果自己的意向由本地的一些设施来处理，使自己的想像力感到惊异或出于想像之外，自己的心弦感到激动，自己的理性得到满足，那么他们的精神就决不会感到什么需求，或者毋宁说每七天让他们耳听一些在数千年前于叙利亚才能理解和才适合的话语和譬喻，就不能使他们的精神满足了。

客观的宗教没有相应的国家和政府机构时所能做到的事情是如何之少，它自基督教产生以来的历史给我们显示了出来。它对所有等级的堕落，对各时代的野蛮行为，对民众的粗糙成见能起的控制作用是如何之少。基督宗教的敌人怀着充满人性感的心读十字军东征的历史、发现美洲和现今奴隶买卖的历史，在这些辉煌的事件上基督教在一定程度上都起了突出的作用；不只这些事件的历史，而且一般地邦君堕落和各民族卑鄙情况的整个一串图景，他们都读到了，这使他们内心感到惨痛，于是他们就把宗教教师和仆人要人高尚，主张公益的要求以及诸如此类的声明同上述情形对置起来，他们不能不开始对基督宗教充满厌恶和憎恨，而基督教的辩护者则常常把这种憎恨归之于心中有魔鬼的恶意。基督教的敌人不断用各种强烈的笔触和各种尖刻的讽刺展示狂信者的特殊的宗教，而基督教的辩护者则说这类武器已陈旧不堪，可以从中引出的根据早已被驳倒，以此来对抗自己敌人描绘的触目的、有关暴行的可怖图景，和对一种特殊宗教的狂热所造成的灾难的图景，但更主要的是他们要对手懂得，为人类幸福计，只要把他们的论纲出版，那所有这种坏事就不可能发生了。

但是,历代教皇和他们的红衣主教们,库库彼德《?》和他的时代的牧师们,不是有过摩西和先知,也可以不听从他们吗?他们不是拥有道德的纯真源泉,像我们今天也还拥有一样,但道德不是还需要我们释义、需有我们所教的教理概念?是道德本身不完善吗?如果说道德自己不能改善或至少约束民众的粗野——我不想说改善他们的习俗——但还是应该对这个人类阶级有较大的影响,这些人的事情终其整整一生正在于认识道德并在自身实行道德。教士们过去不是做大无耻的事,便是做小卑鄙的事,由于这个阶级的人以精神谦恭为招牌,由于他们据称把自己一生已献给那个人,每日从那个人的教义中寻找对这一德行的推崇,寻求其报偿,道德不是没有能平息他们的统治欲吗?什么样的恶行没有在他们当中流行?可是什么样的恶行又不曾为他们的主人兼老师所禁止?不是有过这样一些时代,那时邦君受他们的忏悔神父指导,不是有过这样一些国家,那里由教会统治主当政,而这样的时代和这样的国家不是最不幸的吗?

放在天平上称称,整套得救程序是多么之轻,连那种最详尽和最博学的内容在内,——这是什么东西?无非压挤到头脑之内对付别人,这里任何情欲,环境、教育的力量,榜样和政府的力量都可以把那套程序化为乌有。

据说基督宗教的作用和根本目的在于改善道德和为神喜悦,作为可以得到真正宗教、真正信仰的条件所要求的是,或者人们已使神喜悦,以致神自己会给一个人以真正的信仰,或者人们已非常道德,以致可以憎恨恶,渴求正义,这等于说如果人们先已是善的,就能通过基督教成为善的。

孟德斯鸠〔在《论法的精神》第二十四章第二节〕说过:“在一本卷帙浩繁的著作里,不厌其详地罗列宗教所产生的弊害来反对宗教,而不同样地列举宗教所给人们带来的好处,这种做法是笨拙的。如果我把世界上的民法、君主政体、共和政体所产生的一切弊害都叙述一下的话,就将使人们毛骨悚然,惊骇不止。”

在基督给他的学生和听众所定的诫命中有许多诫命,如不是以合乎德行精神的精神实行它们,而是仅仅按字面去实行,它们就会是无益的,甚至会是有害的;这正跟一个其中更多是伦常习惯而不是法律统治的国家的立法,对另一个可以允许人们从事非法律所禁止的一切事情的国家来说,会是很不完善和不可取一样。所以基督的许多诫命是和市民社会立法的根本基础、和所有权的原则以及自卫原则等等抵触的。一个国家如在今日想采用基督的那些诫命——它只能表面上这样做,因为这些诫命的精神不会那么听话——这个国家立即就会自行瓦解。我们还从未听说一个外衣被盗,又还能够保住自己的背心和裤子的人,曾被某个基督教教师申斥,说他没有把背心和裤子也亲手放弃,而在发誓言时,在这方面教士们终究确定地知道基督的明确禁令,必须扮演极庄重的角色。

激起犹太人的文士和法师也来反对基督的首先是什么呢?不是他个人那种一方面单独行动,一方面评判别人行动,不仅和他们的神圣习惯相冲突,而且和民法相冲突的作法吗?如果要说某一案件依法律应如何宣判,那基督就将攻击这些法律的掌握者,而如果说这些人应当是毫无可指责的人,并且同他的意向一致,那他们就不可按他的意向,而必须依法来裁判。法官常常必须用跟这人不同的方式宣判,法官常常必须责罚这人原谅的事情。

一切都说明,耶稣的教义,他那些原则,真正说来只适于个别一些人的教养,以教养个别一些人为目标。例如,他的门徒问他:老师,为了成为完善的人,我应当做什么?当他吩咐门徒卖掉自己的财产,分给穷人时,假使人们想把这件事、这一仅仅是一个小社团和小乡村的原则付诸实现,似乎可以认为将这事推广到一个相当大的民族,那就会导致荒谬的结论。也可以说,如果早期基督徒那样的〔一个社团〕合并在另一有同样财产公有法的民族,那么这样一种法律的精神即在采取这一步骤本身之时也就消失不见了,这种步骤由于有一种强制,不只引起了躲藏的愿望,如在亚拿尼亚那里就有这种情形,〔而且〕听任这样做的善行也只限于本社团成员,限于有自己仪礼和区别标志的盟友,是有违博爱精神的,博爱精神会对受割礼者和非受割礼者,对施洗者与未施洗者均给以自己的祝福。

……内心的圣地只让朋友自愿参加,那将能渗入内心圣地的公共权力现在则以进行宣告它根据种种情况造作出来的意图为任务。

这种检查身心,审判和处罚良心信念的僭越行为,可能是渐次轻悄悄地潜身而来的,因为在基督教最初起源时它实际上是种下了它们的种子,因为把适用于一个小家族的东西扩展到市民社会乃是虚假的(这种僭越行为是以一种不可置信的方式确立的),因为人们竟能如此之甚地忘记自己的权利,对这种损失竟会感受得如此之少,这似乎是不可置信的;这种行为曾促成一堆对暴力设施的令人极为愤懑的危害,和对人性的诱惑:听忏悔、教会前途,赎罪,以及整整一系列此类压抑人性的、败坏荣誉的纪念物。宗教改革家们在他们的教义原理中想遵从新约的说法,在他们的基督教的警察设施上，在教会警察制上，想遵从早期教会的单纯性，因为没有那样的警察设施，他们就不能相信〔可以〕举行宗教活动，因为他们不曾想设置教会权力作为良心自由的支柱对抗邦君权力，因为他们曾使基督教服从世俗政权。这样，他们就被诱惑了，忽视了一个主导的民族宗教中不可少的设施和一个局部性社团，一种交际团体的私人法规之间的区别。不过他们又何以能舍弃作为一种status in statu〔国中之国〕的教会的观念，摆脱一种可见的、齐一的团体和依特定某种 ritus〔礼仪〕形成的结合体？例如路德同茨温格利、欧可拉姆帕德等人的可悲的争论表明他离开以精神和真理崇拜上帝的观念是何其之远，他夺取了僧侣靠强力以支配钱袋的权力，但他还想支配人的意见。邦君们作为自己人民的保护者把他们的宫廷牧师作为自己子女的宫廷教师，由这些教师提携他们的子女，诫谕他们，必要时也可以鞭笞教训他们。于是在政治处罚之外，教会的处罚，教会赎罪等等就被保存了下来，从而忏悔也就保存了下来，真正的密听忏悔式〔虽〕是取消了，但僧侣们作为忏悔神父还是保留了下来，为了帮助信仰不坚之人：人们不停地冲击这些人的幻想，使之充满恐惧。因为人们把宗教已归结为改进人心，归结为赎罪，皈依，但并不停留在一种情况的这些泛泛的说法，——严格地说它们在每个人的心目中是不同的东西，依气质、欲求和幻想各各相异——反之人们剖析这些情况，以致自己加入到感情的玩物之中去。由于人们把这些情况当作某种简单自明的东西，或属于感官的东西，它们的出现或存在人们可以不费力就认识，就像一看表就能看出是否正 12 点一样，由于人们细陈对这些情况的心理描述，仿佛它们在所有人当中都是一个样，从而这种描

述无论如何不是依据关于人的心灵的真实知识，而是依据认为人性天生堕落的神学偏见，这个偏见是由没有人的知识作依据的可笑的圣经注释学人为地互相缀连在一起和安排起来的，由于所有这一切都这样不住地哗哗倒进或拍卖给普通人的记忆和良心，所以这样一种发酵素就定然不能不把普通人的健全而有力活动的活计给败坏，不能不和他自己的欲求、感情运动产生无数摩擦，不能不产生这样一种对良心破坏性的可恼的情形：取代丰富的感情，不可避免地出现了那种没有生气的所谓感情，一堆不能消化的不值钱的词句；取代行动力量、自我信赖和自尊，不可避免地出现了一种伪善的谦卑，一种精神上的空虚自负，总是和自己、和自己的激动情绪打交道，只知一味空谈自己的感情和胜利，空谈忧心忡忡的诱惑，并以此为务。现在僧侣们必须全力去消除怀疑，加强对付诱惑，警告人谨防恶的隐秘的作用，在世界、撒旦的诱惑和自己的恶的快欲和欲望所造成的痛苦中，去安慰人们。于是有一些病人，他们不能忍受健康空气和新鲜的水，现在却靠无味的混汤和药剂师的杂拌为生，对使他们内脏胀闷的各种气流，对每打一个喷嚏，对每声咳嗽都写一篇日记，除和自己打交道外，不再另外和什么人过往，对有请求的人总是把自己的补药汤呈给人家，把他托给上帝的保护。我们可以看看神学大全，在那里构成主要部分的真正说来并不是宗教知识，〔而是〕单纯心理过程的知识，或关于造成某些精神状态的方式的知识，而所根据的原则是认为赎罪、归依真正是最重要的东西，但达到这一地步要经过极难预计的迂回曲折的道路，在这种情形下如果人们为了到达真正固定的目标，过分潜迷于这种道路，这也就不足为奇了。这种有关改进人心和达到这一点的

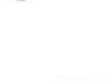

道路的思想，是如此错综复杂，分成那么多的阶站，用非常多的生疏的名称组装起来的，这些名称表达的是一类事情，但由于它们生疏和离异，显得奇异不凡，似乎自身含有什么秘密和重要意义，从 gratia applicatrix〔快悦的恩典〕一直到 unio mystica〔神秘的合一〕，无所不备，以致不能再通过它们认识最简单的事情了，如果人们在阳光下以健全的眼睛观察这些事情，那就一定耻于把所有这种学问和技巧运用于普通人类理智顷刻间就能理解的那种事情。今天人们已经发现主观宗教是不容许强使它成为教条的，于是客观的东西现在便吸收了教条的主要部分，教义此时虽并非总是和理性一致，但却在用作记忆和理智的材料，教会对基督徒的这种训练并不是某种在客观的东西产生以后刚刚新搬到基督会团教规内的东西，而是像我们看到的那样，已包含在教规最初不明朗的蓝图之内了，随后就被伪善和统治欲所利用，并扩展开来。尽管教会训练的最粗野的滥用的遗迹正在开始消失，但其精神保留下来的还是非常之多，这种训练在许多方面给我们提供了一个新的例证，说明一个小社会的制度、法规如被扩展到大的市民社会就决不再是合宜的了，并与公民自由不能相容。在一个小社会中，要不要作为其成员是可以听每个公民自由抉择的。

这样在一个国家并非每个公民就是他的祖国的天然保卫者，但虽如此，那里还是有足够自愿者，他们会得点钱承担这种职务。在这样的国家，一个社会内会彼此缔结这样的协议：其中的人永远不会拿起武器，永远不会参加战争，他们很少了解战争的正当性，如果他们生存于其中的国家常常是胜利者，也很少了解战争的好处；这种社会在任何情况下都不会认为以杀害别人为目的是有权

利的,而完全用容忍和屈从对待个别暴力行为。但是如果这样一个社会本身成长为国家,那他就永远不再能按其普遍性保留自己那些准则,如果它不想使自己陷入危险,通过压制任何自然的感情,把自己关乎整个民族幸福的整个大厦听任一堆强盗胡乱处置的话,就不能保留那些准则。

适如对儿童的最好的教育是他们每日在自己周围看到的良好榜样,而人们愈是不住地给他们下令他们就愈倾向于不听话和执拗发怨,在大处教育人也是这样。人们摆脱、畏惧(ils ne se prêtent pas,ils se refusent〔他们不打算顺从〕),那种总是想永世监督他们,向他们空谈一堆德行和恶行的宗教,这些德行和恶行他们在生活中从来没有那么 in abstracto〔抽象地〕碰到过,像人们给他们在这方面描述的那样,或者说,这些德行和恶行是完全和人们的状况不相适应的。最自由的人对他们有更多一种隐秘的影响(就他们本身不知道而言),最自由人也和自己周围那些人的精神具有更多依存关系。这种最自由的人本来对于过分挑剔似乎也最难以辩驳,如果在一般教坛上泛泛地推荐提倡一种德行或提倡赎罪和皈依,那么每人事实上都会接受这一点,每人都会允许向他讲这些,因为所有那些都同样同他有关。但是如果把到处存在的腐败堕落情景细致忠实地描绘,穿插上一些个人的特点,那么在那些被击中的人那里,这就要发生作用了,他们会感到自己的财产,自己的行动方式遭到了攻击,特别是感到恼恨,会认为没有什么权威有权如此妄行(儿童可以通过单纯的感性,通过爱和畏惧指导,成人同时也可以通过理性来引导;成人至少难以像儿童一样,使合于自己最高利益的东西成为单纯使别人快乐的东西,出自对任何人

的爱，不先看清这样做是好的，就这样做)。如果生疏的人干预他的事情，特别是干预他的行动方式，每人都会认为这是不能容忍的；最不能容忍的是公然设置伦理监视人。谁以纯洁的心行动，就会首当其冲地受到以道德和宗教为准则的那样一些人的误解。

关于死的不同情景

基督的整个一生可以说是对这一变故的准备，他的愿望甚至就是期求这一变故，是每日都萦绕着死的图景，和对彼世生活的希望，与这种希望相反，现世的享受与欢乐只是像一位陌生者一样占有无力的地位，不值得注重，他不爱这个世界，离开他活动的这个舞台对他来说不只不可怕，甚至还可以是适意的事。死的时刻尤其很少使他感到恐惧，假使乐器碎裂，和谐之声不存，也不会使他忧虑，无论是毁灭，无论他未来的命运，都不能使他颤抖，他的整整一生就是一种 meditatio mortis〔对死的冥想〕。他的一生他认为只是未来生活的预科学校，它本身没有什么价值，只有就未来生活看才有一些价值。为此也就是花五十到八十年，对于无限永恒这又算什么？我们生存的整个期间也只是一瞬吗。在六十年当中谁可以在一个片断忘记这一可怕的抉择：要么是永恒幸福，要么是永世责罚？面对一再重新增长的、不配前者的恐惧，谁不驰向教义给人们提供的那些神佑的手段，而正是这种教义使我们知道有这种恐怖？谁能不〔等待〕这一可怕的灾难时刻，那时他不仅要和他曾认为可贵的某种东西诀别，而且那时他将在不几小时或不几分钟内永远不再能看到此世太阳的光辉，看到的却是裁判官头上的光泽在闪耀，在裁判官面前他的命运现在将永远判定？谁会在这一

忧惧等待的时刻不把所有慰安武器收罗到自己身边来？只要时间和自己病情允许，谁会在那时还不起码匆匆地收拾一下礼拜工具，就像一个要突然从事旅行却没有时间加以准备的人一样？这样我们就看到病人在僧侣和朋友中间作祈祷，而他们则向死者恐惧的灵魂发出郁闷的、预定的悲叹；这样我们便听到在进行每次回忆和诫谕时结尾总是一句老话：memento mori〔谨记死的象征〕；一切行动的动因中最有力的动因被从死后彼岸取来，是可以死得美好和虔诚，是还有足够意向（这种意向在这种预备学校流汗学来的教文和韵文中现在又可以回想到），并且能够说到这种意向及其他。

各民族的英雄也是以同样方式死去的，因为他们曾经活过，他们在自己生活时曾学习承认自然的力量，但对自然力量，对其微小的危恶不能忍耐随后也就使他们不适合于忍受其更大的后果了。一些民族宗教中主要的一点，其整个大厦中的一块基石是对死的准备；这些民族整个死得如此缺乏大丈夫气，而其他一些民族却相反地坦然面对死亡时刻的到来，这种情形原来怎么会产生呢？一个人早晨就准备赴宴，让人把他的头发拢好，穿上他的华丽衣服，让人套上他的马，满心想到面临事情的重要而考虑好整个时间，考虑自己如何动作，应如何进行谈话，像一个年轻演说家似的怀着忧惧，不知自己的事情会不会弄好[①]，然而另一人则相反，早晨先办自己的事情，到上桌前不几分钟才想起别人邀请，然后简单整装泰然前往，仿佛在家里一样。在我们民族和希腊人幻想中闪过的关

① 在虔诚信仰的人中，虚伪做作、轻抛现世生活的财宝乃是司空见惯。——一副丑相。

于死的情景是多么不同，在后者中于墓碑上永恒化的是一位美的天使，是睡眠之友，而在我们这里却是骷髅，其可怕的头骨可以展放在任何棺材之上。死使希腊人想到生活的享受，而使我们想到的却是生活使我们不堪忍受；死亡对希腊人来说意味着生活，对我们来说意味着死。如同我们在一个可敬的团体内不讲某些自然事物，不会去描述它们，希腊人也改画了死的情景，削弱了演讲者和传教士为了把恐怖驱进我们头脑，为了剥夺我们的享受，用一切可能的恐怖色彩给我们描绘的死的图景。

第　四　章

α）我所说的客观的宗教是指关于我们的义务和愿望与神的观念、与灵魂不朽的联系的整个体系，因此如果神学不是单纯研究神的存在和特性，而是从人、从人的理性需要方面进行这种研究的话，也可以称客观宗教为神学。

β）如果这一理论不是单纯存在于书本，而是包含着有关人的概念，对义务的爱，和对道德律的尊重，（就道德律为这一观念所强加的限度内）也被接受了，在这种情形下宗教就是主观的。由于民事立法不以道德、而只以合法为直接目的，为了促进尊重道德律和按精神履行法律的气质，也不设什么可以有这种目的的专门机构，而是把这也看作属于宗教的事情，所以我们在这里也不想把这事情分别开，而是不仅把借助神的观念促进道德，而且也把整个道德全都看作宗教机构的目的。

γ）并非人的本性中的任何冲动如生殖冲动等等都以道德为

目的，人的最高目的是道德，在人促进这一目的的禀赋中，人达于宗教的禀赋是最主要的禀赋之一。对神的认识按其本性来说不能是僵死的，它以人的道德本性，以实践需要为自己的起源，从人的本性里面又产生道德；或者说，如果传播基督或穆罕默德的名字和名誉应是主要目的，那么在希腊奥尔否斯或荷马就和丘比特及巴拉斯一样值得赞美和崇敬；如果传播基督的名声是主要目的，那么作这种传播就有原因以萨克森的归依者卡尔，或者以美洲使人改宗的西班牙人为最大骄傲吗？或以犹太探寻者舒尔茨为最大骄傲吗？或者说，如果推崇上帝的名字就〔应当〕是〔自身的主要目的〕，那么世上除声名狼藉的布利切特士瓦勒奔人就没有更好的基督徒了，而在大弥撒节出现在圣彼得教堂的教皇就是比那位下级军官（伏尔特马尔）更可贵的神喜悦的对象，这位军官牺牲自己的生命曾从船沉时救了13个人，在救第14个人时死于为人类服务。

δ）使客观宗教成为主观的，必须是国家的大事情，各种机构必须使自己同内心自由协调，不向良心和自由施加强制，而必须直接地影响意志活动的动机，在这方面国家是可以做多少啊？有多少是必须委诸每个人处置啊？

ε）促进道德，促进宗教的这一目的的实现，a）是通过教义，b）是通过仪式。每种宗教事实上都曾在这两方面用过工夫，都有做到这两方面的能力，而国家是通过法制，通过管理精神。

ζ）基督教在多大程度上有这种能力？基督教原初是一种私人宗教，按它产生的环境的需要，按人们的需要，按成见的需要发生了改变：

a）α）它的实践的教义是纯粹的，而且有一种长处，绝大多数是通过事例讲述的，但后来当在马太福音第五、六章等处道德精神以一般形式阐述出来，不单纯限于形式的东西，而且得到了实质的规章形态，这时基督教就会受到误解，而且也遭到误解了。

β)基督教以历史的真实性为基础，其中神奇的东西总会遭受不相信；只要基督教是私人宗教，信不信它就可以听每人自便，但作为公共的宗教就一定常有不信仰的人。

γ)不是如同希腊人那样关心幻想，基督教是悲苦的和阴郁的，是东方式的，不是在我们的土地上成长的，永远也不能用这块土地来同化它。

b)仪式作为私人宗教是合宜的，当基督教已变成公共宗教，就完全失去了礼仪的意义和精神；此外，它们用作求神保佑的手段，就同欢乐的精神无缘。不过当它们已变为公共的仪式时，人们假使不把〔以〕强力排他的虚假前提同它们联在一起，它们也许还可能成为宽容精神的赞助者，遗憾的是它们现在成了判别各宗派的标志，虽然它们曾可能是相反的东西。

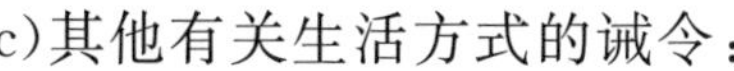

c)其他有关生活方式的诫令：

α)远离公共事务

β)发放施舍——在私人宗教中汇集一笔财产是可能的，在国家中就行不通；原来〔是〕虔诚行为的，现在也和公共荣誉联在一起。

a)展示道德和宗教真理的一个体系，看来是个困难的课题，但这可能得到所有的人或者至少也是绝大多数人的衷心欢迎，因为我们把民族宗教不将自己的教义强加于人，不使任何人的信念遭到强制，视为对一种民族宗教不可或缺的要求。如果大家另外看一下有无数不同的体系和假说，上述课题也是显得困难的，自从理性已发展成理念和对此进行的思辨，哲学家和神学家们就想出了这些体系和假说。恰恰有这样的经验，这许多种的观念形态看来是可能的，尽管有些观念形态使我们觉得奇特，但它们还是和人类的一般观念或需要联系着，而且一再找到自己的信从者，同时也有这样的经验，一当借助公共命令或禁令赋与某一观念形态以一种重要地位，那就不仅会伤害人们的信念自由，而且也不难点燃危险的狂信精神，这些经验正好给一种民族宗教的教理提供了一条规则：教理应尽可能简单，不可包含任何不为一般人类理性承认的东西，不包含可能会使某种东西确定化，使某种东西被教条式化的东西，超过理性界限的东西，即令那样做的权能以灭国本身为其来源。

神秘的理论教义[①]这样的一些教义定然或迟或早遭受正在到来的危险：被理性剥夺权利，为理性所攻击。未成熟的果实随后也许会被窒息，挤压和打落，但随着不断成熟，无论是对付作家们或他们的著作的火刑场，还是驱魔的符号，都不能阻止恶，这种恶的种子是基于人的本性，是不可能毁坏的。因为理性不可阻挡地导致义务和德行自身满足的伟大原则，想通过比单纯以和神的观念结合的范围更烦琐、离开本质更远的动因去促进德行，本身实际上就是亵渎神圣；如果有这一信仰的人以为神奇的教义的作用并不全然有害，有损于道德，但对专制制度有利，那他们无非就是把自己的事情当作对粗野的贱民的羁束。于是出于确信自己的本质和自己的理性信仰同一，每人就都各以自己的方式想削弱自己敌人

① 这几个字黑格尔写在上段手稿旁边。——中译者注

的力量，一种人用从权威宗教或其文献中找到的理由来反对权威宗教，一种人则用戏谑的武器，另种人则满足于自己的这种信念：他〔认为〕权威教义真正说来没有什么，可是由于权威教义在民众信仰中是某种神圣化的东西，他便力图使这些教义适应他自己的观念。我们在许多人物那里发现有这种情形，他们是纯粹从他们自己内心发挥道德观念，从其内心就如在一面明镜里一样看到道德的美，为这种美所鼓舞，他们的灵魂充满了对德行和道德伟大的景仰，在斯宾诺莎、沙夫特布雷、卢梭、康德这些人那里就是这样。他们对道德，对基督教义中的道德的景仰愈是达到更高程度，其他的东西在他们看来就是更无关本质的、更可少掉的东西。

神秘教义，那些不可理解的教条，既不是理性可以表现的，也不是知性可以表现的，这恰恰是因为它们是不可理解的，它们也不是幻想可以表现的，对于幻想它们是完完全全矛盾的。[①] 如果说的是这样一些教义，那么它们所有三种通常的办法就必须停止，它们必须听任人们这时完全放弃它们，因为它们的法则在这里是不能用的，正如我想用长度量酒，或想使一幅漫画有阿波罗的头形一样。这样就只留下了记忆，它把某些词句的结合接纳于自身，它必须给自己把它们保留下去，把它们分离出来，并且尽可能少地让知性看到。

这些教义讲的主要的礼仪还在我们中残留着——也就是说，在这些不可理解的教义是与内心有关的限度内残留着——它们包

① 这里所说的一般并不是教义的客观真理性和有效性，而是讲这样一点：即使这些教义已证明是真，它们也是为我们的理性、知性和我们的内心而存在。——诺尔注

含着通过人实现的实践的要求，包含着它们给予内心的那些推动力，包含着它们许与内心的那些希望，它们中有些具有这样的状况：它们本身毫无实践因素，而是和其他教义结合起来才含有实践因素。

一般说，所有这些教义的第一个法则是它们并不给人类指出〔别的〕取神喜悦的方式，而只是通过一种良好的品行达到这一点，换句话说，除提供纯粹道德的动机而外，它们根本不提供任何达到善的道德行为的动机。宗教在多少纯粹的意义上展示使神喜悦的概念。从力求处在作为神圣理想的上帝面前这种意向，一直往下到因某种有意义的行动而特别例外由上帝给以可达幸福的地位，有许多层次，这些层次自然是永远也不能完全分开，纯粹加以考虑的。

因此尽管宗教确立为最高目的的使神喜悦的概念可以是一些不纯的命题，宗教还是不能不更加小心谨慎，防止有什么实践上有害的观念一起潜入自己内部。

这种要求真正讲来却是一种矛盾：一旦我们的理性和幻想同实践的东西产生某种关系，就不能给我们指出不同于通过优良品行的道路，指出不同于这种使神喜悦的方式，而它们却又得指出一些超越的教义；因为它们没有给我们指出什么新的道路，所以它们就不可能是些不可理解的教义，不可能是神秘奥义。而这样一些教义却要求我们实行某些行动，——或者通过口，或者以手和脚，或者是感情激荡，或者是使肉体困乏和加以苦炼，或者是信仰某些东西都行，以使神圣本质喜悦，要求人们能以此脱离道德律，能摆脱道德律，这样一团教义尽可以是在民众信仰中和历史上以至神圣的印记为证据，理性也还是必须加以谴责，在自己要求道德良好这一点，理性不能允许自己有丝毫退让。

在一些国家或只是在一些阶层的人当中，这些原则正在流行，一切自然的关系都已被这种非道德宗教的妄说所歪曲，一切时代的历史都指明这些国家和这群人的组织是多么可鄙，在这些体系尚且统治的那些国家，如拿不勒斯那种教会国家，其可悲的景象今天也指明了这一点，只有那种虽已足够堕落、但永不可能完全破坏的人性中的善，只有旨在可以使社会能在紧急情况下维系存在而不得不多少纠正那些原则的民法的强制，才阻止罪恶和恶的欲念变成对教义来说是正义的和不可惩罚的，成了完全彻底的。罪恶和恶的欲念是从这些教义取得养分的。

至此我要讲讲那种公共的权威化的信仰，它相信不仅可以通过听弥撒和买赦罪符买赎自己的罪恶，而且没有一个方面会落于一个善良的人之后（它主张体罚和其他各种惩罚，同时它通过设敷逃薮使罪犯逃脱正义之手，使之得到神性的解释者们的保护），这里不只有信仰的作用，而且设有公共机构，只有乞丐才获得好处，而辛劳的人相反地却处境不幸。这里的问题不只是某些诡辩家或经验论者的学说，这些人几乎通过哲学机智也不能充分发现确定善恶间区别的那些原则是有牢靠根据的；也不是一些淫逸之徒，他们在自己的生活中从来对这些原则不大关心，或者说，他们的情欲妨碍他们倾听道德的声音。这里的问题不是这种处处存在的个别情形，而是那些颠倒道德和污辱人与神的原则决不能单纯由书斋里及讲坛上悠闲的人来论讨，同样也决不能不明显地伤害庸人气，幸福就会为一个教授所接受，从其他本来是经验命题到道德或自然权利原则方面都加以接受，不只公开加以讲授，而且比讲授说的更生动，使之与国家整体联系很紧密地交织在一起。那些感受到更好原则的需要的人，以及这类国家中本属善良的那些人，不可能走那种被允许走的、受压抑和罪恶的阳关大道，他们将通过这样一些周折，把他们更美好的感觉和那些原则结合在一起，他们必然对自己的理智隐瞒这种结合的软弱，但这种结合却终究使他们内心感到满足。

因此前述那样一些教义必然完全遭到理性的谴责，无论理性是使自己成为个别人的原则，还是更普遍的、涉及整个国家管理的原则。

但另一方面，一个宗教的权威的教义却给那些不能自己发现人类理性发展的人以一个更好的目的，而特别是在近代，人们常常非常热情地努力从每种独断的教义去发展和寻找那种实践的环节。

现在人们已放弃那些通过理性使宗教神秘成为可接受的努力，而更多是坚持这样的区别：那些教义虽是超理性的，但却不是反理性的；这是这样一种区别：这种区别终究显示出对这些教义的某种畏怯的顾虑，对宗教裁判所的某种敬畏，但最终也不过是如此，因为如果说理性是自己信念的最高裁判者，那么理性就不会接受，不会相信那种它认为在自己的应用和作用的整个范围中不可能达到的东西，[①]这恰好象竭尽航海试验没有发现穿过美洲的西北航线时，地理学就宣称：根本不存在这种航线。

因此那样一些词句在理性看来是失败了的，因为它不能理解

① 人们可能说，这些教义本身是不违反理性的，但相信它们却是违反理性的。——诺尔注

它们，它们在知性看来是不可思议的，在幻想看来是不可表象的，而只能对记忆有用，这样一些词句仅仅对于内心，仅在他们对意志决定方面的影响上才对人能有某种重要性。

无可否认的是，超人的基督教教义的某些方面并不是以真正的道德，而是仅以合法为目的与结果。如果说这教义为了变为适应道德的而可以有某种转变和变得更精致，那也还必须承认(事情以前并非如此严格地对待)，这些尝试之促成只是由于对手们的抗争和指斥，并且它们实际上长期地是被用于下述目的：

在法律的火炬燃得不明耀的地方

来冲击幻梦者的想像[①]

(它们或者引起以超自然的方式期待道德的希望，或者〔产生〕正是通过这种方式被恶化的恐惧。)我只需诉诸有关观念来说明这点，一方面是关于报偿的观念，这种报偿被同神秘的福祉，同幼稚的、轻薄的或基于非道德的骄傲感的优点混在一起；另一方面关于惩罚的观念，这种惩罚是比报偿更雄辩地描绘出来的，是用骇人听闻的、有关地狱痛苦的感性图景描绘出来的，在那里魔鬼通过一再翻新的创造力使灵魂永远没有得救的希望，永远、永远地遭受折磨，适如无可惊异的那样，有些落入这些观念的支配之下的幻想，一定会陷于错乱，许多人把这些观念引向绝望，引向发疯。

如果说希腊的酒神侍女们的幻想曾醉到发狂的程度，以为看到了神明本身的现身，并爆发很多粗犷之极的、神魂颠倒的狂饮，那也应当说这是一种快乐的狂热热情，欢呼的热情，一种马上又返

① 见席勒的诗《退隐》。——诺尔注

归正常生活的热情。但是那些宗教的幻象的滥施却是极凄苦的、极可怕的绝望的发作,这种绝望情绪会使官能彻底解体,而且每每不可救药:有关这些情景的事实,甚至更确定的一些笔触,教条学也常提供,而不单单是教义,把它们表现得更加触目还是较少恐怖,那就多多少少要看宗教教师的活跃的幻想了。

期待彼岸的报偿和惩罚在理性于现世生活和彼岸生活间建立一种联系的实践需要中是这样自然的,有理由的,以致这种教义曾是所有宗教的一个主要之点,但是为了称得上一种道德的宗教,就必须在对待这种教义上多多谨慎,以期在民众信仰中把它巩固起来。

这时能使想像力发展的东西,这里尚未考虑到,而只是就教义是以基督教提供给我们的那些超理性的原则为基础这一点考虑到教义,虽说对想像力的图景的信仰和对教条的信仰都被认为不可少。有关肉身复活的教义全然没有什么重大的道德意义,不过它确曾有本身不足道的后果,通过他人的灵魂作为一种精神的非肉体的东西的概念并没有能变得更为普遍;或者毋宁说,让肉体作为灵魂的自我,而不只是作为它的可靠的伴侣重新复活,这并没有有补于个人持久生存的希望,因为这种希望不曾获得某一非肉体的、不朽的、不死东西的观念,与个人持久生存的希望相反,却是死,个人生存的消逝却自然地说出来了。

对所受苦难的补偿的希望,是一种令人慰藉的思想,是我们向正义要求的一种思想,可是我们同时终究也必须习惯于不把几乎与我们的期望相反而发生的一切看作不公正的事情;我们必须更习惯于更多把我们看作是依赖于自然的。我们政治和市民关系的错综情形，生活方式和财富方面的不平等不只增加了各种不幸，而且也增加了相应的感受力和激应性，我们由于自己的自然和自己每每偏离自然的生活方式已遭受许多痛苦，与这些痛苦一起，甚至常常还随之以难以承受和难以忍耐的情绪，这些都是产生于这样一种要求——我们的一切都应如愿以偿，并出于这样一种信仰——在不幸中忍受不法。

在所谓蔑视现世荣华和财富的背后，甚至常常隐藏着一种十分恶劣而且相反地对拥有它们的人们的嫉妒，这种蔑视宁可说真常常是对别人占有那些表示恼恨，而随之把缺乏那些就视为不公正，视为一种痛苦，为此应给我们以补偿。许多人相信，现世的痛苦比之来世的荣华富贵算不了什么，认为不受痛苦他们便完全不能享有这种荣华富贵；在静心享受这世生活时也同履行这世生活的义务联在一起，他们的生活总还是充满对自己德行的警觉，〔不仅如此〕，而真正说来是充满了恐惧。他们给自己造成许多现实的或幻想的痛苦，并埋怨这个世界是个可悲的深渊，而在那里他们又不能真正埋怨什么。[①] 所有这类情绪都离开了精神，离开了所期望的此世生活和来世生活的道德联系的真理。

基督教的一种区别于理性的、为理性所不知的教义是那种可怕的非此即彼的抉择：人们在来世所等待的命运不是永恒福祉，便是永劫不复。这是这样一种抉择：假使在此世之后未来的观念对人们来说如同奎宁治疗伤寒确实那么可靠和可信，这种抉择我们也可以说在此世（在此世之后这一恩赐的王国就会结束，无情的正

① 一些学者当他们不被别人给以有利评论，就埋怨中了利箭遭受痛苦。

义的王国就将开始）决不会给人以片刻安宁，而是使人陷入一种备受折磨的不确定状态，这种不确定性在其不完善感支配下永远是摇摆在对世界的裁判者的恐惧和对那位仁慈宽容的天父的希望之间。这是一种充满苦痛的状态，它之所以不太频频发作，只是因为人的本性对待它那些原则是不彻底的，这些原则不是以人性本身为根据，而只是从外面硬灌到头脑中去的。

但耶稣的历史却有很大的实践的重要意义，而不单是他的教训或归于他的那些教义。为了热爱善，正当地行使权利，不把德行的表现归于单纯瞬时的善的热情，而是出于自由的选择热爱它，就必须有一些原则，需要我们的形而上学对我们的物理学拥有优势，抽象的观念对感性的东西拥有优势。这时就会使人类达到更多由原则而不是感觉、更多由法律而不是个人进行统治的程度。柏拉图曾说，如果德行昭昭然出现于人们之中，那么，一切有死的东西就一定会喜爱它。柏拉图还是很信仰有德行的人的，不过为了鼓舞人达到热切景仰〔德行〕的程度，他要求真正的德行。耶稣的历史给我们表现的不只是一个人，这个人单独先完成了自己的教养，随之把他的时间唯独用于改善人，最后为这一目的甚至牺牲了他的生命。如要援引最著名的例证，那么苏格拉底也照样可以在这方面作为我们的借鉴，作为我们的楷模，他在实际生活的动乱喧嚣中，在战争中竭尽他的智慧，在战争中冒生命危险救了他的朋友，他把自己的一生献给改善自己同胞的事业，而真理则最终给他递上斟有毒酒的酒杯，他以崇高的宁静将它一饮而尽。对于德行的这一榜样，我们在这里还要什么东西呢？苏格拉底不是一个不比我们有更多力量的人吗？我们不能怀着在我们的生活方式中同样

能力争达到这一完善阶段的希望，效仿他的事业吗？总而言之，基督给病人帮助，花费他什么东西？由于赋有神圣的力量，（这种力量感性，感情或随便一种轻微的欲求都不能对抗，就是缺乏力量和手段也不能加以阻挡），耶稣的无可指责的一生，他的倔强精神，他在受难时的宁静态度都不能使我们觉得是值得敬佩的，也不能吸引我们去效仿，我们完全被剥夺作效法的条件，我们没有希望达到那种程度。但幻想也〔不〕尊重这种冷冰冰的理智的考虑，并且恰恰是混合和附加神圣的东西使有德行的人耶稣作德行的理想典范，如果没有他个人身上这种神圣的东西，我们看到的就会只是一个人，但在前种情形下却是一种真正超人的理想，不管人的灵魂想得必然和它相去多远，它对人的灵魂却不是异己的。除此之外，这一理想还有一个长处，就是并非什么冷冰冰的抽象物，我们可以听到它在说话，看到它在行动，它的这种个体化带来一种已与我们精神相近的东西，与我们的感觉更为切近的东西。因此这里对信徒们说来出现的就不再是一个有德行的人，而是德行本身了；在前种情形下，我们总是乐于假定还有一些隐蔽的影子，或者终究是先前的斗争，就像在苏格拉底那里仅仅是根据面相学所做的那样，而在这里，信徒看到的却是无可指责的、但也不脱离形体的德行。

给耶稣附加神圣的东西，也许更多是便于我们倾心于超过人性的理想，而不是表面上削弱我们效法的热情，因为通过看到自己不可能与他接近，这种附加会使我们感到气馁。

但是为了是一个好的模仿者，自己就必须是被模仿者的一部分，在其他一切事情上都是这样，在道德方面就尤其如此，否则德行就是某种勉强的东西，某种看起来不自然的东西，上面处处有某种不得其所的东西，人们恰恰不想顺应它又与其余方面不相适的东西，因此德行必须首先是某种本身已经经历过的、某种本身已实行过的东西。其他盲目念叨的、生记硬背的德行含有某种笨拙的东西，某种不能和经验、和不断进展到熟悉世界相抗衡的东西，这种东西毫无价值，毫无功用。因此大群人、无数的人就离开重大的事、即离开高尚感，离开能以显示德行和坚强精神或耐性的那些微妙形势和处境，但又不远离相似的形势或从事相似的活动，意求完全和自己的原型相同，这些人曾给他们那些无谓之举挂上高超德行的盛名。于是就出现一群不缺少任何东西而只埋怨受苦的人，一群受害者，人们不惊扰他们，或者与其说等到人们追究他们，不如说他们本身就没有安宁，这是一群学究，没有一个人需要他们的智慧。这些人按自己的理想给自己构成的德行的模范，自然也带有这种理想首先突出显示出来的那些德行的色彩，但这一被模仿物随之也会造成这样的局面：这些德行常常弄得堕落，弄到可悲的地步。由这种好为人师的作法产生了强词夺理，由强词夺理产生了不宽容精神。

关于天意的教义，是基督宗教固有的一种概念，是理性的一个概念，这个概念真正说来我们在任何个别情形下都是不可以运用的，因为它不是一种知性概念，因而也不能说明什么。

实践的道德的教义[①]。反之，基督教的这一特点的许许多多敌人，对基督宗教的道德却曾表示出极大的尊重，尽管他们曾使有关三位一体、神人和解和原罪的教义成为他们讥讽的对象或他们

---

① 这个提要写在本段手稿开始部分的左边。——中译者注

其他武器所指向的对象，他们还是受过基督教道德的鼓舞，把它推崇为人类经历了的一种善举。事实上，全然排斥一切物质性原则的最纯粹的道德体系，没有一个地方能比在道德方面更自然而然地同基督的宗教结合起来。尽管耶稣或他的使徒的其他一些个别说法，曾经认为有关内心意向的个别诫命或意见是与一种纯粹的道德不相容的，但如下一点还是重要的：可以使基督道德的整个精神与每一最崇高的道德一致起来，对道德法则的绝对无条件服从得到教诲。

但是主要的事情现在并不在于一种纯粹道德的某些说法是否可以在耶稣的教义中找到，这类说法从柏拉图、色诺芬和卢梭这类人的著作中也可以找到。另外也无须计及这些实践原则并不成体系，或者其所有义务和动机至少有确定的陈述。主要的事情在于它们是从什么方面、以什么联系和在什么地位上展示出来的。

约翰对众民的讲法是：你们要悔改；基督们的讲法是：你们要悔改，并信仰福音；使徒们的讲法是：你们要信仰基督。最后这条途径直到今日在所有学派，神学大全和传道词中也还保持着。就是在今日，在时代精神，时代观念不再有赎罪需要之时，人们按照时代、按照重要性开始教人把基督认作自己的赎罪者，他作为为人类的牺牲品取悦上帝的被污辱的神圣性，而人类中每个人不是在个别场合需要赎罪，而是似乎在其整个生存期间和他的存在都需要赎罪。这个人为我们遭受苦难，并以此而死去，好象事实上竟没有千百万人为了较小的目的已牺牲自己似的，好象他们没有面带微笑，不怕流血，快乐地为自己的君王、为自己的祖国、为自己的爱人已经牺牲似的，正如他们恰恰为人类已死去那样！对这个人，对他的死的感激，是我们宗教的中心，是其中最重要的东西，是适合于从事想像的最庄严的东西，这种感激心情可以导向对上帝和基督的推崇，属于进行这种推崇的之外还有传播他的名等等，最后也还有虔诚、善行等等。经过这些迂回的道路以后我们便达到了道德，不过不是依上升的路线，而是依下降的路线。因此说基督教一般不可能促进道德，这种指责似乎是不公正的，但是因为人们把道德的那些迂回的道路如此轻率地当作唯一主要的事情，它们给道德带来多少害处，却是明明白白的。即因人们不把道德而把神祇弄成了这些教义的终极目的，道德的目标便从人们眼前失去了。

对信仰的赞扬常常有种结果：使人们满足于一种僵死的信仰，口头的信仰，记忆的信仰，满足于感情，而不用有善的意向和善的行为。使徒们将人们吸收进自己团体的作法就已同基督在接受为他的朋友的那些人那里看到的作法完全不同。使徒们满足于如下作法：如果一群大都无知的人通过一小时或数小时的宏论已能对此惊异不已，以致相信了使徒们的言辞，让自己受使徒们洗礼，从而随之成为正式基督徒。这种皈依方式已延续了许多世纪，今天也还完全以同样方式在恒河、奥利诺壳河、罗楞兹河西岸实行着。

因为对基督的感激的推崇，在地上传播他的名被说成是一个主要目的，一种主要义务，其结果便是"纳丹"内的西达所做的指责完全成了不是不公正的了。[①] 因为只要基督徒中还有道德恶劣的人在，就派有传教士来应付此事。不只天主教教徒，新教教徒和英

① 见莱辛剧作《哲人纳丹》，第2幕，第1场，西达的话是这样："可是德行呢？基督的德行似乎不存在，他的名却得传遍世界。"——黑格尔原注，译者略有增补。

国国教会也一样，都有周密的华贵的设施，使这些设施实现花费了许多劳动、汗水、艰辛甚至鲜血，以便用一个名字，用历史故事充塞各民族的幻想；这些民族早已按自己的需要，自己给自己创造了他们的神，他们的宗教。

当人们描述基督宗教时，总是要碰到被归罪有种缺点的危险，说人们对这一宗教的目的和本质造成了一种不正确的观念，并且，在人们对它所造成的有关观念以为可加以指责时，立即就预备好作针锋相对的回答，说那并不能击中基督宗教本身，而不过是触及它的某一种观念。如果大家请求事实上给谁指出一个教义概念来，从中可以确实看到基督宗教的纯粹体系，那这些先生就会全体异口同声回答说：也许您真不大熟悉我的教义大纲吗？可是，我的先生们，你们自己写的大纲或者你们借以作为你们信仰体系的基础的东西本身是如此之分歧，以致必须提请你们在自己将某种东西说成非属基督教之前互相先协调一番。在下面将被看作属于基督宗教的东西，不是直接取自新约，就是可以更多看作一个体系的教义的东西，抛开了个别一些开明人士的为数不多的教科书和信念，当然也还有红衣主教会议和教会法院正式承认了的民族教义，还有在绝大多数讲坛和学校所采用的程序，至少是曾教育现在开始成人的整整一代人的那种体系。当然阐明一下这种得救程序中的某些东西现在也还是重要的，直到更健全的观念已有普遍的地位，而那些体系只是对于对过去时代精神有好奇心的研究者还有点兴趣。因此我不认为已陷入那些人的缺点，他们是为了使别人觉得痒，而叫别人去生疥疮。假如我另外可以认为一种保证是普遍真实的，那么除借我觉得可厌的那些观念形式取得的保证外，就

没有更使我满意的保证了，虽说由于它们早已被遗忘，而使回忆某种东西成了无益的事情。

宗教的作用是借作为道德立法者的神的观念来加强伦理动机，并从实践理性给我们确立的终极目的，从至善方面满足我们这种实践理性的课题。由于有这种作用，宗教便可能成为一个国家的立法者和行政负责人的目的，他们就可能通过一些特殊的设施来满足人们对宗教的自然需要。在政府把特定某种宗教作为目的以前，民族的意志通常早就已经在拥护这一宗教了。政府只能把传播和保护这种宗教的知识、使之不断更新作为它的目的。维持某一宗教体系的公共设施在君主制国家的各民族群众中是有多么大的影响，在那里民众很少能够作独立探讨，独立选择，而一般是被动地依靠教养，如果我们了解这一点，那的确需要探究一下：那种曾对民族是合目的的宗教（将来可能它不认为这种宗教与自己相合），这种宗教在完全改变了的情况下以同样形态依然还是照样合目的的吗？宗教在其最初起源时性质就是如此，以致不管政府形式的如何变化，不管启蒙带来的任何变化，能既作为一种普遍的宗教，又作为私人宗教，保持它的地位，它的合目的性，并同样发挥自己的效用？各民族的精神曾自己逐渐摆脱或改变了宗教上那种多少是暂时性的东西，或者掌权者曾经有权力来传播宗教，并且有兴趣把从他们祖先那里继承来的〔宗教〕形态加以坚持，作为委托给他们的宝贵财富而原封未动地又流传到他们继承者之手里吗？直到变化成了整个民族的需要，并随之不再能遏止，总是需要几百年，这种民族通常满足于一种推动力，随后不久又使自己失去这种权力，这样即因依附一种新的东西，和怀疑别人力求又夺去他们这

种新的东西，就使进一步前进、使一些改革在几世纪内通常成为不可能的了。

一种宗教可以从如下几方面来考察：

a)它的教义方面

b)它的传统方面

c)它的仪式方面

d)它对国家的关系方面或作为公共宗教、公共设施。

从这些方面来看，对一种民族宗教的要求是怎样的，我们在基督的宗教中可以看到它们吗？

a.

α)实践理性给人确立的他的所有活动的最高目的，它加于人的任务是在世界上创造至善，是道德和与道德相应的幸福。

我认为可以说如下一点是基督教相当普遍的教义，即希望一种永恒的福祉乃是对基督徒最有意义的东西，与此相比，其他一切只有从属的价值。神对基督徒的喜悦之所以在他们看来重要，是因为他是那种福祉的施与者。有关福祉的观念就内容实质看与理性设定的东西相当一致。至善之所以可能的最高条件按照理性是在于意向合于道德律。按照基督教的看法，永恒福祉的最高条件是对基督的信仰，和对他的死所具有的和解力量的信仰，而且，并非因为这种信仰最终可以引向道德，道德于是终归成了真正的条件，那种信仰则不过可以是手段，而是信仰自在地本身就是神喜悦的根据，因此神的喜悦就使那些信仰基督的人得到永恒的福祉，而这些人真正说来是决不能得到这种福祉的。

在什么应是人的最高诫命这点上存在的这种差异，可以得出许多结论来，或者毋宁说，它是以一些重要的先行的命题为基础的，这即是：由于人完全没有能力达到道德，人通过所有趋善的努力，通过所有对善的正直热忱也决达不到获致幸福的境地。人不管在何种程度上可享有幸福，他从上帝无偿的自由恩典也不能得到什么，从上帝恩典的正义性他除了不幸和惩罚不可能期待什么。这里无可争议地是基于一个命题：好人应得幸福，他有权要求幸福，他值得享有幸福。只是他预定就不可能成为一个好人了。

人们把苏格拉底，把许许多多有德行的异教徒，把不少完全无辜的国民和这些命题加以对照，一直到变得无聊的程度，但总是得到那种对信仰德行的、富有感情的人是令人愤慨的、可怜的答案：那里存在的只是显得光辉的恶行而已。这种答案是没有心肠的教父胡想出来的，而由同样空虚的一些学生跟着他加以唠叨，直至令人呕吐。善者值得幸福，这一以人的普遍道德本性为深刻根据的命题是一条从健全人类理智判断方式中普遍表现出来的原则，神学家们在他们有关正义本身的教义中也以这一命题为基础，但这也是他们终究觉得碍事的命题，他们试图把它掩盖起来，恰恰不想承认它，因为它终归同他们关于基督赎罪受难和死这种根本教义在某方面是相抵触的。

只要不是坏的政府贬低人的价值，在那里经验就和那种不唯说一些人堕落，而且还说人类本性堕落的命题相矛盾。这种命题却会由对圣经中似乎讲这点的一些互不联系之处的软弱的解释所肯定，并由此而发展起来，如果它不是在整体的联系中获得一个这样重大地位。不仅如此，人们甚至以为在圣经中可以找到人性堕落和对善反感的生理原因，好象理性对善感到有无可抑制的厌恶；

人们并不想想在这种遗传上人的意志是完全不可能施加什么影响的，因之通过这种遗传即使儿童也被宣称为该惩罚的了；人们也不想想，正是这样一来，那种据说是处于恶的精灵影响之下的人就正可以被宣布为没有任何罪责的；也不想想只要没有实践自由，只要否认人一方面有承认善本身的能力，另方面有尊崇善的能力，他方面有能力给善以高于感性的优势，就完全不可能发生归罪的问题。因此异教徒就完全合乎逻辑地受到了责罚，毫不予以怜悯和恩赦，而那些现在终归不再敢如此直接否认人的上述能力的神学家们，其所持的博爱主张就与他们的其余体系部分发生了矛盾。

因为人没有能力达到道德，所以也就完全不可能发生幸福；于是道德就不能成为幸福的最高条件，既然如此，于是就以上帝慈悲恩典的另一因素来取代道德，人还能够有这种因素，那便是对基督的信仰。尽管人们要求有善果的信仰活动是信仰的一种很必要的成分，但按神学家的说法这种活动中并不包含有首要的、能对我们有报偿的东西，可以给我们独特价值的东西，可以使我们得到神悦的东西，而且，信仰一般又是取决于理智的或幻想的信念，它们要把一些事情认作真实的，而这些事情有的是基于历史的可信性，有的则具有理智不能与之相容的特性。

对基督的信仰作为对一个历史的个人的信仰并不是以实践理性需要为根据的一种信仰，而是一种基于他人证明的信仰。对理性有意义的东西，给人的存在和活动设立最高终极目的的东西；构成安定人类的整个体系，和人所关切的重要问题的解决的拱心石的东西，按照理性给我们所讲的有关内容看，是以理性本身为自己的原则，为自己的基础，理性的发展是必须的，以给每个人提供对

那些问题的解决，因此达到这一点的通路对每个意欲倾听理性呼声的人都是大开的(有一天这将宣示给其他人等等)。历史的信仰则与此相反，按其本性来说是有限的，它的扩展有赖于偶然情况，那是一种并非每个人都能吸取的泉源，可是神对我们喜悦的条件，我们永恒的命运的条件还是得有赖于这种信仰。在这里人们表现得是如此谦虚和谦卑，安于我们对天意的意图和所指道路无知，而人们在其他一些场合还是想十分严格地追迹天意的，我们不会问大自然为什么不给动物以人的才能，不给他们达到理性和道德的禀赋？但是如果一种可悲的骄傲感在所假定的我们本性堕落的问题上竟无非只能以这种堕落本身为支持，无意在存在物的品级上把我们置于比其他难以数计的民族更高的阶梯上，那我们就可以寄望于这一点：手段和唯一〔能〕给人以价值去达到道德完善的学校是向整个人类洞开的。这里只有两种情形是可能的，或者是：排除人类中相当大一部分人享受因那种信仰而倾注给我们这些特选者的福祉，而我们这些人的堕落按我们自己承认的那样来说至少和其余人是等同的，因而也不配有更好的东西，在这种情形下我们就从我们理性和一般人类感中排除了基于伦理的享幸福的庄严这样重要的一些概念，取消了神明同世界、同人类的道德关系，取消了人权的概念，而仅仅由于这种概念人的存在对我们才有意义，同时也否认了神的道德特性随处在某种程度上对我们来说是可知的，是可以确定的，否认了我们自己可以对神的道德本性取得某种概念，如关于神裁判人的方式，如在他看来德行是什么，因为我们从基督教中终究必然了解到神的那样一些先验的和完全神秘的特性；情形或者是：我们必须完全放弃这点，或者是：我们必须承认那

一信仰并没有人们给它夸张的那种巨大的重要性，不是唯一的排他性的条件，这样，人们关于自己在世的终极目的才能有所了解，他们才能在上帝和理性面前拥有价值。

对基督的信仰的根据以历史为基础。当一个民族伦理的单纯性还在防范巨大的等级的不平等，历史在民族固有的基础上发生，传说就从父辈到儿子在延续着，它们在同等程度上是每个人的财产。但一当在一民族形成了一些特殊的等级，家长不再同时是大祭司，那就早有一个等级出现了，这个等级是传说的保存者，以后民族中有关传说的知识就从这个等级传播开了，当传说是从异邦、在相异伦理下以外语发生的时，情形则尤其如此。在这里传说的根据，传说的内容在其原有形式上也就不可能还是所有人的财产了，因为，要了解那种形式，要花许多时间，要有各种知识作准备；这样，那个等级不久便达到了对公众信仰的统治，这种统治可以一直扩展为一种很广泛的权力，或者起码在民族宗教教义问题上总是权柄在握。

一些人拥有我们对他们的信赖，或者因国家赋与特权而使人们相信他们，对他们给我们讲的东西的信仰[①]，比之自己习惯于思考是一种无比轻易的事情。历史的信仰也能促进研究，但唤起反思的精神并不直接在它的本性里。在道德规则或明智行事规则上，每人都有权利相信自己或觉得自己有缘由使之与自己的感情和自己的经验协合，对其真理性和应用性给以评断。在历史真理性上，民众已习惯于信仰从年轻起就讲给他们的东西，并且永远不

① 这是记忆的事情。

会对之陷入怀疑，被注定不能进行对这种东西的真理性进行研究。由于我们的福祉的根据不应以能够检验我们的理性、我们对自己和他人的关注的东西，能够检验我们自我思维的东西为基础，而是要以受国家主要委任来着意传播历史真理性的那些人的权威为基础，所以我们也许就可以说知性的运用和培养，对它自己洞见的信赖，它的信念的独立性是很少会为他们所促进、很少会成为普遍的东西的。——这就是事情的本质。

这种信仰由于它的高度活跃性，由于灵魂紧张还不同于那种历史的信仰。这种信仰活动终于还是招致不可逃避的命运，尽管这种信仰有权威庇护，尽管环境也还如此微妙地同一种体系联结在一起，为了消除所有那些假设、所有可能性，如不定然卷入无穷尽的细节，人们便无处可以靠近这种体系，但理性最终还是敢于从自身出发检验这种信仰，敢于从自身创造可能性和或然性的那些原则，而不管那种人为的历史的构造物，可以把这种构造物抛在一边，而这种构造物是从历史的根据来坚持对理性真理性信念的优先地位。

如果理性一旦大大成长起来，以致感觉到它的自决能力，那么它从自身创造的，以自身为根据的信念就可以坚强起来，或者完全不把那种历史的信仰及其证明根据放在眼里，完全不把这种信仰放在心上，承当起说它轻率该罚的责难，或者如不停地给它提出那种信仰，以此不断冲击它，它也不以自身内心而也从历史根据方面坚持那种信仰，如它也缺乏有关学识，从而顽固地拒绝投降，它就会被指责有意盲目行事；或者它就将用机智嘲讽，借某些说法中的荒唐观念，自己来试图动摇历史性的信仰，也可以是〔通过〕自己把

神圣的历史当作和其他的人的作品一样，在神圣历史传说上如同在其他一些民族的传统上一样也假设已有加以变更的可能，或假定只以一种民族信仰为其根据的可能，或是通过如下方式动摇历史性的信仰：以历史性信仰本身之矛攻这种信仰之盾，在构成这种信仰的基础的经籍中发现没有这种信仰推论的根据，竭尽可能试图顺应这些经籍，而在这种情况下理性将被归罪说对神道缺乏尊重，被归罪说用心恶毒和没有诚意。

对基督的信仰是对一种人格化的理想的信仰。为什么一些人的榜样不足以在德行的斗争中加强我们，使我们感到自己内部的神圣火花，感到在自己内部，使我们成为支配感性的主人的力量？为什么我们在有德行的人身上认识不到他们不仅是我们的肉中肉、骨中骨，而且也能感受到道德同感，亦即也是我们精神中的精神，我们力量中的力量？唉！人们向我们游说，这种能力是怪异的，人不过是属于自然物之列，而且是已堕落的自然物之列；人们把神圣的理念完全隔绝开来，仅仅赋与一种遥不可及的本质存在，认为这种理念限定在感性的自然是不相容的，因此如果它被归于这种道德的完善性，那它就不会构成我们自己本质的一部分，而是只有通过一切本质的那种本质与我们结合，通过这种本质寓于我们之内(unio mystica)，它才可能在我们之内发挥作用。因此这种对人性的压抑不容我们在有德行的人的身上再认识到我们自己，为了一种可以作为我们德行映象的理想，那里需要的是一位神人。当然如果我们在这位神人身上发现真正神性的东西，对我们说来也还并不直接就在于他是神明的第二身，他是由永恒之天父派来的等等，而是在于他的精神、他的意向可以同道德律一致，有关他

的观念我们自然最终必须是从我们本身取来，虽说他的教条可能是用象征和词句提供的。而这种真正神性的东西在有关他的观念中常常遭到误解，被置于一旁，这点一方面就由学者和教士们常常你死我活地进行的争论显示出来了，他们即是这样一些人，其义务就是保持注意那些道德特性，关于这些对道德如此无效的宾词，关于这样一些非本质的特性，人们在审定给学校用的大纲中发现一些极有创造性的规定，作为永恒的证明，作为神圣事物和人性事物等等结合的方式，这些规定最后是这样细致，以致一个人不能抓住。有关不同的意见已成为宗教的本质的事情，它们不是限于书斋，而是要求民众，要求政府来参与，以便运用政府的权力对付持不同想法的一方，让另一方为了他们的谬误到监狱去悔改，或以其鲜血来赎罪。这样一来，就显然忽视和误解了上述理想的本质性的方面，而这方面恰恰是这样一种属性，由于有这种属性，那种理想对我们才可能是理想，才可能是神圣的。可是其他同样可悲的经验也向我们指明，一些人依然固执那种理想所具有的非本质的属性，可以为这些属性牺牲他们自己和别人的鲜血，为耶稣的单纯的名，为与此相关的或出自耶稣的言辞而牺牲他们自己和别人的鲜血，这并不是误解那种理想的唯一可能的方式。但通过基督所认识和所爱的并非单纯是这位人，并非单纯是他的名，而是德行本身，这种情况之能产生是通过了哪些先行准备，这个问题的回答有赖于解决如下问题：一个民族一般何以可能养育得善于接受道德观念和道德。这是那样一个问题，如将这一问题加以发挥，对我们的意图来说，就会是过于宽泛的了；在这个问题上，我们考察的对象仅仅是基督宗教愿通过自己信仰的曲折的道路附带涉及的那部分。不过我们所得福祉的全部希望所围绕的枢轴倒是信仰基督，他是作为上帝和世界的调解者，作为为我们承受惩罚者受我们信仰，这种惩罚一方面由于人类生性堕落，另一方面是人类咎由自取须得承当的，一位无辜者受这样一些苦可以抵消人类犯的不可估量的罪过，因为他是神，并为我们而受尽了这些苦。相对于基督教信仰大厦中这一基础，其他教义只可以看作是许多起支撑作用的支柱，因此〔断言〕人卑劣，他们没有能力自然地获得某种价值，灌输有关基督有神性的教义（因为只有这样一个人受苦才能抵偿人类的罪过），从而也灌输有关上帝的自由恩典的教义（因为我们的福祉所系的那种历史故事世界如无一半人类负罪，就可能依旧还不为他们所知），灌输其他一些与此相连的教义，就都是不可少的了。同时，即使人们只是泛泛地说上帝曾把宽恕我们的罪孽同基督所受的苦联系起来，说基督所受的这些苦是上帝恩典重降的条件（这点人从自己对神明的道德态度自然是不〔能〕理解的，因而甚至也未使下述无谓之谈有多少改进，即说基督事实上通过自己受苦亲自承受了对整个世界的惩罚），以此来疏远基督承受了对世界的惩罚这种荒诞观念，那主要思想因此还是残留了下来：由于别人之功，人们的罪过才得以赦免，只要他们愿意相信这一点。

第 五 章

现在不再具有公共德行、被抛弃而生活于压迫状况的那群人，需要另外一类支持，另一种安慰，以弥补他们未能勇于去减小的不幸，对上帝和对不朽这种信仰的内在的确信必须代之以外在的保证，代之以对一些人的信仰，这些人在这方面能知道更多东西，善于使自己的意见掌握人心。自由的共和主义者曾怀着自己人民的精神为自己的祖国耗尽了自己的力量与生命，而且是出于义务这样做，并不高估自己的劳苦，以致竟会要求对之能有报偿；他们为自己的观念，为自己的义务而劳作，除此之外他们更有何求？他们只是期望和众英雄一道活在理想乡或英烈寺，因为他们是英勇强干的，在理想乡比在英烈寺还要幸福，因为在那里他们摆脱了软弱的人类的烦恼。同样，谁在自己理性中将服从必然和自然作为准则，把这种规律奉为我们虽然不理解，但却是神圣的，那还有什么要做来满足报偿的要求呢？欧狄浦斯那种人当其相信自己是为命运服务，处于命运统治之下时，对于补救他那些无辜的痛苦能够要求什么？但是使盲目服从可鄙的人们的恶的情趣成为自己的准则，却只是一个极端堕落、道德上极其无力的民族才能做的，只有时代长久延续，完全忘记某一更好的时代，才能导致这种结果。这样一个民族背离了自己，也背离了一切神，过着一种私人生活，需要标志和奇迹，需要神明的保证，保证说有来世生活，因为它自己内心不再能有这种信仰。但这种民族终归也没有能走得更远，以把握道德观念，把自己的信仰建立在道德观念之上，一些观念已枯萎，现在一些奇怪的想法，相反地，这种民族的信仰只能依附于一个个人，只能依靠一个人，这个人是它的榜样，是它惊赞的对象。这样便在罗马人公共德行消失和外在显赫沉沦之时出现了对基督宗教真诚的欢心地接纳。如果数百年之后人类又变得能接受那些观念，对个别性东西的关切就将消失，有关人堕落的经验诚然将仍旧存在，但关于人可鄙的教义将减少，使我们去关心个人的那种东

西本身将作为观念以其美渐渐呈现出来，为我们所思念，成为我们的所有物；因为我们从人类本性中只能保留它所能有的一切可恶的东西，〔如果我们〕把人类本性中美的东西，即我们自己放进别人身上的东西，又欢欣地认作我们自己的作品，自己重又占有它，从而学会感受我们自己的自尊，那我们就是事先仅仅信仰我们自己了，而这种态度现在只能是蔑视的对象。

在私人生活中，对生活的爱，适意和使生活美好须是我们的最高的志趣（将这些置于明智的体系，已构成我们的道德）。现在道德观念如果能在人类中取得地位，那么那些财富就将贬值，而那些仅仅保证生命和财产的制度将永不再当作最佳的，那整套可厌的机关，那套千千万万弱者在其中寻求慰安的人为的讲动机和慰藉理由的体系就将是多余的。宗教体系过去总是带有时代和国家制度的色彩，而这些制度的最高德行〔是〕卑谦，宗教体系，和它讲的〔人〕无能为力的意识，从其他地方来期望这一切，甚至部分地期望恶本身，现在宗教体系、它的无能的意识将获得自己真正的、独立的地位。

耶　稣　传[①]

那打破一切限制的纯粹理性就是上帝本身。因此世界的规划一般讲来是按照理性制定的。[②] 理性的功能在于使人认识他的生活的使命和无条件的目的。诚然理性常常被弄得晦暗了，但却从来没有完全熄灭过，即使在晦暗之中，理性的微弱的闪光也还是保持着。

犹太人中有一个名叫约翰的，他唤起人们重新注意到他们的尊严，他使人们认识到：人的尊严并不是外来物，而即在他们本身之内、在他们的真我之内，不在出身方面，不在幸福的追求里，也不在于从作一个大人物的仆从中去寻求，而只在于培养神圣的火花，这个火花是人人所共同分有，它给予人们以充分证据，证明他们在一个崇高的意义上是从上帝本身降生下来的，——理性的修养是达到真理和宁静的唯一泉源，真理和宁静并不是约翰有特权排斥他人、独自享有的什么东西，而是一切人在他们自己本身内可以展开出来的。

但是在改善人们的陈腐信念方面，在提供真纯道德的知识以及对于上帝的纯洁的崇敬方面，耶稣基督曾经获得了较多的功绩。

① 本篇手稿共 19 印张，页码用字母 a 到 t 标明。按照黑格尔注的日期，这篇文章是在 1795 年 5 月 9 日至 7 月 24 日写成的。——诺尔注

② 《约翰福音》，第 1 章。

耶稣出生的地方[①]，是犹太国的一个村子伯利恒。他的父母是约瑟和马利亚[②]。约瑟的家族是出于大卫。按照犹太人的习惯，许多代的人都写在家谱上。按照犹太法典，耶稣于诞生八天之后就给他行了割礼。[③] 关于他所受的教育除了下面这些情况我们一点也不知道：据说[④]有很早的迹象表明他有不平常的理智，并且对于宗教方面的事情很感兴趣，正如有关这方面的一个例子所说的那样，当他十二岁那年，有一次他忽然逃离他的父母，因而使得他们大为忧虑，但是后来他们才在耶路撒冷的一座庙宇里把他找到，见着他同祭司们在一起。他以在他这样年纪的人所少有的不寻常的知识和判断能力使得祭司们感到惊异。

从他少年时期所受的进一步的教育，直到他本人以一个有教养的人和教师的身份出现，从他全部如此高度值得注意的发展时期直到他三十岁时，我们只得到如下的一些报道：其中有一条为他[⑤]同上面提到过的那位约翰相结识。约翰自称为施洗的人，因为他经常为那些接受他的召唤愿意悔改的人施行洗礼。这个约翰感到他的天职在于促使他的国人注意那些比单纯的享受更高的目的，注意那些较好的企望，作为复兴犹太王国从前的光荣的准备。约翰施教和停留的地方，往往是偏僻荒凉的区域，他的别的一切需要很简单，身穿骆驼毛的外衣，腰束皮带，吃的是蝗虫和野蜂的蜜，

① 《马太福音》，第1、2章。

② 他俩本来定居在加利利的拿撒勒，但他们必须赶往约瑟家族的出生地伯利恒，因为当时罗马皇帝亚古上督有命令，犹太族的民众必须回他们本乡登记户籍。

③ 《路加福音》，第2章，第21节以下。

④ 同上书，第2章，第40节。

⑤ 同上书，第3章；《马太福音》，第3章。

这些东西在那个地带是可以吃的。

关于他的教言只约略知道：他曾号召人改变性情，而性情的改变必须通过行为来证实；他告诫犹太人说，自以为他们是亚伯拉罕的子孙，就可以不去寻求上帝的欢心，这是错误的。并且当人们来到他前面，对他们过去所作所为表示忏悔，他就会给他们施洗，这是一种象征性的行动，暗示有如洗去污秽，丢掉腐恶的情欲。这时耶稣也来到他那里，要约翰给他施洗。不过约翰似乎并不以得到一些青年，把他们集合在自己身边为光荣，因为当他发现了耶稣的伟大禀赋，像他在以后所证实那样时，他就向耶稣证明，他没有受洗的必要，并且还嘱咐其他的人，叫他们转而向耶稣求教诲。后来当他听到耶稣有了那样多的听众，施洗了那样多的人(他自己不受洗，而只是给他的朋友施洗)时，也证明他自己对此感到高兴[①]。

约翰最后[②]成为当地王公希律和一个虚荣受到伤害的女人的牺牲品。事情是这样的，约翰曾经责备希律娶弟妇希罗底是不合理的，因而被希律关在监狱里。不过希律还不敢杀害他，因为人民把他当作先知。后来到了希律的生日，他举行了一个盛大的庆祝会，希罗底的一个女儿〔在众宾客面前〕跳舞，表现了突出的艺术才能，使得希律大为欢喜。他让她提出任何请求，他都可以恩许她，即使她要求国土的一半，也可以给她。她的母亲〔希罗底〕由于她的虚荣受到约翰侮辱，早就怀恨在心，这时就怂恿她的女儿请求把约翰处死。希律没有勇气相信，在众宾客面前，他说出来的话是可

① 《约翰福音》，第 3 章，第 27 节以下。

② 《马太福音》，第 14 章。

以证明为不算数的。于是约翰的头颅便被放在盘子里送给这个女孩子,她又把它交给她的母亲。约翰的尸体被他的门徒埋葬了。

此外,从耶稣这个时期的生活里,仅仅还遗留下关于他精神发展的进程的一些微弱的迹象给后世。

有一次,在他孤寂中反思的时刻里,[①]他提出了这样一个问题:是不是值得费力通过研究自然,也许通过把自然同较高的精灵相联合去寻求使无价值的材料变成宝贵的东西,使它转变成对人们直接有用的东西,譬如使石头变成面包,或者使人们完全独立于自然——(使自然屈服于人),但是他拒绝了这个想法。这是由于他考虑到自然界曾给人们对它的控制设置了限制,并考虑到努力寻求控制自然的权力乃是属于人的尊严本身之内的,因为人自身内即拥有超出自然的崇高力量,对于这种力量的培养和提高就是他的生活的真正使命。

另一次,是世人所认为伟大的、有价值的、可以为人们活动的目标的东西,都浮现在他的想像面前,如:统治千百万人,使得半个世界谈论自己、看到成千上万的人的命运都取决于自己的意志和喜怒,或者生活在愉快地享受自己各种愿望的满足中,享受一切足以刺激自己的虚荣或感官的东西。但是当他进一步反复思考了在这样一些条件下所仅能获得的一切后果时,即使人们占有这些东西其用意只在于用来达到人类的福利,其后果也不外降低自己的品格使屈从于自己的和异己的情欲,忘记了自己较高的尊严、弃绝了自我的尊重。因此他毫不踌躇地放弃了这些思想,决不使那些

① 《路加福音》,第4章;《马太福音》,第4章。

欲望支配他自己，决定永远忠实于铭记在他心上永不磨灭的东西，——这就是永恒的伦理规律，并且尊敬这样的人，他的圣洁的意志除了遵守永恒的伦理规律外，不会受到任何别的东西的影响。

在他三十岁那年，他本人首先公开地以教师的身份出现。他的讲话看来最初只限于对个别的人说的，这些人很快地就跟他一起[①]，一部分人是由于对他的教训感到兴趣，一部分人是响应他的召唤同他作朋友，因为他随时随处都是有朋友〔或门徒〕伴随着的。他通过以身作则和他的教训要把犹太人的民族偏见和民族骄傲的狭隘精神从他们之中扫除掉，使他们充满他自己的精神，这个精神只着重把价值放在与一个特殊民族或权威的制度没有直接联系的道德上面。他经常停留的地方是加利利和〔那里的〕迦百农。从那里出发，他也时常去到耶路撒冷，参加犹太人的重大节日，特别是去参加每年一次的逾越节。

自从他作为公开的教师出现以后，他来到耶路撒冷的第一次，[②]由于一个突出的事件，使得他轰动一时。当他走进庙宇时，犹太亚的所有居民都拥挤着向着庙宇走去，他们要去那里向上帝作共同的祈祷以求自己超脱日常生活的藐小利益，并向神明靠近。耶稣遇见一批做小买卖的人，这些人利用犹太人的宗教热情，作投机买卖，他们带来了犹太人祭神时所需用的各式各样货品，待节日到来，犹太亚各地的民众聚集一起时，他们便在庙内做生意。耶稣对这种做买卖的气味感到愤怒，他把那些小商人通通赶出庙门。

① 《约翰福音》，第 1 章，第 35—51 节。

② 同上书，第 2 章，第 13 节以下。

他发现他的教训得到许多人接受。他深深认识到，犹太人固执于根深蒂固的民族偏见和缺乏对高尚事物的感受力，以致不想同他们更加接近，当他在他们的信念中得到更多的信赖时，他感到他们不能够在这上面建立起伟大的东西。因为他们的信念没有这种特质，由于大多数人的赞许而受到尊敬，就像通过一种见证那样，就会有更多的东西在自己固有的信念里巩固起来，——这样的虚荣心和弱点同耶稣是太格格不入了。为了相信理性，他不需要任何赞扬，也不需要任何权威。

耶稣在这里所引起的轰动[①]，好象在民众的教师们和祭司们那里并没有留下什么印象，或者可以说，至少他们装做不理睬，用轻蔑的态度小看他。但是他们之中有一个叫做尼哥底姆的，却对这种轰动有所感受，因此找机会前来同耶稣有较亲近的认识。他想根据耶稣亲口所讲的，弄清耶稣教训中包含的新的和特异的东西，以及值得注意的东西到底何在。为了使自己不要受到他人的仇恨或嘲笑，他在黑夜中去见耶稣。

尼哥底姆说，我来到你这里也是为了受到你的教训。因为我从你听来的一切，都证明给我：你是上帝的使者、上帝居住在你心中、你是从天上来的。耶稣答道，老实说，谁如果不是以天为他的本源，在他里面如果没有神圣力量居住，那么他就不是天国的公民。尼哥底姆回答道，但是，人怎样才能弃绝他的自然禀赋？他怎样才能达到更高尚的境界呢？难道他必须回到他的娘胎里，以便降生成为另外一个人，成为属于另外一个族类的存在吗？

① 《约翰福音》，第3章。

人之所以为人，耶稣回答道，本来就不纯全是一个感性的存在。他的本性并不仅只局限在寻求快乐的冲动，而也有圣灵在他之内，他心中也有神圣本质的火花，一切理性存在的遗产他都是有一份的。正如你虽然听见过风的响声，感觉到风在吹，但你却对风无能为力，也不晓得，风从哪里来，往哪里去。同样地那个独立的、不变的能力也是不可抗拒地在你的内心里宣示给你。但是它如何同人的其余的性能和人的在变化中的心情相联系，它如何会成为制服人的感性能力的较高威力，这却不是我们所能知道的。

尼哥底姆承认，这些概念是他所不理解的。耶稣说道，你是以色列人的一个教师，怎样对于我所说的，还不理解呢？——我所说的东西，在我心里，却有那样活生生的信念，其确信无疑，就像我亲自看见和听见一样。如果你不依靠你的圣灵自己内在的见证、不重视上天的声音，我怎样能够期望你凭借我的见证，而信仰我所说的那些东西呢？只有其根源在天上的那种声音，才能够教导你什么是理性的较高需要，但是也只有信仰并听从天上的声音，才可以找得到宁静、人的真正的伟大和尊严。因为神使人超过其余的自然，神使人具有灵魂、神赋予人以理性，神使人成为自己本质的光辉的重现。只有通过对于神的信仰，人才能实现他的最高使命。神并不灭绝人的自然冲动，而是引导它们、使它们高尚化。只有谁不听信神，谁才会把自己导向歧途，他看不见神的那种光明，不能以光明滋养自己，从而不能通过自己的行为表明他是圣灵的儿子。他就会在理性的光辉面前后退，（理性是把伦理当作义务来命令人遵守的，）因为他的恶行抗拒那种光辉的照耀，这光辉会使得他充满羞耻、自我轻蔑和悔恨。但是谁正直地进行工作，他便很乐意接

受理性的裁判，不回避理性给他的正确指示，不害怕理性提供他的自我知识；而且他也用不着隐瞒他的行为，因为自己的行为正是使他具有生命的圣灵、理性世界的精神、上帝的精神的体现。

当耶稣听到群众中赞扬他的教训的人，都引起了法利赛人的注意的时候，他就又离开了耶路撒冷。[①] 于是他又去到加利利，但必须路过撒玛利亚。他叫他的门徒先到那座城市购买食物，他自己这时便〔因走路困乏〕停留在一口井[②]旁。这井据说是犹太民族远祖雅各所留下的。在这里他遇见一个撒玛利亚妇人，耶稣请她打水给他喝。她感到奇怪，怎么一个犹太人会向一个撒玛利亚女人求水喝呢？因为这两个民族彼此间有着宗教上和民族上的仇恨，他们从来是不相来往的。耶稣回答说：假如你知道我的来源，你就不会把我按照一般犹太族人看待了。即使你不打算打水给我喝，我也会给你开辟另外一种活泼泼的泉水，谁若喝了这种泉水，就会永远不渴，从这个源泉里涌出的水，会汇成一条导至永生的长流。撒玛利亚妇人答道：我听说你是一个有智慧的人，让我请求你把我们的宗教和你的宗教之间最重要的争论问题加以解决：我们的祖先在这座加里兹山上做礼拜，而你们却说应该崇拜那至高无上的神的地方只是在耶路撒冷。耶稣答道：请相信我，妇人，这样的时候将会到来，你们崇拜上帝的地方，既不在加里兹山上，也不在耶路撒冷，这时候人们将不复相信，崇拜上帝被限制在一些预先规定了的行动和仪节上，或者被限在一个特定的地方。这个时候

① 《约翰福音》，第 4 章。

② 德文原字为 Quelle，有井及泉水或泉源双重意思。这里译成井较合原意。下文译成泉水有较深刻意义。——中译者注

将会到来，也可以说，它业已到来，上帝的真诚崇敬者已经用宗教上真正的精神去崇敬那普遍的圣父。因为圣父只欢喜这样的人。理性和理性之花——道德律，只是在精神中起作用，对上帝的真诚崇敬只能建立在精神的基础上。

耶稣同这位妇人谈话的故事很快就在该城的居民中传开了，使得众人对耶稣有了很好的意见。这些传述引起许多撒玛利亚人走出来，向耶稣领取教训。当耶稣正在同他们谈话时，他的门徒们已经〔买好食物〕赶回来，请他吃饭，耶稣回答他们说，不要吃了，我考虑的不是肉体的营养。按照上帝的意旨办事、实现改善人类的事业，这才是我所从事的工作。你们的思想总是指向食物上，指向摆在面前的庄稼的收获上。扩大你们的眼光，试观看那人类〔精神〕将要获致的收获，这种收获也是由种子成熟起来的。但是在这些田地里你们没有撒播过种子，那由自然放进人类心中的善的种子，是这里或那里由自己自发地发展起来的，不过你们的事情却在于培养和爱护这些花朵，参加到自然已经开始的工作中去、使种子及时成熟。由于撒玛利亚人们的要求，耶稣同他们一起待了两天，让他们有机会，通过自己的经验，使他们从那位妇人的叙述中对耶稣所形成的好意见，得到证实。

两天之后，他就〔离开撒玛利亚，〕继续往加利利去。[①] 一来到加利利，他就号召人们改变性情和道德的改善，[②]他力求把人们从他们的沉睡和无成果，无所作为的希望中唤醒起来，昭示他们：一

① 《约翰福音》，第 4 章，第 43 节；《马太福音》，第 4 章，第 12 节以下；《路加福音》，第 4 章，第 14 节。

② 《马太福音》，第 4 章，第 17 节。

个救主很快就会出现，犹太人的宗教崇拜和国家很快就会复兴。耶稣向他们大声疾呼地说：你们不要等待别人，自己亲手来进行你们的改善的事业吧；提出一个比重新作成老一辈犹太人所作那些事情还更高的目标吧，改善你们自己，随后天国就会带给你们。耶稣[①]到处都这样教导，在迦百农、在锦尼加里特湖、在犹太人公共的逾越节上和会堂里，到处都在宣教。有一次耶稣也在拿撒勒，他诞生的地方，向他家乡的人们讲解圣经中的一段。于是人们叫嚷说，这人不是约瑟的儿子吗？他不是在我们中间生长和教养起来的吗？犹太人有着不可克服的成见，认为：他们盼望作为他们的救星的，必定是出身于贵族，并且具有辉煌的仪表。最后他就被他故乡的居民远远地赶出了拿撒勒。这样就使得他想起了一句谚语：一个先知在自己的家乡里是最不受欢迎的。

这里耶稣又[②]召唤彼得和安得列兄弟，以及雅各和约翰兄弟跟随他走，他遇见他们正在忙于他们的捕鱼之业，当时耶稣对彼得诸人说，放下捕鱼的事，我要使你们得人如得鱼一样。

他的信徒[③]的人数现在增加得很可观，城市中、村庄内都有许多人跟随他。在他的生活的这个时期，对着一个人数众多的群众，大概有一次在一座山上，他向众人作了如下的讲话：[④]

卑谦和贫穷的人有福了，因为天国是他们的。

① 《路加福音》，第 4 章，第 16—32 节。

② 《马太福音》，第 4 章，第 18—22 节。

③ 同上书，第 4 章，第 25 节。

④ 同上书，第 5 章。按这就是所谓“登山训众”。黑格尔的引述与《新约》原书稍有出入，这里的译文以黑格尔的原文为准。——中译者注

受苦难的人有福了，因为他们总有一天会得到安慰。

温和的人有福了，因为他们将会享受宁静。

渴慕正义的人有福了，因为他们的渴望必可得到实现。

同情他人的人有福了，因为他们也会得到人们的同情。

心地纯洁的人有福了，因为他们可以接近神。

爱好和平的人有福了，因为他们将被称为上帝的儿子。

为了正义的事业受到迫害因而蒙受诽谤和侮辱的人有福了，你们应当欢欣鼓舞，因为你们是天国的公民。

朋友们，我愿意告诉你们，你们是世上的盐，盐若失掉了味，怎能使它再咸呢？它丧失了它的特性，杂在其他废料中，没有用处。就像善的力量在你们心中消亡了，你们的行为也会随着其余人们的毫无目的的挣扎冲动而堕落下去那样。要表明你们"是"世上的光，使你们的行为照耀世人，并使人们内部的善良本性燃烧起来，使他们学会仰望较高的目的和天上的圣父。

不要以为我是来宣示律法的无效。我不是来取消律法的束缚性，而是来成全律法，赋予这个死骸骨以生命。天地可以毁灭，但道德律的要求，服从这些要求的义务却永不会消亡。谁要是自己不遵守并教人不遵守道德律，他就不配享有天国的公民的名称。但是如果谁本人履行道德义务并教别人尊重义务，他在天国里就会有很大的威信。至于我为了实现整个律法体系所要补充的，乃是这样一个主要条件，即你们一定不要像法利赛人和犹太族中的文士那样，满足于尊重律法的字句或条文，这不过是人间法院的事情，而必须根据律法的精神，基于对义务的尊重来行事。为了从你们的律法书中举出一些例子来说明这点，那就有你们都熟知的一条古老的诫命：你不应杀人，谁杀人，谁就要受到审判。但是我必须告诉你，他人之死并不构成应该惩罚的罪行，谁不正当地激怒他的弟兄，虽说不会受到世间法庭的处罚，但是就律法的精神来说，他和前种人一样也应当受到处罚。

还有条诫命是要在一定时间内献祭。当你们接近祭坛时，想起了你们曾经侮辱过一个人，这人因而对你不满时，你们就要把礼物留在坛前，先伸出手来同你们的弟兄和解，然后才走近祭坛，欣然向神献礼物。

再如一条诫命说：你不应奸淫。但是我必须告诉你，罪过并不只是在于实际的淫行，只要你看见妇女动了淫念，你的心就已经不纯洁了。无论哪一种私欲，即使是最自然、最可喜爱的私欲，你必须把它克服掉，甚至把它毁灭掉，不然它就会把你从正当的道路上带走，并从而把你的道德通则逐渐埋葬掉和败坏掉，而你还自以为满足你的私欲却并不违反律法的条文。

还有一条古老的律法说：你不应该违背誓言。但是一般讲来，如果你尊重你自己的话，每一个用单纯的“是”或“否”表达出来的保证和诺言，都应是同样地诚实、同样地神圣和同样地不可破坏，正如对神明宣誓一样，因为你必须根据这样的信心来说出你的是或否，就像你决意永远照着它行事那样。

又如有一条市民的律法说：以眼还眼，以牙还牙。但是不要让这条法律上的规则作为你们私人生活中报复侮辱或者表示好感的标准。要以毫不介意的态度牺牲财产的占有，要以温和、善良和高尚的情操，牺牲你们自己的即使是合法的利益。

也有诫命要你们爱你们的朋友和国家，因而就容许你们恨仇敌和异邦人。对此我告诉你们:要爱你们的仇敌。对诅咒你们的人,要祝愿他们幸福;对仇恨你们的人,要善待他们;对于那些在别人面前诬蔑你们并因而使别人力求给予你们痛苦的人,你们要在别人面前替他们祷告。这样,你们就可以作天父的真正儿子,就与那普爱世人的天父相似,因为他让太阳照好人,也照恶人,让雨露沾溉义人和不义的人。因为假如你们只爱那些爱你们的人,只对你们的恩人作好事,或者借贷出去一些恩惠,为了可以收回等价的报酬,[①]这有什么功绩呢?这乃是恶人也同样具有的一种自然情绪。在这样的情况下,你们并没有作出任何合乎义务的事情。圣洁才是你们的目标,要像神那样圣洁。

施舍[②]和行善是值得嘉奖的美德,但是如果不但像上面所告诫那样从美德的精神出发来做,而只是想让则人看见,则它们便不算什么功绩。所以当你施舍的时候,不要在街道上、在会堂里或者在报纸上自己吹嘘,像伪善的人所作那样,为的是得到人们的赞扬。施舍要在隐蔽中进行,好象不要让左手知道右手所作的那样。你们的报酬,(如果你们需要报酬的观念作为一种鼓励的话,)就是你们曾作了好事这样一种沉静的思想。尽管世人很少知道〔善业的〕缔造者,但却知道你们行为的效果,不论这效果是多么微小。你们所给予不幸之人的帮助,你们所给予贫困的人的安慰,是永远富于良好后果的。

当你们祷告的时候,尽量不要像伪善者那样,他们跪在教堂

① 《路加福音》,第6章,第35节。

② 《马太福音》,第6章。

里，合着掌在大街上祈祷，或者高声歌唱惊动邻人，故意叫众人看见。真正讲来他们的祷告是不会有成果的。你们的祷告，不论是在旷野或屋内举行的，还是你们的心灵的一种提高，超出人们所怀抱的藐小目的，超出驱使人们四处奔波的欲望，实行时都要集中思想于圣洁的东西，它可以使你们把埋藏在你们内心深处的法则回忆起来，并使你们充满对那法则的尊重，不致为任何私欲的刺激所侵犯。不要用许多重复的话来说出祷告的本质，迷信的人们以为通过冗长的祷词就可以得到上帝的垂听，或者以为就能够揣测到关于上帝和他的永恒智慧的擘划。不要在这方面去效法他们。在你们没有祈求以前，你们需要什么，你们的天父早已知道了。所以自然的需要、私欲的愿望不应是你们祈祷的对象。因为你们怎样能够知道，自然需要和私欲愿望的满足是否会是上帝道德擘划的目的呢？你们祈祷的精神应当是：你们为对神的思想的鼓舞，体会神的固定的意旨，把你们道德改造的全部成果献给神。这种祈祷的精神如果要用语言来表达，那就可以这样来说：世人的父，一切天界都从属于你，你是唯一的圣洁者，是涌现在我们面前、为我们企望接近的范型[①]，企望你的国度总有一天会到来，在其中一切有理性的存在只把它的法则当作他们行为的准则。一切私欲，甚至自然的呼声都被逐渐服从这一理念！面对着你的圣洁的意志，我们深深感觉到我们的缺陷，我们怎样敢冒充我们的兄弟们的严厉的甚或急于复仇的裁判官呢？我们毋宁只愿向内对我们自己工作，使我们的心更善良、使我们的动机更高尚、使我们恶的意向永

① 范型原文作“Bilt”有形象、图象的意思，一稿作 Ideal（理想）。——中译者注

远越来越纯洁化，庶几我们可以变成更同你相似，因为唯有你的圣洁性和神圣性是无限的。

你们道德完善性增长的标志在于你们有了兄弟爱的增长和宽恕人的意向的增长。不要积累财宝在地上，（地上的财宝你们永远也不能完全说是你们自己的东西）、金，银、或者美貌和技巧，这都要消失的、是要随环境起变化的，甚至是会锈烂，是会被虫子咬坏，也有被盗窃的危险，它们不是可以充满你们灵魂的那种东西。不要积累这些，而要积累不朽的财宝在你们自身内，积累一种道德的财富，只有这样的财富，你们才可以真正叫做你们的财产，因为它是依靠你们最内在的自身得来的。自然的压力，或者人们的恶意，甚至死亡都不能战胜它。正如眼睛是身上的灯，眼睛若瞭亮，可以引导身体作各种的事，但眼睛若昏花，身体作什么事也不方便。同样如果灵魂之光、理性变黑暗了，那么每一个冲动、每一个嗜欲从哪里去寻找它们的正确方向呢？正如一个人不能以同等的热情事奉两个主人，同样事奉上帝和理性与事奉感性情欲是决不相容的，两者之中，其一排斥其他，或者此重则彼轻，有着一种不幸的、不可克服地往来摇摆于两者之间。——所以我告诫你们，不要永远老是为吃、喝、穿忧虑，这些需要构成绝大多数人追求的整个范围，从人们对它们的重视看来，它们好象构成了他们的使命、最后目的。难道人们的内心深处真没有比为吃为穿更崇高的需要吗？试看那天上的无忧无虑的飞鸟，它们不下种、不收割、也不积蓄粮食在仓里，自然界的父亲尚且养活它们。难道你们的使命不比它们的更高、你们会被自然所抛弃、你们灵魂中的一切高尚力量只能发挥出来以求满足肠胃的需要吗？你们费了那样多力气去装饰并美化自

然赋予你们的形体，难道费尽一切心思和忧虑，你们的虚荣心能增加你们的寿命一分一毫吗？此外试看一看田野里的花，这些花今天这样盛开，明天就变成枯草了，就是梭罗门在他极荣华的时候，也比不上同自然界这种天然的美丽。所以要扫清你们关于衣食方面的任何紧张忧虑；你们追求的最高目的应该是天国，和使得你们唯一配得上作为天国中的公民的道德修养，其余的东西自有办法，你们不必操心。

论断别人不要太苛刻①，因为你们用什么标准论断别人，别人也将用同样标准论断你们，而这不见得总是对你们有利。为什么你们那样喜欢看见别人眼中的小刺，却注意不到自己眼中有更大的刺呢？② 自己眼中有了大刺，你怎能对别人说，让我拔掉你眼中的小刺呢？那样对方就会说：伪善的人，首先拔掉你自己眼中的刺，然后你才可以考虑医治别人。在你想要对别人进行工作以前，首先对你自己下一番功夫。盲人怎能给盲人指路，岂不两人都会堕入陷坑吗？换句话说，像这样的先生能够教出学生比他本人更高明吗？③ 如果你们现在想要改善别人，那么你们必须小心，不要没有区别地对待每一个人，不要把圣洁的金环投掷到狗的前面，也不要把珍珠投掷到猪的前面，狗和猪会把那些宝贵东西用脚来践踏的，并且它们会转而反对你们，并且打倒你们的——你们用请求的方式去接近人们，人们常常会跟着你走，寻求一个你可以同他们

① 《马太福音》，第7章。

② 这一句中文本《新约全书》的译文是："为什么看见你兄弟眼中有刺，却不想自己眼中有梁木呢？"——中译者注

③ 《路加福音》，第6章，第40节。

走在一起的方面，你就会找到这一个方面，你们轻轻地敲门，人们会开门让你进去。

凡是你愿意人人都遵守的普遍规律，你本人也应该按照那样的通则行事，[①]——这是伦理的基本规律，这是一切立法和所有各民族的圣经中的主要内容。你们必须通过正义的门进入道德的庙宇，尽管这个门诚然是狭窄的，通往那里的道路将是充满危险的，而且你们的同伴将是很少的；反之那私欲和堕落的宫殿则世人趋之若鹜，它的大门很宽阔，它的街道很平坦。你们特别要警惕假先知，他们到你们这里来，外面披着温和的羊皮，里面却是残暴的狼。你们有一个可靠的标志可以容易透过他们的伪装，辨别他们的真相，——那就是按照他们的行为来判断他们。人们怎么不会把荆棘错认成葡萄、把蒺藜错认成无花果呢？〔因为〕凡是好树都结好果实，凡是坏树都结坏果实，没有好树会结坏果实，也没有坏树会结好果实的。[②] 因此凭着它们的果实，你们就可辨认出它们来。善人从他心里所存的善，就发出善来；恶人从他心里所存的恶，就发出恶来。〔因为心里所充满的，口里就说出来。〕[③]你们不要为虔诚的词句所欺骗。并不是每一个呼喊上帝的人，每一个向上帝祈祷和献祭的人都是天国中的一个成员，只有按照他的意志行事，在人的理性的规律中指示出上帝的意志的人才能是天国中的一个成

① 黑格尔这里用接近康德道德律的词句来重新表述耶稣著名的“金箴”，金箴一般是这样表达的：“无论何事，你们愿意人怎样待你们，你们也要怎样待人”。（《马太福音》，第 7 章，第 12 节）——中译者注

② 《路加福音》，第 6 章，第 43 节。

③ 同上书，第 6 章，第 45 节。

员。许多人在永恒的世界裁判者面前都说：主啊，主啊，当我们作出奇迹时、当我们赶走恶魔时，此外当我们完成重大事件时，我们不曾以你的名义去作、不曾赞颂你，并把我们的那些成就看作是你的功德吗？于是他们将得到这样的回答：你们的奇迹、预言或者大事，有什么相干？上帝不认识你们是属于他的人。你们不是他的国度里的公民，你们这些做出奇迹的人！你们这些预言家！你们这些重大事件的完成者！你们在那里做了坏事，伦理才是使得上帝欢喜的唯一标准！对于每个听见这些根本原则、并按照它们去行事的人，我可以把他同这样一个聪明的人相比，这人把他的房子盖在磐石上，暴风雨袭击、大水冲流、大风吹拂，它们都撞击那房子，而房子总不倒塌。因为它的根基建立在磐石上。对于那听见这个教训，而不去实行的人，我把他比作这样一个蠢人，他把房子盖在沙上，及暴风雨到来，就撞击着那房子，轰然一声，房子就倒塌了。因为它只有一个松散的基础。

耶稣这个讲话在他的听众中留下了深刻的印象，因为他以极大的威力和极重的分量说出那些道理，而他所涉及的对象又是一些构成人类最高利益的东西。

从这时起，各处前来听耶稣①说教的人越来越多，但是也增加了法利赛人和犹太祭司们对他的注意。为了避开前者（群众）的喧嚷和后者的追踪，他常常退居于孤寂之中。当他停留在加利利的时候，他有一次来到一个税关上，他看见一位税吏名唤马太②的坐

---

① 《马太福音》，第 9 章；《马可福音》，第 2 章，第 17 节。

② 这人很可能就是《路加福音》（5，27），《马可福音》（2，14）所提到的同一个故事、同一个人，不过这里的税吏是以“利未”的名字出现。

在那里，他也叫那个税吏跟着他走，这人后来也不愧为他的可靠的信徒。他同他一起吃饭，同席的人还有几个税吏。由于税吏和罪人在犹太人那里是同义词，所以那些法利赛人就向耶稣的朋友们表示出他们对这事很大的惊讶。当耶稣听见这点时，他便对他们说：健康的人用不着医生，只有有病的人才用得着。圣经上某处说：[①]“我喜爱正义，不喜爱祭祀。”这句话的意思你们必须好好考虑。

这时施洗者约翰的几个门徒感到惊异说，他们和法利赛人常常绝食，何以耶稣的门徒倒不绝食。关于他们的这个问题，耶稣回答道：什么是他们真正感到哀恸的日子即将到来，那时他们与他们的先生，正如你们与你们的亲人将要分离了，那时他们就要绝食！我为什么要在一般的生活方式上那样严格要求他们？这并不适合他们前此的习惯，也不符合我不重视外表的根本原则，我尤其不容许强求别人遵守某些风俗习惯。

这时又到了犹太人的一个节期[②]，耶稣就上耶路撒冷去。当他在那里停留的时候，他大大地激怒了犹太人。有一次在安息日他对一个穷苦的病人表示了爱抚。他们看见他的这种作法渎亵了这个圣洁的日子，是一种冒犯，不遵守上帝自身所下的命令。他们认为耶稣僭越了唯有上帝才有的权利，并且把自己的权威等同于上帝的权威。耶稣给予他们答复说：如果你们把教会的规则和权威的命令看成给予人们的最高法规，那么你们就错看了人的尊严，并且不懂得，在人内部有能力根据自身创造出神的概念和关于神

① 《旧约全书·何西阿书》，第 6 章。

② 《约翰福音》，第 5 章。

的意志的知识。谁不尊重自己本身的这种能力，他就不尊敬上帝。凡是人可以叫做他的真我的东西，凡是超出坟墓和毁灭，能自己决定其应得报酬的东西，就是人们自己能够裁判的东西。它宣示自己本身为理性，而理性的立法作用是不复依赖任何别的东西的。对于理性，无论在地上或天上都没有另外一个权威能够现成地提出另外一个裁判的标准。凡是我所教导的东西并非出于我的奇想，也非出于我的独创，我不企望任何人单凭我的权威来接受我所说的话，因为我不寻求我自己的荣誉，（我让普遍的理性来作出评判，普遍理性可以决定每个人相信或者不相信我的话。）但是既然你们从来没有听见神的声音，也从来没有听见这个声音在你们心中的回响，没有重视那个发出这种音调的人；既然你们相信你们是被排斥于享有关于神的意志的知识之外，并且既然你们把属于你们的，优异于所有其他的人的美德，变成满足你们的虚荣心的对象；既然你们被召唤去信赖摩西，并永远信赖摩西，把你们的信仰建立在对一个个别的人的异己的权威上面，你们怎样能够承认理性为知识和信仰的最高标准呢？你们只消注意读你们的圣经，不过你们必须同时带着真理的精神和道德的精神来读圣经，那你们将在圣经中找到关于这种精神的见证，并且同时在其中找到对你们自己的谴责，认识到你们的骄傲——那自身满足于狭小视域的骄傲，不容许你们除了毫无精神意味的知识和机械枯燥礼节仪文之外，观赏着某种较高的东西。

还有另外一些情况[①]给予法利赛人以机会斥责基督和他的门

① 《马太福音》，第 12 章，第 1—8 节，《路加福音》，第 5 章，第 1—5 节。

徒渎亵了安息日。在一个安息日，耶稣同他的朋友们从一块麦田经过，他们饿了，就扯下些麦穗来吃（或者也可以说，他们所搞来吃的，也许是一种近似东方豆类的东西，在别的情况下本来是可以容许的）。法利赛人看见这事，他们就促使基督注意，说他的门徒们作了在安息日不容许作的事。但是基督回答他们说：你们记得你们自己的民族历史吗？当大卫饥饿时，他吃了神殿里的祭饼，并且还分给跟随他的人吃。或者换句话说，祭司们安息日在神殿里不是也作各式各样的礼拜行为吗？难道是神殿圣洁化礼拜行为吗？我告诉你们，人比神殿更为重要，是人，不是某一地方，圣洁化那些行为或者使得那些行为成为不圣洁的。安息日是为了人而规定的，人不是为了安息日而生存的，因为人也是安息日的主人。如果你们能多思索一下，我在别的场合对你们这一等级的一些人所说过的话："上帝渴望爱，不喜欢祭祀"，那么你们就不会对那些无罪的人苛刻责备了。同样[①]，法利赛人于另外一个安息日在会堂里询问耶稣，为了寻找出理由可以控告他，恰好有一个损伤了一只手的人来到面前，于是他们就趁机会问他，是否许可在今天〔安息日〕给这人医疗。耶稣回答说：你们中间，谁有一只羊，当安息日掉在坑里，你们不把它从那里救起来呢？难道人比起羊来不是有远为重大的价值吗？所以在安息日作一件好事情当然是容许的。从这许多事例可以看出法利赛人反对耶稣的恶意，从这时起他们实际上同希律一帮人有着联系，想要尽可能除掉耶稣。

现在我们在加利利又碰见耶稣了，他隐蔽他在那里的住处以

① 《马太福音》，第 12 章，第 9—12 节。

避免法利赛人的追踪，他也告诫出现在他面前的听众，不要使旁人知道他的住处。

从他的一群听众中[①]，耶稣现在挑选出十二个人，认为值得特别给予教诲，以便使他们有能力在传播他的教义方面支持他，因为耶稣看得很清楚，一个人的生命和力量是不足以教导整个民族使走向道德的。但是为了找到少数几个人以便耶稣可以把他的精神纯粹灌输给他们。这十二门徒的名字见于《马可福音》第 3 章第 16—19 节。

当约翰打发他的几个门徒到耶稣这里来，询问他关于他的教义的目的的时候，[②]耶稣斥责了法利赛人对于约翰要求他们改善自身的号召所采取的冷淡态度。他说道：什么好奇心驱使你们外出到荒野？（因为驱使你们到荒野的，并不是一种改善你们自己的欲望。）难道是去看一个你们同类的人、一个没有品格的、可以随着他的成见而改变他的〔行为〕通则的人吗？要去看被风吹得摆来摆去的芦苇吗？或者你们要去看一个穿着费了许多钱制成的华丽衣服的人吗？这样的人在荒野里你们是碰不见的，只能在王宫里遇见！或者你们想要去看一个先知吗？一个能造奇迹的人吗？〔我告诉你们〕，约翰比这些人伟大多了！在普通民众中约翰很早就受到欢迎。但是对于法利赛人和信仰正教的律法师们的心，约翰是不能动摇的，或者说是不能使他们接受善物的。对于这样的人我须得把他同什么相比呢？他们好象孩童在街市上玩耍，彼此呼叫

① 《路加福音》，第 6 章，第 12—13 节。

② 同上书，第 7 章，第 18 节。

说：我们曾经向你们吹笛子，你们怎么不跳舞！现在我们给你们唱了哀歌，但你们怎么还不哭泣呢！约翰不吃饭不喝酒，你们说，他是被恶的情绪所折磨了；我能吃、能喝，同别的人一样，于是你们又说我是贪食好酒的人，经常同坏人来往。但是智慧和德行总会得到崇敬之人，他们是能够维护智慧和德行的价值的。

尽管耶稣这样斥责他们，还是有一个名叫西门的法利赛人，邀请他去吃中饭。有一个女人，显然对于耶稣的教训深表感谢，听见这事，带着一瓶贵重的香膏，来到这房子，走近耶稣。瞻仰着耶稣的德貌，和感觉到她自己充满罪过的生活，使她泪如泉涌，拜倒在耶稣脚下，感念到耶稣会有助于使她忏悔并返回道德之路，她吻他的双脚，并以她的眼泪弄湿了他的脚，又用她的头发去擦干，并涂抹上贵重的香膏。耶稣对待这种种表现（从这些表现中一颗忏悔的、感谢的心获得了安慰，）的仁慈，耶稣没有拒绝这种感情的善心，凌辱了法利赛人的雅情，他们在面容上表现出他们对耶稣对于这样一个名声很坏的女人如此仁慈，感到惊讶。耶稣注意到他们的表情，并且对西门说：我有句话，要对你说。西门说，请说。耶稣告诉他说：一个债主，有两个人欠他的债。一个欠五十两银子，一个欠五两银子。因为他们无力偿还，债主就免了他们两个人的债。这两个人之中，谁比较更爱他？西门说，当然是那个免债最多的人。耶稣回答道，你说得不错。于是他便指着那女人向西门说：你看见这女人吗，我来到你的家，你没有给水给我洗脚，她却以眼泪给我洗脚，并且以她的头发把它擦干。你没有吻我，她却甚至吻我的脚不认为那是有损她的尊严。你没有用油抹我的头，但她却用昂贵的香膏涂抹我的脚。一个女人能够具有这样的爱、这样的感

谢之忱，她的过错，即使很多，也应该得到赦免。对于这种高尚感情表示冷淡是不能返回到道德的淳朴的。耶稣还对那女人说，这是一个神圣的享受，你的信仰对你自己取得了胜利，还望你能够作善事，有勇气作善事。祝你平安！

耶稣进一步周游各城各乡[①]，到处传道，伴随着他的是他的十二个使徒，还有别的几个人，其中有几个是有钱的女人，她们用自己的财物供给耶稣及其使徒。有一天在一大群人面前，耶稣向他们讲了如下的比喻（这是一种虚构出来的故事，有意地要表明某种教训，比喻不同于寓言和神话，在寓言中主要谈动物，在神话中主要谈神灵或寓意的存在，而在比喻中主要是谈人或行动中的人物）：有一个播种的人出去播种；一部分种子落在路上，为人所践踏，为飞鸟所啄食。另外一部分落在石地上，没有多少土，发芽很快，但受到日晒很快就枯萎了，因为没有深的根柢，另外一些种子落到荆棘中，荆棘盛长起来，把它们窒息了。也有一部分种子落在好土里，长出 30 到 60 直到 100 倍的果实。当门徒们问耶稣，为什么他要用比喻的隐蔽方式向民众讲道呢？于是他答复他们道：你们本来对于天国和伦理（伦理使人有居住在天国里的公民权利）的崇高观念是有所领会的，但是经验告诉我，这些观念在犹太人那里是早已被忘记了的，虽说他们渴欲听我讲述那些东西，他们很深的成见不能容许赤裸裸的真理直透进他们心里。谁有素质吸收某种较好的东西，他可以从我的教训中得到益处。但是谁缺乏那种求善的要求，则他所听到的很少的关于善的知识对他也毫无用处。

① 《路加福音》，第 8 章。

他们有眼睛，但看不见；有耳朵，但听不明；因此我只好用比喻向他们说话。这个比喻现在我要向你们解释一下。那撒播的种子就是伦理规律的知识。如果一个人有机会获得这种知识，但却不能把它牢固掌握住，很容易就被一个诱惑者从他心里把撒播在其中的很少一点善夺走了。——这就意味着落在大街上或大路上的种子。那撒播在石地上的种子就是那虽说是以快愉的心情接受的知识，但由于它扎根不深，很快就屈服于环境，——当困难和不幸威胁着正义时，就随之破灭了。那落在荆棘中的种子就是这样的情况，人们诚然听见讲道德，但这道德却被生活的苦恼和千百端财富的诱惑所窒息了，而结不出果实。那撒播在良好土地上的种子，就是道德的声音得到了理解，并且结出30—60直到100倍的果实。

他还给他们讲了另外一些比喻[①]：善的王国用来同田土相比，占有田土的主人用良好种子撒播到田土中。当人们睡觉的时候，他的敌人来了，在小麦当中，撒播了一些杂草籽，于是便潜逃了。当种子开始抽穗之时，杂草也生长起来。仆人们向主人道：你所撒播的当然纯是麦种，怎么田地会长出这样多的杂草呢？主人答道：一定是我的一个敌人播上了杂草的。仆人们说：你不愿意我们把它拔掉吗？不要拔掉，那个聪明的主人回答说，因为拔出杂草时连带会拔掉麦苗，让两者共同生长直至收获，那时我将命令收割的人分离出杂草，把它丢掉，并把纯净麦子挑选出来。当耶稣单独同他的门徒一起时，他们请他解释那个比喻，他给他们作了如下的解释：那播良种的是好人，他们通过他们的教训和榜样，使人们注重

① 《马太福音》，第13章。

道德。田土是世界。良种是善良的人,杂草是邪恶的人。那个撒播杂草籽的敌人是诱惑者和诱惑人的事物。收获的时间是永恒性,是善与惩的报酬者。然而道德和邪恶彼此太紧密地结合在一起,以致拔除邪恶时不可能不伤害道德。

另外一个方面,他又把善的王国比作一粒芥菜籽,这粒芥菜籽原来是很小的,〔种在田里,〕却长成一大丛灌树,雀鸟可以在它枝上营巢。他又把善的王国比作一小块面酵,把它拿来捏在三斗面粉里,遂使整团面粉都发起酵来。在善的王国里,也像种子那样,一撒播在土地上再也用不着费力,它自己发芽滋长,人还没有觉察到它。因为土地在自然界里获得它自己的推动力,由于这种推动力,种子发芽,长出茎枝,后结成饱满的穗子。[①]

耶稣又把善的王国比喻作埋藏在土地里的宝物。这个宝物被一个人发现了,但又把它埋藏起来,然后在欢喜的心情下把他所有的一切卖出去,买来那块土地。或者他又把善的王国比作一个寻求美丽的珍珠的商人,他发现了一颗很珍贵的珍珠,为此,他卖掉一切,以便占有这珍珠。或者他把善的王国比作一个渔夫,这渔夫在网里捕获各式各样的鱼,然后在岸上把它们加以择别,把好鱼放进容器里,而把坏鱼抛出去。同样到了最后收割的时刻,好人与坏人彼此将区别开,前者由于在安静中得到道德提供的奖励而表明其为好人,后者由于悔恨、自怨和羞耻而表明为坏人。

这时,耶稣的亲人来会晤他[②],因许多人围绕着他,不能到他

① 《马可福音》,第 4 章,第 26 节以下。

② 《路加福音》,第 8 章,第 19 节。

跟前;有人把这情况告诉耶稣,他回答说:凡是听从并遵行神的声音的人,他们就是我的弟兄和亲人。

在听见约翰被杀害的消息时[①],耶稣就上船渡到提伯利亚湖的东岸去。但是他在加大拉人[②]那里只停留了很短时间,并且又返回到加利利。

在这时,耶稣差遣了他的十二个使徒出去[③],像他一样,去破除犹太人的各种成见,(犹太人骄傲于他们的姓氏、骄傲于他们的血统,把姓氏、血统看成一大优点,)强调唯一的价值是伦理给予人的价值。耶稣说,在旅行的时候,你们用不着带许多行李什物,通过奢侈阔气来显示自己。哪里有人听信你们,你们就在那里停留一些时候;谁不友好接待你们,你们不要强迫他,而须立刻离开那地方,再前往别的地方走去。

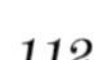

看来,他们只出去很少一段期间,不久他们又同耶稣在一起了。

有一次,[④]他同从耶路撒冷来的一些法利赛人和文士聚集一起,他们看见他的门徒不洗手(即手不干净)就坐在桌上吃饭,感到很惊讶,因为犹太人按照古来传统的规定,不把手洗得很干净以前是不吃饭的,此外在每次吃饭之前还必须用水把一切饮具以及别的容具、椅、凳等擦洗干净。这些法利赛人问耶稣道:为什么你的门徒却不遵照我们祖先的规定生活,而用不圣洁的手吃饭呢?耶稣回答道:你们的圣经里有一段话可以很好地应用到你们,经上

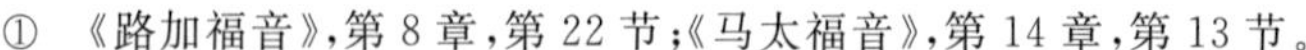

① 《路加福音》,第 8 章,第 22 节;《马太福音》,第 14 章,第 13 节。

② 《路加福音》,第 8 章,第 26 节。

③ 同上书,第 9 章。

④ 《马可福音》,第 7 章。

说:这百姓用嘴唇尊敬我,但他们的心却远离我;他们的尊敬不是发自灵魂深处,因为那只是对于一些武断的条规的服从。你们不尊重神的诫命,而拘守人的风俗习惯,例如用水一洗就可以使杯子和椅子圣洁,以及严格遵守其他类似的东西,在这些方面你们倒无微不至。譬如你们为了永远忠于教会的规章,就丢掉这样一条神圣的诫命:"孝敬你们的父母","用无恩爱的话责骂父母的人该死"。但是你们提出了另外一条律法,——当有人以愤怒的态度对他的父亲或母亲说:我所还须侍奉你的,或者说,我可以给你们作的善事,都应该奉献给神庙。于是你们就根据这条律法把自己不再对父母作任何善事,说成是受了对神的誓言的约束。并且,如果他对他的父亲或母亲还表示某种服务或孝敬的话,那就算是他的一种罪过。这样你们就用你们自己的诫命取消了那条神圣的诫命。在同样方式下你们还建立了几种别的条规。于是耶稣就向围绕着他的群众说:听我的话,理解我对你们所说的话的意思:凡有形体的事物、凡是人从外面纳进来的东西,没有能够使人不纯洁的,反之唯有他所创造出来的东西、从他的口里出来的东西,才可以表明他的灵魂是纯洁或者不纯洁。他的门徒们想要促请他注意,法利赛人对他的这番讲话异常愤恨。耶稣说,让他们愤恨好了,那样一些从人〔心〕中生长出来的东西,必须从根拔掉。他们是给盲人领路的盲人,我们必须把这些瞎眼的领路人从民众之中扫除掉,不然民众会同他们所信赖的瞎眼的领路人一起堕入陷坑。当民众散了之后,耶稣回到自己屋子里,他的门徒请他解释他向民众所说的纯洁东西和不纯洁东西那番话的意义。耶稣答道,怎么你们也还不懂得那话意义吗?难道你们不了解,凡是从外面通过

人的口进入的，在肠胃中经过加工，又排泄出来〔落到茅厕〕[①]吗？但是从口里出去的东西，即是言语，——而行为一般则出自人的灵魂，而灵魂是可以纯洁也可以不纯洁、圣洁或不圣洁的。从人的灵魂里事实上也发生恶念、凶杀、通奸、偷盗、伪证、诽谤、嫉妒、骄傲、饕餮、权势欲——这种种邪恶都是〔从里面出来〕[②]使人污秽的东西，并不是由于他在吃饭前没有用水洗手使之净洁而产生的。

当犹太人的结茅节快到的时候[③]，耶稣的弟兄对他说，要他同他们一起往耶路撒冷去，以便比在加利利城和乡村中，可以有较大的活动范围，有较多的听众，并显扬声势。但是耶稣回答他们说，对他说来，现在并不是适宜的时候，当然他们随时都可以前去，他们并不像他那样被那里的人所仇恨，因为他曾对犹太人提出证明，证明他们的风俗习惯已经坏透了，他们的行为是邪恶的。在他的弟兄们离开了加利利几天之后，耶稣也去到耶路撒冷，不过只是静悄悄地去。在那里人们已经对他提出了询问，因为他们以为他是一个犹太人。民众，特别是加利利人，对他的意见是不一致的，一部分人把他看成一个正直的人，另一部分人认为他是一个诱惑者，不过加利利人由于害怕犹太人，不敢公开谈论他。直到结茅节的中午，耶稣才来到神庙，并且在那里说教。犹太人对此感到惊异，因为他们才知道，他没有读过多少书。耶稣答复他们说：我的教训

① 括号内的话是根据中文本《马可福音》第7章增补的。——中译者注

② 同上。

③ 《约翰福音》，第7章。“结茅节”也称“圣幕节”，是犹太人纪念祖先彷徨旷野，搭起茅棚暂住的秋节。——中译者注

是用不着从别人那里费力去学习的人们的什么发明。凡是没有成见打算遵守纯真的伦理规律的人都会立刻证明我的教训,看它是不是我自己的发明。谁追求自己个人的荣誉,他当然把人们的思辨和命令看成有很大的价值。但是谁真诚地追求上帝的光荣,他就有足够的正直,把人们附会给道德律的发明,甚或用来代替道德律的发明,予以拒绝。所以我知道,你们仇恨我,甚至企图杀害我,因为我曾经宣称,在安息日医治一个人是可以容许的。摩西终究也允许你们在安息日给人们行割礼,你们也在安息日给人行割礼,不是使得很多人有健康吗?有一些耶路撒冷人听见耶稣讲话,通过他们的谈话表明,他们曾听到〔当地〕长官有一个阴谋要杀害耶稣。他们感到惊异能听到耶稣那样公开地、自由地说话,尽管人们有意加害于他,却还没有人动手杀害他。犹太人为了恢复他们礼拜的光辉和国家的独立所期待的救主,当然不能就是耶稣,因为他们真的知道他是从哪里来的。与此相反,按照预言,救主将是突然降临的。因此耶稣总是同犹太人的成见相反对,这些犹太人不想寻求一个足以改进他们的风俗习惯,使他们回到反对他们成见的道德上来的导师,而向往一个把他们从罗马人的奴役中解放出来的救主,这样一个人他们在耶稣那里找不到。高级官员们从他们的差役那里很快就得到消息,说耶稣已经到了神庙。高级官员们谴责这些差役,说他们没有立刻把耶稣拘捕带来;他们自己辩解说,他们还从来没有听见任何人像他那样说话的,因而他们没敢把他抓起来。那些法利塞人接着对他们说:怎么?看来他也把你们诱惑了,你们看,岂有官长或法利赛人会听信他吗?只有不熟悉我们的律法的愚民才会受他欺骗。内中有尼哥底姆就是从前一次夜

间去见过耶稣的人，走出来对他们说，没有事先听取本人的口供并对他所作所为没有详细的了解，按照律法是不能定他的罪的。于是别的人指责他说，他无疑也是那个加利利人的支持者，而从加利利是绝不会降生任何先知的。看来他们对于耶稣的行事并没有得到一个正式的结论，于是这些高级官员都各自散去了。那天晚上耶稣[①]在橄榄山（也许是在伯坦尼亚）度过，橄榄山是在山麓，他有熟人在那里，不过〔次日清早〕他又回到城里，又进入神庙里。当他正在说教的时候，一些文士和法利赛人带着一个通奸时被捉拿的妇人来，叫她站在当中，似乎要对她进行审判，并把这个案件提到耶稣面前说，按照摩西律法的规定，像这样的妇人就该用石头打死。他们问耶稣对这件事有什么意见。耶稣看见他们显然是有意设置陷阱使他为难，装做毫未听见的样子，弯着腰用指头在沙地上画字。当他们还是坚持要听取他的意见时，耶稣挺起身来对他们说：你们中间谁自知是没有罪的人，谁就可以掷第一块石头打她。于是他又同先前一样在沙地上画字。在听了耶稣的那答复之后，那些文士们便一个接一个地先后从那里溜走了，最后只留下耶稣同那个妇人单独在那里。耶稣现在直起身来，看到除那妇人还在那里外，没有别的人。他问道：那些控告你的人哪里去了，他们没有一个人曾经判定你的罪吧？她说，没有人。耶稣答道，我也不定你的罪，去吧，以后决不要再犯好了。

另外一次，[②]当耶稣在神庙里作公开的讲话时，法利赛人就群

① 《约翰福音》，第8章。
② 同上书：第8章，第12—20节。

起反对他说:你能提出什么见证,足以对你本人和别的人保证你的教训的真理性?他们满足于有幸运通过神的隆重启示加以合法化的制度和律法。于是耶稣给予他们回答道:[①]你们也许相信,上帝把人类抛掷到世界上来,让自然支配它,没有法则、没有对自己生存终极目的的意识,在自身内找不到人类如何可以使上帝喜悦的可能性。[②] 你们会以为那是一件幸运的事情,不知道为什么,只有你们,在地球的这一角,才异于地球上其他的国家或民族,单独分享有这种道德律的知识。——必须说,这会使得你们的头脑陷于自私自利的狭隘性。我只是坚持我的内心和良心真纯的声音。谁老老实实地听从这个声音,他就会为它所发出的真理照得透亮。我只要求我的门徒们听从这个声音。这个内心的法则是一种自由的法则,好象是由他自己建立的,人自觉自愿地受它的节制,由于它是永恒的,人便有了不朽之感。对于人们这样认识到的义务,我就像一个忠实的牧羊人对于羊群那样,随时准备为它牺牲生命。你可以谋害我的生命,但你不能剥夺我的生命,而我可以自由牺牲我的生命,你们是奴隶,因为你们受由外面强加给你们的法规的束缚,因而你们就没有力量通过尊重你们自己,而使自己摆脱为情欲服务的境地。

耶稣发现他在耶路撒冷受到不好的待遇,[③]犹太人,特别是祭司们抱反对他的态度,他们曾作出决定,要把那些认耶稣为犹太人

---

① 《约翰福音》,第 8 章,第 21—31 节。

② 歌德:“对于每个听从它〔真理〕的人来说,生命的泉源纯洁地在他胸中流着。”(《依菲根尼》第五幕,第三场。)

③ 《路加福音》,第 9 章,第 21 节以下。

所仰望的救主的人加以驱逐，不许他们参加崇拜的仪式和公开的说教，[①]——对于这事耶稣决没有公开表示出来——这种敌视的态度使他预感到迫害的来临，他将会遭受并忍受这种迫害（也许是死亡）。他也把这些想法告诉了他的门徒们。彼得说，我们却希望上帝不会容许这种事！耶稣回答道，你怎么会那样软弱，以致对于这种事情〔迫害、死亡〕毫无准备，或者甚至相信我对此也没有准备呢？你如何仍然从感性着想！你还不知道那神圣的力量，它使人尊重义务，它最乐于战胜出于嗜欲的要求，甚至战胜对于生命的爱！于是他转而向着其余的门徒说：谁要跟从德性，他必须知道弃绝他自己，谁要坚定不移地忠于德性，他自己必须准备牺牲他的生命。谁贪爱他的生命，他就会污辱他的灵魂；谁轻视生命，他就能忠于他较高尚的自我，使它从自然的压迫下拯救出来。一个人若赢得了全世界却〔丧失了自己、〕[②]贬低了自己，这对他有什么好处呢？什么样的代价能弥补已然沦丧的德行呢？总有一天被压迫者会发出灿烂的光辉，那能行使职权的理性本身将规定给每个人以他的行为所应得的报酬。

当耶稣在耶路撒冷停留较长时间之后，（因为他从〔秋天的〕结茅节直停留到十二月内的修殿节）[③]，他便转回加利利，——这无疑是他到那个地方去的最后一次[④]，那个地方是他生命展开的经常舞台。在他住在那里的一段时间里，他似乎不像从前那样[⑤]，再

① 《约翰福音》，第 9 章，第 22 节。

② 据《路加福音》，第 9 章，第 25 节增补。——中译者注

③ 《约翰福音》，第 10 章，第 22 节。

④ 《马太福音》，第 17 章，第 22 节。

⑤ 同上书，第 9 章，第 30 节。

在一大群民众前面讲道了，而主要地忙于教导他的门徒。

在迦百农时[①]，有人要他缴纳丁税以修缮庙堂。当他同彼得一起走进屋子时，他对彼得说，你的意思如何，世间的国王征收税金时，他是从他的儿子那里或是从外人那里索取呢？彼得说，从外人那里。耶稣答道，由此可见，儿子就可以免税了，而我们以道义的真精神敬事上帝，我们就用不着为了保存庙堂而捐献财物了，我们崇拜上帝，不需要庙堂，因为我们用善良的德行寻求上帝。但是为了不要触怒他们，我们对于他们所当作神圣的东西，不表示轻蔑，所以你还是替我们缴纳税金。

在耶稣的门徒之中发生了[②]一场关于地位，特别是在天国中地位高低（如果天国有一天会出现的话）的争论，因为当时他们还把一些感性的观念同天国联系在一起，还没有完全摆脱犹太人对世俗王国的想法，——也就是说，还没有纯粹把天国的观念看作善的王国，在其中只有理性和法则支配着。耶稣听到这种争论甚为痛心，于是他叫来一个小孩，并对他们说：如果你们不改变自己，并返回到这个小孩所具有的那种天真、单纯和无欲无求，那么你们就真的不是天国中的公民。谁感到他反对别人，甚至反对那样一个孩子，并且相信自己可以对他们采取某种越礼的态度，或者可以漠不关心地对待他们，他就是一个卑鄙的人。但是谁污辱了天真无邪的圣洁性并且损害了它的纯洁性，那么人们最好是拴一块大磨石在他的脖子上，把他投入大海中。在人世间，诚然决不会缺少对

① 《马太福音》，第 17 章，第 24—27 节。

② 《路加福音》，第 9 章，第 46—50 节。

于纯洁意向的伤害，但是施行那种伤害的人才是倒霉的人！你们要小心，不要轻视任何人，对于内心天真朴素的人，一点也不要轻视，那是人类最柔和、最高贵的花朵，上帝的最纯粹的肖像，只有它可以给人以地位，甚至最高的地位，为了这个天真朴素值得牺牲你们所最喜爱的一切嗜好，牺牲每一种野心或不正当的荣辱的激动，牺牲关于利益和实用的考虑。如果你们追求天真朴素，如果你们善于重视每个人都注定要达到并且每个人都能够达得到的尊严，而且最后如果你们考虑到并非所有的树木都能生长树皮[①]，反而想到谁在人类急需的东西方面完全不反对你们，而在其余无关轻重的事情上，具有不同于你们的风尚和习惯，这种人是拥护你们的，那么你们就不会以虚骄的态度对待别人。但是当你们相信真正失掉了什么东西时，那么你们就会努力不去轻视它，而要改善它，引导人们走上道德之路。假如一个牧羊人，在一百只羊中失掉了一只，你的意思是否以为他将不会踏遍山野去寻找那只迷途的羊呢？如果他碰巧找着了那只失去的羊，则他为这只羊所感到的欢喜将大于对那九十九只没有迷失的羊群。

但是如果一个人得罪了你，你要力求在他和你之间把这事加以了结，使他明白真相，使你同他有谅解。如果他听你的话，而你不能谅解他，那就是你的不是；如果他不听你的话，则你还可以找一两个人同你一起去作证，以便祛除误会，如果这也不成功，那你就可以把你们的争执提到多数仲裁人前面去评判。然后，如果他拒绝伸出和解的手，而在你这一面，做了一切应做的事，

① 参看莱辛著《哲人纳丹》，第 4 幕，第 4 场。

那么你可以离开他，不复同他打任何交道。人们相互之间所给予对方的侮辱和侵害，以及对这些侮辱和侵害，相互宽恕，重新纠正，得到补救，即在天上也会得到宽恕的。如果你们以爱和和解的精神一起生活，则圣灵就在你们之中，我愿意用圣灵使你们充满了生命。

于是彼得问耶稣道：[①]对于一个侮辱我或者侵害我的人，我应当饶恕他几次呢？多到七次可以吗？耶稣答道，你以为饶恕七次就算多了吗？我对你说，直到七十个七次。请听这样一个故事：一个国王要和他的仆人算账，他发现一个仆人欠他一千万元，由于这个仆人偿还不起这笔账，他吩咐把他所有一切财物甚至和他的妻子儿女，全都卖掉来偿还。那仆人便跪下要求宽容，延迟期限，将来还清。这个主人对仆人的处境感到怜悯，便免除了他全部债务。这个仆人出来，遇着他的一个同伴，这人欠他十元（这个数目约相当于他欠主人的债的百万分之一）。他抓住他，恶狠狠地要他还债，他不听对方跪下求宽容的哀恳，竟把他带进监狱，直到他还清所欠的债才肯释放。众同伴看见他所作的事，异常痛心，就把这事告知了国王。国王叫把这狠心的人带上前来，并且对他说：你这狠心的人，由于你的恳求，我免掉了你很大一笔债；你不应当对于别人也存善心，像我怜悯你那样吗？国王下命令叫把他带走，关在监狱里，直至还清所有的债。在这个形象里，你们看见，和解是一种纯洁化的精神状态的标志，只有这种精神状态才被圣洁的神看作对常常有缺点的行为完全有效的；它是你们可

① 《马太福音》，第18章，第21—35节。

以希望获得摆脱你们前此的行为从永恒正义里应受的惩罚，唯一条件，——这是通过精神的改变可以使你成为另外一个人的条件。

耶稣[①]现在决定再回到耶路撒冷，并且取道撒玛利亚而去，他打发几个门徒先行，以便到撒玛利亚的一个村庄对必要的事先作准备。但是由于撒玛利亚人看见他们决定在逾越节时去到耶路撒冷，所以他们不愿意接待他们，或者说，完全拒绝让他们通过。耶稣有几个门徒就有了一个想法，想要吁请上天，请其降下电火烧灭这村庄。耶稣不乐意地转身责备他们说：难道充满你们灵魂的就是这样一种精神——一种报仇的精神吗？一个人如果他掌握了自然的各种力量，就总想运用它们来进行破坏去报复别人对他不友好的待遇的！为了建立善的王国，你们的目的决不是破坏！于是他们就又退回去了。

在途中[②]，一个律法的教师要求经常跟从耶稣走。耶稣对他说，不过，你试考虑一下，狐狸有洞，飞鸟有巢，而我却没有自己的地方可以安放我的头。

于是耶稣〔不经过撒玛利亚〕，采取[③]另外一个较远的路走向耶路撒冷。他仍然打发他的两个伴侣先行，以便使当地人预先知道他的到来，因为他的随行人数是很多的。他指示他们在路途上应采取的态度，如果那里的人不愿接待他们，就不要强求别人接纳，可以往别的地方去。无论到哪里，首先要注意鼓励人们作善

① 《路加福音》，第9章，第51节。

② 同上书，第9章，第57节。

③ 同上书，第10章。

事，还有许多善事要做，而做善事的人却很少。

他的门徒们[①]告诉他，他们处处都受到很好的接待，于是耶稣就说了这样一番话：天上和地上的圣父呀，感谢你，光荣属于你，因为〔按照你的意旨〕，知道什么是每一个人的义务，这并不是博学和知识多特有的财产，每一个天真无邪的心灵自己都能感觉到善与恶的区别。假如人们老停留在这里〔在天真无邪的境界里〕，假如除了理性加给人们的义务之外，没有一大堆情欲！这些情欲折磨着可怜的人们，——情欲是骄傲之源，在情欲中，除了牺牲德行外，人是得不到安静的。

在这次旅途中，耶稣遇见一个律法师，这人为了了解和检验耶稣的原则，亲自和耶稣作了一次交谈，他说：老师，为了配得上享受幸福，我应该作什么？耶稣又问他道，律法上写的是什么呢？后者答道：要全心全意爱上帝作为圣洁性的模型，爱邻居如爱你自己。耶稣说，你回答得很好，就照这样做，你就配得上最高的幸福。这个律法师想要表明耶稣这个简单的回答还不能令他那较深入的心灵满足，他要求进一步说明，我们须如何确切理解，在众多邻居之中，谁是我们应该爱的呢？耶稣回答说：我愿意用一个故事来给你说明。有一个人从耶路撒冷往耶利哥去，他打一段荒凉的、不安全的道路走过，落在一群强盗手中，他们剥去他的衣服，打伤他多处，丢下他半死地躺在那里。这事发生后不久偶然有一个祭司来到这条路上，看见这个受伤的人，但〔不加理睬〕，就走过去了。又有一个利未人也来到这条路上，毫无同情地竟自走过去了。唯有一个

① 《路加福音》，第10章，第17节以下。参看《马太福音》，第11章，第25—30节。

撒利亚人从这里走过，动了怜悯心，当他一看见他时，立刻就走上前去，用油和酒涂抹在他的伤处，把伤都包扎好了，扶他骑上自己的牲口，并把他带到一个旅店里，给他以照护。当他第二天离开这店时，他还拿出钱来交给店主人，以偿付病人此后所需的费用，并且说，即使所需费用超过这数，他也毋须节俭，俟他回来时，他将如数偿还。在你看来，这三个人中，哪一个人是那被劫的不幸之人的邻居呢？那律法师答道：是那怜悯他的人。耶稣说：这样你也可以看得出来，每一个需要你的帮助、需要你的怜悯的人，——不管他属哪个国家、有哪种信仰、具哪种肤色，他就是你的邻居。

法利赛人[①]对于耶稣的教训感到格格不入，因为耶稣认为他们那种〔束缚于〕律法的行为是违反伦理的，于是他们便多次要求他从气象上显示一种奇迹给他们看，借以证明他否认他们律法价值的讲话，就像经过隆重的宣示，耶和华曾经证明律法那样。耶稣回答他们说：晚上天有红霞，你们就说明天天气必晴朗，早晨天上有乌云，你们就预言要下雨。所以从天上的气色，你们能够预言风雨，但是现时代的征象，你们怎么不知道辨别呢？你们没有注意到，由理性所唤醒的人的高尚需要将会占上风。你们那些武断的训条和法规、你们对于人的真正目的——道德——的蔑视，都是对于人的高尚需要的压制，通过这种压制你们一直想要在民众中保持你们的信仰和诫命的权威。除了你们可以向他学习什么是对你们、对人类最有益的东西的教师外，没有任何别的征象

① 《路加福音》，第 11 章和《马太福音》，第 16 章，第 1 节。

〔或神迹〕。

正当这时，一个法利赛人[①]邀请耶稣去吃午饭。法利赛人看见耶稣在吃饭前不〔按照一般习惯〕洗手，便感到诧异。[②] 耶稣对他们说：你们诚然把杯盘的外面洗得很干净，难道你们的内心也因此便纯洁了吗？谁的外面弄得很有秩序，难道他的内心就很正直吗？一个人的灵魂是圣洁的，那么他的外表也就是圣洁的。你们正当地献出在你们园中生长的薄荷、芸香和各种无关轻重的菜蔬十分之一，——你们为了自己的完善，忙碌于献出这些琐屑的东西，你们不是忘记了还有较高的义务吗？对于正义、仁慈和忠诚的遵守构成道德的本质，人们也还必须依照这些道德规定来对待别人。你们关于有价值的东西的概念不是只限于外表的考虑吗？所以你们非常喜欢在会堂里坐在首位，在宴席上坐在首座，或者在街道上每个人都向你问好。你们用一大堆繁重的诫命压在民众身上，而你们自己却停留在那些诫命的外表方面！你们自封为真理圣堂钥匙的保管者，但是你们却用一些不必要的诫命堵死了你们自己和别人进入真理圣堂的通道。耶稣常常还用比这些更强烈的语言去谴责掌握当地政权的法利赛人和律法师，并反对他们神化了的风俗习惯，只是愈益助长他们对耶稣的痛恨，使得他们酝酿成熟，决意向官府控告他。

在一大群民众前面，[③]他还更迫切地讲到受法利赛人精神感染的危险性。他说，你们必须谨防法利赛人的酵素，这是你们所注

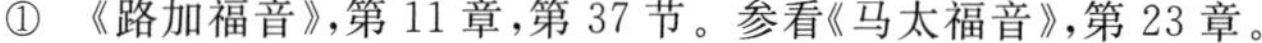

① 《路加福音》，第 11 章，第 37 节。参看《马太福音》，第 23 章。

② 参看上面。

③ 《路加福音》，第 12 章。

意不到的，虽说整体的外表没有改变，但味道却完全不同了。——我的意思是说谨防法利赛人的伪善！他们的这种伪装却不能欺骗那全见者的眼睛。在他面前，心中的意念，无论你怎样隐藏，总是敞开的。——他，这全知者，并不只是按照人们的行动，外表来评判人，因为人们往往具有他们真性格的欺骗性的外表，而是按照意志的内在善良来评判。我的朋友，我对你们说，不要害怕那些除了只能杀死人的肉体外，其权力不能伸张得更远的人，但是你们应该害怕降低你们精神的尊严，因而害怕在理性和神性面前被宣布为理应丧失幸福的人。但是由于畏惧人，不敢在行为上明白表达出真理和道德原则，或者不敢通过言辞承认这些原则，这乃是一种可耻的伪善。说话诬蔑我或别的道德教师还是可以宽宥的事情，唯独渎亵道德的神圣精神的人是不可饶恕的。你们可能陷于困难的处境，如被带到法庭或会堂，要你们用言辞公开承认善，这时你们也不要有幼稚的恐惧，你们的灵魂充满了道德的精神，你们决不会缺乏勇气，也不会缺乏言辞来捍卫德行。

到场的众人中，有一个人走到耶稣面前，恳求他利用他的威信，希望可以比他更好地说服他的兄弟和他分遗产。但耶稣坚决地答道：谁指定我在你们弟兄之间作为评判官或分产的人呢？于是他转而对别的人说：你们不要为贪心所支配。一个人尽管越来越富，这并不能完成他的使命。我愿用一个例子把这点向你们讲清楚：一个财主田产丰盛，令他感到困难，于是他自己想，他必须修建一个更大的仓库以便收藏他的粮食和财物，当这事办好之后，他想，我的一切财物都小心谨慎地积存起来了，多年内我可以过着富裕的生活了，然后休养、吃、喝，过舒服的日子了。可是这时他听见了死神的声音:无知的人呀,今夜就要你的灵魂,——你现在积累那样多财产为的是谁呢?这样,为了卑鄙的目的,作了无正义的劳动,财宝积累起来了,但却没有想到和永恒目的相联系的财富和使命。你们的灵魂不要充满了关于财富的烦恼,你们的精神必须只献给〔道德的〕义务,你们的劳动必须献给善的王国。这样你们精神上就武装起来了,不怕生也不怕死。不然的话,贪爱生命就会把死亡武装起来带着恐怖来威胁你们,而怕死的情绪就会从你们那里把生命偷走。不要拖延献身于更高目的。不要以为献身于较之积累财宝和过享乐生活更崇高的目的,日子还很长,用不着急迫。你们远离开为善服务的每一段时间都使你们丧失了你们的使命,或者说,加速了你们的死亡。你们就像一个管家,主人出门去了,把他的家务委托他保管。于是这个管家自己在想,我的主人还要很久才回来,便开始虐待仆役,纵情大吃大喝。但是到了一个时候,出乎他的意想之外,主人忽然回来了,给予他以他所应得的处罚。正如一个仆人,知道主人的意思,却又不顺着他的意思去做,比起另外一个虽说也做了应受处罚的事,但不知道主人的意思的仆人,要受到较重的惩罚。同样一个人受委托的事务很多,有才能和机会多做些好事,人们也就对他要求多些。你们是否以为我是在劝导你们有一个安静的生活享受呢?是否我所盼望和渴求的生涯或命运也仍然是一个无忧无虑的、幸福的将来呢?不是的,受迫害是我的命运,你们的命运也是一样!纷歧和斗争将是我的教义的后果。这种罪恶与德行之间的斗争,这种依附于信仰上的传统意见和习俗(这些意见和习俗由于某种权威,已经植根于人们头脑和心灵中)与返回到理性行使职权为生命的复苏服务之间的斗

争，——这种斗争将要把朋友和家庭“分裂为二”（entzweien），这种斗争将会使人性中高尚的一面受到尊敬。但是这样的人是有罪的，如果他们摧毁了旧东西，（因为这些旧东西束缚了理性的自由，玷污了伦理的源泉，）而又代之以一种权威的信仰，束缚于词句条文，这些东西又重新夺去了理性的权利，——剥夺了理性自己立法，自由信仰，只接受理性自己的约束的权利，——真可叹惜呵！并且如果他们用宝剑和暴力来武装这种权威信仰时，他们就煽动起父反对子、兄反对弟、母反对女的骚乱，使得人类成为人类的背叛者，那他们也是不幸的！

正当这时，人们谈到[①]关于耶稣的一件事情：有人告诉耶稣说，彼拉多，犹太亚的总督，不知由于什么缘故，曾叫人把一些正在献祭物的加利利人抓住杀害了。耶稣熟悉他的门徒的想法[②]，因为有一次，当他们遇见一个生来就是盲目的人时，他立刻就作出匆促的结论说，不是这人犯了大罪就是他的父母犯了大罪。这里耶稣就利用这个机会提醒他们说：你们是否有这样的想法，以为这些加利利人是加利利人中最坏的人，所以他们才遭受这种〔被杀害的〕命运吗？或者说新近西罗亚的高楼倒塌了，压死了十个八个人，难道他们都是耶路撒冷居民之中罪恶最大的人吗？不是的。对于遭受那样不幸的人们提出这种冷酷无情的判断，你们并没有站在正确的一边来看待那样的事件，反之乃由于你们惯常的安静和自我满足的心情被它吓坏了，震惊了你们自己的灵魂，于是你们

① 《路加福音》，第13章。

② 《约翰福音》，第9章。

率直地反问自己，是不是你们本人也应分遭受那样的命运？试听下面的故事：一个葡萄园的主人又在里面栽了一棵无花果树。因此他常常来到那里想摘取果子，但他一个也找不着。他就问园丁说：三年以来，我常来到这棵无花果树前寻找果子，总是找不着，干脆把它砍掉罢，以便把那块地方腾出来作别的用处。园丁答道：暂且留着罢，让我在它周围把土挖松些，并施上肥料，希望还可以结果子，如果仍不结果子，然后再砍掉它。所以应分遭受的命运往往拖延很久才到来，这就使得犯罪的人有时间可以重新振作起来，使无忧无虑的人也认识到较高的目的。如果他毫不经心地错过了这个期限，那么他的命运就会加速到来，他就会受到应有的惩罚性的报应。

耶稣在不断向前走往耶路撒冷的道途中，他总是这里那里停一停，只要有机会就给人以善良的教训，在这次旅途中，也有人对他提出获得幸福的人是否只是极少数这个问题。耶稣对这一问题答道：每个人各自努力跋涉在一条漫长道路上，想要进入那狭窄的善良品行之门，有许多人试图达到目的地，但没有成功。当主人关上了他的房门时，你现在才去敲门，叫他给你开门，他就会回答你说，我不认识你。如果你这样申诉说：你曾经在别的场合同他吃过饭，饮过酒，并且曾经听过他讲道，那么他将对你重复一遍说：你虽说是同我一起吃过饭、饮过酒、听过我讲道，但你已成为有罪的人，我不承认你是我的朋友，你离开这儿罢。这样将有许多人从早到晚，从中午到午夜，崇拜宙斯或者婆罗门或者武丹，在世界的审判官前得到恩赦；而且又有许多人，骄傲于他们对神的知识，由于他们的生活污辱了这种神圣的知识，他们就会是第一批人想像着以为许多人罪恶深重,无法拯救。

有一些法利赛人,(究竟是出于好的动机或者出于某种别的动机,还不知道,)警告耶稣,劝他离开希律的国土[①],因为希律打算谋害他的生命。耶稣回答说,他的所作所为是完全不会引起希律的忧虑的,并且因为耶路撒冷是许多教师通常遭到死亡的场所,这些教师企图医治犹太民族成见的顽固性,并医治他们为了顽固成见而违犯伦理和智慧的一切规则的那种昏眩病。如果耶路撒冷不也是我遭遇同样命运的处所,那将会打破了惯例。

他又在一个法利赛人家里去吃饭[②]。在这里耶稣看见有一些客人力图挑选首位坐下,就发表意见说:你被人请去参加婚姻的宴会时,不要坐在首位上,恐怕有比你更尊贵的客人被他请来,那请你们的主人前来对你说,让位给这一位罢。你就得羞惭地换到较低的座位上去了。假如你被请的时候,就坐在较低的座位上,当主人来对你说,朋友,请上坐。那时你在同席的人面前就更有光彩了。一般讲来,凡自高的必降为卑,自卑的必升为高。耶稣又对请他的主人说,请人宴会,不要请你的朋友、亲戚或富有的邻居,恐怕他们也回请你,你就得到了报答。除了这种慷慨宴客之外,还有一个较高贵的作法,即请贫穷的、有病的或其他不幸的人吃饭,这些人对你的恩惠没有能力报答,只能对他们痛苦的减轻表示真诚的感谢和情意,并且只能意识到你的那些行为是对不幸的人的创伤敷上香膏,对苦难的人作了好事。同席的客人中有一个人听见耶

① 指加利利而言,希律是当时加利利的国王。——中译者注

② 《路加福音》,第 14 章。

稣这些话就叫出一声说，谁是这样的人，谁就是天国的一个公民，他就有福了！耶稣用一个国王的形象来解释天国这个概念，[①]这个国王想要为他儿子的结婚摆设宴席，并邀请很多宾客。到了婚礼举行的那一天，他派遣仆人去邀请那些被召的人来赴席，席已预备好了等着他们。这时，其中一个人请求原谅，说他不能来，因为他买了田地，他必须亲自去料理；第二个人，因为他新买了十头牛必须去检查一下；第三个人借口他才结了婚，请原谅他不能去。另外一些人甚至以轻慢的态度对待去请他们的仆人，因此所有这些被邀请的客人，一个也没有出席。国王对此很不高兴。由于一切已经备办好了，就命令他的仆役走到城里各个街巷和广场去，凡是遇到贫穷的、瞎眼的、跛足的或其他残废的人都通通请来。仆役们一切都照办了，但是还有剩余的席位，于是主人又一次派遣仆役在大路上、在篱垣内四处去找、找到有人就都带来，以便把宴会厅坐满。——天国的情形也就像这样。有许多人把藐小的目标看得比高尚的使命还重要，有许多人在自然和〔个人〕幸福范围内十分忙迫，以致毫不负责地忽视了能在许多善事方面起作用的机会，——因而正义事业常常被放逐到贫苦低下的茅舍中或者让给才能有限的人去做。能够牺牲是善的王国中公民的一个主要品质。谁把他对父子、兄弟或夫妻的关系看得比对道德的关系更贵重，谁把他自己的幸福和生命看得比道德更贵重，他就既不适合于使他贯彻道德达到完善，也不适合于引导别的人朝那个方向走。特别是一个人愿意为别人工作，起初证明他的能力很好，不管他把这项工作作

① 《马太福音》，第 22 章。

成没有,——就像一个人开始建筑一所房子,但又遗下这项工作没有完成,因为他前此对于全部建筑的费用没有计算清楚,会遭受人们的嘲笑那样;或者正如一个国王在他受到战争威胁敢于向另一国发动战争以前,确信他的力量强大,及交战之后,发现他的力量不行时,又同敌人求和那样,——同样每一个想要献身于人类的改进的人,不论他的能力如何,在这场斗争中,他必须证明他对于此外一切足以引诱他的东西,完全断念。

这时法利赛人[①]看见许多税吏和有罪的人都在听耶稣讲道,而耶稣并不拒绝他们,就又感到恼火。关于这点耶稣对他们说:当一只羊从一个牧羊人的羊群中走失了,如果把它重新找回来,难道他不会感到欢喜吗?或者当一个妇人失掉了一块钱,她岂不要仔细寻找,及当她重新找到时,她对于这块找到了的钱的愉快,难道不会胜过其余没有遗失的钱吗?难道对于一个善良的人来说,看见一个脱离了道德的人重新返回到道德不也是很愉快的吗?我愿意向你们讲一个故事:一个人有两个儿子。小儿子请求父亲分给他应得的产业,于是他便把产业分给他们。几天之后,小儿子把他的所有财物包装在一起,为了可以毫无阻挠地按照他的嗜好尽情享受,他离开家庭,走向远方,并且在那里浪费掉他全部财产。这样他就陷于贫困的处境,加以又遇到大饥荒物价上涨,更加剧了他的穷困。最后他便去投靠当地的一个人,这人叫他到田坝里去养猪,他只得拿猪所吃的豆荚来充饥。这种悲苦的命运使他现在又想念他的父亲和老家。他对自己说,我父亲的许多雇工的生活也

① 《路加福音》,第 15 章。

远比我好，他们从来没有缺少过面包，而我倒在这里快饿死了！我要回到我父亲那里，向他认罪说：父亲呵！我得罪了天，也得罪了你，我不配再称为你的儿子，只须把我当作你的一个雇工吧！他就照着他的这些想法去作，于是回到父亲那里去。他父亲看见他从远方回来了，立即跑去抱着他的颈项，连连吻他。这个悔过的不幸的人说道：我的父亲呀！我的错误使得我不配再被叫做你的儿子。但父亲却吩咐他的仆人去拿来最好的袍子和鞋子给他。又吩咐把那只肥牛犊宰了，让我们大家大吃一顿，快乐快乐，因为我的这个儿子，对我来说，是死而复活，失而复得的。就在这时，他的大儿子从田地里回来，当他快要走进家门时，他听到高声的欢乐，便问有了什么事情。一个仆人告诉他经过情形，他却很生气，不愿意进门去。他父亲就出来劝他，他也根本不听。他说：多年来我跟你一起，为你劳动，到处都听从你的意志，而你还从来没有叫我和我的朋友欢乐一番过。但是你的这个小儿子同放荡的女人把财产浪费净尽才跑回来，而你却为他大摆宴席！父亲说：儿呀！你经常同我在一起，你什么东西都不缺乏，我所有的一切都是你的，你应感到快乐；你的弟弟死而复活，失而复得，所以你也应该感到高兴，应该一起欢乐。

在另一个场合[①]，这我们不很熟悉，耶稣对他的门徒讲了如下的故事：一个财主有一位管家，有人告诉财主说管家浪费了交给他保管的财物。主人让人叫他来，对他说：我所听见的关于你的事情是怎样一回事呢？把你所经管的给我交代清楚，因为你不能再保

① 《路加福音》，第16章。

持你的职务了。管家考虑一下他应该怎样办：他失掉了职业之后，如果去当一名雇工呢又没有力气，去当乞丐呢他又害羞。最后他想出一个摆脱困境的办法，即同欠主人债的那些人作朋友，以便当他被迫离开职位时，他们可以接待他。于是他一个接一个地把他们叫来。第一个人欠了主人一百桶油，他叫他另写一张只欠五十桶油的欠条来代替，另外一个人，他叫他把所欠的一百斗麦子减低为五十斗，对其余的人也照样办理。当主人后来知悉这事的时候，至少不得不承认这个不忠实的管家的聪明，就聪明来说，坏人每每胜过了好人，因为坏人的聪明往往是不合良心，伤害忠诚的。从刚才所讲的故事，我给你们得出一个教训，即我劝你们把你们的聪明应用在你们所拥有的金钱上时，要用来结交朋友，特别是在不幸的人们中结交朋友。但是不要像那个管家那样，牺牲了正直来做。因为谁在小事情上不忠实，他在大事情上就会更不忠实。假如你们在钱财上不忠实，那么关系到人类较高利益的事谁还信任你们呢？如果你对别人托付的事情，不忠实对待，忘记了道德准则，那么谁还会以重大的事情托付你呢？把自己的利益或者把为道德服务当作生活的最高目的，是两件不可调和的事。

有一些贪爱钱财的法利赛人，听见这番话后，嘲笑耶稣，说他过分贬低了财富的价值。耶稣转而向着他们说：你们只是在众人眼前，表面上尊敬神，但是上帝知道你们的心。——凡在感官看来被认作伟大，表现为值得重视的东西，在上帝面前便成为一文不值。

从前有一个财主，穿着紫色丝袍，天天耽溺于淫乐。他的门前常常坐着一个讨饭的，名叫拉撒路，浑身生疮，除了狗来舔他的疮外，谁也没有减轻他任何病痛。他只有常常盼望从富人饭桌上剩下来的残食充饥。这个穷苦人死了，现在却居住在幸福的乐园里。不久之后，这个财主也死了，并且很铺张地被埋葬了。但是他现在的命运却不如那个穷人的命运。当他举目一望，才看见拉撒路在亚伯拉罕那里。于是他高声叫道：我祖亚伯拉罕呀，可怜我吧！请打发拉撒路只消用一滴清水减轻我的苦痛吧，我就像一个发高烧的病人用几滴水就可以得到滋养。亚伯拉罕答道：儿呀，你该记得，你生前享过福，反之，拉撒路却受过苦。如今他在这里得到安慰，而你反倒受痛苦。财主说，既是这样，我祖呀，请你打发拉撒路到我老家去，因为我还有五个弟兄，这样他就可以以我的命运为戒，教育他们，警告他们不要也遭受和我同样的命运。亚伯拉罕说，用不着，他们自己的理性里有一条规律说，好人的教训人们应该听从。这个不幸的人说：对于他们这是不够的。但是若有一个从死里复活的人出现在他们面前，那么当然他们也会悔改。亚伯拉罕答道：理性的规律是赋予人的，无论从天上或是从坟墓里都不能给他别的教训，因为那样的教训将会完全违反理性规律的精神，而理性规律要求一种自由服从，而不要求由恐惧所强制的、奴性的服从。

在另外一个同样为我们所不熟悉的场合[①]，耶稣的朋友们提出特别的请求，要他加强他们的勇气和坚定。耶稣答复他们说：只有有关你们的义务的思想和提供对人类使命的伟大目的的思想才能做到这点。这样你们就决不会中止你们的工作，以为现在就有权利去享乐了。假如有一个仆人从田里回来，他的主人决不会对

① 《路加福音》，第 17 章，第 5 节。

他说，快去吃饭，好好享乐一番，而总是对他说，快给我预备饭，并侍候我吃饭，然后你也可以吃饭。当仆人照他所吩咐的作完了，他只相信他是作本分内的事，不会想到主人应该感谢他。同样，当你们做完你们应分做的事时，也不要以为你们作了额外多余的事，工作的时候现在已经过去了，必须转入享乐的时候了，反之你们应该想，除了属于我们本分内的事之外，我们并没有做什么。

另外一次，那些不能丢掉从感性的想象来理解天国的法利赛人，问耶稣天国到底何时到来，因为耶稣口头上常常提到天国的观念。耶稣回答他们说：天国并不是通过堂皇的外形或外表的仪容显示出来，人们决不能说，看呀天国在这里或者天国在那里，因为必须看到，天国就建立在你们心里。于是他转而对他的门徒们说：你们也常常想要看到天国建立在地上；你们常常也会听见人对你们说，这里或者那里有那样一种合乎道德律的幸福的人类兄弟之爱，——不要去追求那些炫示外表的东西。不要希望在人们的外在的辉煌的联合之中，——譬如说在一个国家的外在形式中，在一个社会中，在一个受公共的律法支配的教会中，——去看见天国。远在那样一个安静的、辉煌的境界到来之前，迫害将是道德世界、天国的真正公民的命运。常常在大多数人，如犹太人当中，作为那样一种社会的成员，对于宗教的外表仪式，他们知道得很多。又如在两个都信奉同一信仰、属于同一教会的人中，一个可以是正直的人，而另一个则是道德败坏的人。因此你们不要老是固执着外在的形式，不要把信赖外在形式仪节的准确严格地遵守，当成对于你们的义务的履行，因而陷入于一种懒惰静止的状态。这样一来，虽说生命的爱好和生活的享乐有其一定的地位，因为谁若是不能为

义务而牺牲生命和生活享受，他就恰好会使得他不配有生命和生活享受。[①] 同样你们决不要放弃坚定性，[②]只要你们由于行善而进行斗争所激动起来的希望，看不见实现，你们就会感到厌倦，而且在烦躁的心情之下，决心使自己超出一般道德堕落的潮流继续向前游泳。正如一个委托律师诉讼的人常常不会由法官的正直促进他的事情，反之法官这时总是想要摆脱这个诉讼人的固执的请求。同样你们也要对于许多好事用坚定的态度去实行。然后，当你们对义务所提出的目标以全力把握住了时，那么你们对于实现这个目标的努力和这个目标一样都将是无限的，也都将永远不会衰退，不管你们在今生是否看得见成果的收获。

法利赛人自诩自己很完善，由于自高自大而轻视别人，耶稣关于这些法利赛人讲了如下一个故事：有两个人上神殿里去祷告，其中一个是法利赛人，一个是税吏。法利赛人的祷告这样说：上帝呵！我感谢你，我不像别人那样盗窃、不义、奸淫，也不像这个税吏那样的人；我一个星期禁食两次，按时作礼拜，如数为神庙捐出我收入的十分之一。那个税吏远远地站着，连举目望天都不敢，但只是捶着胸膛，恳求说，上帝呀，赦免我这个罪人吧！我告诉你们，这个税吏比起那个法利赛人回到家中更能得到良心的真正安慰。

一个贵族的青年人[③]来到耶稣面前，问道：善良的教师，我应

① 按黑格尔这里是对《路加福音》第17章第33节原文"凡想要保全生命的，必丧掉生命；凡丧掉生命的，必保持生命"，两语从道德观点，加以重述和解说。——中译者注

② 《路加福音》，第18节。

③ 同上书，第18章，第18节。

该作什么事才可以有道德,才可以此生以后配在上帝面前享到幸福?耶稣答道,你为什么称我是善良的?真正的善良只有上帝才配得上。你当知道你们的道德教师所给的诫命:不应奸淫,不应杀人,不应作假见证,应当孝敬父母。那个青年说,从幼年时起,我就曾遵守所有这些诫命的了。于是耶稣说,如果你感觉到你还缺少一件事没有做,那就是你要变卖你的财产,拿来帮助穷人,并满足道德的要求,——这就是我对你的劝告。这个青年听到这话,感到忧愁,因为他是很富足的。耶稣看出这点,就对他的门徒们说:贪爱财富是怎样牢固地束缚住人们啊!财富对于他走上道德之路是多大的障碍啊!道德要求牺牲,贪爱财富总是要求新的利得,前者要求自己限制自己,后者总是要求扩张自己,总是想要增大他自己所有的东西。耶稣的朋友们问他道:这样,谁还能希望得救呢?人性的这种冲动不会使得道德成为不可能了吗?耶稣答道:这样一种情况扬弃了这些冲动之间的矛盾,即上帝会授予一个人以一种特殊的立法的权力,这种权力使得义务有一种胜过对方的优势,并且也给人以一种力量使他能够战胜私欲。他的一个朋友彼得接着就说:你知道,我们已经放弃我们所有的一切来专心接受你的教导,并单独献身于道德了。耶稣说,对于你们所放弃的一切,将赢得在意识方面、在义务方面的收获,在今生内、在永恒中将会获得丰富的补偿。

耶稣这时[①]只带着他挑选出的十二个门徒,来到耶路撒冷附近,并且使他们知道他在那里所要受到的对待中预感将有悲惨的

① 《路加福音》,第 18 章,第 31 节;《马太福音》,第 20 章,第 17 节。

报复,这些预感与他的门徒对他到达和停留在耶路撒冷所抱的期望大相矛盾。甚至那些天天同耶稣交往并亲受过他的教诲的人,都因从他们的犹太头脑看来,而有着易于激动的希望,以为耶稣不久就要公开登上王位,重新恢复犹太国家的光辉并使它摆脱罗马人的统治而获得独立,并且相信他们作为耶稣的朋友和助手对于他们所作过的牺牲,可以获得权力和荣誉的报酬。——上述这些希望他们都还没有抛弃掉,他们都还不懂得天国乃是道德律在人类中的统治这一精神意义。所以这时约翰和雅各的母亲走到耶稣那里,跪在他前面,当耶稣问她有什么愿望时,她才说出她关于她的两个儿子对耶稣的请求:(因为相信现在能看到他们希望的前途临近了,)你如今建立起你的王国,那么我的两个儿子也就可以提升到仅次于你的地位。耶稣答复他们说:你们也不知道你们为了什么东西而请求,你们是否作好准备:为了你们自己所承担的义务、为了人类的改进,并且为了分担等待着我的命运而生活呢?不论这命运是什么。他们大概希望耶稣刚才所说的命运将是一种荣耀的东西,因而答道:是的,我们作好了准备。于是耶稣说:那么履行你们的义务,安静地顺从你们的命运,但是却不要盼望可以看到你们刚才所提出来的那种请求会得到实现。只是公开在神面前而不在我面前的你们心境的纯洁性,可以决定你们在神面前所具有的价值。耶稣的其他朋友对于那两兄弟的请求感到很痛心。耶稣给予他们指示说:你们知道,贪权势是一种很有诱惑性的并且很普遍的情欲。它既表现自身于生活的广大范围之内,又表现在生活的狭小范围之内。在你们这个团体里,贪权势的野心是应该被扫除掉的。把你们中间的荣耀放在彼此相互友爱上,放在相互服务

上，正如我一生的目的决不在于统治别人，而是在于为人类服务，甚至可以为人类牺牲我的生命。关于耶稣的伴侣们的盼望，以为他同他们的友谊，在他现在权力快要到手的时候，由于对他们的私恩，将特别给予他们以辉煌的一份，——耶稣用一个关于人们的不同价值的比喻来教导他们：从前有一个国君要去到远方的国土，以便接管那一国的权力，在离开他自己所统治的国土时，他交给他的仆人们每人十个金镑，要他们好好经营下去，直到他回来。〔后来〕公民们派了一个代表到他那里，向他宣布，他们永不承认他作为他们的国君。虽说如此，在他回来之后，他仍然取得了王位，于是他要他的仆人们对于如何使用他留给他们的钱作出报告。第一仆人说：用你留给我的金镑，我又赚了十个金镑。国君说，很好！你既然对小事情管理得好，我将更加重用你。我将付托你管理十个城市的权力。另一个仆人运用他留给他的钱，赚了五个金镑，于是国君给予他管理五个城市的权力。另一个仆人说：我曾把你给我的金镑仔细地保存起来，现在我毫无损失地归还给你。我不敢使用它，我害怕，你是很严刻的人，你想要取回你没有给出的东西，你想要收获你没有播种的东西。国君答复说：凭你辩解的理由，我就要判你的罪，你既然知道我是一个严刻的人，我想要收获我没有播种的东西，那为什么你不把我给你的钱交给银行，等我回来时，你可以连本带利交还给我呢？你失掉了你的钱，这钱将交给那能赚十倍的人。其他的仆人都感到奇怪说，那个已经有了十金镑的人，何以又要多得呢？但是这个君王对他们说：谁对于付托给他的东西运用得很好，将会有更多的东西加给他，但是谁对于付托给他的东西运用得很坏,或者完全没有运用,他也就因此不配享受给予他的东西。[①] 把那些拒不服从我〔不要我作他们的国王〕[②]的人给我抓来,我要处罚他们。——像这个国王那样,上帝按照人们对于赋予他们的才能的忠实运用,并按照他们对于自己道德律的遵守,而评判他们的价值。

就在这里(这时耶稣在耶利哥,距耶路撒冷约六个钟头的路程)法利赛人又表示了他们对耶稣的不满,因为耶稣走进一个税吏的家里:他名叫撒该。当时撒该想看见耶稣,但由于围绕耶稣的人太多,而他身躯矮小,不能接近,便爬在一棵树上来看,使他感到惊喜荣幸的,就是耶稣决定了要住在他家里。因为他当然会想,不知耶稣从他迄今所任职务对他的品格存有什么样的看法,他感到,耶稣必定会从一种不利于他的观点来看他。于是他想使耶稣知道、他要改进他前此的想法,他便对耶稣说:从我赚得的钱财中,我愿拿一半给穷人。我若欺侮了谁,我将赔偿他四倍。耶稣对他这种返回到正义,表示高兴说,他在世上的目的就是要把人们引导到这条道路上来。

逾越节[③]现在又到了,因而大部分犹太人都已经去到了耶路撒冷。耶稣仍然在耶路撒冷附近一座城名叫以法莲,特别是在伯大尼[④]住了几天。在一个宴会上,一个女人马利亚,耶稣的一个女

---

① 《新约全书·路加福音》,第 19 章,第 26 节。

② 根据《新约全书·路加福音》,第 19 章,第 26 节增补。——中译者注

③ 《约翰福音》,第 11 章,第 54 节。(逾越节是犹太民族的主要节期。犹太历以此节为一年的开始,节期约有七八天,约在公历三四月间。据《旧约:出埃及记》记载,这个节期的意义在于纪念神杀死了埃及人,犹太人摆脱了或免掉了埃及人的奴役。——中译者注)

④ 同上书,第 12 章。

友也在座。她用一种很贵的香膏去涂抹耶稣的脚，并且用她的头发把它擦干。耶稣的一个门徒犹大，他是管理这个社团金钱的人，就说，对于这种香油何不加以更好地利用，如果把它卖掉，还可以把所得的钱施舍给穷人。犹大实际上是希望把这钱搞到他自己的口袋内，在分钱给穷人时，他决不会忘记了他自己。不过耶稣却指示他，叫他不要使得他的这种分钱的想法，伤害马利亚的心，如果他对于她从她的行为所表示的友情有所感觉的话，(这种友情很类似一个人通过敷抹香膏对于死了的人所表示的那样，)至于他所诡称的他对于穷人的善心，那么任何时候，在别的场合，也可以有机会表示出来。

这时①耶路撒冷的祭司长以为耶稣和每个犹太人一样，要来参加逾越节，便作出决定，要趁这个机会把耶稣逮捕，然后处他的死刑。可是耶稣推迟了前往参加逾越节的日期。同时他们害怕，这时来参加节日的耶稣的同乡人，加利利人，可能会试图解救耶稣。因此祭司长早就吩咐下来，②只要有人看见耶稣在神殿里，立刻就来向他报告，而那些受到这个嘱托的人，在节期的最初几天里，任何地方都看不见耶稣，正感到困惑。在节期开始的第六天上，耶稣本人去到了耶路撒冷。当他望见了这座城的时候，眼睛里含着泪说：啊，什么时候你③才看得清楚，什么是对你有利益的东西呀！但是你是看不清楚的，因为你的骄傲、你的固执成见、你的不宽容，将会激起敌人来反对你，他们将要把你包围起来，从各个

① 《马太福音》，第 26 章，第 3 节。

② 《约翰福音》，第 11 章，第 56、57 节。

③ “你”指耶路撒冷城，当然也指城的统治者。——中译者注

地方来震惊你，直到你的国家、你的法制，——你的骄傲的对象被毁灭，而你被埋葬在它的废墟下死亡了，但没有为了英勇保卫一个高尚伟大的事业而死的感觉和光荣！

耶稣按照东方人的方式骑在一个驴背上，一大群认识他的民众迎接他并跟随他，手中拿着橄榄枝，在他们欢欣的歌唱声中，他走进了耶路撒冷城。

耶稣并没有留住[①]耶路撒冷，而是在伯大尼住宿。但是第二天早晨他又回到那里，公开出现在神庙里，并且向众人讲道。他的敌人[②]向他提出一些陷害性的问题以便抓住他的弱点，一方面为了寻找借口来控告他，一方面也想使民众愤恨他，由于他们对于民众的态度感到不安，特别是由于耶稣的到来，有了大批群众进入城里增加了他们的忧虑。所以当他在庙内坐在一大群听众前面时，他们就问耶稣，依仗谁给的全权，他获得了公开讲道的职务。耶稣说：让我反问你们一个问题。约翰公开讲道的动机是什么？是有了对真理和道德的热情呢，还是因为他有了自私自利的动机？那些向他提〔恶意的〕问题的人心想，如果他们回答时承认前者，那么耶稣又会问他们，为什么他们不听他讲道呢？如果他们回答时承认后者，那么他们就会惹起民众来反对他们。因此他们只好回答说，他们不知道。于是耶稣就说，同样我也不能回答你们的问题。但是试判断一下！一个人[③]有两个儿子，他叫大儿子今天到葡萄园里去劳动；他回答说，他不去，不过后来他自己懊悔，就去了。

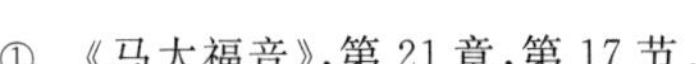

① 《马太福音》，第 21 章，第 17 节。

② 《路加福音》，第 20 节。

③ 《马太福音》，第 21 章，第 28 节。

这个父亲又对小儿子发出同样的命令，他立刻表示愿去，并许诺去。然而他却终于不去。现在哪个儿子表明自己是听从父亲的话呢？他们答道：大儿子。耶稣回答说，同样的情形也适用于你们。你们这些处于道德败坏的恶名声中的人，曾表示要听从约翰关于道德的声音，而现在却毫不感到羞愧地违反道德的命令，你们口头上总是挂着上帝的名字，却诡称自己的生活只是为上帝服务。

耶稣还给他们讲了另外一个故事：有一个人开辟了一个大葡萄园，修了一道围墙，交给园户种植，他就往外地去了。到秋收的时候，他打发人到葡萄园里去收果实。可是他们一个个都受到园户们种种虐待。园主人又打发第二批人去，也遭受同样的待遇。后来他想，他们对他的儿子总会表示敬畏，于是他就派遣他的儿子去。不料，园户们看见他的儿子，就想，这是要继承产业的人，把他杀死，他们就可以完全占据产业。因此他们又杀害了他的儿子。耶稣问围绕着他的人们说：这葡萄园的主人现在要怎样对待这些园户呢？他们说：他要给他们以应得的严厉的惩罚，并且把葡萄园租给另外一些能按时缴纳果实的园户。于是耶稣说：犹太人曾有幸，远比别的民族为早，就获得了关于神性和神意的观念。并且知道了神要求于人的意志是什么。但是你们没有创造任何果实，可以使得神对人们感到欢喜。因此你们相信自己有特权单独成为上帝的宠儿，就完全是一种幻想，你们并且对那些感到能给予人们真正价值的，乃是一种较高的东西，并向你们讲明这种较高的东西的人加以虐待，这就是一种犯罪。——当高级祭司集团的成员们听见这种针对着他们的指责时，立刻就想捉拿耶稣，但是出于他们害

怕民众,一时不敢动手,〔因为民众以他为先知〕[①]。

有几个希腊籍的犹太人,[②]也来参加逾越节,他们想同耶稣说话,因而转向耶稣的几位朋友,看来是请求可以和耶稣有一次私人谈话。看来耶稣表明了他对此事没有兴趣,因为他想,他们还保持着通常的犹太人的救世主观念,并且想要首先推奉他为犹太人今后的国王和统治者。关于这事,他趁这个机会对他的门徒们说:这些人错了,他们以为我有野心,想要捧我出来当一个救世主,他们相信,我也会像他们所盼望的人那样,愿意要他们替我服务,或者以为他们愿意参加到我的随从的行列中来,我就会感到很得意。如果他们听从他们理性的神圣法则,那么我们就是弟兄,这样我们就属于一个共同的团体。如果他们以为我的目的是权力和荣耀,那么他们就误解了人的崇高使命,或者也可以说,他们以为,我误解了人的使命或目的。譬如一粒麦种播在土里,它先须死去,然后它的胚芽才能长成麦穗。同样我也不要求收获果实,虽说这果实是我的劳动的目的。同样我的精神在这个肉体的外壳里也并没有完成它的使命。为了保存我的生命,难道我应该不忠实于我所认识到是我的义务的东西吗?我以悲痛的心情看到了这个民族的统治者的意图所在,他们想要杀害我,难道因此我就应该盼望并祈求上帝说:天父呀,把我从这个危险中拯救出来吧!不,我唤起人们敬事上帝、忠于道德的努力,给我带来了这种处境,我已经准备承担由此产生的任何后果。——这又与你们的企望相矛盾,因为你

① 据《马太福音》,第 21 章,第 46 节增补。——中译者注

② 《约翰福音》,第 12 章,第 20 节。

们所希望的救世主是不会死的。同样在你们看来,生命单就本身来说就是一种伟大的东西,而死亡同样就是一种可怕的东西,你们总以为死亡和一位值得你们尊敬的人是不相协调的！难道,我要你们尊敬我个人吗?或者信仰我个人吗?或者难道我愿意强加给你们一个估量和评判人们价值的标准,并把这个标准当作我自己的一个发明吗?不是的,尊敬你们自己本身,信仰你们理性中的神圣法则,注意你们心坎中的内在审判官,注意你们的良心,良心是一个标准,这标准也是上帝的标准,这就是我要在你们心中唤醒的东西。

这时又有一些法利赛人和〔加利利王〕希律家族的仆从[①]被派遣到耶稣这里来,同耶稣谈话,以便从中找出把柄,到罗马当局那里去控告他。为了看出他们发的问题怎样是有陷害性的,并且耶稣怎样在回答中很容易或者指责罗马当局或者反对犹太人的偏见,那我们就必须谨记犹太人的一个想法,即他们认为向一个外来的国王缴纳税金,是完全不可容忍的,因为他们只愿意为他们所信的神和修建神庙出钱。所以那些被派遣到他那里的人就对他说:老师,我们知道你所宣讲的都是正道,你坚持纯正的真理,你不主张什么东西,你不取悦任何人。——请你告诉我们,我们向罗马的皇帝纳税,是正当的吗?耶稣看出了他们的用意,答道:你们这些伪善者,你们为什么要给我设下一个陷阱呢?拿一块银币给我看:上面刻的是谁的像?是谁的名字?他们答道:上面刻的是罗马皇帝的像和名字。于是耶稣说道:你们既然授予这位皇帝铸造钱币

① 《路加福音》,第 20 章,第 20 节。

给你们使用的权利，那么你们也就应该把作皇帝的东西给予他，把敬事上帝所要求于你们的东西给予你们的上帝。——他们对他这个回答不能不表示满意，不敢对耶稣采取什么行动。此外撒都该人，犹太人中的一个教派，他们是不相信灵魂不灭的，也想把他们的见解试图提出来反对耶稣，因此对他说：按照摩西律法，一个人的长兄如果没有儿子就死了，他就应当同他的守寡的嫂嫂结婚，〔为他哥哥生子立后〕。今有一个女人，在这样情况下，依次一个一个地同七个兄弟结了婚，因为这些弟兄都一个一个地死去了，但仍然没有给他们生下孩子。如果人们于死了之后仍然继续生存，那么这个女人应该是哪一个弟兄的妻子呢？对于这个拙劣无味的异论，耶稣回答说：在现世生活中，人们诚然结婚；但是永生的人，他们现在就进入纯粹精灵的社会，将要抛弃掉肉体和同肉体相联系的种种需要。——一个法利赛人，他对耶稣对别人的问题的很好的回答，也在赞同之列，也对耶稣提出一个问题(看来不是怀着恶意)，问什么是道德教训的最高原理，耶稣回答他道：这个原理就是上帝，对于上帝你应该全心全意爱他，把你的整个意志、整个灵魂和全部力量贡献给他，造就是第一条诫命；第二条诫命就是所有的人同上帝的关系都完全平等，它是这样说的：爱每一个人就像爱你自己一样；更高的诫命是没有的。那个法利赛人对于这个卓越的答复感到敬服，并且回答说：你是按照真理来回答的。把整个灵魂贡献给上帝，爱邻居如像爱自己，就远超出供奉祭品和焚香膜拜了！耶稣对这人的良好意向感到喜悦，就对他说：有了这种意向，你就距作为天国中的一个公民的境界不远了，因为这样就不是通过奉献祭品或者赎罪、或者口头上的殷勤、或者排斥理性以求讨好

神了。——在圣殿的一头[1]设置了一个盛金钱的匣子，以便人们把为神庙捐献的钱币投放进去。耶稣看见除了财主们捐献较大数量外，一个贫穷的寡妇也投入了两个小钱，于是就说：这个穷寡妇所投入的，比别的人都多；因为所有别的人都是捐献出他们多余的东西，这个寡妇捐献虽少，却是她的全部财产。

正当法利赛人这样试图反对耶稣的时候，[2]他趁这个机会叫民众和他的朋友们谨防法利赛人。耶稣说：法利赛人和律法师坐在摩西的座位上。凡是他们吩咐你们遵守的律法，你们可以遵守；可是不要效法他们的榜样和他们的作风，因为他们虽说熟习摩西的律法，但他们自己却并不遵守。他们所作为唯一的目的在于在人们面前显示出正直的外表假象。他指着他们斥责说：你们吞没了许多寡妇的财产，但你们表面上却装做对她们友好，借口替她们祷告。你们好象那粉饰得很好的坟墓，外表涂绘了彩色，里面却装的是死人。你们外表上伪装圣洁，但心里面却充满了伪善和不义。——耶稣还总结了他们许多的丑恶面貌，只要有机会，他就依次加以谴责。

当耶稣在神庙内各个地方漫步一周的时候，[3]他的朋友们对他谈到庙宇的辉煌。这时耶稣对他们说，他预感到，这个隆重的礼拜，这座辉煌的庙宇，都是要毁灭的。这话特别引起耶稣的朋友们注意。当他们后来在橄榄山上同耶稣单独在一起，并从这山上望见这座城的大部分地区和那座美丽的庙宇建筑的时候，他们就问

① 《路加福音》，第 21 章，第 1 节。

② 《马太福音》，第 23 章。

③ 同上书，第 24 章。

他：你从前对我们说过的事情，什么时候才会发生呢？根据什么征兆，我们可以认出救世主的王国的完成即将到来呢？耶稣回答他们说：这种对于救世主的盼望将会使得民众陷于很大的灾难，而这种盼望与他们其余的成见和盲目的顽固性结合在一起将会导至他们的完全毁灭；这种虚幻的希望将会使他们成为狡猾骗子的玩物，或者使他们变成没有头脑的狂热者。你们要谨慎，切记不要因而也陷于错误。常常会听见人叫嚣：这里或者那里有大家所盼望的救世主；许多人将冒充救世主，在救世主的称号之下，许多人将冒出来成为叛乱的领袖和宗教教派的头目，宣告预言和搞出奇迹，以便尽可能把好人也引入歧途。常常会听见人叫嚣：那里，远在荒凉地方，大家所盼望的救世主出现了，这里，近在丛林深处，有一个救世主还隐藏着，——你们切勿受他们诱惑，跟着他们跑。这样的假冒和谣言将会引起政治上的骚乱和信仰上的分裂；人们都要各自站在某个党派一边，有了这种党派性，人们就会互相仇恨、互相叛卖，而且在这种盲目狂热之下，人们便相信有理由为了称号和名词去牺牲人类最圣洁的义务。国内的混乱、社会和人与人之间一切联系的解体，以及饥馑和瘟疫流行的后果，将会使得这个不幸的国土容易成为外来敌人的牺牲品。那时遭难的将是孕妇和婴儿！你们切勿在这场暴风雨中被诱惑去站在某一党派一边，许多人都会为这种欺诈风气所感染，不能自己正确地认识，在他们前面发生了的是怎样一回事，从而被卷入旋涡之中，逐步失掉了克制，最后看到自己牵连进党派的罪恶和破灭之中而不能自拔。——你们要尽可能从这个混乱的和冷酷无情的剧场脱离开、逃走开，摆脱所有的家务关系，不要为了还须照顾这个、拯救那个而踌躇不决。在任何

情形下，要毫不动摇地永远忠实于你们的根本原则；他们的狂热精神可能会攻击你们，迫害你们，你们只须宣扬克制、劝导仁爱与和平，不要对任何一种宗教的和政治的党派发生兴趣；不要相信在那样的会党里，或者在以一个个人的名字和信仰为誓言而结成的联盟里，可以看到上帝的计划得以完成。上帝的计划不限制在一个民族、一个信仰之内，而是以一种无党派性的爱包容了整个人类全体。只有当服务不是为称号和名词服务，而是为理性和道德服务，而这样的服务得到全世界的承认，并在全世界得到实行时，然后你们才可以说、上帝的计划得到了完成。——只有对人类的这种希望的密切注视，（不是犹太人的虚幻的民族希望，）才既可以使你们摆脱教派精神，又可以使你们永远保持正直和勇敢。在这种分裂局面之下，要把自己的宁静和勇气建立在纯真的道德之上，你们要警觉，不要让一种虚假的、懒惰的安静不知不觉的溜进你们的心，这种安静是以屈从公式〔律法〕的信仰、注重口头的崇拜、对于教会礼节仪文的严格遵守为基础的。这就有点像这个故事所含的教训：[①]据说有十个少女掌着灯在迎候新郎，她们之中有五个少女是聪明的，灯内都预备着油，而另外五个少女是愚拙的，疏忽了给灯预备油；在等待了很久之后，迟至夜深的时候，新郎终于到来，她们都要前去迎接他。那五个没有灯油的少女，还须去买油，只得匆匆走开，因为别人的灯油也只够自己用，不能分借给她们。正当她们买油去了，不在场的时候，新郎到来了，这五个聪明的少女就陪伴他进入了新房，参加了婚宴，其余的五个少女，恰好于招待的时候

① 《马太福音》，第 25 章。

离去了，从她们那方面说来，恰好缺少了最主要的东西，因而就被排斥出去了。——所以你们也不要以为抓住了一种信仰就足够了，如果你们缺乏最必要的东西，缺乏德行的锻炼，到了艰苦的关头或者死亡临近的时候，不要以为你们可以快速地随便搜集一些好〔听〕的原理，或者拿出一些每一个人都各自充分具备的、而又不能归功于别人的外在的功绩，就可以把你们装饰起来。单是凭借你们对教会的信仰、凭借异己的外在的功绩为安慰，你们在世界的神圣审判官面前是站不住脚的。我把上帝的判决与一个国王的判决拿来比较，那个国王把他的民众召集起来，像牧羊人把山羊同绵羊分别开那样，他把好人同恶人分别开。他〔国王〕对那些好人说：靠近我，你们是我的朋友，你们要尽量享受你们的行为使得你们应当享受的幸福；因为我饿了，你们给我吃，我渴了，你们给我饮；当我是个陌生人来到你们中间时，你们接待我住宿；当我赤身露体时，你们给我衣穿，我病了，你们照顾我，我在监狱里，你们来慰问我。听见国王这番话的人们不胜惊讶地问道：殿下，什么时候我们曾看见你饥渴过，并曾使你得到过饮食呢？或者什么时候你曾赤身露体过、曾作为陌生人，或病人或坐过监狱，而我们曾给你衣穿、接待过你或慰问过你呢？但是国王回答他们说：凡是你们对我的和你们的弟兄中最小的一个所作过的这类的好事，我都要酬报你们，就像你们对我本人作过的一样。——但是对那一批聚集在那里的坏人，他说：滚开些，你们要获得你们的行为所应得的报酬。当我饥渴时，你们不给我饮食，当我赤身露体、病了或在监狱中时，你们完全不关切我。这些人也问他道：在什么地方我们曾看见过你饿了、或渴了、或赤身露体、或病了、或在监狱里，而我们没有侍

候过你呢？国王给他们同样的回答说：凡是你们在我的和你们的弟兄中一个最小的身上没有作过这样的事，我都要报复，就像你们在我本人身上没有作过的一样。同样，世界的审判官对那些只是口头上和虔诚的外貌上尊敬上帝，而不在他的肖像里、在人类里尊敬上帝的人，也要对他们宣布永恒惩罚的判决。

在白天，耶稣习于在神庙的庙宇里和庭院中停留，而在夜间他便常在城外的橄榄山上住宿。祭司长还不敢公开执行他要逮捕耶稣的决定，因此没有比犹大，耶稣比较信得过的十二个朋友之一，自动去投靠他们，要求给他一笔钱，把耶稣夜间住宿的地点透露给他们，并协助他们在那里秘密把他逮捕，更投合他们的心意了。贪财看来是犹大的主要欲望，这种欲望并没有由于他同耶稣的过从而让位给较高的情操，而且他之成为耶稣的信徒，最原始的动机也许就是贪财，因为他希望假如耶稣建立起他的救世主王国时，他可以掌握财权，他的贪心就可以得到满足。及当犹大开始看清楚，耶稣的目的并不是要建立一个那样的王国时，他感到他的希望落了空，因此他力图利用他同耶稣的友谊，并出卖这种友谊，还可以获得最大可能的利益。

耶稣仍然按照耶路撒冷犹太人的习惯举行了逾越节的宴会，筵席上摆出了最好的一道菜——宰了一只羊。那是他同他的朋友们度过的最后一个夜晚。他把整个晚上费在同他们一起，以便使这一晚上在他们之中留下一个深刻的印象。

在晚餐开始的时候，[1]耶稣还站起来一次，脱掉他的外衣，整

① 《约翰福音》，第 13 章。

扎了一下腰带，取了一条手巾，洗他的朋友们的脚(这通常是下人所作的事)。彼得不要他这样作：耶稣对他说，他不久就会知道所以要这样作的理由。当耶稣作完了这一切，于是说道：你们看见我刚才所作的事，你们称我为你们的老师，而我替你们洗了脚。我要借此给你们一个榜样，你们相互之间应该怎样对待。王公们[①]喜爱统治权，因此他们愿意被人们称呼为人类的恩人，所以，希望你们不要那样，不要抬高自己出于他人之上，我也决不突出自己，超过别人，而是作为朋友，愿每个人都喜悦，都对人和蔼亲切，不要把他的服务当作一种对别人的恩赐或施舍。如果你们自己也这样作，你们自己也会知道这点。——我这番话并不是对你们全体说的，这里我必须引用一句现成的话来指出：一个同我一起吃过面包的人，将要踢我一脚，因为你们当中有一个人将要叛卖我。这个想法使得耶稣伤心，同样也使他的朋友们惶惑。坐在耶稣近旁的约翰低声问他道，“这究竟是哪一个人呢?”耶稣对他说道：“我把这片面包给谁，谁就是。”于是他把那片面包给予犹大，这样说道：“你要作的事情，你就早点作吧。”其余的人谁也不理解他这话是指的什么，他们以为，那是指交付一件另外的事情给他办，因为犹大掌管这个团体的银钱。犹大也许害怕被耶稣揭穿，还要公开受到耻辱，因为他已经看到，他的企图耶稣并不是不知道，或者害怕在这里待得太久会使得他的预谋有所动摇，就匆匆忙忙地离开了这个团体。

耶稣现在进一步说道：“我的亲爱的！你们的朋友很快就要完

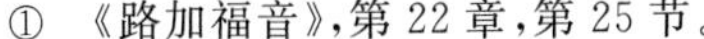

① 《路加福音》，第 22 章，第 25 节。

成他的使命了，天父要接纳他到天国去居住了；要不到好久，我就要和你们分离了。作为给你们的遗言，我遗留给你们这个诫命：你们要彼此相爱，以我对你们的爱作为榜样，只有由于这种互爱，你们才表明自己是我的朋友。”彼得问耶稣道：“你要离开我们，那么你到底打算到哪里去呢？”耶稣说：“在我所要走的道路上，你是不能伴随我的。”彼得答道：“为什么我会不能跟随你呢？我准备冒生命的危险来跟随你！”耶稣说：“你愿意为了我去牺牲你的生命吗？我知道你很清楚，这样做，你还不够坚强。——在明晨天亮以前，在这件事上你就会受到考验。当我将要和你们分离时，你们对此不要感到震惊。——尊重内在于你们的精神[①]，通过精神你们可以认识到神的意志，通过精神你们就和神有亲密的关系，有血肉的联系，只有在精神里才对你们展开着通向神和通向真理的道路，如果你们听得见精神的纯真的声音，那么即使我们个人的身体虽说分别了、分离了，我们的本质也还是一体，而我们彼此也并不远隔。在这以前，我是你们的教师，我亲身指导你们的行为；我离开了你们，我也不会撇下你们作为孤儿；我将遗留给你们一个导师在你们自身内；理性在你们之内所撒播的善的种子，我曾经给你们唤醒了，谨记我的教训和我对你们的爱将会如实地在你们内部保持这种真理和道德的精神，对于这种精神，人们只是由于不认识它，也不在自身内去寻求它，因而就不尊崇它。你们已变成这样的一些人，用不着外力牵引，最后便能够自己依靠自己。——虽然我不再同你们在一起，但从今以后，由你们自身发展出来的伦理将会成为

① 精神(Geist)作为宗教名词亦可译作“圣灵”。——中译者注

你们的指针。谨记我的教训，尊重我对你们的爱，这样你们就可以遵循我曾经引导过你们的正义的道路。道德的圣洁精神〔或圣灵〕将会保证你们不致走入歧途，它还会对你们现在还不能接受的东西，给予更完善的教导，并把许多东西从你们记忆深处唤醒回来，而且使你们对现在还不理解的东西能认识到它们的意义。我遗留给你们我的祝福，——并不是一般的毫无意义的祝贺，而乃是一种富于善或道德的成果的祝福。也可以说：我离开了你们，甚至对你们还更好些，因为只有通过自己的经验和锻炼，你们才会得到独立自主，并学会自己引导你们自己。——我离开了你们，这不应使你们感到悲哀，而应使你们充满了快乐，因为我将在一个更好的世界里，走上一个更高的生活途程，在那里精神毫无拘束地上升到万善的原始源泉，进入到它自己的老家、无限性的王国。”

〔耶稣最后说：〕“同你们大家一起享受这次宴会，我寄予无穷的希望。——让我们共同享用酒和菜！——让我们在这里重新加强友谊的纽带！”于是他照东方的习俗，（像今天在阿拉伯人那里仍然流行的那样，通过分吃同一块面包和分饮同一杯酒来建立牢不可破的友谊，）分给每个人一片面包，在吃了之后，同样他让酒杯巡行一周，因而说道：“当你们这样在友谊的圈子里一起吃饭时，你们也要记起你们的老友和教师，正如逾越节是象征你们的祖先在埃及举行的庆祝筵席，血是纪念血的牺牲，通过这种牺牲，摩西（《出埃及记》第 24 章第 8 节）建立起了耶和华和他的人民之间的联系，同样在将来，面包就用来纪念你们的教师所牺牲的肉体，而杯中的酒就用来纪念他所流出了的血！把我保持在你们记忆中，我为了你们献出了我的生命。我的纪念和我的榜样对于你们将是达到道德的一种强烈的兴奋剂。我看见，你们在我周围就像葡萄枝桠生长在葡萄树上那样，枝桠受到树的滋养，结出果实，而现在不久就要脱离树干了，凭借自己的生命力使果实得以成熟。你们要互相爱，并爱一切的人，就像我爱你们那样。我把我的生命献给我最好的朋友们，就是我的爱的证明。——我不再叫你们为我的门徒或生徒，所谓门徒或生徒只知服从老师的意志，常常不知道为什么他们应该那样行动的理由，你们要达到成人具有的独立自主性，具有自己的意志自由，基于自己的道德力量你们将会产生果实，因为爱的精神和鼓舞着你们和我的力量是同一的东西。”

“假如有人迫害和虐待你们时，要谨记我的榜样，它对于我和千千万万遭受过同样待遇的人来说，是不能更好的了。如果你们不站在支配着人们的罪恶和成见一边，那么你们就会发现够多的朋友，但是你们将会遭到人们的痛恨，因为你们将会是善的朋友。一个坚持正义的人的生活对于恶人经常是一种谴责，而恶人也感觉到这点，因此感到异常愤恨。如果他找不到任何借口来迫害那没有成见的好人，那么他就会把成见、压迫和罪恶的事情当作上帝的事情，并且努力说服他自己和人们，在作痛恨好人的事情时，他是在为神服务。但是道德的精神，正如从天上射出的一线阳光，将会充满了你们的灵魂，并且使你们超出于人们卑下的和罪恶的目的。我在这里预先告诉你们，以便当那种阳光来临时，你们不致感到意外。正如产妇的忧愁当她生下了一个人在世界上时，将会转变成快乐，同样，那正在等待着你们的愁苦，以后将会转化为幸福。”

于是耶稣举起他的眼睛望着天说：“父啊，我的时候到了，表示精神——精神的本源是你的无限性——表示精神的尊严的时候到了，也就是我返回家园到你那里的时候到了！精神的使命是永生，并超出一切有开始和终结的东西，超出一切有限的东西。我在世间的使命是认识你，我的天父，并认识我的精神同你的血肉关系，并且通过忠实于这种关系来使我自己有尊严，并且通过唤醒了对于这种尊严的意识来使人们高尚化。——在世间的这种使命，我已经完成了。我对你的爱曾给我带来了许多朋友，这些朋友们深深地认识到，我并不是想要把某种异己的东西或者武断的东西强加于人，反之认识到我所教导他们的东西乃是你的法则，这法则静静地潜伏在所有人们的心坎中，只是不为人们所理解罢了。我获得光荣，并不是由于某种独特的东西或优异的东西，而是由于我的目的是恢复对那被轻蔑的人群已丧失了的尊重，并且由于我的骄傲是使所有的人都能分享理性存在的普遍性格和道德的品质。我最充分地证明给他们，只有对于善的爱才是理性的人们内心中的最高法则，他们已掌握这种法则，所以他们是一体的，所以他们总是同你和同我联合为一体的。我走向你那里去，我向你祈祷，使这种给我生命的愉快情绪也同样浸透着他们。我曾经促使他们熟悉你的启示，并且因为他们掌握了你的启示，所以世间的人恨他们就像恨听从你的我一样。——我不祈求你把他们从这个世界带走，类似这样的祈求是不应在你的宝座面前提出的。可是我祈求你，通过你的真理使得他们圣洁，只有通过你的法则才能照亮他们。我遵从你的号召，去培养人们的道德，我把这一崇高任务交代给他们手中了；但望他们自己也能完成你的号召，教育朋友们除了尊崇道德和努力接近你、接近神圣之外，不要再向任何偶像屈膝崇拜，

不要再与任何邪道、任何信仰发生联系！”

耶稣说完这些话之后，便和门徒们像日常那样离开耶路撒冷（这时已傍晚了），走过了汲沦溪，来到橄榄山地区一个名叫格塞曼尼的农家院子。[①] 耶稣每夜居住这个地方也是犹大所熟知的，因为他常同耶稣到过那里。耶稣叫他的门徒们一起停留在那里，而他本人同三个门徒去到一个较偏僻的地方，以便可以安静地从容思考。——这里人的自然本性也多少发生其一定的作用，关于他的朋友对他的叛卖、他的敌人的非正义性、和摆在面前的他的命运的冷酷无情，种种思想在这孤寂之夜里占据了耶稣，震动他，并使他充满了忧惧。他吩咐他的门徒待在他近前，并同他一起不要睡觉。他不安地时而走到这里，时而走到那里，隔不久又同他们说一些话，当他们想瞌睡，他又一再鼓舞他们，他不时去在一边，并作了几次祈祷：我父啊，尽可能让我要遭逢的苦难之杯过去吧，可是不要按照我的意志发生，而要按照你的意志发生。如果不能免除我这一时刻到来，那我也要竭尽忠诚，遵循你的意志。——他作这番恳切的祷告时，大颗的汗珠滴在地上。及他又一次同门徒们一起，并且同他们说话，唤醒他们时，他已听见有许多人前来。他高声叫他的门徒们道：醒来，让我们去，我的叛徒走近前来了！

这时犹大走近前来，并有许多带着武器和火把的人与他同来。耶稣又下定决心，沉住气，出去面向着他们。他问道：你们找谁？他们说：找拿撒勒人耶稣。耶稣回答：我就是。他们感到惶惑，是

① 《路加福音》，第 22 章，第 39 节。

否找错了人。他再问他们一遍，并且再给他们以同样的回答，不过加了一句说，如果你们找我的话，那么就同我的朋友无干，免掉了他们。这时犹大走近耶稣，并且给随同他来的人们以信号，这信号是他和他们事先约好，以便他们认出谁是耶稣。——他这样说：老师，你好！并前来拥抱他。耶稣还对他说：朋友，你想用接吻的方式来出卖我吗？于是他就被兵士抓住了。彼得看见这情景，他就抽出刀来砍了一刀，把大祭司的一个仆人的一只耳朵砍掉了。耶稣叫他安静勿躁，说，让事情这样，并且尊重神给我规定了的命运。——耶稣其余的朋友，当他们看见了这群人抓住耶稣，把他捆起来，并带走了时，也都逃走了，各自分散了。只有一个门徒，当他于睡梦中惊醒时，在匆忙中只披上一件外衣，想要跟随耶稣去，也被兵士抓住了，只是由于他让外衣被兵士拿去，他才得脱身出来。在走时，耶稣对带走他的人说：你们带着武器来到我这里，把我像强盗一样捆起来，然而我天天在神庙里公开地坐在你们当中，你们却不抓我。但是深夜才是你们〔活动〕的时候，因为你们的世界就是黑暗。耶稣首先被带到老祭司长亚那（该亚法的岳父）那里，然后带到当年的祭司长该亚法那里，这时耶路撒冷的众祭司和律法师都聚会在那里等候着。在这里该亚法严酷地提出这一原则：为了全体人民最高的利益而牺牲一个人是义务。彼得只是远远地跟在那些捕役后面，本来不敢走进大祭司的院子，只由于约翰同大祭司熟识，可以自由进入他的庭院，和看门的使女说了一声，才让彼得也走进去。看门的使女询问彼得说：你不也是这人的门徒吗？彼得完全不承认，并且站在炭火面前，同那些差役和仆人一起在那里烤火。

这时耶稣站在祭司长面前，祭司长提出了许多有关他的教义和他的门徒的问题来盘问他。耶稣对此回答道：我曾经自由地公开地对每个人讲过话，我曾经到所有犹太人经常前去聚集的神庙和会堂里讲过道，我没有什么秘密的教义。你为什么要问我这些？要了解我讲过什么样的道，你问那些听过我讲话的人好了，他们可以告诉你一切。其中的一个差役觉得耶稣的这个答复对祭司长显得不恭顺，说道：你就是这样回答祭司长的么！说着就打了耶稣一下。耶稣从容镇静地对他说：如果我说的不对，那么请指出我的缺点来；但是我回答得并没有错，你为什么要打我呢？[①] 许多证人被召了来以便提出反对耶稣的证词都被驳倒了，但是祭司根本不能利用那些证词来诬陷耶稣，一方面是因为那些证词不够确定，一方面也由于它们互不一致。后来有几个人走上前来，宣称他们曾经在神庙里听到耶稣很不虔敬地讲话，不过这批人说话的细节也互相不一致。——耶稣完全默无一言。最后大祭司很不耐烦地走上前来说：难道对于所有这些控告你都拒不回答吗？我以活生生的上帝的名义要求你告诉我们，——你究竟是不是一个圣洁的人、一个上帝的儿子？耶稣答道：是的，我是，这个被侮辱的人，他是为上帝和道德所神圣化了的人，你们今后将会看到，人们庄严地给他披上袍褂并把他高举到星象之上。——那大祭司撕破他的衣服并叫嚷：他冒犯了神圣，我们用不着去找别的证据，你们已经听见他亲

---

① 按照《约翰福音》第 18 章第 24 节，这事似乎出现在亚那的宫廷里，但是这次审讯会是由大祭司该亚法召集的，而且在那里进行了真正的审问，所以那地方与彼得否认他看见耶稣的地方不一致，难道是单独在该亚法那里？但又到处都用 ἀϱαιεϱεις 一词的复数。——中译者注

口所说〔僭妄〕的话了。——你们的意见怎样?他应该定死罪,这就是你们的判决。这几句话给了那些差役以一个信号去虐待和侮辱耶稣,耶稣这时是在他们手中。因为这个包括祭司长、众长老及律法师在内的集会须休会几个钟头,以便第二天早晨重新集合。这时彼得老是在那里烤火,[①]还有一个也是大祭司的使女,她认识彼得,向周围的人说:毫无疑问,这个人也是耶稣的一个信徒。彼得又一次坚决回答说"不是!"可是祭司长的一个仆人,他的一个亲戚(这人几个钟头以前曾被彼得砍伤过)说道:在农家院子内我不曾看见你跟耶稣在一起吗?其余的人也都一致认为彼得的口音也透露了他是加利利人。——周围这样多人都作见证反对他,彼得在惶惑恐惧中,忘记了自己,就高声发起誓来,说他不理解他们是何用意,他对于他们硬说成是他的朋友那个人,他完全一点也不认识。这时鸡已开始叫了,表明天快亮了,而且恰好当他发出这些誓言的时候,耶稣被带着从他旁边走过,耶稣向着他,瞥了他一眼。彼得深深感觉到这一瞥的力量,并且感觉到自己的举动可耻,感觉到耶稣在最后晚餐的谈话中怀疑彼得自己吹嘘的坚定性是否经得住考验,是如何地正确,于是他很快离开,涌出了自我羞愧和后悔的眼泪。夜间其余的几个钟头很快就消逝了,祭司长和长老律法师全公会的人又复集会,由于他们认为耶稣犯了死罪,可是又没有权柄作出并执行死刑的判决,所以一到早晨,他们立刻就带着耶稣去到彼拉特(Pilatus,这个省的罗马总督)那里,以便把耶稣交给彼拉特,因为如果耶稣还在民众面前,就可能在民众中引起一个有利

① 《马可福音》,第14章,第66节以下。

于耶稣的"运动",现在把耶稣解到彼拉特这里就使这成为不可能了。当叛徒犹大这时看见,耶稣的事情竟发展到这样的程度,以致他被判处死刑,于是他对他的行为后悔起来。他把钱(三十块钱币)又退还给祭司们,并且说道:我曾经做了一件不义的事情,把一个无罪的人交到你们手中。可是人们答复他说,那是耶稣自己的事情,和犹大的行为不相干。犹大把钱扔进神庙的钱柜里,自己吊死了。——祭司们对这事感到良心内疚,因为这钱是血钱,把它加在神庙的钱一起,似乎不好,他们用来买了一块地,作为埋葬外乡人的墓地。

他们没有进入总督衙门里,[①]因为那天还是节日,不便把衙门内弄得不洁净了。彼拉特走出衙门,到外边来,问他们道:你们要控告这人,他犯了什么罪呢?众祭司答道:假如他不是罪犯,我们就不会把他交给你了。彼拉特回答说:那么你们向他进行诉讼,并按照你们的法律来裁判他好了。他们答道:我们无权作出死刑的判决。——当彼拉特听见,这是一桩有关死刑的案件,所以他就不能拒绝当耶稣的审判官了,他现在就让祭司们把对耶稣的控告提出来。按照犹太人渎亵神圣的观念,耶稣自称为神的儿子,是一种应该处死的罪行,用这种控告,犹太的祭司、长老们知道得很清楚,是不会从彼拉特那里得到对耶稣的死刑判决的。因此他们就控告耶稣,说他诱惑民众,教导他们对于国家典章制度漠不关心,因而最后导致拒绝缴纳皇帝的赋税,并且自己宣称自己是国王。——当彼拉特听见这些控诉事项时,他返回到他自己的衙门内,把耶稣

① 《约翰福音》,第 18 章,第 28 节以下。

叫到他面前，并问他道：你真的说你是犹太人的王吗？耶稣反问他说：是你自己怀疑我，说我自命为王呢，还是你这样问我，只是因为别人那样归罪于我？彼拉特答道：难道我是一个犹太人吗？我自己也企望你们的国家有一个王吗？是你本国的人和祭司长来我这里控告你的；你做了些什么事情会引起他们的控告呢？耶稣回答说：他们控告我，说我僭妄自称有一个王国；但是我的这个王国同人们一般所理解的王国毫无联系；如果我的这个王国是世间的王国，那我就会有很多臣仆和信徒，他们就会为我而战斗，我就不会落在这些犹太人手中了。彼拉特答道：既然你谈到你的王国，那么你不就真的自命为一个国王了吗？耶稣答道："我就是王，如果你要那样称呼我的话，我相信，我是为此而生的，为了在世间教导真理的使命而生的，并且努力争取作为真理的信徒。谁爱真理，谁就会注意听我的声音！"彼拉特就问道："真理是什么东西！"他以一种朝廷官员的神气，亦即以轻视的然而又冷笑的神气对严肃事物表示轻蔑，无疑地他认为耶稣是一个狂热者，这个狂热者为了一个名词、为了一个抽象概念（这个名词或概念在彼拉特灵魂内是没有意义的，）而牺牲自己，并且他认为整个事件仅仅是有关犹太人的宗教的问题，这种事件既不涉及违犯公民的法律，也不因而危害国家的安全。他离开耶稣，走出来到犹太人那里，并对他们说，他查不出那个人有什么罪来。他们又重复一遍他们的控告，说他从加利利直到耶路撒冷整个地带，由于他的讲道而引起了动乱。——彼拉特注意到他们宣称加利利是他开始讲道的地方，他自己寻思这人是不是加利利人。当他听见说耶稣是加利利人时，他似乎甚为欣喜，他可以有办法摆脱这件令人厌烦的诉讼了，因为耶稣既是加

利利人，就受那个地区的王希律统治，因此就把他送到希律那里去，那时希律正在耶路撒冷参加逾越节。希律很喜欢看见耶稣，他早就想看看他，因为他听见人们关于耶稣说了很多，并且希望看见他作出一件奇迹来。——他向他问了许多问题，那些祭司长及其随从也在这里重复了他们的控告。耶稣却一言不发，当希律和朝臣嘲笑他，并且最后给他穿上一件标志着王公的尊贵的衣服时，他同样仍然保持冷静沉着。由于希律不知道如何处理，在他看来，耶稣仅不过是一个嘲笑的对象，不是一个须加惩罚的对象，所以他又把他送回到彼拉特那里。不过彼拉特注意到，让希律审判耶稣作为对加利利人的尊重，这对于恢复两人之间前此有了裂痕的友谊是有〔良好〕效果的。彼拉特还是同以前一样感到困惑，召集了祭司长和官员们在一起，并对他们宣示说，他们把这人作为一个煽动骚乱者交到他这里来控告，可是他并没有发现他作过什么该死的事情，就是希律也同样没有发现什么；除了责打他几板，然后恢复他自由外，他不能作什么了。——那些犹太人不满足于这样的处分，而坚持要求处以死刑。彼拉特对于耶稣在所有这些交涉中保持沉静表示敬服，极其不乐于牺牲耶稣作为犹太人发泄宗教仇恨的工具，又因为他的妻子送信给他，并表示对耶稣感到兴趣，于是他又想出了另外一条出路。原来按照习惯，罗马的总督在逾越节期内可以释放一个犹太囚犯，使他得到自由和生命。除耶稣外当时还另外有一个名叫巴拉巴的犹太人被关在监狱中，这人是被犹太人控告为犯了抢劫和杀人的罪行的。彼拉特本来希望，犹太人不要放弃执行他们的旧习俗，宁愿释放耶稣而不释放那杀人犯就让他们在两人之间，即，在巴拉巴和犹太人的王（他是这样戏称耶稣的)之间去选择。祭司集团当然很容易说服周围站着的民众,放走巴拉巴,要求处耶稣的死。当彼拉特再一次问他们,究竟决定释放谁时,于是他们就高叫:释放巴拉巴!彼拉特无可奈何地说,那么我对耶稣应该怎样办呢?他们又叫喊:让他钉在十字架上!彼拉特又问道:可是他究竟作过什么坏事呢?他们更强烈地叫喊:把他钉在十字架上!把他钉在十字架上!于是彼拉特就听任他们鞭打耶稣,兵丁们用荆棘编了一个王冠,把它戴在他的头上,给他穿上一件紫袍,让他手里执着一根杖以代替王笏,并叫道:恭喜你,犹太人的王!说着就打他一巴掌。彼拉特希望这样可以看到他们的怒气渐渐消减,就对他们说:我必须向你们重说一次,我看他没有犯什么罪,把他从这个行列里带出来吧。他并且说:既然你们看见他了,你们对于这幕戏剧已饱享眼福了。这种观看并不能缓和他们的情绪,他们叫嚷着要他死。彼拉特更不耐烦地高声说:那么把他带去吧,钉他在十字架吧,我看他是没有罪的。那些犹太人答复说:按照我们的法律他是犯了死罪,因为他自命为上帝的儿子。对于一直按照罗马人的想法来理解上帝的儿子的彼拉特,当然更感到疑惑不解,因而问耶稣道:你真的是从哪里来的?可是耶稣不予回答。彼拉特说:为什么你也不回答我的问题呢?你知道,你的生和死都完全取决于我?耶稣答道:我的生或者我的死只取决于神意的安排,可是这并不能减少那些把我交给你的人的罪。彼拉特总是愈来愈对耶稣有好感,倾向于释放他。犹太人看出了这点,他们立即扮演忠诚臣仆的角色,把他们打扮成唯一关心皇帝的利益的臣仆,这样一种角色一定会使他们处于尴尬的地位,但却较容易达到他们的目的。他们叫喊道:你若释放这人,那你就不是皇帝的

朋友(或忠臣),因为凡是自命为王的人,就是对于我们国王的背叛。现在彼拉特就隆重地坐在法庭上,叫人把耶稣带来,说:看呀,这就是你们的王,——难道我应该把你们的王钉在十字架上吗?犹太人群高叫道:钉他在十字架上!除了皇帝外,我们不承认任何国王!彼拉特看见叫嚣和喧嚷越来越大,他害怕引起骚乱,甚或暴动,在彼拉特看来,犹太人是具有极其危险的狂热特性的人,他们为了皇帝的荣誉是可能爆发暴动的,他并且看见,犹太人的顽固执拗是无法克服的,于是他叫人端一盆干净水来,当着群众面前洗了手,并且说:对这个义人的流血,我是无罪的!你们得对它负责!那些犹太人叫喊说:好!就让他的死来惩罚我们和我们的子孙吧!犹太人的胜利是决定了。巴拉巴获得了释放,而耶稣却被判决钉死在十字架上(一种罗马式的、可是很残酷的处死办法,就像今天死在断头台上一样)。耶稣仍然被暴露在那里听任士兵们粗恶的嘲笑和虐待,直到他被带至刑场。被处决的人一般必须自己背着十字架走出来,耶稣却被免掉了,恰好一个名叫西门的人正站在他旁边,他们就让他背十字架。到来的人群很多;他的朋友不敢接近他,只是远远地跟在后面,并且分散地看这次处决。但是有几个认识耶稣的妇女却走近他,并且号啕痛哭,对他的命运感到悲伤。耶稣转身走向她们说:耶路撒冷的妇女们!不要为我哭,倒应当为你们自己和自己的儿女哭;这样的时候将要到来,那时人们会称赞那些没有儿女的,未曾哺育过婴孩的、没有生育过的女人是有福的了。你们看看,像我所遭受的情况,你们可以得出结论,这样一种精神在一个民族中其前途还会是怎样。

耶稣同另外两个犯人一起被钉上十字架，他的十字架放在中间。当人们钉上他的手，也许只是绑上他的脚[①]，把他固定在十字架上时，耶稣高声说：父啊，宽恕他们，因为他们不知道他们所作的什么事情！像平常一样，那些兵丁均分了他的衣服。彼拉特叫人在十字架上用希伯来文、希腊文和拉丁文写上“这是犹太人的王”的字样；祭司们对这事感到不高兴，他们认为，彼拉特只应该写上“耶稣是自命为王者。”彼拉特由于在整个控告案件上对他们都很不高兴，他极愿意他们承认他写下的这个谦卑的人的称号，当他们请求改变这个称号时，他回答说：我已经那样写了，就那样写定了。这时，耶稣除了肉体上的痛苦外，又受到犹太人、贵族和平民给予的胜利的嘲笑以及罗马兵丁的粗野讥诮。此外与耶稣一同被钉在十字架上的一个罪犯，他和耶稣相同的命运，并未使得他对耶稣友好一些，他也夹杂在众人冷嘲热哄之中，说了几句挖苦耶稣的话。但是那另外一个被钉在十字架上的犯人，却较有人情和良心，对于耶鳃的犯罪并不完全漠不关切，他应声责备前一人，说他在那样的情况下，竟还对一个与自己遭受同样苦难的人说出那样冷酷的话。他并且说：我们的受刑是应该的，因为我所受的与我们所作的相称；而这个人是无辜的，他却跟我们遭受同样的命运！他又对耶稣说，等进入你的王国的时候，请你记念我。耶稣答道：不久我们就要一起被接引进天国了。

耶稣的母亲和她的几位女伴以深沉的悲痛站在十字架下。在耶稣所有的门徒中只有约翰一人同她们在一起，分享她们的痛苦。

① 保鲁斯：《回忆录》，1793 年，第 36—64 页。“关于对上十字架人钉上脚的老问题”。

耶稣看见母亲和他所爱的门徒站在旁边，就对他母亲说：母亲，看呀，这就是你的儿子！他代替了我。并且对约翰说：把她看成你的母亲！约翰也就按照亡友的遗志把她接到他家，并给以照拂。

耶稣已经被钉在十字架上几个钟头之后，他在忍受痛苦的情况下大声叫道：我的上帝，我的上帝，你为何离弃了我？此后，他还叫了几声，他感到很渴，[①]有一个人把海绵蘸满了醋，送上给他，让他喝，他还说："这成了"。最后还大声说：父啊，我将我的精神交在你手里了。说了这话头就垂下，他就断气了。

即使那主持处决的罗马官长，对耶稣临死时安详从容的态度和置生死于度外的尊严，也表示惊叹。他的朋友们远远地看见了他们高贵的教师的临终。

由于被钉在十字架上的人一般要很慢才死去，而且常常还须在十字架上活几天，而次日在犹太人中又是一个大节日，所以他们请求彼拉特第二天就不要让那几个人的肉体仍钉在十字架上，允许把被处决者的两只腿砍断，然后把它们拿走。与耶稣一同被处决的两个罪犯的腿都被砍断拿走了，因为他们还没有死。他们看见耶稣已经死了，就没有断腿的必要了。因此他们只是用枪矛刺了一下他的肋肋，随即有血和水混合着流出来。——亚利马太人约瑟是耶路撒冷高级议会的一个成员，是一个平时不为人所知道的耶稣的一个朋友，他请求彼拉特让他把耶稣的尸体领去；彼拉特准许了他的请求。因而约瑟会同尼哥底姆，耶稣的另一个朋友，就

① 在边上：Λεγων ἀφετε——现在让他安息，不要使他更多感受痛苦，让他适时地死去。在以利亚没有到来，并帮助他之前，我们只会给我们带来嘲笑。《马可福音》，第15章，第36节。

把死者领去，用没药和沉香加以涂抹，用细麻布加以包裹，把死者安放在家庭墓园里，他的坟墓是用挖出的岩石砌成的，那个地方距刑场很近，因此当他们很快把安葬事宜办理完竣时，节日还没有开始，如果到了节日就不允许处理死人的事了。[①]

① 手稿到这里终结，边上注明完成的日期为十月二十四日，〔一七〕九五年。——诺尔注

基督教的权威性

第一部分　第一节至第四节的修改稿①

第一节　序言

宗教的权威性②这一概念只是在新近时期才开始出现并且成为很重要的概念的。权威宗教是与自然宗教相对立的，并且以此为前提的：只有一个自然宗教（因为人性只有一个），而权威的宗教可以有很多。从这种对立就可以表明，权威宗教是反自然宗教或者超自然宗教的，它包含着超出知性和理性的概念和知识，它要求不是出于自然人的情感和行为，而只是要求通过安排，勉强激动起来的情感，和只基于命令、出于服从，没有自己本身兴趣的行为。

① 此标题与文中的分节及每一节的题目系根据英译本所加。《第一部分第一节至第四节的修改稿》这一标题下面的小标题实际上只有第一、二、三节的，并无第四节的，英译本就是这样，请读者注意。——中译者注

② 黑格尔原手稿保存下19个印张，编号为a－t，我们只缺少其第一个印张。按黑格尔所注两个日期来看，他在“1795，11月，2日”（见第r印张第3页），即紧接于《耶稣传》之后，已将此篇正文基本写完，只于“95，4月，29日”（见第t印张第3页）添加了一个结束语。原手稿在本书（指诺尔本）上始于152页，止于213页。（在这中译本里，始于170页，止于251页。）此处开始的这一部分，是黑格尔于“1800，9月，24日”（见第a_1印张，第1页），对原手稿开头部分的修改稿，修改时他新添了三个印张（$a－a_3$），其余的修改是写在原手稿第a－c印张的边缘上的。我们把修改前后的两稿分别印出，可以见出他的观点的全部改变。这个修改稿从时间上说是我们掌握的稿子中最后写的。——诺尔注

从这种一般的说明我们可以看见，为了说明一种宗教或者宗教的一个部分是权威性的，首先必须明确规定人性的概念以及人性与神性的关系。在最近时期人们关于人性的概念讨论得很多，有人相信，对于“人的规定”[①]的概念具有极其纯粹的认识，就可以把那个概念用来作为淘汰宗教本身的标准。

要达到这样一个时期，在这个时期里，概念可以抽象到这样的程度，即人们自信，人性之无限多样性的现象可以概括成为一些普遍概念的统一体，——这需要经过长至许多世纪的文化发展的一系列阶段才可以达到的。

这些简单的概念，由于它们的普遍性，同时就成为必然的概念和人类的特性。由于这些特性是固定的、各民族的或个人的，所有其余的多样性的伦理、习惯和意见都因而成为偶然性、成见和错误了，于是那些能适应这种多样性的宗教就成为权威的宗教，因为这种宗教对偶然性的关系本身就是一种偶然性，但是作为宗教的一个部分同时是神圣的命令。

基督教由于能够适应最不相同的礼俗、性格和政治制度，有时曾受到人们的谴责，有时又曾受到人们的赞扬。罗马帝国的腐化是基督教诞生的摇篮。正当这个帝国没落的时候，基督教取得了统治地位，我们看不出来，基督教怎样会阻止帝国的倒塌。与此相反，由于帝国的倒塌，它赢得了它的领域的扩大。看来基督教在同一个时期既是那些过分文明的、堕落在卑鄙的罪恶的、奴役奴隶的

① 这是指费希特《人的规定》(Die: Bestimmung des Menschen)一书。规定即是本性、特性。费希特这书，出版于1800年春天，书名中译，一作《人的天职》，一作《人的使命》。黑格尔这部分修改稿是1800年9月写于法兰克福。——中译者注

希腊人和罗马人的宗教，又是那些最无知、最凶悍却又最自由的野蛮人的宗教。基督教是意大利诸邦在中世纪自由放荡最美妙时期的宗教，是严肃而自由的瑞士共和国的宗教、是近代欧洲或多或少的适合君主专制国家的宗教，同时也是受最残酷的压迫的农奴和农奴主的宗教——两者上同一个教堂作礼拜。打起十字架作为先行，西班牙在美洲杀死了整代的土人，对于印度的被征服，英国人则高唱基督徒的谢恩歌。从基督教的怀抱中开放了造型艺术最美丽的花朵，产生了各种科学的高楼大厦。但是为了尊敬基督教，所有的美术遭到禁止，而科学的发展被斥为渎亵神圣。在各种不同的气候里，十字架之树都在繁荣滋长，都曾生了根、结了果。所有一切生活的欢乐都曾和对基督教的信仰有过联系，而最不幸的苦难也在基督教中得到滋养，找到辩护。

人性的一般概念可以容许无限多的改变，用不着借口引证经验来作掩饰，说人性的改变是必不可免的，人性永远也不曾是纯粹的，而这是可以严格证明的。现在只消明确这一点就够了，即究竟什么是纯粹的人性？所谓“纯粹的人性”不外指符合于人的一般概念。但是人的活生生的本性是永远不同于人性的概念，因此那对概念来说只是一种改变、纯粹的偶然性或多余的东西，成为一种必要的东西，有生命的东西，也许是唯一自然的和美丽的东西。

因此，现在就和开始时所提出的关于宗教权威性的标准有了完全不同的面貌。人性的一般概念已不复够用了；意志的自由也成了片面性的标准，因为人的礼俗和性格以及与之相联系的宗教是不取决于通过概念作出的规定的。在每一种文化形式里，必定有一种较高力量的意识，以及随之出现的一些超出知性和理性的观念。如果人的通常生活不能提供在自然中必然产生的情感，于是就有必要用强制性的制度来产生这种情感，当然这种情感仍然带有强制性的残余的。同样自然的宗教所要求的行为只是通过命令和盲目的服从才作出来，但是当到了一切行为都成为不自然的时候，则基于命令和盲目服从的行为也同样没有了。诚然这时宗教成为权威的了，但是它还是通过一定的过程才成为那样的；它原来并不是那样的。在现阶段宗教必定要成为权威的，不然就不会有什么宗教。宗教只不过是远古时期的外来遗产；它的要求现在得到尊重，也许它的本质愈没有被认识，它就会愈受到尊敬和惧怕。再则，在一个不知道的存在面前发抖，在作事时放弃自己的意志，让自己像机器一样彻底服从外在给予的规则，在行为和放弃不为中、在言语和沉默中完全放弃理智，在短期或终生使自己没有知觉，——所有这些都可以是“自然的”，一个具有这种精神的宗教因而不能说是一个权威的宗教，因为它符合它那个时代的自然状态。这样一种宗教所要求的自然无疑应该说是一种可怜的自然〔或本性〕。但是宗教完成了它的目的。它给予这个自然以一种唯一适合于它的较高存在，从而在其中得到满足。只有当另外的一种意态唤醒了，当这个自然开始具有一种自我感，因而要求自身的自由，而不仅是把它放置在它的至高无上的存在之内时，然后它前此的宗教对它来说，方能显得是权威性的。人性的一般概念未免太空洞了，不能够给宗教情绪的特殊的、必要的各式各样的需要提供一个标准。

前面几节的话或许将会受到误解，如果人们想从中看到对于传统宗教的一切专横、一切迷信、一切教会专制、一切由于虚假的

宗教机构而产生和滋长的蠢事在予以辩护。决不！那种缺乏理智的、顽固的迷信对于一个没有灵魂的、具有人形的存在没有什么〔令他反抗的〕权威性的东西，但是如果他的灵魂被唤醒了、而仍然要以迷信强加给他，那么这时迷信对他就成为权威性的了，虽说从前他是完全自发地接受迷信的。但是对一个评判者来说，迷信必然是一种权威性的东西，正因为作为一个评判者，他悬有一个人的理想在他前面。不过人性的理想是完全不同于关于人的规定和人与神的关系的一般概念。理想是很可以包容特殊性和规定性在内的，甚至它要求特殊的宗教行为、情感、惯例、过分的铺张、甚至一大堆的铺张仪式，这些东西从一般概念油灯光看来只不过是冰块和石头罢了。只有当这种铺张仪式取消了自由时，才成为权威性的东西，这就是说，只有当它专横到反对理智和理性，并违反它们的必然规律时，它才成为权威性的东西。这种标准的普遍性必然受到限制，因为理智和理性只有当权威发生动摇，这种标准的普遍性才会被呼吁，理智和理性才能作裁判官。凡是自己不要求合于理智或合于理性的东西，就不属于它们权限的范围。这是主要之点，由于忽视了这点〔即权限范围问题〕所以才引起了对立的判断。理智和理性可以要求一切东西都要经过它们的评判，并且很容易以为一切东西都应该是有理智的、合理性的，它们因而无疑地会发现到处都是权威性的东西，并且高叫精神的奴役、良心的压迫、迷信，没有个完结。朴素的行为、天真的情感、最美丽的幻想经历这种受到粗暴的对待。但是其效果却颇适合这种不适当的行为。富于理智的人们，当他们以理智的方式去谈论情感、想像力和宗教需要时，相信他们是在说真理，他们不能理解为什么他们的真理会引起反感，他们的说教却没有人听。错误在于他们拿些石头给儿童，而他所要的是面包。如果用水修建一所房屋，他们这些货色是有用的。但是如果一个人坚持面包对于修建房屋有用处，那也会正当地受到反对。

在宗教里，行为、人物、回忆都可以被当作圣洁的。理性则证明它们的偶然性，并且要求凡是神圣的必定是永恒的、不朽的。不过，这并不等于说，它证明了那些宗教的事物就是权威的，因为不朽性和圣洁性可以与偶然性相结合而且必须与一个偶然的东西相结合。在思考永恒的东西时，我们必须把那永恒的东西与我们思维中的偶然性相结合。不过当单纯的偶然东西或作知性对象的偶然东西也要求具有不朽性，圣洁性并受到尊敬时那可完全是另外一回事了。到了这时理性便有权力出来指斥其权威性了。

关于一个宗教是否权威的一问题，取决于它的教义和命令的内容较少，而较多取决于它证明它的教义的真理性和要求实践它的命令的形式。每一种教义、每一个命令都可以成为权威的，因为每一种教义或命令都可以压制自由的强迫方式表达出来；没有一个教义不是在一定情况下有其一定的真理性，没有一个命令不是在一定情况下可以成为义务，因为即使一般被当作最真纯的真理，为了它的普遍性，在应用于各特殊情况时，也需要有一定的限制，这就是说，不是在任何情况下都有效准的无条件的真理。

因此本文的目的不在于探讨在基督教里，是否存在着权威的教义和命令。按照人性的一般概念和神的特性对于这个问题的答复是太空洞了，用这种腔调来进行无聊的闲谈已由于其漫无止境的拖长和内在的空疏性而成为太令人厌倦，太失掉所有的兴趣了，以致使人感到，也许时代所需要的乃是要听取证明与一般概念的那种启蒙式的应用相反的东西，当然，这种反面的证明并不是根据当时的文化所提供给旧式教条神学的那一套原理和方法来进行，而乃是根据我们现在所认识的人性的需要去推演出那些现在被抛弃掉了的神学教条，并揭示出它们的自然性和必然性。

这样一种尝试必须以这样一种信仰为前提，即相信许多世纪以来的信念，在这些世纪中千百万为之而生、为之而死的人认作义务和圣洁的真理的东西，至少就其主观方面来说，并不是单纯的毫无意义和不道德。如果整个神学教条的体系按照人们喜爱的一般概念的方法把它解释成为在启蒙时代站不住脚的黑暗中世纪的残余，那么人们自然还要人道主义地问：那样一个违反人类理性的并且彻底错误的体系何以竟会建造起来呢？

人们可以用教会的历史来表明，何以一些简单的基本真理逐渐由于情欲与无知会积累起那样一大堆的错误；并且表明在这许多世纪逐渐规定各个教条的过程中，那些教父们何以经常没有为知识、节制和理性所指引；甚至当基督教最初被接受时，曾经起作用的何以并不简单由于纯粹热爱真理，而乃是，至少在一定限度内，由于极其复杂的动机，很不圣洁的考虑、不纯洁的情欲，而且常常是由于起源于迷信的精神需要，这就是说，一般讲来，各个民族的信仰是由于异于宗教的外在情形、自私自利的动机、暴力和阴谋并按照这些目的而形成起来的。

不过这种说明方式包含着对于人的深刻轻视和对于他的理智的极端迷信。它并没有接触到主要问题，即指出宗教对于人的自然本性的适合，尽管在不同世纪里，这个本性有一定的改变，换句话说，问题的提出，是要联系各民族、各时代的风俗习惯和性格来问宗教本身的真理性，而答复却说，宗教纯粹是迷信、欺骗和愚昧，关于宗教大部分的罪状只好推给感性，即把一切罪过归给感情，〔而与理性无关〕。但是无论赋予多么大的支配力量给感性，人却不因而就停止其为一个理性的存在，换句话说，人的本性永远地并且必然地以宗教情感作为他的一个较高需要，而且他用以满足这种需要的方式，这就是说，他的信仰、他的崇拜，他的义务的体系决不能是纯粹的愚昧，也不能是为一切不道德的行为留活动余地的不纯粹的愚昧。

本文的目的不在于探讨基督教所包含的教义是否权威性的，而在于探讨一般讲来基督教是否一个权威的宗教。这两方面的探讨也可以结合起来，因为要断定基督教是否权威的宗教，必须从宗教教义本身的研究作出结论，这样事实上也就探讨了某一条个别的教义之权威性了。不用说，对整个基督教的任何考察，又可以与对特殊教义的考察并列起来孤立地进行考察，因而把它当作一部分来考察。但是这个见解的内容将永远涉及全体。再则，像上面提到过的，关于权威性的问题不涉及宗教的内容，而是涉及其形式，即一个宗教是某种彻头彻尾地被给予的东西或者是自由地给予，自由地接受的东西。

此外，本文不打算考察基督教在不同时代和不同民族里所表现出的无限多样的形式，同样也不打算考察在我们自己的时代里所当作基督教的东西。没有比基督教这一概念意义更为纷歧的了，无论就基督教的本质、或就它的个别教义，以及这些教义的重要性和对全体的关系，均莫衷一是。本文的目的乃在于探讨在基督教信仰的直接起源里、即如何从它的创始人耶稣口里所说的话和他的生平里产生出来，是否出现有一些直接可以促成其权威性的情况，即把本来是偶然性的东西当成永恒的东西了，并且探讨基督教一般讲来是否建立在这样一些偶然性的基础上，这样的一种主张将会受到理性的拒绝，并受到自由人的排斥。

一种偶然性据说可以从其中产生出必然性，一种暂时性的东西，据说在其上可以奠立人的永恒真理的意识，人的感情、思维和行动对于它的关系的基础，总的讲来，这种偶然性或暂时性的东西加以普遍化就是权威。

在肯定基督教是基于权威这个问题上。两派的人是一致的。他们都赞成，诚然宗教基于人对于善的自然感情或对于善的仰慕，并且假定人是向往神的，但是他们进一步认为为了提供给人以一种信仰、从而人可以获得神的欢心，耶稣不仅简单地要求对于无限的神有一种纯粹的和自由的服从，像纯粹的宗教灵魂所要求其自身那样，而且还要求对关于行为、情感和信念的命令和训诫予以服从。那在这点上具有相同意见的两派人却在如下方面又彼此相区别。一派认为权威的因素在一个纯粹的宗教中是非本质的，甚至可鄙的，因此不愿承认耶稣的宗教有自由的道德宗教的地位。与此相反，那另一派人正好把基督教的优越性放在权威的因素上面，并把权威的因素说成是真正圣洁的东西，并且把一切伦理都建筑在这上面。这一派人对于直接促使耶稣的宗教成为权威宗教的这一问题，是不能提出的，因为他们认为耶稣的宗教之所以是权威的宗教，是直接从耶稣口头说出来的。无论对他的一切教训、对道德的原则、对神与人的关系来说，耶稣只依靠他的权威和通过奇迹证明权威，来要求信仰。这一派人认为西达(Sittah)在“纳丹”一剧中关于基督徒说的如下一段话：“凡是他们的教主教导的具有人道主义意义的信仰，都是基督徒所喜爱的；他们之喜爱这个信仰并不是因为它是人道的，而是因为它是基督教导过的，实行过的”，并不是对于基督徒的一种谴责。对于权威宗教一般的可能性这一派人加以这样的解释说：人性中具有它自身不能予以满足的需要，并且它的最高的需要就是这类宗教的需要；从人性的需要中产生出来的这些矛盾，它自己本身不能够解决，而这些矛盾的解决必须借助于一个异己的存在的悲悯心。

不仅把耶稣教导的宗教教训和命令，而且把他所提出的一切道德律都一律宣称为权威性的东西，对它们的有效性以及获得关于它们的知识的可能性只是到耶稣的命令的范围内去寻找，——这无疑地表现了一种卑谦和断念的态度，放弃人性中一切自己固有的善良、高贵和伟大的东西，但是只要人愿意了解他的本性，那么他的这种卑谦和断念的态度至少必须假定，人具有一种自然情感或超感官世界的意识和对于神圣东西的义务感。如果在我们内心中绝对没有任何东西与外来的关于道德和宗教的要求相符应，如果本性中没有内在的琴弦，使外来的要求得到回响，那么耶稣鼓舞人寻求较好的宗教和道德的事业，其性质和成效就会与普度亚的圣安东尼对鱼说教的热忱相同。圣安东尼也许会以为他的说教所作不到的，鱼的本性所不可能的，可以由一个完全在它们之外和之上的存在的助力而得到实现。

这种对于基督教与人的关系的见解本身还不能叫做权威的，它是建立在某种美丽的假定上面，即假定人的一切较高的东西、一

切高贵和善良的东西都是神圣的东西，都是来自于神的，他的精神是从神出发的。但是这个见解立刻就会成为鲜明的权威宗教的看法：如果把人的本性与神的本性绝对地分离开，如果除了只是在一个孤立的个人内，不容许两者之间的任何中介，如果人的关于善和神圣东西的一切意识都被降低到信仰一个彻头彻尾异己的、至高无上的东西——这乃愚昧和信仰的毁灭。我们看见，关于这个问题的探讨，如果要通过概念认真彻底进行的话，最后必定会导至对于有限与无限的关系予以形而上学的考察。但这并不是本文的目的。本文的目的在于从根本上指出，在人的本性自身内具有一种必然性要求承认在人的意识内有一个超出人的行动的一个更高的存在，使对其完善性的直观，成为人类生活的推动力量，并且直接地献身给这个直观，而不掺杂别的目的、时间、机构和感情于其中。这个对于宗教的一般需要还包括许多个别的需要在内：在什么限度内，这些需要的满足属于自然〔或人的本性〕范围之内？在什么限度内，自然〔或人的本性〕所陷入的诸矛盾可以通过它自身得到解决？对于这些矛盾基督教是否包含着唯一可能的解决？这个解决是否完全超出自然之外？人是否只有通过被动的信仰才能达到这种解决？——对所有这些问题的发挥以及对它们的真意义的研究也许在另外的地方可以进行。基督教所提出的对于人类内心的课题，或者也可以说，人的实践理性的课题的解答，如果只是表面地从外部现象，即作为特定行动、特定教义予以考察，便被理性宣布为偶然的东西，那么必须一般地指出，切不要忘记，偶然的东西只不过是圣洁的东西的一个方面。假如一个宗教把暂时的东西与永恒的东西相结合，如果理性只固定地看那暂时的东西，因而大叫那是迷信，那么应该责备的是理性，它认识得太肤浅了，它忽视了永恒的东西。

在这篇论文里，不打算拿一般概念作为标准去衡量基督教的教义和命令，也不打算用这个标准去判断某些教义或命令是否被包含在这些概念里，或者是否与后者相冲突，或者至少它们是否多余的，因而是不合理的、不必要的。类似这样的偶然的东西，——与永恒的东西相结合，便失掉其偶然性的性格，因而必然具有两个方面，只有抽象的理性才把这两个方面分离开；在宗教里两者是没有分离开的。一般的概念是不能应用到宗教本身的，或者较好的说法，是不能应用到宗教情感本身的，因为宗教情绪本身并不是概念。这里并不想涉及那些首先为抽象的反思所造成的偶然性的东西，这里所要谈的乃是这样一些东西，这些东西是宗教的内容本身，而又作为偶然性的东西持存着，作为暂时性的东西而又具有高远的意义，作为某种有限的东西却又具有神洁性和值得尊敬。而且我的探讨只限于解答这样一个问题，即那些偶然性的东西是否已经直接出现在基督教的创立里，在耶稣的教训、行为和他本人的命运里；那些偶然性的东西是否出现在他的说教的形式里、在他对他人（朋友或敌人）的关系里，（那些偶然的东西由于它们本身，或者由于外在情况获得一种原来不属于它们的重要性）换句话说，是否在基督教的直接起源里包含着促使它成为权威宗教的因素。

第二节　犹太教

犹太民族异常憎恶和轻视所有周围各民族，很想孤立地、高傲地，单独保持其生活方式、风俗和虚骄，在风俗习惯方面与其他民族平等相处，联合一起，在它看来都是可怕的、令人厌恶的。但是由于国土狭小的地位，由于商业的交往、由于与罗马人所建立的其他民族的联合，它不得不与其他民族处于繁多的关系中。民族联合的压力必然压倒犹太人要求孤立的愿望，并且在战争之后（这个民族愈是特殊，这些战争愈显得可怕），由于国家受到异族暴力的压制，他们深深地感受到创伤和苦难。自此以后，这些犹太人便愈益顽固地坚持其传统的宗教命令。他们的法令是直接从一个排外性的上帝那里派生出来的。他们的宗教主要地充满了无数的毫无意义的、一套一套的礼节仪文，这种学究式的带奴性的民族精神还为日常生活无关重轻的行为制定一套规则，使得整个民族看起来好象都在遵守僧侣式的清规戒律。注重道德、崇拜上帝是受一套死板公式支配的强迫性的生活。除了对这种奴隶式地服从非自己建立的法规之顽固的骄傲外，已没有任何精神生活之可言。但是这种顽固的态度在日益严重、不断加速到来的沉重命运面前已无法支持下去。整个国家从此永远瓦解了。他们要求分离的病狂并没有抵抗住政治上的从属地位和与异族合并的影响。

犹太民族的这种情况不可避免地在那些为较好材料做成的人之中，他们不愿放弃他们自我感，同时不愿意屈服于死板的机械仪式和暴政的奴役之下，会唤醒起一种对于自由活动和纯粹独立的需要，而不愿从事于烦琐习俗仪文之无灵魂、无本质的僧侣式的机械事务，过一种没有自我意识的生活，——唤醒起一种对高尚享受的需要，而不愿再以机械的奴役自豪并为此奔忙。人的本性抗拒这种情况，并且产生出各式各样的反抗行动，如像许多股土匪的发生、许多“救主”的出现、法利赛人的严格的僧侣化的犹太教，把犹太教同自由和政治结合起来的撒都该教(Sadducäismus),[①]隐居的戒行派人(Essener)组成的兄弟会,力求解脱对于国家民族的情感和忧虑、利用人性深处的美丽花朵以美化犹太教的〔新〕柏拉图主义,此外还有施洗的约翰出来,公开向各族民众说教,而最后才是耶稣的出现。

第三节　耶稣

耶稣从根本上抨击他的民族的罪恶,亦即反对这个民族从所有其他民族孤立起来的骄傲敌视的态度。他因此希望教导犹太民族信仰全人类的神、相信普遍的人类之爱,抛弃他们的没有爱、没有灵魂的机械崇拜。正是因此,耶稣的新教训就成为一个世界的宗教,而不单是为了他自己的民族——这足以证明,他是如何深刻地抓住了他的时代的需要,而当时的犹太人是如何严重地陷入了精神奴役状态和不可救药地缺乏道德。

关于耶稣〔思想〕发展的成熟过程这一有趣的问题,我们没有得到任何消息。他最初出现时已经是在成年时期,那时他已经从犹太人的传统和信念的意识中解放出来了,已经从犹太人浪费其唯一的活动于生活的普通需要和方便那种阻碍进步的惰性中解放出来了,并且他还从虚荣和其他情欲(这些东西的满足将迫使他同成见和邪恶妥协,)中解放出来了。他的整个作风表明,他虽然生长在他的民族之中,他却远远超出了他们(当然只不过四十多天),

① 撒都该教是犹太教的一个支派或支种,否认复活、来世、灵魂及天使的存在。——中译者注

而为一个改革家的热情所鼓舞。但是同时他的言论和行为方式并不带有当时其他民族的文化和宗教的任何痕迹。他一下子就以青年人愉快的希望和对于胜利的毫不置疑的信心出现在世界上。当时的民众基于根深蒂固的成见对于他的反抗,似乎出于他意料之外。他似乎忘记了他的民族的自由的宗教精神业已死亡了,而盛行一时的乃是顽固的狂暴的奴役意识。通过简单的讲话,通过巡游各处对一大群人的说教,他满以为他可以把他们的顽固的思想转变过来,他以为他那十二位不久以前才结识的朋友,能够产生这样的效果。他以为他的民族足够成熟,通过从不成熟的人中(这批人后来表明还有许多的缺点,他们也只能重复耶稣的话)派出一批人,他的民族可以得到鼓动与改变。只有由于他的一切努力毫无成果的沉痛经验才熄灭了他的青年式的天真朴素的语气,才使得他以沉痛猛烈的态度,以一种为敌人顽抗所刺激起来的气概说话。

犹太人所希望于将来的是完满的神权统治、天国,关于后者耶稣对他们说道:天国业已到来,天国就在眼前。由于信仰天国,天国就会成为现实,而且每一个人都是天国中的一个公民。同犹太人所特有农民式的骄傲必然结合在一起的,还有一种对于他们自身的虚无藐小之感,这是他们长期在机械法规的奴役下所带给他们的。唯一的并且无疑地严重的任务就是唤醒他们的自我感,教导他们相信即使一个木匠的儿子,虽说过着贫苦的现实生活,也可以成为天国的一个分子。从传统法规的桎梏下摆脱出来是这个信仰的否定方面。因此耶稣到处都在攻击他们宗教生活中死板的机械主义。犹太的法规竟至腐朽到这样的程度以致即使对于最优良的法规,也曾经想出了一大堆逃避的办法。当然耶稣在反对出于根深蒂固的民族骄傲和交织在整个制度中的伪善和假圣洁的联合力量方面，以及在反对建筑在这些东西上面民族领袖的统治方面，都很难取得任何成就。耶稣以沉痛的心情，看见他要在犹太民族的宗教生活里带来自由和道德的热烈的尝试完全被粉碎了，甚至看见他至少想在少数几个人中燃起较高的希望和较好的信仰的努力，通过较亲密的联系，培养他们，来对耶稣给予支持的努力，也只有极其不明确、不充分的效果，[①]耶稣本人便牺牲在针对他而爆发的僧侣集团的仇恨和犹太人的被伤害的民族虚荣里。

人们很自然地盼望，耶稣的这种新教训如果一旦为有头脑的犹太人所接受，一定会转变成为某种权威性的东西，虽说它本身是自由的，而且大部分是争辩性的东西，因为他们定会从耶稣的教训里随心所欲地制造出一些东西，作为他们奴隶式地崇奉的对象。我们可以看见，耶稣自己的宗教是同他的民族精神有区别的。凡是他所说过的、带有一些迷信意味的言论，例如恶魔支配人等等，被一部分人宣称为可怕的无意义的东西，而另外一些人则被迫用“适应”“时代的观念”等概念加以弥缝。就我们看来，这些东西如果被看成迷信的话，我们所要说的只能是，凡是迷信就不属于耶稣的宗教。就别的方面看来，耶稣的灵魂是自由的，独立于偶然事物之外的，唯一必然的东西为敬爱上帝和自己的邻居，必须圣洁像上帝那样圣洁。这种宗教的纯洁性在一个犹太人身上的确值得高度赞扬的。反之，在他的继承人那里我们诚然看到犹太人的

① 这里原文附有一条小注作为补充说明，这条小注就是诺尔本第154—155页的小注，故这儿从略。——中译者注

琐屑无聊的东西被抛弃了，但是他们精神上还没有完全清洗掉对于那些东西的依赖，从耶稣的言论、从耶稣个人所遭受的苦难里，他们很快就制造出一些规则和道德义务的命令，而对于他们的导师的自由模仿，很快就转化为对于他们的主人之奴隶式的服役。

现在，什么是出现在耶稣的言语和行为方式中的偶然因素，这个因素既可以被认作偶然的，但又可以认作圣洁的，从而加以崇敬呢？

我们的意图不在于研究这一或那一权威教义怎样被带进基督教，或者它们随后逐渐发生了什么变化，等等。[①]

第一部分　基督教怎样成为一个教会的权威宗教

第一节　序言

你可以对基督教提出最矛盾的思辨理论，但是不管这些思辨理论是属于哪一种，总会有不少的声音提出一些理由来反对你，据说你所主张的虽说接触到基督教的这一体系或那一体系，但是没有涉及基督教本身。每一个人都建立他自己的体系当作基督教，并且要求每一个其他的人重视他的体系而且只重视他的体系。

① 修改稿到此为止。就内容而言，下面应接《基督教的权威性》第五节。但按诺尔原书的编排，紧接在这修改稿后面的，仍是该文前四节的原手稿。这样，是为了便于对黑格尔修改前后的观点作对照。——中译者注

现在流行的研究基督教的方式方法，是把理性和道德当作检验它的基础，并且引出民族精神和时代精神来帮助解释它，我们当代有这么一批人，他们的学识、论证的明晰和善良的用意，都为他们赢得了很大的尊敬，这流行的研究方法被他们推崇为足以引导人类达到目的、真理和德行的有教益的“启示”。另外还有一批人，他们亦以同样的学识和同样善良的目的受到尊敬，此外他们还得到政府的支持以及千百年传统势力的支持，这个方法却被他们指斥为彻底的堕落。而从另外一个观点来说，像我们这篇论文的题目所要作的这种方式的考察，其处境则更为狼狈，这是因为，在基督教学者看来，即使我们并不是单与基督教的幻影（不管这幻影是我们自身形成的，还是早就已经从世界上消逝了的）打交道，而是在真正接触基督教体系的一个方面、一个受到很多人敬畏和信仰的方面，我们却也有足够的理由，去满足于慈善性的待遇，因为我们既然由于目光眩惑，不能以与别人同样的明度去观看许多重要的、神圣不可侵犯的高贵东西，那就只配受到怜悯。

因此，即使在这篇论文的开头就公开宣布自己平日的信仰，也将不会是可以满意地说明自己的好办法，而且还会违反这篇论文的目的，以致不能有效地发挥对自己平日信仰的论证并充分为这个信仰的内容作辩解。所以这样一种枯燥的概述，反倒会引起一种意见，以为著者把他个人的信念看成重要得了不起的东西，并把他的人格和所要讨论的整个问题相提并论。然而这里我必须指出，完全、整个单就题目本身来说，要提出来的作为判断基督教的不同变种、不同形式和精神的基础的普遍原则是这样的——即一切真正宗教（基督教包括在内）的目的和本质就是人的道德，并且基督教一切较详细的教义、宣扬这些教义的一切手段，以及对基督教的一切义务(无论信仰教义的义务或者关于履行宗教仪式上许多本身具有武断性的行为的义务)评判其价值，其神圣性，皆以它们与人的道德这一目的相联系的远近为准。

第二节　犹太教的可悲情况

犹太人是这样一个民族，他们从上天的无上智慧〔独断地〕得出他们的法典，他们的精神到了耶稣的时候已经为一些凝固的法定的命令的重负所压制着，这些法定的命令学究式地替日常生活的每一个偶然行为制定出规则，致令人看起来整个民族都受僧侣式的清规戒律所支配。由于这种体系的结果，那最圣洁的东西，即敬事上帝和遵循道德受到死板公式的安排和强制。除了奴隶式地服从并非自己立下的法律的骄傲感外，什么东西也没有剩下来让犹太精神有自由施展的余地，而犹太精神在当时还由于国家受到外国力量的压制而深深地感到伤害和痛苦了。在这种苦难的情况下，犹太人之中必然会有较好的心灵和头脑的人，他们不能够弃绝或否定他们的自我感，他们不能够低头屈身甘心作无生命的机器，在他们里面必然会唤醒起比之骄傲于对机械的奴役更有一种高尚的满足的需要，比起没有自我意识的生存、比起僧侣般地把生命消磨在从事于无聊的、机械的、无精神性的、琐碎的礼节仪文，更有较自由的活动的需要。对于外国情况的熟悉引导他们之中的某些人接触到人类精神的优美的花朵。本性在他们之内试图发展出一种较独立的类型的德行；施洗人约翰就英勇地面对面地抵抗着那既是犹太人错误观念的后果也是其来源的道德败坏。

第三节　耶稣

耶稣是这样的一个人，他直到成年以前所从事的乃是他自己的教养，他摆脱了流行在他的时代和他的民族中的传染病；他摆脱了那囿于小天地的惰性，这惰性消耗在日常需要和生活便利之中；监用其唯一的能动性；他也摆脱了野心和别的欲望，这种野心和欲望一经煽动起来，其满足的寻求将会迫使人同成见和邪恶相妥协。他担负起把宗教和德行提高到道德，并且使道德恢复它的本质——自由的任务。这样作有其必要，因为正如每一民族皆有其传统的民族习性、皆有其特殊的饮食习惯、皆有其其余的生活方式方面的风俗礼教，所以道德就从它的特有性格——自由降低到一套相近的风俗习惯、礼节仪文。耶稣使他的民众重新记忆起包含在他们的圣书[①]中的道德原则，并且根据这些道德原则来评价犹太教的那些礼节仪文、用来逃避法律的许多便宜行事，以及良心于遵守法律条文，于祭祀和其他神圣礼俗中而不是在对于道德律的服从中找到的慰藉。耶稣以神明的眼光只赋予价值给服从道德律的人，而不赋予价值给亚伯拉罕的后裔。耶稣只在道德律里承认具有值得在来生分享福祉的功绩。

① 耶稣在圣经里找到了道德的一些最高原则，他并没有提出新的道德原则，就《马太福音》xxii. 36 所说，“你当尽一切的心去爱主——你的上帝”，试比较旧约《帖撒罗尼迦》vi. 5、《利未记》xix. 18 和 xviii. 5，《马太福音》v. 48“你们应当完善”。又如《马太福音》vii. 12“你们要别人怎样对待你们，你们也当怎样对待别人”，具有太广泛的范围，以致不能提供一个道德原则，因为它也甚至可以适用于一个恶人作为谨慎行事的一个格言。那将会是一件奇怪的事，如果像犹太人所信的那样的宗教，把上帝看成他们的政治上的立法者，而没有又包含着纯粹的道德原则。

耶稣在他的故乡加利利以及在犹太教的中心耶路撒冷都曾对民众公开教导过道德品质的价值和伪善地单纯严格从事外表的宗教仪式之毫无价值。特别是他同一批人结成了较亲密的联系，这些人能够在他于较大范围内影响整个民族的种种努力方面给予他支持。但是他要求人们断念、牺牲并向嗜欲作斗争的简单的教义，在当时深深植根于民族的骄傲感，与整个国家制度交织在一起的伪善和伪装神圣和那些既主管信仰又执行法律的人们的利益所形成的联合势力面前，一点成就也没有得到。耶稣沉痛地看见他把道德引导进自己民族的宗教生活的计划完全破产，甚至看见他想要至少在少数几个人中燃烧起较高的希望和较好的信仰的一切努力也导至可疑的、很不完备的结果[①]。耶稣本人便牺牲在僧侣集团的仇恨和犹太人被伤害的民族骄傲感里。

像耶稣这样的教师我们怎样能期望他提供导致创立一个权威宗教的机缘呢？（所谓权威宗教即是一个以权威为根据的宗教，完全不把人的价值或者至少不完全把人的价值放在道德里面。）耶稣从来没有声明反对传统宗教，而只是批判那些反对道德的迷信，认为遵守宗教所规定的礼节仪文就可以满足道德律的要求。他所劝导的不是基于权威的道德（所谓基于权威的道德不是毫无意义，就是名词上的直接矛盾），而是从人自己的本性里发挥出来的自由的道德。

① 例如，(a)犹大。(b)《马太福音》xx.20“请准许我这两个儿子、一个坐在你的左边，一个坐在你的右边”，这件事情的发生是在雅各和约翰追随耶稣多年之后。(c)甚至在他尘世居住的最后时刻里，即在他的所谓“升天”前的一些时刻里，他的门徒们还以充足的力量表现了犹太人的希望，即希望他将会恢复犹太人的国家（《使徒行传》i，6）“他们问耶稣说，主、你就要在这个时候重新兴复以色列国么？”

第四节　基督教中的权威因素从何而来?

照这个看法,耶稣纯粹是一个道德宗教的教师,不是一个权威宗教的教主。奇迹等等原意并不是拿来作为教义的基础的,因为教义是不能建筑在被观察到的事实上面的;那些惊人的奇异现象也许只是想用来唤醒那些听不见道德呼声的民众。照这个看法,耶稣的同时代的人的许多观念,例如他们对于一个救主来临的盼望、他们用复活的象征表示〔灵魂〕不灭、他们把严重的、不可救药的疾病归之于某一强有力的恶魔的影响等等,都只不过被耶稣利用,一方面因为它们与道德没有直接联系,另一方面其用意在于赋予它们以较高尚的意义。作为当代流行的观念,它们并不属于宗教的内容,因为任何宗教的内容必应是永恒的和不变的。

有两方面的人提出意见来反对上述的看法:即认耶稣的教训完全不是权威的,他也从来不愿意把任何东西建筑在他自己的权威上面。他们一致坚持,基督教固然包含有德性的原则,但是它又包含有权威性的规定,通过和道德不同的仪式、情感和行动以求得上帝的恩宠。但是这两个方面的人们彼此又有不同的意见,一方面的人认为在一个纯粹宗教中的权威因素是非本质的,甚至是应受到谴责的,基于这个理由,他们也不愿承认耶稣的宗教具有道德宗教的显著特点。而另一方面的人则认耶稣的宗教的突出特点恰好正在这一权威因素,认为权威因素和道德原则是同样地神圣不可侵犯,甚至常常把权威因素当作道德原则的基础,有时竟至承认前者比后者有更大的重要性。

对于“耶稣的宗教怎样变成一个权威的宗教?”这一问题,则后面这一批人可以容易提出答复说,因为他们原是主张基督教之所以是一个权威宗教是从耶稣的口头产生出来,对于他的教义,甚至道德规律,耶稣只是基于自己的权威,要求人们去信仰。这一批人认为西达(Sittah)在《哲人纳丹》一剧中所说有关基督徒的如下的话并不是对于他们的谴责:“凡是他们的教主教导的具有人道主义意味的信仰都是基督徒所喜爱的;他们之喜爱这个信仰并不是因为它是人道的,而是因为它是基督教导过的,因为基督实行过的。”[①]对于一个权威的宗教何以会如此广泛地为人们所接受这一现象,这一批人解释说,这是因为没有宗教能够像基督教那样很好地适应于人类的需要,因为基督教曾经满意地解答了实践理性所提出的,但又没有可能依靠自己的努力予以解答的那些问题,例如,人们,甚至最好的人们如何有希望使他们的罪恶得到宽恕,既然他们自己也是摆脱不了罪恶的问题;这个答复的效果在于提出什么应该是排列实践理性的各种公设的问题,而从前按照理论的道路,亦即通过理性的论证以证明基督教的真理性,现在却须用所谓实践的理性予以证明了。不过有一点是大家熟悉的,即基督教体系像它今天存在的样子乃是许多世纪的工作〔的成果〕,它的许多个别教条之逐渐得到规定和固定下来,那些教父并不是经常受知识、节制和理性的指导,甚至当人们最初接受基督教时,起作用的东西并不纯粹是爱好真理,而部分包含有混杂不清的动机、很不圣洁的考虑、不纯的情欲和许多时常完全基于迷信的精神需要,既

① 这里引文中“信仰”一词,莱辛原剧本作“迷信”。——中译者注

然如此，那么在解释基督教这一庞大建筑的起源时，就必须容许我们承认外部环境、时代精神对于基督教形式的发展方面也有其影响。对于这种影响的研究是教会史的目的，或者更严格地说来，是教条史的目的。

在我们目前这一探讨里，我们不打算遵循历史的指针，并对教会信奉教义的进程之较详细的发展予以研究，我们一方面在耶稣自己的宗教之原始形态里，一方面在时代精神里去寻求使得基督教作为道德的宗教早期受到误解，最初成为一个宗派，后来成为一种权威的信仰所以可能的某些普遍的根据。

上面所提供的耶稣努力使犹太人相信德性或上帝所承认的正义的本质不在于单纯服从摩西的法律，关于耶稣的这种形象将会得到基督教教会各方面人士承认其为正确的，虽说也将被宣称为很不完备的。

认耶稣所宣教的道德律也是权威性的，亦即认这些道德律由于经过耶稣的命令而取得效准，——这一看法虽然透露了一种卑微的谦逊和否认人性中具有自在的一切善性、高尚性和伟大性；但这一看法至少必须假定人具有一种服从神圣命令的自然的义务感。如果我们心灵中没有任何东西对道德的要求作出反应，从而道德的号召在我们自己的本性里没有回响，则耶稣教导人们道德的努力将会与帕都阿的圣安东尼向鱼说教的热情具有同样的性质、获得同样的效果。圣安东尼也许仍然可以相信，他的说教所办不到的事，和鱼的本性所决不能容许的事，最后由于上天的帮助也许终可实现。但是怎样发展到甚至连道德律也被看成某种权威性的东西，这一问题我们在后面将要接触到。我们的意图不在于研究这一或那一权威的教义怎样被带进到基督教，不在于研究这种带进来的教义逐渐发生了一些什么变化，也不在于研究这一或那一教义全部或者只是部分地真是权威性的，是纯粹为理性所可知的或不可知的。因此我们大体上只涉及耶稣的宗教中那些使其成为权威宗教的诸特征，这就是说，使其成为或者非由理性所确立，甚至与理性相冲突，或者虽然与理性一致但却仅只求基于权威去信仰的宗教。

第五节　关于宗派的概念

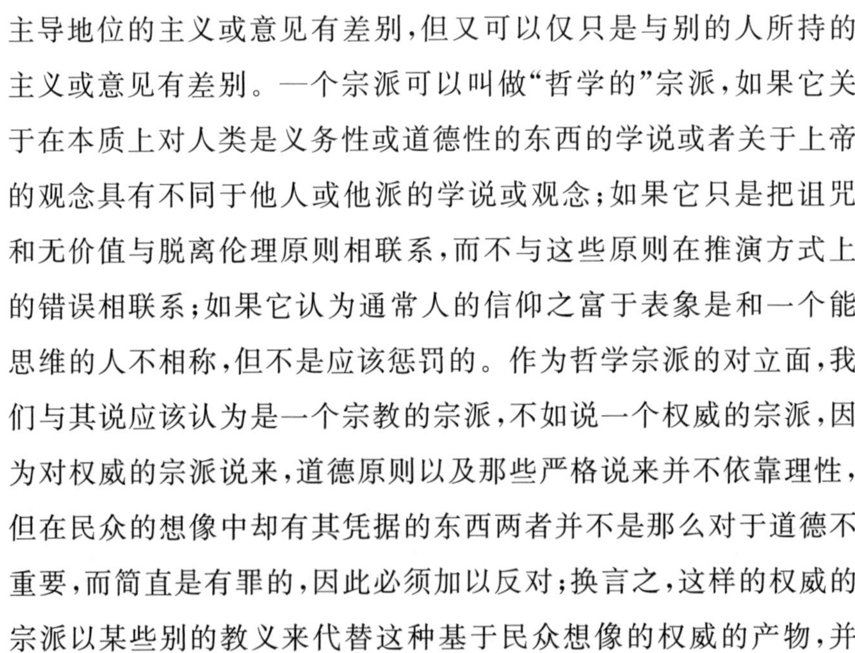

一个宗派须以主义或意见上有某些差别为前提，通常是与占主导地位的主义或意见有差别，但又可以仅只是与别的人所持的主义或意见有差别。一个宗派可以叫做“哲学的”宗派，如果它关于在本质上对人类是义务性或道德性的东西的学说或者关于上帝的观念具有不同于他人或他派的学说或观念；如果它只是把诅咒和无价值与脱离伦理原则相联系，而不与这些原则在推演方式上的错误相联系；如果它认为通常人的信仰之富于表象是和一个能思维的人不相称，但不是应该惩罚的。作为哲学宗派的对立面，我们与其说应该认为是一个宗教的宗派，不如说一个权威的宗派，因为对权威的宗派说来，道德原则以及那些严格说来并不依靠理性，但在民众的想像中却有其凭据的东西两者并不是那么对于道德不重要，而简直是有罪的，因此必须加以反对；换言之，这样的权威的宗派以某些别的教义来代替这种基于民众想像的权威的产物，并赋予对这种教义的信仰与相信道德原则同样的价值和尊敬，甚至更进一步把那些不相信它的人（即使这并不是他们的过错，因为在有的情形下，他们虽不相信权威的信仰，但他们并不是不相信道德原则）同道德上的坏人同等看待。

对这类权威性的宗派，应当适当地保留“宗派”的名称，因为这个名称包含着一定程度的对立性，而哲学上的学派却不适宜于戴上这样一顶带有某种类似诅咒和不容忍观念的帽子。再则那些权威的宗派也不应叫做“宗教的”宗派，像通常所说那样，因为宗教的本质乃在权威的教义以外的别的地方。

在宗教的和权威的两种宗派之间，我们可以加上第三种宗派，这一宗派虽然从某一方面接受对义务的知识和上帝的意志的信仰这一权威性原则，认这个原则是神圣的，并使它成为信仰的基础，但是认为信仰中本质的东西是道德的命令，而不是命令规定的仪式节文，也不是信仰中多少表现出来的作为诫命的教义。

第六节 耶稣的教训

耶稣的教训就属于刚才所说的第三种。他是一个犹太人；他的信仰和他所传播的福音的原则是启示给他的上帝的意志，像犹太民族的传统所传递给他那样，但同时也是他自己内心中活生生的正义感和义务感。他把遵守道德律列入得到上帝恩宠的基本条件。在这个教训以外，除其应用于个别情况和运用一些虚构的例子以说明它（所谓寓言）以外，他自己生活史中还附有其他一些情况，这些情况都促成把信仰奠基在权威之上。正如一个人教导道德并立意反对他的时代中道德败坏的潮流，在这情况下，他自己的道德品格有着极大的重要性，缺乏这个因素，则他所说的话将会冷淡枯燥，没有力量。所以在这一事例里，许多情况联合起来使得导师的人格较之宣扬他所教导的真理实际所必需的程度更占重要的地位。

第七节　耶稣关于他自己个人的人格有许多话可说

为了达到他自己的目的，耶稣关于他本人、关于他自己的人格，不得不说许多话，他决意这样做，因为那是他的民众唯一可以接受的方式。他们真心诚意地相信他们的整个政治制度以及他们一切的宗教的、政治的和民事的法规都是从上帝自身接受来的。这是他们的骄傲，这种信仰窒息他们自己的一切思辨思维；它完全局限在对于圣书的学习上，它把道德的活动限制在对那些权威性的命令之盲目服从上。一个教师，如果他立意替他的人民作更多的事，而不只是对这些命令作一种新注释，如果他打算使得他的人民相信那传统的教会信仰是不正确的，一定有必要把他的主张放在同样权威的基础上。单单提出诉诸理性那就会相同于向鱼宣教，因为当时的犹太人还没有足够智能来认识理性的要求。当然，在倡导道德态度时，他可以得到人心中不可磨灭的道德命令的声音和良心的声音的帮助；而这个声音本身就可以减低教会的权威信仰的优势。但是如果道德感完全采取了教会信仰的方向，并完全和它混合在一起，如果教会信仰完全地、彻底地控制了心灵，并且如果一切道德都建筑在教会信仰的基础上，以致产生一种虚假的道德，那么〔新起来的〕道德教师没有其他可供选择的办法，他就只好以同等的权威，神圣的权威来反对教会信仰的权威了。

因此耶稣要求人们注意他的教训，不是因为这些教训适合于

人们精神的道德需要，而是因为它们是上帝的意志。耶稣所说的话与上帝意志的符合和他自己的声明："谁相信我，他就相信天父"，"除了天父教导我的东西以外，我不教导你们任何别的东西"（这一点特别在约翰福音里是主要的和一再重复的观念），就给予他以权威，如果自己没有这种权威则他的那些教训就不会为他同时代的人所易于领会，无论他对于道德的价值的看法宣讲得如何雄辩。他也许曾经意识到他和上帝之间有一种纽带，或者他也许仅只认为那潜伏在我们心中的〔道德〕规律即是上帝的直接启示，或者一个神圣的火花，而他确信他所教导的纯是这个道德律所规定的东西也许会促使他意识到他的教训和上帝的意志的符合。每一个人每一天都可以看到不少的例子：人们是如何地可以放弃他们天赋的能力和自由，他们是如何地出于自愿屈服于一个永久的管教，而他们受到这些〔权威的〕管教的束缚越是重大，则他们甘愿接受理性的束缚的热情也越是重大。除了倡导一个道德宗教外，耶稣又不得不断地抬出他自己（这位道德宗教的导师）来现身说法。他必须要求对他的人格有信仰，而他的道德宗教所以需要这种信仰只是为了反对或抵制犹太教的那些权威性的教义。

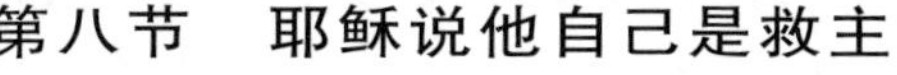

第八节　耶稣说他自己是救主

这里还有从前面提到的原因所引起的另外一个原因。这就是对于一个救主的来临的希望，这救主据说是具有权力作为耶和华的全权代表，他有使命从基础上重新建立犹太人的国家。任何不同于已经写在犹太人的神圣经典中的教训只有出诸救主之口才会得到他们的接受。当时许多犹太人和耶稣的大多数较亲近的朋友之所以听信他的话，主要地是基于他可能就是这个救主，并且不久就会表现他自身在他的伟大里。耶稣也不便于否认他们这种假想，因为他们这种假想正是他可以打进他们心里的不可缺少的条件。但是他试图把他们对救主的希望导入道德的领域，从而把表现在他的伟大里的日期定在他死后。我在上面〔诺尔本 155 页小注〕[①]曾提到他的门徒们是怎样地仍然坚持这个信仰，而这就是促使他说到他自己的人格的另外一个导因。还有另外一个原因就是这一事实，即他已经走近了他的安全、他的自由、他的生命都遭受危害的边沿。这种对于个人命运的紧张情绪迫使他常常捍卫他自己，解释他所选择的生活方式的用意和目的，并且把提倡单纯的公正与提倡对于他个人的公正联结起来。

最后，当一个人的教训使得他成为非常的人物时，连他的生活情形以及一些无关重要的特性也都会引起人们很大的兴趣，虽说如果把一个普通人的这些生活情形拿来告诉人，谁也不会感到任何兴趣。同样，耶稣的人格，即使独立于他的教训之外，由于他的生平史和他的惨死也必定会更具有无限的重要性，必定会吸引人的注意并抓住人的想像。我们分享不知名的甚或虚构出来的人物的有趣的命运，我们随着他们的悲哀而悲哀，随他们的快乐而快乐，我们自身感受到景洛魁人所遭遇到的非正义。他们的无辜而遭受牺牲的朋友和导师的形象将会怎样深刻地铭记在他的朋友们的心灵中呀！在传播他的教训时，他们怎样能忘记他们的导师〔的人格〕呢？他们以感谢的心情记忆着他；对于他的人格的赞美和对

① 参看本文第三节脚注。——中译者注

他的教训的宣扬在他们心灵中感到同样的珍贵和亲切，但是不可避免地对于那些在他的生活史上所发生的非常的、超出人的本性和力量之外的事件的后果，当然他们会具有更多的关心。

第九节　奇迹

犹太人是不能够基于他们自己的努力而创造一个信仰的，也是不能够根据他们自己的本性而建立一个信仰的。因此耶稣之所以能赢得他们的信赖和注意主要应归功于他的那些奇迹，虽说他制造奇迹的能力对他同时代的较有学识的人看来并没有给予深刻的印象，[①]就正如在比普通人较多知道一些自然界内可能的东西和不可能的东西的人们那里你不能希望他重视奇迹。诚然反对基督教的人曾提出许多理由来反对奇迹的现实性，而哲学家们则反对奇迹的可能性，但各方所共同承认的、在这里已足够支持我们的论点的，乃在于耶稣的这些业绩只有在他的门徒和朋友眼里才是奇迹。没有什么东西曾经像对奇迹的信仰那样有助于使得耶稣的宗教成为权威的宗教，有助于把整个宗教、甚至把关于道德的教训，都建筑在权威上面。虽说耶稣要求信仰，并不依靠奇迹的力量，而是依靠他的教训的力量，虽说永恒真理，如要具有必然，普遍的效准，其本性只能基于理性的本质，而不是基于外部世界的现象上面，〔因为〕这些现象在理性看来只是偶然的事件，但是人们要遵循道德义务的信念现在却采取了如下的道路：忠实地、真诚地接受

① 据说，别的犹太人有能医治魔鬼附身的能力。此外当耶稣在犹太人的礼拜堂内医好了那枯萎的手时，引起他们惊奇的并不是医好了病，而首先是他敢于渎亵安息日的仪节。

奇迹成为信仰创造奇迹的人的基础，并且是他所以有权威的根据。他的这种权威成为作出道德行为的义务的基本原则，并且据说，如果基督徒能永远循着这条道路一直走到底，则他们将会有较大的优越性超过犹太人。但是归根到底他们走到中途就停止不前了；正如犹太人把祭祀、仪式和强迫性的信仰认作宗教的本质，同样基督徒认为宗教的本质在于空口说教、外表的行为、内心的感情和历史性的信仰。这条通过相信个人的奇迹和权威以达到道德的迂回路线以及在中途有必要停息一下的许多站口，具有任何迂回路线所具有的缺点，因为它使得目的地比它实际所在的地点更为遥远，并且容易使旅行者在其绕许多弯路和经许多疏散的中途站时完全迷失道路〔的方向〕。但这还不是它的唯一的缺点。此外它还会损害道德的尊严，因为道德是独立的、不承认自身以外的任何基础的，并且坚持其为自身满足、自身根据的东西。

他们现在以为本身就是尊敬的对象的不再是耶稣关于道德的教训，因为如果他们真正地尊敬耶稣的道德教训，嗣后也就会产生对于教师的尊敬。与此相反，他们现在之尊敬道德教训只是由于尊敬教师，他们之尊敬教师只是由于他的奇迹。

这个通过这条迂回道路而成为虔诚的和有德行的人是太卑谦了，以致不敢把他大部分的道德修养归给他自己的道德力量、归给他对于圣洁的理想所表示的尊敬，或者一般讲来，不敢把自己的能力或接受道德的能力和自由的性格归给他自身。但是这个性格，道德的源泉，就完全为只由于畏惧主的惩罚才被迫而服从律令的人所丢掉了；因此当他对于他所依赖的这个力量剥掉其理论的信仰时，他就像一个刚被解放了的奴隶一样，什么律令也不知道。因为他所承受的束缚他的律令不是他依据他的理性自己建立起来的，[1]因为他不能把他的理性看成是自由的、看成是主人，而只是按流行的说法看作一个奴隶；而且当情欲激动起来时，理性便无能为力，而只能替情欲服务了。至于从奇迹的故事到对于个人人格的信仰，再从个人人格的信仰，如果进行得顺利的话，进到道德，——这条路线乃是“象征书”[2]中所指定普遍的、宽广的道路，这同认道德的固有基础在于人的理性这个证明都同样为大家所熟习的，而按这种证明人的本性，具有所要求于它的完善程度，是太尊严了，因而不应该把它放在未成年的水平，以致老是需要一个监护人，而永不能进入成年的阶段。

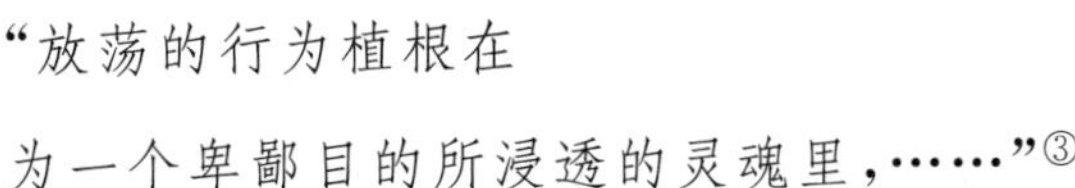

“放荡的行为植根在
为一个卑鄙目的所浸透的灵魂里，……”[3]

① 这足以说明为什么丢掉了纯粹的权威宗教之后，其结果常常会发生不道德的行为；如果信仰纯粹是权威性的，则对于不道德行为的责任直接归之于权威的信仰，而不归之于丢掉了权威的信仰。

② 这是指各个新教教派，特别是路得教派的许多忏悔录而言。——英译本注

③ 这两行引自克罗普斯托克(Klopstock)《莱茵酒》一诗(1753)，全节如下：

“放荡的行为植根在
为一个卑鄙目的所浸透的灵魂里，
受到“不朽的”愚人的，钟声的引诱
人人应得的奖惩还是在那里等待着你。
谁高尚地尽他的职分，世界不会不知道的。
尽最美好的职分就是尽道德的义务。
有了艺术的杰作，保你获得荣誉；
尽了道德义务，荣誉却很稀少。”

——英译本注

耶稣并没有把他的宗教教义提高成为一种具有,一套自己独特的宗教仪式的特殊宗派;其所以达到这个结果乃依靠他的朋友们的热情、依靠他们理解他的教义的方式、依靠他们宣讲和传播他的教义所采取的形式,依靠他们对他的教义所提出的要求,并且依靠他们提出来支持他的教义的论证。于是这里就发生了这样一个问题:耶稣的门徒们的性格和能力如何。他们与耶稣的关系(由于这关系的结果使得耶稣的教训成为一个权威的宗派主义)怎样?

第十节　由门徒们那里引起的权威因素

我们关于耶稣的门徒们性格的详细材料虽知道得很少,但以下几点似乎是确定的:即他们有突出的忠实、卑谦、友好诸美德,他们有突出的勇气和坚定性来公开承认他们老师的教训,但是他们所熟习的活动范围是很狭窄的,他们以技术人员的通常方式去学习并勤勉从事于他们的〔宗教〕业务,他们既不是卓越的将军也不是深沉的政治家。与此相反,他们以不从军、不搞政治为光荣。当他们最初拜见耶稣并成为他的学生时,他们就有了这种精神。耶稣扩大了一些他们的眼界,但是并没有超出每一个犹太人的观念和偏见。[①] 缺少自己精神力量的丰富储备,他们把他们对耶稣的教训的信仰的基础主要建筑在他们同耶稣的友谊和对耶稣的皈依上面。他们没有依靠他们自己的力量去获得真理和自由;只是通过艰苦的学习,他们才对真理和自由得到一种朦胧的观念并得出

---

① 举例说,试看《使徒行传》(xii,11),彼得,所有门徒中最热烈的一个,说道:"我如今真正知道,主曾经差遣来他的使者"。再参看容器及其所包容各种动物(《使徒行传》,x,9 以下),和前面的 155 页(诺尔本)所引证过的故事。

某些〔简单的〕公式。他们的抱负是忠诚地掌握和保持这个教义并同样忠诚地不增不减地把它传授给别的人,他们自己不作任何加工,甚至在细节上也不作任何改变。如果基督教要想维持下去,如果它要想建立成为一个公众的宗教并且想要一代一代地传下去,那么实在没有别的更好的办法了。如果容许我们对苏格拉底的哲学和耶稣的教训的命运作一个比较,那我们总在这两位圣人的门徒之间的差别里可以找到一个理由,说明为什么苏格拉底的哲学在希腊或在任何别的地方没有发展成为一个公众的宗教。

第十一节　耶稣的门徒与苏格拉底的学生相对比

耶稣的门徒曾经牺牲了他们一切别的利益,虽说这些利益是有限的,并且放弃它们也并不是很困难的;但他们却舍弃了一切东西来作耶稣的追随者。他们对国家不很关心,像一个共和国公民对他的祖国怀有的关心那样;他们整个的兴趣只限于在耶稣的人格里。

而苏格拉底的朋友们,则从他们的青年时代起,都从多方面来发展他们的才能。他们充分吸收了那给予个人比较大程度的独立性的民主精神,要使任何有相当好的头脑的人完全地、只是依靠一个人,乃是不可能的事。在他们的国家里努力关心国家是很值得〔骄傲〕的,而且这样一种关心是决不能放弃的。他们之中的大部分人早已当过别的哲学家和别的教师的学生。他们敬爱苏格拉底是因为他的道德和哲学,而不是因为敬爱他个人才敬爱他的道德和哲学。正如苏格拉底曾为他的祖国打过仗,曾经在战争中作为一个勇敢的士兵、在和平时期作为一个公正的审判员以完成他作为一个自由公民的一切义务，同样所有他的朋友也不仅仅是不参加活动的哲学家、也不仅仅是苏格拉底的学生。此外他们有能力把他们所学习到的东西在他们头脑里予以加工，并给予它们以他们自己创造性的烙印。他们中的许多人创立了自己的学派；就他们本身的权利说，他们和苏格拉底同样是自立的伟大人物。

第十二节　门徒的数目限定为十二

耶稣曾想到把他可信赖的朋友的数目限定为十二人是适宜的，并且在他复活之后，对于这些人作为他的使徒和继承人，他给予他们以广泛的权威。每一个人有充分权威去散播道德，这里并没有一定神圣数目的人，他们自己感觉到受了〔特殊〕召命来担负起在地上建立天国的责任。苏格拉底没有七大门徒，或九大门徒，任何有道德的人都在他欢迎之列。在政治制度方面，把议会和法庭的代表规定一定数目的成员并予以坚持，这是适当的，也是必需的。但是一个道德宗教不能采取这类从宪法规定中带来的形式。把最高的地位限制在特定数目的人里，其结果就是赋予高级地位给某些个人，这在基督教教会以后的制度方面越来越重要，当教会扩展得越来越广时。这就使得〔宗教〕会议成为可能，这个会议按照多数人的决议宣布真的教义，并且把它们的命令强加给世界作为信仰的准则。

第十三节　门徒们被派遣出去宣传教义

在耶稣的故事里另外一件突出的事件就是他派遣他的朋友和门徒（有一次数目很大，另一次人数较少）到达那些他本人没有机会去访问和施教的地区。在他派遣的两次情况中，他们似乎离开他只不过几天。以这样短短的时间，他们要在旅行中竭尽力量去教育和改善人们，是不可能取得很多成就的。至多他们可以引起人们对他们和对他们的教师的注意并传播开他的奇异的事迹。但是在道德的征服方面他们是不会取得很大的胜利的。这种传播宗教的方法仅只适合于权威性的信仰，对于扫除犹太人的迷信、对于传播道德决不可能产生什么好处，因为耶稣在这方面并没有把他的最可信赖的朋友带进多么远，甚至也没有经过多久的时间去教育他们并同他们生活在一起。

第十四节　复活以及此后所给予的命令

与这点相联系我们还必须注意耶稣在他复活之后所给予他的门人的命令，吩咐他们传播他的教义和他的名字。这个命令特别像《马可福音》xvi，15—18 的措词[①]，带有权威宗教的教师的显著的特点，正好与他在临死前说出的感人的诀别辞[②]之具有道德教师的显著特点成为对比。在诀别辞里充满了最温柔的友谊的声音、对于宗教和道德的价值具有真切感人的情感，在他生命中最重要的时刻，他把剩下的最末几分钟集中在宣扬对朋友的爱和容忍上面，嘱咐他们对于道德和真理可能带给他们的危险，应毫不介

① “你们往普天下去，宣传福音给每一个人听，信仰而受洗的人必定要得救，不信仰的人必定要受天罚，信仰的人必定能创造奇迹：以我的名义他们会赶走魔鬼、他们会说各种新的语言、他们手能拿蛇、他们若喝了毒物也不致受害、他们的手摩着病人，病人就会好”。（《新约・马可福音》）——中译者注

② 诀别辞见于《约翰福音》关于“最后晚餐”以后的记载。参看本文下面第十九节谈“最后晚餐”部分，以及诺尔本第 320—321 页。——中译者注

意。他并没有说"你们往普天下去宣传福音"这类的话,作为道德的教师他也许会说:"让每个人在自然和上天所指定给他的活动范围内尽可能作更多的善事。"在他的诀别的话里这个道德教师把一切价值放在行动上;但是在马可福音所记的话里,一切的价值是放任信仰上的。此外〔在马可福音里〕耶稣提出一个外在的象征——受洗——作为一个区别的标志,把两个权威性的东西——信仰和受洗——当作得救的条件,并且指责不信仰的人有罪。无论你怎样抬高信仰的地位,把信仰说成是活生生的信仰,在怜悯和慈善事业中起积极作用,无论你怎样贬低不信仰,说它顽固地拒绝寻求自己的较高知识和良心、拒绝承认福音中的真理,并且只要你承认,所意味的重要东西只是信仰与不信仰的问题,虽说没有确切地用明白的语言讲出来,那么就仍然有一个权威的因素在本质上持续地纠缠着信仰,而且这个权威因素是那样地同道德的尊敬相联结,以致可以说是到了两者不可分离的地步;得救和天谴是与权威因素结联在一起的。至于他给门徒们的命令所意味的主要地是这个权威因素,这从他于列举信仰者所具有的天赋才能和品德时所说的如下的一些话就可以清楚了:"用我的名义去赶走魔鬼、用民族自己的语言说话、能用手抓住蛇而没有危险、喝了毒物不致受害、用手摩一摩病人就会医好病。"在这里所归给那些令上帝喜悦的人们的品德与马太福音 vii. 22 所说的话形成鲜明的对比:"在那一天,将会有许多人对我说,主阿! 主阿! 我不是以你的名义传教?以你的名义赶走魔鬼吗? ……于是我要明白告诉他们说:我不曾认得你们;你们这些作恶的人,离开我去罢!"在后面这段话里,说出了恰好同样的特点,如以耶稣的名义赶走魔鬼、以他的名义用先

知的语言[1]说话，而且作出许多别的奇迹，但是一个人具有所有这些特性也可以是这样的人，即世界的裁判官也将对他宣判。这些话(《马可福音》xvi. 15—18)只有在权威宗教的教师口里才可能说出，而从道德教师的口里是不会说出这类的话的。

第十五节　耶稣的教训怎样逐渐以权威性的意义去加以解释

耶稣的教训要求无条件地和不自私地服从上帝的意志和道德律，并且把这种服从看成得到上帝恩宠、达到得救希望的条件；但是他的教训也包含着上面所叙述的种种特点，而这些特点就足以引诱那些保持和传播他的宗教的人把关于上帝意志的知识和服从上帝意志的义务完全建筑在耶稣的权威上面，并进而把承认耶稣的权威当作神圣意志的一部分，因而也就当作一种义务。其结果就是把理性纯粹当成一种接受的力量，而不是一种立法的力量，于是就把任何凡是可以证明是耶稣的教训的东西，后来甚至把任何凡是可以证明是耶稣的牧师的教训的东西都当作“上帝”意志，其所以如此理由简单地就是因为那是耶稣的教训，并且是某种与得救或得罪联结在一起的东西。甚至道德的教训现在也在权威的名义下被当作义务性的，这就是说，不是从其本身的价值，而是因为出于耶稣的命令，因而它们就失掉了道德教训的必然性的内在标准，并且被放在与其他每一权威的，特殊的命令、与基于环境或单

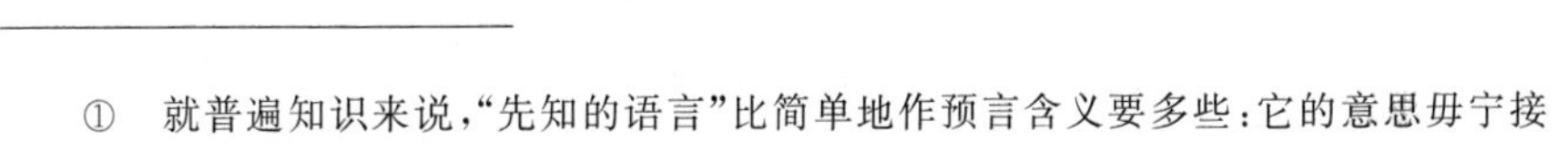

① 就普遍知识来说，“先知的语言”比简单地作预言含义要多些：它的意思毋宁接近于或至少略同于“用许多新的语言说话”。(《马可福音》，xvi，17)

纯的谨慎而提出的每一外在命令同等水平之上。虽说从别的方面看来，耶稣的宗教会成为关于道德的一个权威的教义好象是一个矛盾的概念。

现在耶稣的教训没有发展成为一个纯粹的哲学学派，这就是说，它不是简单地只把它自己同公众信仰区别开，并把公众信仰看作无关轻重的东西。相反它把这种公众信仰以及公众信仰所规定的对命令和礼俗的遵守还看成是有罪的事情，同时它认为人类的最后目的只有通过由公众信仰的社团发出的命令（这一部分是道德的命令，一部分是经过权威规定的信仰和礼节仪文）才可以达到。基督的教训之发展成为一个宗派的权威信仰，在它的外在形式以及内容两方面都曾产生极其重大的后果。这些后果曾经使得它不断地并且逐渐增长地脱离了我们在开始时所谈到的任何真正宗教（包括基督教在内）的本质，这就是说，脱离了以其纯洁性确立人的义务和实现义务的内在动机的目的，脱离了运用上帝的观念来表示至善的可能性目的。

第十六节　在一个社团中可以应用的原则，用到一个国家里是不公正的

一个宗派它把道德命令当作权威的命令来对待，并且把别的权威的命令与道德的命令联系在一起，可以获得某些显著的特点，完全不同于纯粹的哲学宗派（一个哲学宗派也持有宗教的学说，但是它除了理性之外不承认有其他裁判官）。这些特点在一些宗派信仰者的小社团里是便利的、适合的和可容许的，但是一旦这个社团或它的信仰得到更广泛的扩展到全民族甚至全面贯彻在整个国

家，于是或者它们已不复是适合的了（如果仍然保持下去，它们毋宁会得到一种不同的意义），或者它们实际上会成为不正当的和压迫人的。纯粹由于这一事实的结果，即基督教徒的人数增加了，并且最后包括国家中所有的公民在内，原来那些规章制度，当在较小的社团时还不损害任何人的权利，现在却被扩大为事实上它们决不可能成为的〔全民族的〕国家的和公民的义务。〔这当然有质的不同〕。

有很多东西对于小宗派信仰的少数人本来是适合的，但由于人数的增多则其适合性必定会消逝，譬如在那些愈被压迫和愈被轻视的成员之间，他们兄弟般的联系愈为亲密。〔人数多了则其兄弟般的情谊反而可能会淡薄〕。这种基于共同信仰的纽带现在变成如此松懈，以致一个在宗教的联系范围之外没有兴趣，没有朋友的人，不能靠宗教联系再加入紧密的结合。如果他需要帮助的话，甚至在善良的基督徒那里他很少能得到他们的同情和关注，除了在基督名义下的兄弟之谊，他没有权利去要求他们的帮助；他没有权利要求他们救济他的贫穷或承认他的功绩，发展他的才能或保护他的财富。这种在作为权威宗派的成员基督徒之间的亲密纽带十分不同于存在于形成哲学宗派的朋友们之间的关系。跟一个哲学宗派发生联系对于你的家庭、社会或别的关系很少或者没有影响。你同你的妻子，儿女和所有其他非学术界的朋友的态度可以仍然同以前一样，一个参加了哲学宗派的朋友〔对他人〕所感到的慈爱或同情也可保持同样的方向和范围。与此相反，任何一个参加了基督徒的小宗派的人他自己就解除了对从前在族戚方面，在职务或工作方面有联系的许多人的关系；他的同情和慈爱变成局

限在一个狭隘有限的圈子里，这个小圈子现在主要由于意见的一致，才表示自己的慈爱，共同的服务工作和它可能有的影响。

第十七节 财物公有

同样很快就消失了只有在小宗派里才可能的东西，即财物的公有；财物的公有包含这样一个原则即任何参加了这个社团的信徒，如果为他自己保留他的任何财产，就算是犯了一条渎亵上帝的尊敬的罪。这条戒律倒是很适合于那些没有任何财产的人。但是这对于任何一个曾享有财产，而现在必须放弃对于财产的关心〔而对于财产的关心从前曾占据了他活动的整个范围〕的人，则必定会成为一个严重的问题、如果这条戒律曾经加以严格执行，这于基督教的扩展一定会很少帮助。因此这项规定，或者是由于严酷的必然性，或者是由于谨慎的考虑，在很早期内就取消了，无论如何，现在已经不要求一个要加入这个社团的人把放弃财产作为吸引他入教团的条件了，虽然对于教会公款之出于自由自愿的捐献，作为一个手段以便在天国中买得一个席位的需要却更加强有力的履行。从时间的进程看来，这个结果对于僧侣阶层是有利的，因为鼓励在俗的人自由捐献给僧侣，虽说僧侣们小心翼翼不浪费他们自己的获得物，于是，为了使他们自身作为贫穷和待助贫穷的人，变为更富有起来，他们便使得世界上其余的人都成为乞丐。在天主教会里，这种使修道院、僧侣和教会富有的制度一直维持不断。捐献得来的财产，很少一点曾分散给穷人，这很少一点是用这样的方式施舍出去，以致乞丐可以依靠它维持生活，于是由于对事物〔秩序〕的不自然的颠倒！那在街头上过夜的懒惰的流浪汉在许多情况下，

比那些勤劳的技工人员反而日子好过得多。在新教的教会里，捐献牛油和鸡蛋给牧师，是建筑在他和他的教民的私人友谊上，而且是自愿捐赠给朋友的，并不是作为在天国中买一个席位的手段。就对于穷人的施舍来说，即使是一个犹太人乞丐也没有从慈善者的门口驱逐走的事。

第十八节　平等

在早期基督徒里，平等被强调为一个原则。那里奴隶也被承认是他的主人的弟兄、同时也强调卑谦——不把自己抬高在他人之上的原则和感到自身之无足轻重，是基督徒的第一条规律；人之受到尊敬不以他的荣誉或地位为准，也不以他的才能或别的光辉品质为准，而乃是以他的信仰的力量为准。无疑地这个理论曾经全面地被保持下来，但是聪明地附加了一点即：只是在上帝的眼里所有的人才在这个意义下是平等的。基于这个理由，在尘世生活里平等原则就没有受到进一步的注意。一个头脑简单的人会听见他的主教或者监护人以感动人的雄辩在宣扬卑谦、〔平等〕等原则，在指斥一切骄傲、一切虚荣之可痛恨，他也可以看见那些参加礼拜的王公和夫人以严肃的表情在静听说教；但是，如果，当说教已毕、礼拜已过，他天真地相信主教的话，走近他的牧师和那些绅士贵妇面前，希望他们当他卑谦的弟兄和朋友，他立刻就可以在他们冷笑和轻蔑的脸色里看出，所有这一切都不能认真看待，只有在天国里，卑谦、平等的原则才会得到它们的字面上的应用。即使在今天有些著名的基督教牧师年年还要给一定数目的穷人洗脚，这完全是一出喜剧，对于事情仍然毫无补益，而且也失掉了“洗脚”的原来

的意义，因为洗脚在我们现在的社会生活中已经不复是当时犹太人的洗脚了，在犹太人那里，洗脚是一个日常行为、是对于宾客的礼貌、一般只是仆人或奴隶才替人洗脚。另一方面，中国的皇帝每年要躬耕一次，也同样可以被降低到一出喜剧的地步，但这事对所有观众来说，还保存着一种较大的和较直接的意义，因为耕种必定永远是他统治下的老百姓的一项主要事务。

第十九节　主的晚餐

同样另一个行为在道德的教师耶稣本人口头和眼里是一种形式，在早期基督徒的少数人社团具有一个十分不同的形式，而当这个宗派成为普遍性的教会后，它又具有一个不同的形式。任何人，如果他的理解才能没有被教条式的神学概念所磨灭掉，当他读到耶稣在他可信赖的朋友陪同一起所度过的最后一晚或最后几个晚上的故事时，都会发现他同他的门徒们所谈的关于听从命运，关于有道德的人的义务意识把他提高在痛苦和不公平的事情之上，关于对人类的爱和只有通过对人类的爱才能够证明对于上帝的服从等等话，真正是崇高的。同样的感动人和富于人道主义精神的，就是耶稣同他们一起最后一次庆祝犹太人的逾越节的方式，并且劝导他们，每当他们尽了职责之后，必须很好地吃一顿友谊的饭（不论宗教的或其他的）以纪念他，——他们的真正朋友和教师，那时他将不复在他们当中了；并且劝导他们说，每当他们享受面包和酒的时候，他们必须记忆起他为真理而牺牲了的肉身和流了的血。他这种把对他的纪念与他们以后所享受的每一餐饮食形象化相联系的感性象征是很容易从摆在饭桌上的东西而体会到的；但是如

果纯粹从欣赏美的态度去看待它，那么他的这番话就似乎是一些文字的游戏了。不过无论如何，这番话比起在形而上学的意义下固执不断地使用“血与肉”、“食与饮”（《约翰福音》vi47 以下）来，要较为令人起快感的，而那种形而上学的解释甚至许多神学家们也宣称其太粗糙牵强。

这种由一个朋友于诀别他的朋友们时所提出的合乎人情的要求，及当那些基督徒们一旦形成一个宗教后，不久就被转变成为一命令，与神圣的勒谕相等。为了尊敬教师而表示纪念的义务，基于友谊而自愿竭尽的义务，就被转变为宗教的义务，整个事情变成一个〔宗教〕崇拜的神秘行为，并用来代替犹太人和罗马人原有的那些祭祀节日。富人的自由捐献使得穷人可以履行这个义务而感觉得快适，不然的话，穷人将难于很好地或不免感到困难地执行这一宗教义务。为了尊崇基督，他们很快就赋予那种宴席以独立于并超出任何一般健全的饮食对于身体应有的力量之外的效果，或者赋予无拘束地谈论兴味，或者在此虔诚地谈论启发性看法所应有的力量之外或之上的效果。

但是当如同在基督教变成更广泛地被接受时，在基督教中就发生等级方面较大的不平等一样，——这种不平等当然在理论上是被否定了的，但在实践上却被保持着，——其结果就是兄弟般的情谊也终止了。在早期的时候就处处有人埋怨：那精神的爱的会餐节日常常却堕落成进行肉体的爱的豪宴和场合。但是这种埋怨逐渐越来越缺乏根据，因为肉体的满足成为越来越不突出，而精神的和神秘的因素的价值愈益得到较高的重视，其他那些较“琐屑”的情感在开始的友谊谈话、社交来往、心灵的相互开放和相互激励等等，在这样的“崇高的享受”里，都不复在值得加以考虑之列。

第二十节　扩张欲

权威的宗派的另外一个特点就是它对于扩张，对于为它的信仰和为上天的名义寻求新的皈依者的高度热情。

如果一个正直的人十分关心道德的传播，即因为这个理由，他正要深刻地为一种尊重每一个人自己的信仰和自己的意志的精神所激动。他一定随时可以把意见与信仰上的偶然差异看作无关重轻，看作属于没有人有权利去改变另一个人所选择的东西的范围。

一个认道德为一切生活的基础和目的的哲学体系的正直的信从者，轻视以快乐为道德体系的原则的伊壁鸠鲁派或任何人之缺乏逻辑性，而且这种伊壁鸠鲁派，尽管他的理论如果严格推论到它的逻辑后果就会取消是与非、善与恶的差别，但是在实际行为上仍然努力让他的好的〔道德〕本性占上风。再则，正直的哲学家高度尊重这样的基督徒；他也许会从他的教条体系里或者至少从教条体系的一些部分去断章取义借以支持他良心的虚伪的安慰，但是如果他倾向于坚持他的宗教中真正的和神圣的因素，亦即坚持道德，则他仍然是一个有道德的人。这样一种头脑与心情之间的矛盾足以促使哲学家惊奇于自我之不可征服的力量，自我能够战胜一个充满了不利于道德的理智的信念和记忆中装满的博学词句，那么，同样地，这个正直的人不管他信什么，权威宗派也将会承认道德是他的信仰的顶点，而且对于别的宗派的皈依者只要自己发现他是道德的一个朋友，他就会把他当作一个弟兄、当作一个相同宗教的皈依者来拥抱。这类的基督徒将会对这类的犹太人说像在俗的弟兄对纳丹所说的那样的话：

“你是一个基督徒；天知道，你是一个基督徒！比你更好的基督徒，再也没有了！”

对于这样的基督徒，这样的犹太人将〔像纳丹那样〕答道：

“这对于我们再好不过了！因为使得我在你看来是基督徒的东西，也同样是使得你在我看来是一个犹太人的东西！”[①]

是的，这诚然很好！心灵的纯洁对你们两人来说都是你们的信仰的本质，这就有可能使得你们中的每一个都把另一个看成自己的同道者。

与此相反，如果在一个人的宗教中的权威因素对他有无限的价值，并且如果他的心灵没有较高的原则超出于权威因素之上，那么他对别的宗派的皈依者的态度就取决于在其他事情上他是什么样的一个人，他将或者怜悯他们，或者厌恶他们。(a)如果他怜悯他们，他就会感到有义务向那些愚蠢的和苦难的人们指示他自己希望本人可以达到的唯一的幸福之路。他特别愿意这样作，如果他还有别的理由去爱他们，尤其因为寻求到幸福之路的方法是很容易的，而且是太容易了！只需要几个钟头的回忆就可以抓住为了达到这个目的所需要的一切东西，而那些走错了道路的人，一旦找到正确的道路，他也就同时得到很多的弟兄们来支持他，得到很多令他兴奋的事、安慰和令他欣慰的地方。(b)如果他厌恶他们，他这样作是因为他的权威信仰坚固地与他自身交织在一起，就像

① 莱辛：《哲人纳丹》，第 4 幕，第 7 场，3067—3070。——诺尔注

他自己的生存感一样，因此他只能够相信那不接受他的信仰的人其根源完全在于一个罪恶意志里。

在一般人的生活过程里他们通常感觉得性格和嗜好的差异较之意见的差异更可以理解、更可以容忍。我们认为改变意见是很容易的，而且我们相信可以要求意见的改变，因为我们随时期待我们的观点会得到别人的教正，同时也要求我们的观点能得到他人的接受。我们假定凡是我们的心灵感到气味相投的东西，别的人也不会觉得格格不入。另一个原因或借口以为不容忍他人的意见作辩解的就是虔诚的思想，然而这也是一个很狭隘的虔诚的思想，认为提高上帝的尊荣、为上帝获致与他的唯一尊荣相称的崇拜和服务方式，对于那些忽视这种权威的意见和礼仪的行为，似乎近于触犯了最神圣的义务的人们予以一定的限制，乃是他的天职。如果一个人真的这样触犯了神圣义务，于是有些人将要通过说服或劝告试图去改造他，但是那些在美洲〔殖民〕的西班牙人，甚至像今天他们的圣洁的宗教审判那样，感觉到有义务去惩罚那些冒犯者，并且用死刑去报复这些犯了反对上帝威严的罪人，而且其余大多数天主教和新教的教会政权还认为那是它们的义务去要求加以剥夺他们公民权利的处罚。

当个人看到有更多的人能够为权威宗教所说服，或者能够说服他人信服权威宗教时，则他将愈益坚持他的权威信仰。对于道德的信仰是为道德的不可避免性的感觉所支持，即感觉到道德和自己最内在的自我是一个东西。但在每一权威宗教中某一条信仰的情形便不同，信仰者既竭力取消了自己对它可能存在的怀疑感，又设法排斥他人由怀疑而加强为理由以拒绝权威信仰的种种经验，而他的办法是努力尽可能多聚集一些人在他的权威信仰的旗帜之下。当狂热的宗派信仰者一听到他人的信仰与他的信仰不相同，他总是感到一种惊讶，这些信仰不同的人在他那里引起的不安情绪很快就可以转变成为对他们的厌恶或仇恨。当理性感觉到不能够根据历史以论证权威教义之必然性时，它就尽可能起码把这些教义强加给他人，或者竭力在这些教义中去发现至少那样一种普遍性〔即多数人信仰的普遍性〕，因为普遍性也是理性的真理的一个特性。这就是为什么在所谓对上帝存在的"证明"中，那"众心一致"(ex consensu gentium)的证明总有其一定的地位，它至少可以给人带来某种程度的再保证。面对着地狱的种种恐怖，人们在思想中常常找到某些安慰，即只要他们与其他许多的人都要分享共同的命运，〔他们的恐惧就可以减轻。〕信仰的桎梏与任何其他桎梏一样，只要人们感到有更多的朋辈与他们一起忍受，就会成为比较可以容忍的东西，当我们试图找到一个新的皈依者时，我们的秘密不可告人的理由往往是〔一种拖人下水的心理〕，一种愤恨的情绪，即愤恨我们自己戴着锁链，而我们又缺乏力量把它打破，而另外的人却逍遥于锁链之外，〔因此我们就想把他转化来与我们一起戴锁链。〕

但是由于基督教在异教徒的国度里已经作出了不少伟大的征服，神学家们以极大的满意可以夸耀于(1)旧约里的一些预言已经实现了或者至少接近于实现了，(2)对基督的信仰不久将要扩展到全世界，(3)世界上所有一切民族都要为基督服务。这种基督徒人数众多的结果使得努力宣教以求转变他人的热情变得更为冷淡了。而且虽说基督教的论辩家们还保持着对犹太人和异教徒曾赢得过许多胜利的基督教武器的整个武库，虽说在犹太人中，特别在伊斯兰教徒中还有不少的〔宣教〕工作可以做，不过他们反对印度和美洲的异教徒的努力，从构成基督教世界的国家之众多看来，特别从它们经济力量的强大和文化技术的优越看来，他们的努力只能说是很不相称。最后，在反对那些越来越多地在我们当中安家立业的犹太人方面，最多地只不过提出了这样一个呼声，即“文雅将要征服”，即便这样，也只有很少数目的人被唤醒起来参加这一十字军。

基督教由于奇迹，由于它的信徒和殉道者的坚定的胆量，也由于它的一些较近代的领导人的虔诚的聪明，他们有时被迫运用一些虔诚的欺骗（这种欺骗总是被世俗人叫做“不虔诚的”）以推进它传播宗教的好事，其结果基督教便得到很迅速的和很广泛的传播。虽说基督教这种异乎寻常地、迅速的传播构成它的真理性和它的合于神意的一个大证明，但是直到今天，这仍然是很普通的情形，即那些关于发生在马拉巴尔、巴拉圭或加利福尼亚州的宗教转变的动人故事，并不是因为这些故事的制造者的虔诚行动、因为以基督的名义在恒河或在密西西比河沿岸的宣教、或者因为基督王国的增加，而引起人们的兴趣；反之，在许多自称为基督徒的人眼里，这些故事的价值毋宁在于其中可以抽出丰富地理学、自然历史和人类学知识的材料。

新的皈依者这里那里诚然有所出现，虽说现在却很稀少，总的讲来他们〔新皈依者〕很少受到什么荣宠或注意，在吸收新皈依者所取得的胜利方面，在一幕被转变了的犹太人之接受洗礼的戏剧场面，人们所表现出的惊异，当然可以被他了解为对于他之退出迷

误的祝贺，也几乎可以被看成一种怪事，他为什么会走错了路进入基督教会呢？但是，大体讲来，这些情况之所以发生，事实上必须用这个根据来解释，即基督教最危险的敌人都是内部的敌人，并且总是需要很大的劳动和很多的器械以便对付这些敌人，因而很少一点心思可以用在解救土耳其人或撒摩耶族人方面。①

第二十一节　一个道德的或宗教的社团如何会变成一个国家②

在市民社会法制里只注重由关涉到别一个公民的权利问题而发生的义务，在这种情况下国家才可以使某种东西成为我的唯一义务。别人的权利必须受到保障，但是我可以由于道德的理由强加给我自己以一种义务去尊重它，或者我也可以不这样作。在后一种事态下，国家可以用强力对待我，好象我只是一个自然的物体那样。在尊重他人的权利这一义务发生之前，他人的权利首先必须得到证明。一个很有良心的人在别人没有证明其权利要求以前可以拒绝对方对于其权利要求的有效性。但是，一旦他信服地承认了对方的权利，他也必须承认有义务满足对方〔合法〕的要求，无须由法官对此作出判决，不过承认他有这种义务只是由于承认对方的权利。

但是也有一些别的义务并不起于〔尊重〕他人的权利，例如，慈善的义务。一个不幸的人在灾难中表面上并没有权利要求我解

① 撒摩耶族是中央西伯利亚的蒙古族人。——中译者注

② 这一节的论点大体上根据的德尔松同《耶鲁撒冷》一书。——诺尔注

囊，除非先假定我应该以帮助在灾难中的人作为我的义务。就我这一方来说，我的义务并不是以他的权利为根据。他的享有生命、健康等等的权利与他作为特殊的个人无关，而是涉及整个人类（小孩的生命权利属于他的父母），所以保存他的生命等等的义务不能加诸另外一个特殊的个人，而应加诸国家或者大体上说加诸接近他周围的人。（当要求一个特殊的个人单独去帮助一个贫穷的人时，我们常常可以听见迴避的借口说，他不知道为什么他要帮助那人；别的人也一样可以对他进行很好的帮助。他愿意答应协同他人一起作出一点贡献，当然一方面是由于在这件事情上他不愿担负全部的费用，但另一方面也由于他觉得这个义务不应单单落在他一人头上，别的人也同样有这种义务，）一个穷人有权利要求我施舍，只是就我作为国家的一个分子来说；他在此直接向我个人提出这个要求，其实他是本应间接通过国家向我提出的。就我作为一个道德存在来说，有一个道德命令，以道德律的名义，加给我身上以慈善的义务。就我作为一个有情感的存在来说，（这就是说，一个具有同情心的人）一个乞丐不能对我提出〔施舍的〕要求；他只是通过唤起我的同情心而对我的自然本性起作用。

公正取决于我尊重他人的权利。公正是一个德性，如果我把它看成我的义务，并使它成为我的行为的通则，那并不因为国家要求我尊重他人的权利，而只是因为这样做是我的义务，而且在这件事上，那是出于道德律的要求，不是出于国家的要求。第二种义务，譬如慈善义务，不论是作为贫民救济金的捐献，或者作为医院的基金，是不能由国家作为个人对个人的关系提出要求的，而只能向全体公民作为一般性的义务提出号召。慈善一般乃是道德所要求的一种义务。

除了这些义务之外,还有许多别的义务,它们既不是起于我作为个人所应尊重的权利,也不是起于作为一般的人所应尊重的权利。这些义务完全不是由于尊重别人的权利而产生的,而是我自愿地把这些义务加在我身上(并不是因为道德律需要我这样作)。在这里我所能承认的别一个人的权利,也同等地单纯地基于自由选择而承认的。这一类的义务就是我加入某一个社团后所自由加给我的义务,当然这个社团的目的是不违反国家目的的(如果与国家目的相违反的话,那我就会侵犯了国家的权利)。我一加入这样一种社团,就给予其中的成员对我有某些权利;这些权利是基于我自愿加入该社团,并且这些权利反过来又形成我自愿接受的一些义务的基础。

我加入那样一个社团后所须承认的权利不能是国家要我承认的权利,不然的话,我将会承认在国家内有这样一种力量,这力量虽不同于国家,却与国家有同等的权利。国家不能准许我有自由承认一个社团有权利对某一个人的生命作出判决,或者对一个财产的纠纷作出判决(当然,我可以把那社团看成一个友好的仲裁者,对于它的判断我基于我的自由意志愿意服从)。但是我可以给予这样的社团以监督我的道德生活、给我以道德指导、要求我坦白我的过失并科给我相应的处罚的权利;但是这些权利只有当我决心把这些权利所赖以产生的义务加在我身上时,它们才能够保持下去。既然这些义务不是以别人的权利为根据,我就可以自由放弃这些义务,从而随之取消别人的权利。再则具有这种自由的另一理由就在于这些义务乃是自愿担负起来,甚至也不是出于道德律的命令。不过我也可以取消别人的权利,即使这些权利原来是起于我根据道德律而加给我自己的。譬如我可以自由取消我给予一个穷人每星期向我领去补助费的权利,因为他的权利不是自身持有的,而是首先起于我加给自身以给予他补助费的义务。

国家不是作为一个国家,而是作为一个道德的实体,才可以要求它的公民道德。国家的职责在于不采取任何违反或暗中败坏道德的措施,因为保证它的公民在道德方面也很好乃是国家的最大的利益所在,甚至为了法律的有效(这是它目的),也应该保证公民道德优良。所以国家就建立一些机构和制度用意在于直接获致这种结果,[①]它就要颁布一些法令,规定它的公民应该有道德,但这是不适宜的、矛盾的、并且可笑的。国家首先只能促进并唤醒其公民信赖国家和它的制度,因而服务于这些机构和制度。宗教是完成这个任务最好的手段,至于宗教是否可以达到这个目的,一切取决于国家如何运用宗教。在所有各国的宗教里这个目的是显明的。所有国家都有这个共同点:它们的努力总是朝向产生某种精神的态度,而这却不能是任何社会立法的目标。一个宗教的好或坏,取决于它是通过道德动机还是更多地通过恐怖化人的想像力,因而随之恐怖化人的意志来发挥作用,以便产生能引起与民法或道德律相配合的行为的精神状态。如果一个国家宗教上的规定都转变成法律,那么国家所达到的只不过是又一次的合法性,而合法性乃是任何政治立法所要产生的全部效果。

① 因为不同的政治制度,其看不见、摸不着的影响在人民之中会形成一种道德的精神。〔这就是说,也有其间接的道德效果,〕但与这里所讲的无关。

国家要想使得人们由于尊重〔道德〕义务而行事，这是不可能的，即使国家寻求宗教的帮助，借以引诱人们相信只要遵守国家所规定的宗教仪式就满足了道德的要求，而且劝导他们说道德所要求于任何人的，没有比这更多的了。虽说对于国家来说这是不可能的，但这正是善良的人无论就大范围说或是就小范围说经常努力在作的。

这也就是耶稣在他的〔犹太〕民族中曾试图做的，因为对犹太民众来说，达到道德尤其特别困难，并且在犹太人中认合法就是道德的尤其根深蒂固，因为对他们来说，所有道德命令都同时是宗教命令，而宗教命令之所以是命令和有义务遵守，只是由于它们是上帝的命令。

现在如果一个以色列人履行了上帝的命令，这就是说，如果他规规矩矩地参加节日庆祝、规规矩矩地举行祭祀，并且给他的上帝缴纳捐献，那么他就算尽了义务内一切应作之事了。虽然这些命令可能是道德的，并且是宗教的，但同时又是国家的法律，而这类的法律只能产生合法性。一个虔诚的以色列人曾经作了神圣命令所要求于他的东西，这就是说，他曾经履行了一切法律上的要求，并且他简直不能相信此外他还有任何别的义务。

耶稣的目的在于重新唤醒〔人的〕道德感，在于影响〔人的〕精神态度。由于这个道理，在寓言和别的讲话里，他引用了许多正当的行为方式的范例，特别把一个单纯守法的利未人自认为自己应该作的事与之相对比，并让他的听众的感情去决定究竟这个利未人的行为是否足够了。他特别指示给他们看，道德所要求的东西是如何与民法所要求的东西及业已变成了民法的宗教命令所要求的东西的〔鲜明〕对比。(他特别在《登山训众》里这样作了,在那里他说到道德修养是律法的成全 complementum)[①],他试图指示给他们看,单是遵守这些变成了律法的宗教命令是如何很少构成道德的本质,因为道德的本质是尊重义务而行为的精神:第一,由于道德本质即是义务,第二,由于它又是一个神圣的命令,亦即是他所尽力要灌输给他们的真正意义的宗教。尽管他们富于宗教情绪,他们却只能够作犹太国家的公民;他们之中只有少数人是天国里的公民。他们一旦打破了据说可以占据道德的地位的权威命令的桎梏,他们的理性就可以得到自由,并且现在就可以服从理性自己的命令。但是理性是太不成熟了,太缺乏服从它自己的命令的实践经验了。理性还不知道享受自身赢得的自由,因此它又一次遭受形式主义的束缚。

早期的基督徒们联合在一个共同信仰的纽带中,但此外他们形成了一个社团,这个社团的成员在他们向善和坚信进步中彼此互相鼓励、在信仰的事情上以及在尽别的义务方面互相学习、教导、解除彼此的疑虑,加强动摇者的信心、互相提醒对方的过失、坦白自己的过失,在社团的怀抱中倾吐他们的忏悔之忧、保证服从社团并恳请得到它的监督,并且同意接受社团所加给他们的惩罚。只是由于接受基督教的信仰,一个人就进入了这个社团,对它履行义务,并承认它对他有某些权利。只是接受基督教的信仰而不同时进入并服从这个社团和尊重它对新皈依者和每一个基督徒的种

① 见《马太福音》v. 17—18。新约旧译本作"成全",英译本有时译成 fulfilment(完成),有时译成 supplement(补充),关于这点黑格尔在本书下面《基督教的精神及其命运》第二节里还有讨论。——中译者注

种要求，未免是矛盾的，一个基督徒，特别在开始的时候，其虔诚程度的大小是以他信赖或服从这个社团的程度为准的。

在这一点上也有权威的宗派和哲学的宗派之间的差别。一个人之成为一个哲学宗派的信徒或者成文道德的王国，亦即无形的教会的公民乃由于他承认或信服一个哲学体系的学说，或者在实践方面，承认或信服道德。在这样作的时候，他除了接受自己加给自己的义务外，不承认任何义务，他除了他自己承认有按照正义行事的义务，并授予社团以要求他按照正义行事的权利之外，他不授予他的社团对他有任何别的权利。反之一进入"权威性的"基督教宗派的社团，他就有义务服从它的规章，这不是因为他本人认为某些东西是好的、有益的、有义务去服从，而是因为他必须让那社团去决定这些东西，他之所以承认某事为义务，纯全是出于别人的命令、依靠别人的判断。他接受了信仰某种东西的义务并承认它是真的，因为社团曾经命令他去相信它。如果我信服一个哲学体系，我可以保留改变我的信念的权利，如果我的理性要求那样作的话。一进入了基督教社团，皈依者就把替他决定真理的权利转让给社团了，并且承担了独立于他的理性，甚或违反这种理性去接受社团替他决定的真理的义务。象在社会契约里那样，他曾经承认了把他个人的意志服从于大多数的表决，亦即服从公共意志的义务。一个人只消想像一下自己处在那样的境况，恐惧就会占据他的心坎。前途的展望更凄惨，如果我们试反思一下那样的被束缚于社团的威力。而最可悲痛的景象是我们实际上在历史上所看见的，人类文化所陷入的愁惨境地，由于每个人在信仰、知识以及别的生活部门的最重大问题上放弃了为他自己、为他子孙，自己决定什么

是真、什么是善、什么是正当的权利。

基督教宗派力求在它的成员中实现的完善的理想是随不同的时代而不同的，大体讲来在一切时代内它都是极端混乱的和有缺点的。这可以从它实现理想的方法看出来，亦即用消灭一切意志自由和理性（亦即包括实践理性和理论理性两者）的方法；我们可以从教会认为足以实现它的理想的那些英雄身上判断出，教会所要求于它的理想的皈依者们的那种圣洁意志是怎样地把真正的虔诚的人与窃贼、疯人和恶棍相共同的东西结合在一个概念里。

由于道德完善的理想不能是政治立法的目的，并且由于基督教的理想不能是犹太人和异教徒政府的目的，于是基督教宗派就试图影响人的精神态度，并以精神态度作为决定人的价值和他们应得的赏罚的标准。教会所赞同和奖励的德行乃是国家所不能予以奖励的那种的德行，同样教会所要惩罚的过错，其所以成为教会惩罚报复的对象，不是因为这些过错与政府的法律相冲突，而是因为它们是违反神圣命令的罪恶。这些过错有如下三种：(1)邪恶和冒犯，这些虽是不道德的，但又不属于民事法庭所须过问的范围；(2)有许多罪过可以受到法律上的处罚，但同时也违反了道德或教会的道德命令，只能作为道德命令上的罪过由教会予以处罚；(3)纯粹违反外在的教会规章。教会自身并不代替国家的地位或者替国家执行法令：两种法令的差别是十分清楚的。教会时常试图去作的就是使那些以宗派精神行事而触犯国家法令的罪犯，逃脱法律的管辖范围。

为一个共同的目的和用共同的手段，即通过相互鼓舞、相互劝告、相互奖勉的方法以促进道德，在一个小的社团里可以结合起

来，而不致妨害任何个人或国家的权和。对于一个朋友的道德品质的尊敬和对他对我的爱具有信心，首先必已唤醒了我对他的信赖，然后我才可以确信：我向他坦白我的过错所包含的羞耻才不至于受到他的轻视或伤害性的嘲笑；亦即确信，如果我把我的秘密告诉他，我用不着害怕他会泄露；并确信：当他为我的幸福、为我的最高幸福而劝告我时，他的动机乃是为我的真幸福着想，并出于尊重正当的东西，比我的利益更高的东西。简言之，在人们能够在这样的方式下结合起来之前，他们首先必须是朋友。

这个条件必然地把这一类的社团限制在少数的成员里。如果人数扩大了，那么我就会被迫把那些我还不知道他们对我的感情怎样的人们作为我〔所坦白〕的羞耻的见证，把那些我还没有领教过他们的智慧的人们作为我的顾问、把那些我对他们的德行还未作出估价的人作为我的义务的向导，这是一种不合适的要求。在一个朋友们组成的小社团里，我可以宣誓服从，它也可以要求我的服从，只要它能够使我相信某种方式的行为是我的义务。我可以对这个团体许下信仰的诺言，它也可以要求我实践信仰的诺言，只要我充分下了决心，并认识到有很多很好的理由证明为什么这信仰是真理。像这类的社团我可以脱离，如果我认为我不再需要它，这就是说，当我认为我已经达到我的成年〔不需要它的教管时〕或者如果那社团的性质已经表现为不复能获得我的信任，我已经不复认为它能够实现它的目的，或者我提出要放弃我寻求道德进步的目的（这一目的只有道德才可以要求于我，此外没有任何人能要求我，或者完全不能要求我，或者至少也不能象这一社团那样要求于我。）。当我留在社团内时，必须让我有自由选择手段，即使我仍

然同意那社团的目的,而我的选择必须或者在好的判断的基础上作出,或者由于对于我的朋友的信任而采取某种选择。

这种实际上存在于基于相互尊重和为善的共同意志上的友谊间的契约关系很易成为琐碎无聊,如果它被扩大到生活细节方面,并且干涉那些本来并永远应让个人去自由选择的事情的话。

初期的基督教就是这个意义下的朋友。他们所遭受的共同的被压迫的境遇和他们教义的共同性使得他们成为朋友,或者使得他们前此的熟识得到了加强。每个人在他的对方里得到了安慰、教导和各式各样的支持。他们的目的不在于自由探索真理(因为真理已经给予了),而毋宁在于消除怀疑、加强信仰,以及与此有密切联系的,在基督教完善〔理想〕上的进步。当基督教的信仰变为更广泛地传播开来时,每一基督徒无论在哪里只要他碰巧遇到另一个基督徒时(例如居住在不列颠人中的埃及人),他都要把他当成朋友和弟兄看待,就像他对待他家里的人或邻居那样。但是这种纽带逐渐地愈来愈松懈,而基督教徒之间的友谊愈来愈只是表面的,以致常常只是一〔般〕社会成员之间的友谊,这些成员虽然彼此为虚荣和利害冲突所分隔开,在外表形式上和在宗教信仰上却仍然按照基督教的爱行事,但是他们把他们藐小的忌妒、强词夺理和他们的傲慢看成是对基督教道德的热情,并且看成是基督教道德本身,换句话说,他们随时都可以把现实的仇恨归结为某些教义上的不一致或行为上的不忠诚。

进入这个社团被看成每个人的义务,他对于上帝最神圣的义务;从这个社团开除出去被看成进入了地狱。虽说这个宗派痛恨并且迫害任何一个从它的伙伴关系中退出的人,但是退出社团并

不包含丧失政治上的权利，与从未加入社团的情况一样。而且，一个人进入这个社团，既不获得政治上的权利，甚且也不获得享有政治权利的资格。

进入基督教社团的一个基本条件、一个完全区别于加入一个哲学团体的条件就是必须向社团宣誓保证在信仰和行为上的无条件服从。既然加入这个社团与否是由每个人自由决定，既然作为社团的成员又与政治权利没有关系，所以这个条件并不包含不公正。

所有这些可以在一些为了寻求真理和道德的进步而联合起来的可信赖的朋友的圈子里找到的特点，也在基督教各宗派的社团里可以找到，——而基督教社团的结集是为了促进基督教的完善和保卫基督教的真理的。同样的特点后来又一次以更大的规模出现在业已变成普遍的基督教教会里。但是由于这个教会已经变成了通行于全国的普遍教会，那些特点的本质就被歪曲了，它们变成矛盾的和不公正的了，而教会自身现在已经是一个国家。

当基督教教会还在产生的时候，每一个地区的教会有权利选择它自己的执事、牧师和主教。当教会扩大了并成为一个国家时，这个选择的权利就失掉了。正如在世俗的国家里个别的地方合作机构让出其选择官吏和收税的人（这种收入现在也不能由这种机构决定了），并规定税额的权利给君主，他的意志被看成表达着全体的意志，同样每一个地区的基督教教会也丧失了选择它的牧师的权利并把这权利转让给那精神的国家。

听取公众忏悔的牧师被派定了作为有关良心上种种问题的顾问。在最初的时候，每个人可以自由选择他所尊敬的朋友作为可以听取他坦白秘密、忏悔过失的可信赖的人，但是取消了这种办法，精神国家的统治者代之以任命官吏作为听取忏悔的人，每个人必须向他们进行忏悔或坦白。

忏悔各人的过失在最初本是自愿的，但是现在成为精神国家中每一个公民的义务了，如果违反了这个义务教会就对他宣布它的最高惩罚——永远打入地狱。

对基督徒道德的监视是这个精神国家的主要目的，因此甚至思想以及那些超出国家固有范围的惩罚之外的邪恶和罪过的冲动也是精神国家立法和惩罚的对象。对世俗国家犯了罪（这罪本身已经受到国家的处罚）还须又一次作为〔内心的〕恶受到精神国家的处罚，这个精神国家还要把不在民事刑事范围之内的一切罪恶当作内心的恶来惩罚。其结果教会法规所开列应受处罚的罪状的条目就是无穷尽的。

没有一个会社可以否认其有权利排斥那些不想服从它的法规的人，因为每一个人有自由选择进入会社、接受成员应尽的义务，因而获得权利享有它的利益。正如每一个同业公会和合作组织都享有这样的权利，同样地，教会也有权利把那些拒绝接受教会所要求的信仰以及别的行为方式条件的人排除于伙伴关系之外。但是现在既然精神国家的范围与世俗国家的范围是相同的，于是一个人从精神国家内被开除了，他的政治权利也就因而随之被剥夺了，当教会还处在被限制的地位、还没有在政治上处于支配地位时，这样的事是不会发生的，而且这两类的国家现在彼此也有了冲突。

至于说新教教会，正同天主教会一样，也是一个国家，虽说它拒绝承认国家这个名词，从这一事实看来就很清楚了，即：教会是每个人和所有的人、所有的人和每个人互订契约，以保护具有特定的信仰和特定的宗教意见的社团中的每一个成员，并且采取一些措施以维持这些意见并巩固和加强每个成员的信仰，（我说，“具有特定的信仰”，因为每个人自己的私人信仰应当受到保护并且没有人应该容许为了或者因为他的信仰而受到暴力的损害，——暴力是损害信仰的唯一的源泉，——这已是政治契约应写进去的一个条文。）由此推知，每一个个人就这些措施和就这共同信仰两方面看来，（这两方面就是教会的契约的对象，正如人身和财产的权利是政治契约的对象一样，）必须使他的私人意志服从于表现在君主的意志那里的共同意志。而主权就立法权而言属于议会和宗教会议，就行政权而言属于主教和宗教法庭。后者维持包含在宗教会议的决议命令和象征书中的规章制度，任命官员，并且很自然地自命有权要求这些官员们的信仰和服从作为他们掌管职务的条件，并且严格从法律讲来当然有权褫夺那些不能履行这些条件的人的职务。

这个精神国家完全独立于政治国家之外成为〔产生〕权利和义务的根源；如果一件单一的事情，譬如参加这个教会的契约，规定这契约对每个人有效期间的长短可以让他自己自由选择，而且他所作出的决定对他的子孙没有束缚力，那么就这点而论，这个教会的权利（这也可以叫做“纯粹的”权利）本身并不与任何人的自然权利相矛盾或者说并不损害国家的权利。

每一个基督徒在他自己的教会里，通过受洗的隆重仪式而订立这个契约。既然教会中的义务和权利的对象是信仰和意见，而一个婴儿既不能出于自己的自由意志订立这个契约，也不能被推进这个契约〔受其束缚〕。因此，第一，教父教母就担负把孩子在教会信仰之下培养成人的义务。既然这孩子还在本人履行信仰的契约之前就已经享受了教会的利益，当然教会不愿意毫无报偿地给予孩子以利益，孩子有权利享受这些利益，只因指望他在将来将会履行相应的义务，所以教父教母是以〔孩子的〕保证人的身份向教会担保，并且担负起从小就教育这孩子，以便他在适当的时间内可以实践他那一方面的契约。第二，在有些新教国家里，曾经举行过所谓“追认”的仪式。在这个仪式里，这孩子重新肯定他受洗时的誓言，这就是说，在他十四或十五岁时，他根据自己的自由意志亲自同教会订立契约，这样他就庄严地履行了受洗时见证者所只能许诺的东西。但是在采取这一措施时，教会也必须留心那孩子除开教会的信仰之外不得听信任何别的东西，而且教会宣称一个十四岁的孩子的理智和判断就相当于一个成年人的理智和判断。教会还假定那孩子的一般性的莫名其妙地对于信仰条文的重述，就表示了一个能作出成熟决定的理智之自由选择，而且假定这个“成熟决定”是和有关问题即自己的永恒解救问题的重要性相称的。而与此相反，在公民的国家内都推迟到二十至二十五岁才算达到法定的成年、才有能力作出有效的公民行为，虽说这些行为所关涉到的事情与在“追认”仪式中所要作出决定的问题相比较只是像粪草那样的不足道。

教会作为一个国家特别留心以它的信仰教育儿童，因为儿童将来要成为它的成员。作父母的人要求有权利以任何他们所愿意的信仰教育他们的子女，但是在教会的契约里他们算是放弃了这个权利，——不是放弃了他们对子女应享有的权利，而是放弃了他们对教会应享有的权利——他们保证把子女教育成服从教会的信仰;而教会就以如下方式履行它的义务:以它的一些形象灌输进孩子的空白的想像里,并以它的一套概念灌输进他的记忆里(如果不是灌输进他的理智里的话)并且引导儿童柔嫩的心灵通过它所规定的情感的调子:

对于儿童所做的一切不都是通过暴力来做的吗,我的意思是说,除了教会对他们所做的之外?①

不满足于这种纯粹的教会的权利,教会在过去很长一段时间内总是同国家相勾结,而且这就引起一种混杂的教会权利,正如现在在很少国家内公民的权利还仍然是纯粹的那样。两个原则(政治的和教会的)是义务和权利的独立根源。从立法权来看,这两个原则本性上是不相容的,因此这里永远有一个国中之国;无论新教徒如何大力反对"国家"这个名词,他们却从来没有那样光辉地、那样强烈地捍卫它自身作为国家的实质。就行政权来说,天主教也要求它完全独立于世俗的国家,把自己的官吏和管理人员等从国家的审判权下收回来,不过在这个问题上新教教会在较大程度内接受国家的统治。但是在教会的权利和国家的权利相冲突的许多情况下,大多数国家都曾经让步,并且还得牺牲它们的权利让给新教教会以及天主教教会。

第二十二节　(a)教会与国家之间的冲突

(a)民法关涉到每一个公民人身和财产的安全,而这与他的宗教上的意见是完全没有关系的。因此不论他的信仰是什么,国家

① 莱辛《哲人纳丹》,第4幕,第2场,2540—2543。——诺尔注

都有义务保护他作为公民的权利,并且从国家的角度来看,一个公民只有当他侵犯别人的权利时,他才会丧失他作为公民的权利。在这个情况下,国家依以对付他的和对他要确立的通则,也正是公民所表示的通则。就他的信仰来说,他对国家毫无承担义务可言,因为国家不能提出和接受这一类的条件。

但是,另一方面,国家的一切成员都联合在一个教会之内,而作为一个社团教会有权利排除任何不同意它的律法的人。现在一个不接受或抛弃了教会信仰的公民有权利要求从国家那里有能力享受公民权利;但是教会却把他从它的伙伴关系中开除掉了,并因为教会构成了整个国家,也就同时把他从国家中开除掉了。在这些情况下是哪一方面坚持自己的权利呢?是公民的国家还是教会的国家?前者承担起保护善良的公民(我们可以假定一个公民的善良是就民法来说,不管他信仰什么宗教)的权利的义务,并且同时它不能干涉信仰〔的自由〕。而后者有权利把相异信仰的人排除于它的伙伴关系之外,因而也同样把他从国家中排除出去了。

在绝大多数国家里,不论旧教或新教国家,教会的国家曾经使得它的权利优越于世俗的国家;并且在它们那里没有相异信仰的人能够获得公民权利或者能够在民事、刑事诉讼案件上享受一般公民可以享受的法律保护。他不能获得任何种类的不动产;他不能担任公职:甚至在纳税方面他也受到不平之等的待遇。事情甚至发展到这样的地步,即受洗不仅是孩子借以进入教会的一个纯粹宗教的行为,而且也是一个政治行为,通过受洗孩子的存在得以上报知国家,从而凡是教会可以容许的权利这个孩子也可以享有。所以国家的教会要强迫那脱离它的信仰的父亲让他的孩子按照它的仪式在教会的一个牧师处受洗。教会所以要这样作，并不是作为接收那孩子入教的记号（因为在洗礼举行了之后，它仍然把孩子交给他的父亲让他在他父亲的宗教中培养成人），教会的这一行为只是一个证明，证明它（教会）剥夺了公民国家接收公民的权利，因为如果一个国家教会的信徒的孩子受了洗，他自然而然地就同时既被接受进教会又被接受进国家了。同类的事情也发生在婚姻问题上，婚姻在许多国家内之所以有效只在于婚礼是由统治当地的教会的执事主持的。在这个事例里教会是作了一个民事行为，它在举行婚礼时，并没有举行新郎和新娘所属异教的仪式。

这样公民国家之让出它的权利和它的职务给教会国家，不仅在两者相冲突的时候，而且也在对等行为[①]的时候，这时要求双方的承认或批准。教会对国家所采取的这样的态度与合作组织为了它们的权利对国家的态度很相同、合作组织也在国家之内形成一个会社；它们的成员让出某些权利给会社，于进入会社时也担负一定的义务。这一类的合作组织包括在一个城市中所有操同一职业的人，它有任何会社所享有的权利以吸收它愿意吸收的人入社，并排斥任何不遵守它的规则的人出社。另一方面国家有义务保护任何按照自己的方式营业以维持生活的人，不管他操的是什么职业，只要他不违反政府的法令，而政府的法令本身是不能规定合作组织的事情的。但是如果一个合作组织不容一个人操持他自己选定的职业，这就是说，如果它取消他的社员资格，那么它就实质上同

① 这是就婚姻而言，黑格尔认为婚姻有政治和宗教双重意义。参看黑格尔：《法哲学》第164节。——中译者注

时把他从整个社会排除开，剥夺了国家所授给他的权利，并且阻止他行使他的公民权利了。在这件事情上国家也牺牲了它的公民的权利。

再则如果国家想要任用任何人来教育他的青年人，如果它发现那人适合于这项工作，它就有权任命他担任教师的职务。但是每一部门的学术研究的成员曾经联合起来成为一个合作组织，而一个合作组织要求有权利按照它的规则被接受与否来吸收或拒绝〔社员〕。如果国家认为有资格当教师的人不是合作组织的成员，被排斥在这一组织之外，因而在这种情况下同时被排斥在国家之外，那么国家就放弃了它的权利，并被迫任命那些硕士或博士、是他那一研究部门的合作组织中的能手的人以教师的职务。换句话说，国家至少只好任命一个先在相应的同业公会中取得会籍的人。他也许不愿意这样作，但同业公会仍然要求有这种权利，由于这个原因，它就赠予他以学位，这个荣誉是他所不便于拒绝的，除非他有特别古怪的脾气。

在近代，某些天主教政府曾经授予许多非天主教徒以公民权利，容许他们任命他们自己的祭司，并建筑他们自己的教堂。这事须从两个观点来看：一方面它可以被称赞为宽宏的容忍，但另一方面又被认为这乃是一个应有的权利，“容忍”、“宽纵”等名词在这里完全用不上，因为这样的做法只不过是公正罢了。现在这个矛盾可以得到解决，就国家来说，国家之准许这些权利无可争辩地纯全是在于消除一个重大的不公正，因而这乃是国家的一个义务。同时就教会来说，这种权利的准许无论从哪方面来看都是一种宽容，因为教会有权利把相异信仰的人从国家内排除掉，如果不是有权利(像教会过去习于要求,而在有些地方现在还这样要求那样)把他们从空气、土地和水中排除掉的话。如果国家要求把尊重相异徒的权利当作一种义务,则宽容的教会(即使它是一个新教教会)中的职员老是说对那些犯错误的人表示体谅、同情和爱,因而他们也就说到种种情操,这些情操是不能作义务来命令的,而只应基于各人自己的自由意志对那些人表示出来。

第二十三节　(b)在涉及财产问题上的冲突

(b)为了举行崇拜仪式和为了在宗教事务上施行教育,一切教会都需要有特殊的建筑、特殊的教师和一些其他工作人员,为了修建教堂,为了维持教堂及工作人员并且为了装备作礼拜所需的种种物资,全体人民都曾经作了个人的自由捐献。那些修建起来的建筑物;教员们以及教会的其他服务人员的固定薪金和收入就是教会和一般人民的财产,而不是国家的财产。但是它们却几乎经常被看成国家的财产,就国家形成一个单一的教会国家而言,或者就许多教会联合起来形成一个教会国家而言。这个差别,亦即究竟教会和教会执事人员的收入是国家的政治方面或教会方面的财产来说是无关重要的,只要在国家内只有一个教会,这种差别也表现不出来;但是只要不同的教会建立起来,这个差别就是很显眼的,并且常常引起争执。

一个教会一旦得势,它就以公民的权利为借口,要求分享这个国家的财产,而国家便不得不既准许宗教团体,不论其信仰是什么,具有自己进行礼拜的教堂,又允许它们按自己意思去任命教师。但是在这时以前就取得支配地位的教会要求有权利掌管它认

为是它的财产，这财产远在过去就转让给它并且从来没有争议过的。如果国家有足够的力量来维持它的权利，并且如果政府当局又有足够的明智、无私和公正来承认这是国家的权利并随时准备维持这权利，那么国家将会准许每一个教会按照它的需要享有一定的〔物质〕手段进行它自己方式的崇拜。

现在，国家作为一个公民国家不应有任何〔宗教〕信仰；它的立法者和管理者也不应以宗教信仰的身份出现。但是事情常常发生，作为当权的教会的成员，教会总是加在他们头上以保护当权教会权利的义务。于是两个教会之间的争执一般不是由国家的法律来解决，而是由一方施加强力和另一方遭受祸害来解决。如果在国家内得到一个立脚点的教会扩展到这样一种程度，以致它所反对的那个教会的权利只能通过消灭新教义的皈依者或者至少要通过巨大的暴力行动和消耗巨大的费用才能保持住和维持住，那么维持这些权利对于国家将会是太大的灾难，将会出现对国家的法律和权利的太严重的侵犯。在这些情况下国家注意到它的危险，让予某些权利给新的教会，但是在这样作的时候，它用的教会的语言，把这事叫做“容忍”。反之，如果争论是以另一种方式解决的，即前此被压迫的教会变成占优势，而那前此占优势的教会现在成为仅仅被容忍的对象，于是国家通常就又与现在占优势的教会取得与从前相同的联合，并毫无保留地维持这个教会的权利，一如它从前维持另一教会的权利那样。

从这一点以及从前面所说的看来很清楚，当许多锐敏的历史家曾经指出，每一个教会总是忘记了它过去所遭受的迫害，对了这些痛苦的迫害的回忆应该使得它容忍，而令我们惊异的乃是一旦

当它占了优势的时候，又依次转而变为不容忍。他们的这个评论并不简单是从历史和经验得来的一个偶然的推论，而乃是一个从任何教会所具有的权利中不可避免地、必然地推出的结论。这是指一个社团有权排除那些不遵循它的法律和规章的成员而言。因此，当一个宗教的社团在国家内占优势，它就要求它的权利，排斥异教徒于它的伙伴关系之外，从而同时排斥他于国家之外，并且在信仰以及财产问题上以不容忍的态度对待不占优势的教会。

就有关教会财产来说，这类的事情在基督教教会初期扩张期间以及基督教教会内每一个新宗派的扩张过程中都曾经出现过。在开始的时候，基督徒在私人住宅里开会；后来靠他们自己出钱建筑特殊房舍以便举行礼拜。但是当他们占优势时，教会提出它的权利，摧毁异教徒的寺庙，并且加以占据，甚至当一个城市或社会的大多数居民还是异教徒时也这样做。一个社会当完全成为基督徒的社会时，在国家法律上也有权利这样做。儒利安〔Julian〕维护异教徒的宗教上和法律上的权利，夺回基督徒所占据了的异教的寺庙。新教徒使用了前此是天主教徒的教堂用来作礼拜，并且随意支配天主教修士和僧侣的收入。国家的法律给予他们这样做的权利，他们当然也是在行使他们自己宗教上的权利，但是这样一来他们却侵害了天主教徒的权利，天主教教会仍然老是要求这些权利，把新教的教堂、主教区、修道院和教会收入看作它合法的财产，并且与此相一致，在异教地区有它自己的主教和修道院院长。

两个教会的权利不能得到法律上的调整，因为它们处于直接和不可调和的矛盾地位；它们只能通过暴力此外或者通过国家权利才能得到调整。在后面这种事件里，必须承认国家比教会有较

高的权力或权利；天主教会从来也不承认这一点，新教教会也只是限于在某些方面加以承认。只要教会让出某些东西给国家，它就转让它自己的一部分权利，而这在它看来乃是恩赐的行为。

一个人如果抛弃了他的国家教会，他就同他的国家脱离了，并失掉了他的公民自由。由于一个人的信仰而对他加以迫害，剥夺他享有公民权利，排斥他使他不得享受自然和习俗认作珍贵的一切，这种处置方式看来是很粗暴和不公正。但是教会却不仅以正义的语言，而且还以宽仁的名义证明这些迫害不是不公正，它说：它没有阻碍他改变他的信仰；它尊重他脱离教会的自由；但是因为他充分知道，他在本国合法享受公民权利的条件是作为教会的一个成员，知道由于他改变了信仰，现在他就会丧失这个条件，所以并没有对他作任何不公正的事；在这些事情上他有可以这样或那样的自由选择。如果这种排除只意味着从教会中排除出来，那么教会只能排除那已经脱离教会的人；但是教会这样做同时也就把他从国家里排除出去了，而国家又接受教会对他的权利的这种侵犯，由此足见国家和教会在这个范围内已消融成为一个东西了。

第二十四节 (c)在涉及教育问题上的冲突

(c)每个人进入这世界，他具有比维持肉体生命的权利较多的东西；他有权利发展他的才能，这就是说，成为一个人。这个权利使得他的父母和国家有义务分别担负他适当的教育。甚至除开这个义务以外，国家最大的利益在于如此训练雏形的公民们的幼小心灵，以便在一定时期内国家可以从他们的成年〔教养〕里得到光荣和利益。而国家曾经相信，它没有更好的更自然的手段来完成这个义务、达到这个目的，除了把关于这件事情的一切责任或大部分责任委托给教会。其结果，为了教会以及为了国家的利益，费了很大的力量以培养青年公民使其同样成为教会的公民。至于这种教育方法是否损害青年公民自由发展其能力的权利，这完全取决于教会完成它的教育任务的方式。

儿童的权利(至少儿童作为人身的权利)是国家自己要负责保障的权利，因此事实上国家曾保护了这种权利，而这就使国家有权训练儿童，使之接受它的道德规则，并适合它的目的。教会所要争取的恰恰就是同样的权利，因为它让儿童一开始就享受它的利益。这样，在一定时期内，教会使得他们(儿童)熟练地履行他们对教会的义务，并且通过教育使他们倾心于这样去做。

现在如果一个公民当他的理智达到成熟时，一旦发现他的国家的法律或其他制度不适合于他，他在大多数欧洲国家中，就有选择自由移住他国。他依从他本国的法律，是以他自由决定愿在这些法律之下生活为根据的。

无论这个决定受了习惯和恐惧多么大的影响，这些影响仍然不能否定选择的可能性。但是如果教会用教育的方法做到那样的程度以致它或者完全压制了人在宗教思考方面的理性和理智，或者那样地使得人的想像为恐怖所占据，致使理性和理智不能并且不敢冒险去提醒人们自由的意识或者去运用那个自由意识到宗教问题上，那么教会就完全夺去了自由选择是否作它的成员的可能性和自由决定，虽说它对于一个人的要求只能够并且只愿意建筑在那样的选择和决定上面。它侵犯了儿童自由发展他的才能的自然权利，它把他培养成为一个奴隶，而不是成为一个自由的公民。

在任何教育里，儿童的心灵和想像力是受得最早的印象的力量的感染，也受到他最亲爱的和原始自然关系最亲近的人的示范力量的影响，虽说他的理性自由并不因此必然地受到这些影响的束缚。除这些影响外，教会还更加教导儿童相信它的信条，这就是说，不把他们的理性和理智加以训练使导向他们自己天赋原则的形成，或者根据自己的标准去判断他们所听到的东西，和引导他们的东西；与此相反，那些铭印在儿童的想像和记忆中的种种观念和名词是那样地与恐怖纠缠在一起，而以命令的方式在那样圣洁、不可违反的和令人目盲的光亮之下，以致它们或者使得理性和理智的规律为它们夺目的“光辉”弄得呆痴失灵，不能发挥作用，或者它们〔指观念和名词〕就为理性和理智预先规定另外一类的规律。由于这种来自外面的立法或规律，理性和理智就被剥夺了自由，这就是说，剥夺了遵照天赋给他们的和基于自己本性的规律行事的能力。这样一来所谓自己选择加入教会与否的自由就烟消云散了。无论用意如何好，国家就把儿童自由发展其精神能力的权利出卖〔给教会〕了。

为了保证儿童成年时期的自由选择，那种想把儿童在没有任何教会的权威信仰下教养成人的权宜办法，实行起来将会包含着数不清的困难；但是我们无须去考虑这些困难，因为有不少的道德理由足以说明应该放弃那个权宜办法，因为一则教会基于义务不得不宣称让儿童在信仰问题上处于那样无知的状态是一项犯罪；二则，教会会认为如果一个儿童在少年时错过了信仰方面的教养，以后长大了要想弥补起来，那是费力极大而很难收效的，因为在后期的生活里要想在灵魂深处那样有效地打上信仰的深刻印象，或者要想把人的思想和能力的每一方面、人的意志和努力的每一部门扭转过来，那几乎是不可能的。这就是为什么，当“哲人纳丹”一剧里[①]的主教听说那个犹太人没有以自己的信仰培育那个女孩子，简直等于不以任何信仰去教养她，除了理性所要求的之外，不教导她以任何有关上帝的东西时，他〔主教〕表示极其愤怒并宣称这个犹太人应该“在火刑架上处死三次！什么？让一个孩子长大成人竟没有一个信仰！竟完全不以信仰的伟大义务教导孩子？为什么？这真是可恨之极！”

因为希望转变一个理智自幼就养成了对信仰的义务的人去接受另外一个教会的信仰，这个希望之可以实现，远胜过希望一个想像没有受到教会形象的感染、理智没有受到教会的桎梏的人，教诲他使他对于所要求的宗教意见表示信仰和顺从。

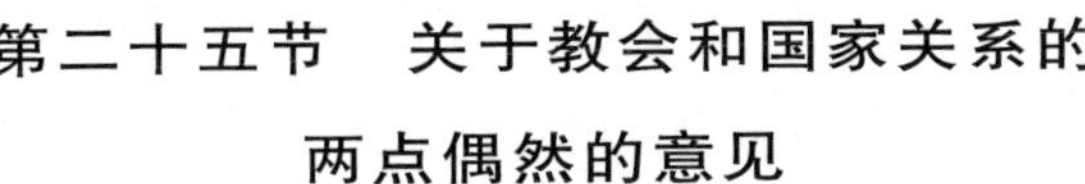

第二十五节　关于教会和国家关系的两点偶然的意见

还可补充两点意见。(1)虽说一个愿意作基督救国的公民的人，必须接受他的国家的信仰，但不能反过来说一个归依者因此就是那个国家的公民。这是有自然而然的原由的，因为教会比国家有较大的范围，而国家到处都要维持它自己的权利。(希伯来人中的所谓“大门前的皈依者”[②]其地位又怎样呢？)

(2)一个教会所依据的是契约，契约的对象是信仰和意见。在

---

① 莱辛《哲人纳丹》，第 4 幕，第 2 场，2555—2564。——诺尔注

② “大门前的皈依者”(proselyti portae)是遵守某些犹太教仪式的异邦人，但不同于“正义性的皈依者”，他们没有完全接受亚伯拉罕的誓约。——英译本注

新教教会里，特别在新近的时候，在这些问题上，自由比起在天主教会里大得太多，两者简直不能相比。但是在两个教会里基于契约而产生的权利都是严格维护着的。天主教会对于意见的最小细节也要监视；们每个人都知道，在新教教会里那最有学问、最正直的神学家们的信仰也与象征书中的信仰很不相同，这就是说，与他们曾签过名的或宣誓接受的信仰很不相同。再则，这几乎可以说永远是真的，即这个公民国家的其他官员对于那些象征书中的教义很不熟悉，但是他们同样也得签名接受。譬如一个人不赞同教会主张的关于受洗的意见，或者如果对于新教教条理论的主要之点存十分不同的想法，即使他的不同想法写成书或用别的形式发表出来，也没有人提出质问。似是如果他想要把他的想法逻辑地应用在行动上，因而不要他的孩子受洗，或者在从事一项职务时不想签名接受象征书，那么教会虽说不曾抗议他的意见〔或言论〕，也要使他注意他的行为的自然后果，并且要坚持它的权利。

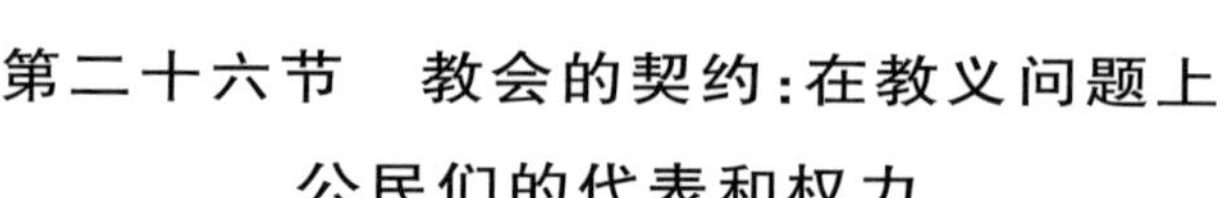

第二十六节　教会的契约：在教义问题上公民们的代表和权力

我们现在进而讨论到教会的权利所依据的契约。国王原有的权利也许是建立在征服者权利上面，征服者以被征服者的服从为条件饶恕了被征服者的性命；并且这个征服者与被征服者的原始契约就是国王的后嗣的权利所赖以建立的根据，因此他们〔后嗣、继承爵位的贵族〕现在所享有的权利是基于继承权，而不是基于征服。在这种理论上，(究竟这个理论是否站得住脚，我们这里无需讨论)个人意志之受制于君主的意志也是建立在同样的契约上。

无论如何，以下这点至少是真的，即无论市民社会和它的统治者和立法者的权利是怎样产生出来的，它的本性本身即包含：在市民社会自身内，个人的权利变成了国家的权利，而且国家有义务保护个人的权利作为它自己的权利。但是当我们谈到教会作为一个国家所具有的权利时，不容置疑，它的契约和它的权利（在它们原来的形成过程里，如果不是在后来的形式里的话）是完全建立在一切个人之自由自愿的承认的基础上的。在这个教会国家里，公共意志，亦即大多数选举所表现的意志，表现为信仰的法规，社团〔即教会〕有义务保护这个信仰，每一成员对所有的成员订立着契约，所有的成员对每一个成员订立着契约。这个契约第一是为了组织和安排一般制定法规的集会，第二为了保护这些信仰法规，为此首先就需要各式各样的教育，需要公共礼拜仪式，为此教会的国家需要职员并且曾经任命了职员。

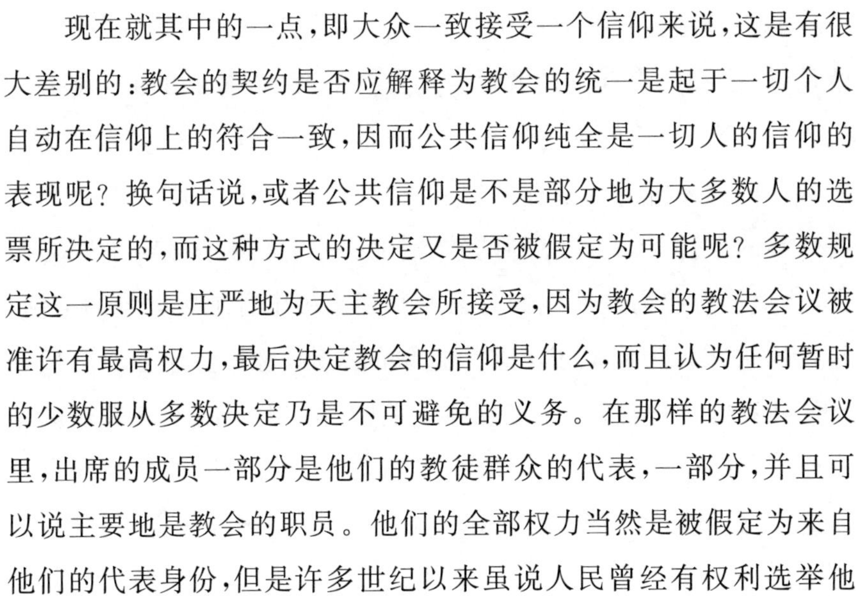

现在就其中的一点，即大众一致接受一个信仰来说，这是有很大差别的：教会的契约是否应解释为教会的统一是起于一切个人自动在信仰上的符合一致，因而公共信仰纯全是一切人的信仰的表现呢？换句话说，或者公共信仰是不是部分地为大多数人的选票所决定的，而这种方式的决定又是否被假定为可能呢？多数规定这一原则是庄严地为天主教会所接受，因为教会的教法会议被准许有最高权力，最后决定教会的信仰是什么，而且认为任何暂时的少数服从多数决定乃是不可避免的义务。在那样的教法会议里，出席的成员一部分是他们的教徒群众的代表，一部分，并且可以说主要地是教会的职员。他们的全部权力当然是被假定为来自他们的代表身份，但是许多世纪以来虽说人民曾经有权利选举他们的代表和官吏，但〔事实上〕他们早就丧失了这项权利。于是教会的职员（由别的职员提名或者部分地由一个同样独立于人民的团体提名）就构成教会的教法会议，而这些职员的全体形成一自身完整的机构来管理，规定和控制人民——亦即世俗的人——的信仰，而世俗的人是决不再容许对教会有轻微的影响。教会所最关心的事情不是人身和财产（因为这些东西是可以用强力保护的），而是人的意见和信仰。〔但是〕认一个个人应该（不论他的意见是什么）屈从于多数的决定，这是绝对违反意见的本性的。让个人的意志服从公共意志，并且认公共意志为他自己法律，这在公民契约里是可能的，但是要想在这个方式下产生一个教会的契约（亦即关于信仰的契约），则是完全不可能的。事实上一个关于信仰的契约本质上是不可能的，如果不管这一切，信仰的契约竟然造成了，这是完全空虚无效的。

如果教法会议的成员是为事实上和名义上的代表所组成，这就是说，这些代表真正是由教会本身选举产生，那么在任命他们为代表时，除了让他们陈述什么是当地教会的信仰，和哪些条文是它所认为的主要观点和条件之外，不能给他们以任何别的权力，在这些平等的条件下，它才愿别的教会同它在一个单一教会下联合起来，让他们有权力按照他们自己的判断来决定各地区教会的信仰，并且让它〔信仰〕屈从于大多数选票的决定，这就会建立一个代议制的共和国，完全违反人有权利让他的意见不受制于外来权威这一原则，并且这将会把人们放在受刚才所提到的那种契约的束缚的地位，这就是说，把人们放在一个可以叫做“纯粹民主”的宪法的支配之下。

现在教会在它扩展的最初几百年期间事实上已是一个代议制的共和国，并且我们可以在其中看见一个奇特的冲突，即介于(1)每一个别的教会和它的代表都有意见自由的原则，与(2)服从大多数的决定是一义务的原则之间的冲突。曾经发生过的事实是这样，如果有了分裂（我们大家都知道，在每一个时期都曾有过分裂），争论的双方都去诉诸一个自由的总教法会议，而它们之所以有这种愿望，显然是以服从大多数是一义务这个原则为前提。每一方都希望利用它的严密理由和论证或者更多的是利用阴谋和武力的帮助以取得胜利。于是胜利的一方就要求应用少数服从多数的原则，但是另一方一般便利用另一原则，并高呼反对对方粗暴地侵犯了他们信仰的自由。在这些情况下，为了达到在望的目的，经常有特殊的联合，这里面的成员们现在构成一个讲道德的人格；因此教法会议的决定不能看成一个自由的多数的决定，而只能看作一个派系的胜利，这个派系利用欺骗和各种暴力占了上风，而且以不正当的手段恶劣地对待那被击败了的一方，把它叫做叛逆。历史上有次这样的会议，神父们曾被它的对手们叫做“一伙强盗”，穆斯海牟[①]只是附加了这样一句评语说，这个粗暴的名词没有被用来指责其他的教会会议，这些教会会议也同等很好地得到了这个称号。

但是自那以后世俗的人就在信仰问题的会议上失掉了代表权，自那以后主教们和基督教的领袖们就变成了纯粹的官僚，因而

① 穆斯海牟(Moshcim)：《教会史》，第五卷，第二部分，第五章，第十四节。——黑格尔原注。“一伙强盗”是指449年在爱非梭斯举行的第二次宗教会议而言。——英译本注

自那以后信仰的法规就完全由他们的统治者所制定了，而且就人民说，当然不是就主教们说，信仰的统治者和裁判者是一个人，即教皇，还是独立于人民之外的一大批人，人民的精神的宪法是君主专制抑或是贵族政治，可以说或多或少是完全无足重轻的事；在两者中任何一种情况下，人民的权利都是同等地大，同等地无有。浪费些笔墨来讨论在信仰问题上那样的政府成制度之公正与否，是毫无益处的。

新教教会的根本原则在于把契约建立在它所有成员的意见一致上面，还在于不需要任何人订立这样的教会契约，其条件坚持要使他的信仰屈从于多数决定。马丁路德在开始他的伟大事业时，他虽曾诉诸一个自由的总宗教会议，但是新教自由的伟大原则，新教教会的守护神，却被发现了，当人们拒绝出席宗教会议，并且否认它的决议案的一切部分时，并不是因为他们事先确信参加会议会得到失败的下场，而是因为用多数表决的方式来决定宗教意见是根本与宗教意见的本性相矛盾的，又因为每个人有权利自己解决他的信仰问题。因此每一个个别的新教徒的信仰必定是他的信仰，因为那是他自己的信仰，不是因为那是教会的信仰。他是新教教会的一个成员，因为他自愿地加入了新教，并且自愿地留在新教教会里。教会对他所享有的一切权利完全根据于这个事实，即教会的信仰也是他的信仰。

只要新教教会能坚持这个作为它的"纯粹的"教会权利的根据的原则，始终忠实于它，并以不可动摇的坚定性贯彻在信仰问题上制定它的法典和制度的一切行为里，那么就不会有说它不公正的控告提出来。但是那些建立这教会的教师和它所任命的职员（关

于他们以后还有某些东西将要说)有时曾经试图不只把他们自己看成,并在行为上表现成各个教会的代表(作为代表他们只被付托有宣示他们教会意志的任务),而且试图把他们的权力看得更为广泛,并且认为各地区的教会曾经让他们根据自己的判断来决定教会的信仰是什么。不仅从新教教会的象征书中的措辞和充满了精微的词句这一事实看来,情形很清楚:它们不能被认为是得到了全体人民同意予以支持的有效的意见,但纯全是一些咬文嚼字的神学家们的作品;那种情形也可以这样来说明:从其中有些文件之怎样产生并被接受为信仰的规范的历史看来,谁也知道,这几乎完全是神学家们搞出来的。那些曾经插手于其中的世俗的人,只是那些〔在政治上〕有权力的人,以便教会利用他们来创造并保证这些象征书的适当权威。

有两点可以引用来替神学家们在这件事情上作辩解:第一点是据称他们必须给予象征书以一个较有学术性的形式并对他们的许多教义给予更精微的规定,以满足自己成员本身反对用相同武器作斗争的天主教的需要,那些学识较少的人可以让他们的信仰教义为他们教会中的神学家们用这种方式去处理,而丝毫不致因此便损害到他们不容改变的权利。

但是从另一方面也可以说,这些神学家们满可以保留他们较有学识的证明和较精微的分析写成自己的著作出版,而不至于损害他们的教会。总的讲来他们的任务只是为他们自己的信仰作辩解,而人民在他们信仰某种东西上是不能用他们不懂得的理由去辩解的。如果象征书有了一个较简单的形式,则尽管这种形式不会有那样多争论性芒锋,但象征书却由于这种形式而可以看起来更像信仰的标准。这种标准会符合新教教会的庄严原则，它可能在人民自己的判断里被承认为他们的信仰，这样就会好得多，不至于弄得在一个时代服务得很好的武器而在下一个时代里却变成毫无用处。因此象征书的学究式的形式现在已变成毫无用处了(学者们曾从象征书中援引许多证明，但是人民决不这样做)，因为我们现代的神学家已不复参考那个学究式的形式来为他们的信仰作辩解了。人民从来决不需要这些武器，而现在有学识的人甚至卑弃这些武器。

第二点可以引用来替神学家们决定人民的信仰而不让人民参与的作法辩解的就是这样：他们可以说，在包含着新教的信仰的后期书籍上，他们只是以从前人民自身所奉行的标准信仰的解释者的身份出现，而这种解释者的职务可以交付给他们而不致损害人民决定他们自己的信仰的权利。当然，如果关于标准信仰某些段落或条文只有一种意思，则对于他们之作为这种方式下的解释，谁也不会提出批评。但是如果一个教义可以有二个或更多的解释，而神学家们只采纳其中的一个解释，或者如果他们从一句话以最严格的准确性作出逻辑的推论，并把这些推论提出来作为教会的教义，那么他们这种作风就是独断的、专横的。要想知道两个可能解释中哪一个较符合教会的意旨，首先必须去问教会，关于所作出的推论也是一样，因为这乃是一个健全的批判的准则(虽说这个准则很少被遵守，尤其是在争论的时候)即：不管某些推论是怎样严格地从一个体系中推出来的，它不应该因此直接就假定这个体系的信徒也要保证信从那样推论出来的东西。

严格讲来在信仰问题上是没有社会契约的。一个人无疑地可

以有义务尊重别人的信仰就像尊重他们的财产权一样，但是真正讲来尊重他人信仰自由和权利乃是公民的义务。一个人不能约束他自己，更不能约束他的子孙，立志去信仰任何东西。因为归根到底，每一个契约都是建筑在意志上（但是立志去信仰某种东西是不可能的），而且教会的信仰必须在最严格的意义下是这个教会的普遍信仰，这就是说，它的所有的成员的信仰。

第二十七节　与国家订立的契约

一个民众的社团、或一个国家、或一系列的国家作为一个教会，与另一个社团（这另一个社团在这种情形下乃是另一个国家，即使订立契约的双方在别的方面彼此有联系）订立一个契约，或者与它自己社团或国家内的成员们订立一个契约，那么就它自己这方面说来至少它作得很不聪明。因为它把对方须得履行契约中它那一方的条件与信仰，从而与某种可变的东西联结在一起。并且，如果它很强调对方须履行它的义务，那么由于契约的形式它就使自己处于这样的危险地位，即否认每个个人和每个社会的最初的和最神圣的权利，即改变自己的信仰的权利。另一方面如果它（社会或国家）改变了它自己的信仰，于是对方的义务也随之消逝，因为它完全依靠信仰之保持不变。国家和教会很快就把这个问题同它的成员们安排得很满意，假如后者作为全体都改变了他们的信仰的话。新教的城市居民和农民仍然和他们过去向天主教会缴纳税捐一样，要缴纳税捐、租金、十一税以及其他不可胜数的苛索，他们必须捐献给当今教会的礼拜，准备和维持礼拜也需要金钱。捐献礼物给教会或者让予权利给教会而以教会保持其为同样的为条

件,这恰好有似主张开一条河以美化一个地方,但以同样水波永远留在自己现时流经地为条件。

就算可以如此吧。但为什么要照常付给神龛上的蜡烛费,而事实上现在已不复燃烛?或者当事实上现在既没有主教也没有僧侣了,为什么还要照常缴纳种种费用给修道院?这些以及其他数不清的特权和经济上的义务负担原来纯粹是为了天主教会的礼拜和信仰之用,及天主教消失了,当然这些以天主教会为根据的权利也不可避免地应当消失。应当交付给新教会的费用被认作是基于在旧教会里同样的权利,而且在同样的范围内征税,其结果,至少可以说,在一个教会的成员纳费方面保持一个很大的悬殊情况,这情况不能说是公平的。如果捐献者、自由产业者、和农奴所应担负的义务现在是被假定为建筑在他们的确定地服从于这个教堂、这个修道院、这个教区,因而他们应该有义务缴纳这些费用,并且如果当今这个教会被假定已享有前教会的全部财产和种种权利,自己也已取得这些权利,那么即令如此,那种义务也不是对于个人或者甚至对于这个教堂的建筑等承担义务,而只是对于那以天主教会的成员或职员身份出现的个人才承担有义务,这就是说,只对教会本身担负义务。并且既然捐献者已不复属于那个〔天主〕教会(因为天主教会在这里已不复存在),所以基于天主教会的那些权利和与天主教会不可分的那些权利也应该随天主教会的消失而消失。

譬如假使某些天主教徒仍然留住在一个已经接受宗教改革的国家里,还可以有权要他们与从前一样缴纳同样的费用吗?即国家可以有权向他们征收同样的费用吗?作为公民,他们缴纳另一性质的税款给国家,而这些教会的费用决不能存在了。新的教会

叫他们出这些费用又是否正当呢？对此他们有权坚持认为，他们的义务是完全对旧教会的，既然他们不属于新的教会，他们就没有捐献任何东西给新教会的义务了。同类的事情还发生在许多天主教国家里，譬如在奥地利的各邦里，特别是在约瑟夫二世的容忍命令后，这类的事曾引起许多的争论和困难。那些非天主教徒是否还必须缴纳同样的费用像他们从前缴纳给天主教会那样呢？或者是否必须同样缴纳受洗、悔赎以及支持其他许多天主教礼拜所需要的费用像他们过去不得不给那样呢？新教徒说，不给，理由是他们不属于天主教会，而过去所缴纳的费用是缴纳给教会的。天主教徒说，要给，理由是新教徒仍然应该担负同样的费用像从前对这个教区或修道院所担负的那样，不管他们属于什么教会。在这个事例里新教徒是从他们的教会对它自己的成员所主张的相反的原则来辩论，而天主教徒则从新教教会在它自己内部所讲的原则来辩论。

同样的困难也会发生，如果一个教会作为一个具有固定信仰的教会与别的国家订立契约。如果教会打算强加某种东西作为义务给订约的另一方，那么它就使这个义务与某种东西相联系，而这种东西是教会有权改变的，但同时它却要求对方的义务永远保持不变。所以新教徒曾经以血的代价换来国家在宪法上那样一些改变以确保他们在信仰和礼拜方面的自由，但是在所有那些和平条约上，所达成的协议是这样措辞的，即天主教的国君曾经担负起保护路得新教或改革过的教会的礼拜和财产。现在新教教会的本质何在，这点于是就被他们庄严地公布在他们的忏悔录和信条里。这都是曾和那些具有极其特殊的信仰的教会所达成的协议，由于这个原因，如果我没有记错，皮得里特[①]在许多年以前曾经辩论过，这给新教徒们带来很大的耻辱，他的论证如下：新教徒的信仰已经不复是它习于的那样了，试比较新教的象征书和新教领袖们及其最著名的神学家们的著作，一看就很清楚；因此新教徒们已不复能要求天主教徒在和平条约里保证给他们的权利了，因为那个协议是同一个曾经公布了它的特殊信仰的教会达成的。如果新教徒们还想坚持同样的权利是有效的，那么他们必须保留那个教会的原来信仰、放弃改变原来信仰的权利，并且取消业已作成的任何改变。

这个论证真是够逻辑的；但这会是一个不可能的论证，新教徒们看来决不会束缚他们改进他们的信仰的自由（这项自由是没有任何契约可以破坏的），即使那些新教和天主教的国君们之签订和平条约是作为国君，作为国家的首脑而签订的，而不是作为教会的首脑或成员在神学家们（这些神学家们老是随呼随到且以参加这项工作的重要性而感到高兴）的协助之下而签订的，这就是说，即使他们是为了他们的国家，而不是为了他们的教会而达成这些协议。

忠于自己的信仰并且在实践自己的宗教时保持自由，这是个人必须得到保护的权利，主要地并不是作为一个教会成员，而是作为一个公民；而且一个国君就其本分来说有义务保证他的人民享有这项权利。新教的国君可以要求得到的神圣权利，除了这项权利（这项权利同时也加给他们以相应的义务）之外，再也没有了，但是令人叹息的是，国君们只是通过武力征服来得到这项权利。如

① 皮得里特（J. R. A. Piderit）著：《宗教联合的导论和纲要》，1781。——诺尔注

果达成的协议不是像现在这样措辞，即是说："在德意志帝国内改革过的和路得的教会将享有礼拜的法律上的自由"，它们的措辞还可以规定得较好一些，那样天主教的国君有义务不去干扰或损害勃兰登堡、萨克森等邦宗教礼拜的自由。如果明确提到了勃兰登堡教会或萨克森教会，实际上这也意味着同样的事情，因为在这里"教会"意味着信从一个信仰的邦或国，究竟什么样的信仰无关重要。如果做到了这一点，那么为了信仰的权利，经过许多世纪的蛮行之后，经过多少年的流血斗争之后，我们将会满意地看到在国家的协议中对于社会契约的一个基本条款、一种不能因为进入任何社会而被剥夺的人的权利〔人权〕获得庄严的承认和无阻碍的发展。

在近代曾经有了对任何人的权利的一个深刻的感觉，从而深刻感觉到一切人有权利，即教会有权利，改进自己的信仰、使得自己的信仰向前进步。同时从另一方面又曾经有了这样一种感觉，即感觉到达个权利曾大大受到限制，因为教会与别的国家之间所有的一切协议的建立都为了依靠象征书的教会。此外，事实表明教会的国家关于这个永恒的权利陷入于何等不合逻辑〔的谬论〕，如果它〔错误地〕设想在它的领域内它的整个契约基础建立在某些象征上面，因而认为对这些象征〔或符号〕强力地维持一种严格的信仰乃是它的义务。为这些想法所推动，许多伟大人物曾自诩以为"新教徒"[①]这一概念的意义是指这样的人或教会，他或它不约

① 按新教、新教徒曲文原字是 Protestant，就字根原文直译应作"反抗者"，黑格尔这里指出不要误解"反抗者"或新教为反抗一切权威，不要任何信仰。——中译者注

束自己于某些不可改变的信仰标准，而是在信仰问题上反抗一切权威。反抗一切与那个神圣权利相矛盾的一切规约。如果教会能够自身满足于这个否定的性格，它会有双重的功绩，它将会促使国家牢记它保护人民信仰自由的义务（这一义务每每不为国家所珍视），并且它也会站在国家的地位来保卫国家所忽视的东西。

在订立任何契约影响到真正讲来只有在公民国家内才找得到的权利时，教会对它自己或者对它的某些成员可算是做了一件不公正的事，不论那种契约是由每一个个人同教会订立的或是由教会同它的每一个或某一些成员订立的。这种不公正不是一下子就直接被感觉到，但迟早总会变得很明白的。当一个公民离开教会，从而丧失了他的公民权利时，他要想向国家争取公民权利也无济于事，国家忽略了去规定它的权利是些什么，既然它让教会代它去规定它的权利，那么教会就把国家的这些权利（这些权利本来是它自己的）看成是教会的，而它之坚持这些权利也只是当作自己的权利，因为教会提出信仰和礼拜的自由这种普遍权利只是为了个别情况，亦即为了维护它自己的权利的情况。而这样做对它的目的来说，也就足够了。

但是，如果说在信仰问题上一个教会的形成一般不能看作是一个契约，而另一方面，由于一般信仰的一致性却自动产生一个教会，产生了为一种目的而作的结合，那么这个目的就只能是保卫和维持这个信仰，组织适当的礼拜仪式，并在成员中培养出与教会的完善理想相符合的那些品质。

第二十八节　信仰的保卫

现在说到信仰的保卫和维持，而如果这又是指不仅保卫信仰而且又保卫自由举行礼拜以及维持其他的安排，严格讲来是国家的义务，这种保卫和保证必然要包括在社会契约里。只有在一组织得很坏的国家里，或者，像我刚才所说，在一个不重视保卫信仰的义务或不维护它保卫信仰的权利的国家里，才有可能使得它的公民或某些公民处于这样的地位：他们不是必须依靠他们自己用暴力来维持这个权利，就是一点也不能享受这种权利。新教徒曾发现他们自身处于这样的地位，而那些能勇敢地说话，英勇地战斗反对另一部分的帝国行政当局，以保卫人民宗教上自由活动的权利的国君们〔或王公们〕所以这样作了，因为这是他们作为国君或王公的义务。但是我已经说到从这一事实发生的困难，当他们媾和和缔结条约时，不是以国君的身份而是以教会的首脑或成员的身份去作的。因此既然保卫信仰反对暴力是教会所不能执行的，那么剩下给教会做的，除了保卫和维持信仰以反对教会自身〔的权威化〕之外，已没有别的了。

如果须要保卫的那种信仰是被看成普遍的信仰，那么任何个人或是脱离了整个信仰，或是脱离了信仰的某些细节，他就不是那个教会的成员了；他会放弃教会所可给他的利益，教会也不再对他有权利。尽管如此，如果教会仍然以为它对他有权利，他仍有义务服从它的教训，关于他应做什么或不应做什么必须听从它的指示，这个权利只能以这个假定为根据，即与教会订立契约时，他承担了信赖和接受多数表决的指导或者接受教会代表在将来情况下来决

定真正的信仰的义务。但这就意味着承认教会具有永远正确性(或一种永不谬误性),而反抗这一类的权威是一个真正的新教徒〔或反抗者〕的最高义务。在这些情况下一个反对教会信仰的人就会处于违反公民法律的地位,一个违反公民法律的人当然要被行政当局迫使其尊重法律。但是教会的契约不能是这种性质的东西;只有对那些自愿接受教会的信仰和法规的人,和那些自愿调整他们的信仰和生活以适合教会的信仰和法规的人,教会的信仰和法规才有效准。

现在只剩下一个可能性,即教会的权利是基于保卫一个个人前此曾经信奉过的信仰,保卫教会的普遍信仰,不是就它是教会的信仰,而是就它前此曾经是那个个人的信仰,这就是说,保卫他个人的信仰以反对他自身〔的脱离〕。在这个情况下那脱离信仰的人并不是处于浪费者的地位,他剩余的财产国家接收过来加以控制和监督,因为在这里国家并不是保卫浪费者的权利以反对他自己的浪费;它乃是保卫着一个假定继承人的权利或者保卫着一个社团的权利,这个社团在别的情况下也会维持他的权利的。脱离信仰的人与教会的关系比较像一个疯人,对于疯人国家由于这个理由和别的理由有义务采取这样的态度,因为他已经在一个正常理智上不复能维护他自己的权利,但又不能由于这个原因而被看成放弃了他的权利;因此他的亲属或国家负责使他恢复理智。在同样方式下教会也打算维护每个人对教会信仰的权利。不过这里情形稍有不同,因为这要取决于那个个人究竟他愿意维护他信仰的权利与否;不同于疯人,不可能把他看成没有放弃享受对于特定信仰的权利,也不能假定教会有义务不经他的意志去恢复他对这种

权利的享受。教会必须对待每个个人像国家对待一个成年人那样，这就是说，像对待一个对他自己的权利之维护或放弃能自由选择的人那样。这些原则规定确定了教会在它自己范围内保卫它的信仰的义务的界限。

这并不是从另一个人的权利（这权利是他必须争取享受的）中产生出来的义务，那仅仅是教会〔僭越〕的义务，因为那是教会自己给自己规定的义务，充满了它的教义对人类的重要性〔之感〕，并且充满了过分丰富的热情以使人类幸福。因此教会可以作的乃是采取一些措施，以便它想要施给恩惠的人可以有机会获得关于它的教义及其利益的知识。要采用这些办法必须依靠每个人的自由选择，因为使用强制和惩罚的方法将会意味着用暴力强迫人接受善或幸福，像西班牙人在美洲或查理大帝在萨克森所作的那样。诚然，在某些新教国家里不参加公共的礼拜和圣晚餐礼的人法庭要叫去问话，重犯多次要受到处罚。诚然又在某些国家里教会和国家都接受了宗教改革，虽说在理论上不强迫任何人抛弃他的信仰，但人们仍然是在处罚的威胁下被吩咐前去听关于新教义的说教，并且要于听后作出自己的判断，诚然还有在某些地区里，犹太人（对待犹太人，人们很少太苛责）时常被强迫去出席新教的礼拜，或者至少得派代表去参加礼拜。但是除所有这些情况之外，总的讲来新教教会是保持在刚才所提到的界限之内的。另一方面天主教国家历史最可恨的一面就是把国内脱离信仰的人当做叛徒对待（以及包含在这种对待中的原则）：当做反对教会的叛徒对待，把人们的信仰为多数表决或绝对暴力所决定假定为通行于一切人的律令；当作反对神灵的叛徒，教会僭自要求有权主管对他们的审判。

因为在这里教会的契约被看得与公民社会的契约完全一样，而教会国家被容许与公民国家有同样的权利。

当然可以有一个关于维持教会教义种种措施的契约：这就是说，可以让大多数人或一些代表表决，或让一个王公按照他们自己的判断去组织这些事情，考核和任命人民的教师。也许可以问这个教会是否有权利取消已经任命了的职员，如果后者违背了教会的教义，与教会脱离开而且带动了他所主持的教区同他一起那样做。但是显然教会不能打这种权利，因为这个教区现在自身形成了一个教会，另外一个教会当然不能有任何权威去干涉它；只有在它自己范围内一个教会才可看成一个具有权威的国家。这个新的地区教会最多不得不做的就是向教会，也许再向国家宣布它同教会分离的事实，但是它并没有义务向国家或教会进行自己的辩护。假如那旧的教会拒绝承认这种分离，并且请求国家帮助来阻碍这种分离，（当然教会很容易得到国家帮助，因为一个占优势的教会即意味着一个能利用国家的权力以为自己谋利益的教会），那么国家责无旁贷的义务就是以保卫新教会的信仰自由和礼拜仪式的正常举行。

另外一个问题，也是近来引起广泛兴趣的一个问题就是教会的领袖们，当他们一旦发现一个传教师的思想有点可疑时，是否有权利剥夺他的职务和他的生活。他们很逻辑地坚持他们有义务保卫教会的信仰，并且看到这个信仰得到很好的传播；所以一个传教师他所教导的是某些别的东西是不称职的。在天主教会里教会具有这项罢免传教师的权利，这是一点问题也没有的。但是在新教教会里许多人基于如下的根据提出不同的论证：如果教会把道德和真理作为它教导的一般目的，那将会无限地更多增长它的荣誉和威望。主张把道德和真理建筑在固定的象征或符号上面是违反道德和真理的本性的，而且那些提出这个主张并固执地坚持这个主张的人们的灵魂是十分没有接触到真正的真理之光的。如果一个教会和教会及国家的领袖们把道德和真理作为他们努力的目标，那么他们就不会对一个积极并热心于他教区的幸福和道德的正直人，只是因为他没有严密地照着他的教区所隶属的教会的官方教义宣讲，使其受委曲而丢掉工作了；他们将会感到同这样一个人不能和睦相处是自己的一种耻辱了。他们所能做的一切只能是劝导他向他们看齐，也就是说，劝导他善意地多考虑别人的意见；并且如果他是值得受到那些教会和宗教的领袖们尊重，或者他们是值得受到他的尊重，那么甚至就连这种劝导也差不多是没有必要的。

最有效的因而亦即最常被使用的保卫教会信仰的方法就是在信仰问题上使得教会成员陷于怀疑本信仰或受到别人信仰、〔错误〕意见的感染成为不可能。老早就有人在那里探寻各式各样的方法，以便防止人们从内心产生怀疑，亦即从个人自己理智的或理性的活动里产生怀疑：年幼的灵魂曾从教会接受终身不忘记并受其支配的最初印象，教会的教义曾用一切可能想像的恐惧装备起来，正如某些魔术师曾被假想为能够阻止身体的力量起作用，同样这些教义也能够使人的心灵的全部力量瘫痪，或者迫使它们只完全按照这个教义的形象起作用。再则，这些力量的自由发展受到阻碍；对教会教义的知识受到隔绝：教会教义以令人恐怖的尊严孤立地站在那里；它们与其他学说的关系和混合，对别的规律的依存，都完全受到蔑视；其结果就有了两条道路导向来世的不同地域，而这两条道路永不遇合；一条道路是家庭事物，科学和艺术；另一条是教会的道路。一个在前一条道路上行走的人，具有最深奥、最精微的理智、最锐敏的机智和最细致的敏感，但是如果在教会的道路上碰见他，他就不会被承认，他这些优秀的品质一点也认识不出来了。

从外部杜绝改变信仰的可能性是通过严格的监察和禁止看禁书等等，并留心不在私人谈话里或在教会的讲道坛和教授的讲座上出现新奇意见。理由是说教会有义务保卫每个人所享有的信仰财宝；这种信仰财宝就会受到损害，如果个人自己的怀疑和别人的议论可以使信仰者脱离其信仰。每个教会都宣称它自己的信仰是至高无上的真理，它从这个原则出发并假定它的信仰像金钱一样可以存放在衣袋里。他们真的是这样看待信仰；每一个教会都认为世界上没有比真理更容易发现的东西了：唯一必要的事情就是牢记住它的几条教义问答。对于教会这样说是错误的：

只有那不畏缩艰苦劳作的真诚

才可抓住真理深藏的泉源之汩汩地涌出。[①]

教会控制公开市场，以便教会真理的河流在每一条街道上滚流得溅溅有声，每一个过路的人都可以满饮一杯。

这条河流之水的分配者或调剂者就是教会的〔传〕教师，这样他们又是教会的职员。他们称自己为神圣的语言的仆人：他们是**仆人**，因为他们不是主人或立法者，而是服从别人的意志；他们是

① 见席勒：《理想与生活》一诗。——诺尔注

神圣语言的仆人，因为他们的学问不是从他们的最内在的生活里得来的，而仅仅包含着传袭给他们的语言文字。

礼拜的仪式也不能是社会契约的事情，正如信仰不是社会契约的事情一样。如果就礼拜这个字眼的严格意义来说，是对上帝的直接义务的特定行为，是不能从对自己或对别人的义务里派生出来的，那么必须履行这些义务的唯一根据就必定在于自由承认它们是义务。要判断某件事是一种义务是不可能让多数表决来决定的。但是如果这样一种义务是得到了普遍的承认时，那么为了实现这一义务的各种措施可以作为订立相互契约的对象托付给多数人来办，像在一个厉行民主制度的教会里所发生的那样，或者把这个任务交给政府来处理，像在专制君主或寡头政治的教会里那样。

这不同的职能通常地也很自然地联合在僧侣身上：僧侣们不仅是教会的真理的自由教师，而且又是担负着保卫教会信仰的教会义务的官员，并且还是主持祈祷和祭祀用人民的名义向神献礼的祭司，这些祭司们通过这些事情给予人民以指导，并把自己放在人民的头上（据说，通过祈祷、祭祀、献礼的行为可以导致上帝的恩典）。除了这些以外他们最主要的任务是通过教导教条神学、通过他们的道德品格、通过他们的劝导并且通过他们的监督，以产生所谓虔敬或对上帝的畏惧，因此这种道德在每一教会里必定有其不同的色彩。

第二十九节　道德必须在教会内取得何种形式

随着基督教的传播在推进道德的方法上曾经发生了一个最重

要的变化。当教会从一个私人社团转化为一个国家后，于是原来是私人的事务就变成了国家的事务，并且住本性上过去是、现在仍然是属于自由选择的东西，就变成了一个义务，而且住一定程度内这种情况曾导至教会干涉教会以外事情的权利的增长。教会曾经建立了道德的原则，并提供了掌握这些道德原则的方法，而且特别创立了范围很广的科学且叫做“行动决疑”(casuistry)，以便把这些原则应用到个别情况上面。

教会道德体系里一个主导的特点是它的建立在宗教上面和人们对于神依赖。它的基础并不是基于我们自己心灵的事实、不是一个可以从我们自己的意义里发展出来的命题，而是某种〔从外面〕学习得来的东西。照这个观点看来，道德不是一个具有自身存在的科学或者具有独立原则的科学；道德的本质因此不是以自由为根据，这就是说，它不以意志自主为根据。

从历史的知识开始：历史知识被预先规定，它应产生诸种情感和情感倾向的类型——感谢与畏惧，产生这些情感和倾向是为了保持人们忠实于他们的义务。凡是令上帝喜悦的东西就被当作人们的义务的标准；就某些义务来说，这是很明显的，但是就别的许多义务如何从那个标准派生出来，这却需要奇妙的计算才指示得出来。这个数学计算是那样的广泛，并且义务的数目因而也就那样无限地扩大，以致很少留有个人选择的余地。有些本身既非命令去作亦非禁止不作的义务，最后在禁欲主义变成重要的事情了，禁欲主义不让任何人有丝毫自由，不让任何行为不受到控制，不许随意观看，不许任何一种的享受，不论是快乐、爱情、友谊或社交的享受均在克制之列。它(禁欲主义)要求过问每一个心灵的情感、每一个思想的联系、每一个心中时起时伏的每种游思杂念、每一种幸福的感觉。它用一种类似快乐主义用过的计算方法来推演出种种义务，它并且知道如何从一长串的三段论式里推演出危险。此外，禁欲主义规定人的灵魂要作大量训练，通过训练使之得到改造；禁欲主义是一种极其广泛的策略科学，它教导人们如何用手腕和正规的计策以反对虔敬的每一个敌人，这个敌人隐藏在每一个人的胸怀中，并且只要任何情况和任何思想〔的勾引〕就会产生出来，而且又特别反对那在地狱里的看不见的敌人。

要判断我们在每一个别情境下如何行动，这自然对于世俗的人和缺乏学问的人是很困难的，因为有那样一堆道德和谨慎的规则，其中有些规则在最简单的事情上可以彼此相互冲突，并且需要有锐敏和历练的眼光才能从变得这样复杂的情境中找到一条幸运的出路。当然，健康的人类理智并没有想对这些事情要小心谨慎，而直接的感觉比起那些最有学问的行动决疑论者(casuist)一般仅能抓住较正确的行动方式，而且不同于这些决疑论者通常所作的决定，常识不失掉一个作善事的机会，因为它作一事不会去考虑被假想为它的可能的和长远的结果会导致罪恶。

在这些道德的和精明的规则里，行为进行的程序是先天的；这就是说，先制定了一些死板的条文作为基础，并在这个基础上构造一个体系以规定人们应该如何行为和如何感觉，并规定这些或那些“真理”应该产生什么样的动机，将〔理性〕立法能力完全交付给记忆力，重视记忆力超出心灵的一切能力之上，甚至超出其最高尚的能力。

如果有一个人不是自幼年起就被缠绕在这个道德系统的罗网

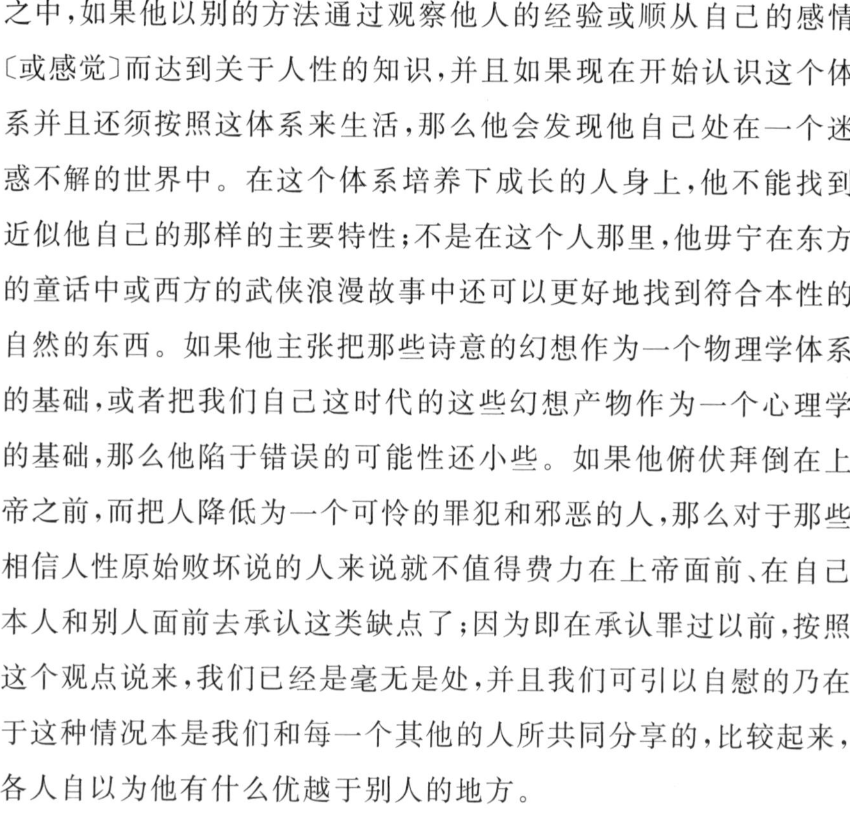

之中，如果他以别的方法通过观察他人的经验或顺从自己的感情〔或感觉〕而达到关于人性的知识，并且如果现在开始认识这个体系并且还须按照这体系来生活，那么他会发现他自己处在一个迷惑不解的世界中。在这个体系培养下成长的人身上，他不能找到近似他自己的那样的主要特性；不是在这个人那里，他毋宁在东方的童话中或西方的武侠浪漫故事中还可以更好地找到符合本性的自然的东西。如果他主张把那些诗意的幻想作为一个物理学体系的基础，或者把我们自己这时代的这些幻想产物作为一个心理学的基础，那么他陷于错误的可能性还小些。如果他俯伏拜倒在上帝之前，而把人降低为一个可怜的罪犯和邪恶的人，那么对于那些相信人性原始败坏说的人来说就不值得费力在上帝面前、在自己本人和别人面前去承认这类缺点了；因为即在承认罪过以前，按照这个观点说来，我们已经是毫无是处，并且我们可引以自慰的乃在于这种情况本是我们和每一个其他的人所共同分享的，比较起来，各人自以为他有什么优越于别人的地方。

其次，如果一个人按照教会的规定走完知识，感情、感情倾向的全部过程，但比起一个没有经受过这一全套的人并不高明多少(譬如说并不比许多被称为“盲目的异端”的有道德修养的人高明多少)，如果他虽然在恐惧和小心谨慎、在屈服和服从方面，有了很大的进步，但是在勇敢、决心、毅力以及别的德性方面，而唯有这些德性才是推进个人和国家的幸福的条件，却感到缺乏和落在后面，那么我们很可以向人类从教会的辛劳的禁欲主义那里曾得到什么东西呢？

只要想一想在具有这样一种体系的教会中的那些不可胜数的

伪善者；他们掌握了教会的那一切知识，养成了所规定应有的情感，服从了教会的命令，他们生存和运动于教会的活动之中，我们最终要提出上述问题。如果他们遵守并照办教会所要求的一切，但却在这个问题上仍然是恶棍和骗子，那我们又根据什么去赞扬他们呢？

教会影响人的情感倾向的企图对于国家有利而且极其有利（或者毋宁说不是对于国家，而是对于国家的当权者有利，因为这包含着国家本身的分裂），即国家得到独裁和权威统治，只要教会当局一旦消灭了一切意志的自由，权威统治立刻就会盛行一时。教会教导人们轻视公民的和政治的自由，认这种自由与天上的福祉和永恒生命的享受比较起来连粪土都不如。正如缺乏生活的资料以满足身体的需要会夺去我们作为动物的生命，同样如果夺去了我们享受心灵自由的能力，我们的理性就会死亡，只要我们到了理性死亡的境地，我们就不复感觉到心灵自由的丧失和缺乏，也没有对于自由的渴望，就像一具死尸不复要求饮食一样。耶稣曾尽力促使他的民族注意（如果他们想得到上帝喜悦的话）态度和那足以使得法律的遵守有生命的精神，但是在教会政府统治之下这种律法的"履行"又一次转变成种种规则和法令，而这些规则和法令反过来又老是需要同样地加以"履行"。教会试图提供规则和法令的努力依次失败了，因为精神和情态是极其微妙的东西、很难把它限制在公式之内和口头的命令上，或者很难表现在按照命令制造出来的情感或精神态度之内。

另一个必然地从此引出来的缺点，就是在道德的改进过程中所要产生的那些情感和被认为是表现这些情感的行为（圣餐、忏

悔、施舍等行为)都是公开的,这些献纳是给予教会国家或它的官员们的,这些官员由于是这样的官员,又被假定为我们的朋友。现在他走上虔敬的道路的各个步骤是这样公开张扬于外的,因此一个人当然就不便于落在后面,而是和别人有共同感情和感情表示。会不可能再要求或责成更多的东西了。

甚至在我们的风俗习惯里,就这些风俗习惯之用外在的符号以表达情感来说,它们并不是基于我们真实具有的情感,而是建筑在假定以为具有的情感上面。譬如,当我们的亲戚死时我们被假定为感觉悲痛远甚于我们实际上所真实感觉的悲痛,而且这种感情的外在标志并不是受我们真实的感觉支配,而乃是受我们被假定的感情所支配,在这件事情上人们甚至要就情感的强度和持久度订立协定。我们的公众宗教,像我们的风俗习惯,也在这些事情上做工夫;在复活节前四旬的大斋时的斋戒和哀悼,在复活节讲装饰和富有上都规定出情感的规则,并假定这些规则为普遍地有效。这就是为什么在我们礼俗仪式方面会有那样多的虚伪和那样多的死板机械;其中已没有真情实感了,却仍然预先规定我们应该有某种和某种程度的感情。行动决疑和僧侣式的禁欲主义由于人类道德感的发展和对人的灵魂较好的知识(例如在马里凡(Marivaux)等人的小说中所发展的)而受到很大的打击。

这样,教会还并不停止在预先规定了很多外在行为,以为可以使我们尊崇上帝,得到上帝的恩宠,并产生出它所要求于我们的情态和心灵倾向。教会又直接预先规定许多律令以支配我们的思想、情感和意志的形态,这样基督徒就转回到犹太人原来的地位。犹太人的宗教特有的特点——即受律法的束缚,而从这种束缚中解放出来原来是基督徒自己所衷心庆慰的事——现在又重新出现在基督教教会里了。犹太人与基督徒之间的差别一部分在于厉行律法所使用的方法上；犹太人的宗教义务在一定程度上也是强迫性的义务，这个情况在基督教教会内某些方面也仍然是如此，因为一个忽视这些宗教义务的人在许多地方被焚死在十字架上，并且差不多在每一地方都被剥夺了政治权利。基督教教会和犹太人所运用的主要方法自然也是在于影响人的想像力，只是两方所用的形象便各不相同。在基督徒中主要的形象是“如若律法的火把在他的心灵中燃烧得不够旺盛，那么，在高塔上就燃烧着恐怖的火焰用来支配那梦昧者的幻想”。[①]

但是据说两者的差别在于——犹太人以为用外表的仪式可以令上帝满足，而基督徒所着重的则在于心灵状态，两个人发出同样的行为，但主要的东西全系于不同的心灵状态。但须知，基督徒的心灵状态已经在详细节目上为教会给预先规定了的。在寻求解救的道途上，不仅关于应具的知识有了严密的指示（当然知识的确是能够加以明白规定的东西），而且又对于据信可以从知识中分别产生的一系列情态〔情感倾向或心灵态度〕也有了严密的指示。教会命令他学完这一系列的课目，因此犹太人与基督徒的差别可归结为这样：在犹太教里只是命令人的行为，而在基督教教会里却多了一种背谬的附属物：去命令人的情感。这个差别并不是这样一种差别〔即道德宗教与权威宗教的差别〕，它并不能达到道德——这

① 从席勒的《断念》一诗初次发表的原版中摘出的段落，这一段落在后来的版本中被迫删去了。——诺尔注

是道德哲学和宗教的目的；与此相反，沿这一道路，本质上不可能，教会也从未能〔通过这种权威的道路〕产生比循规守法、机械式的道德和虔敬更多的东西。

主张命令情感的必然后果是而且必定是：自我欺骗，这就是说，一个人相信自己具有那被规定的情感，相信自己的情感与圣书上所描写的情感相符合，但是像这样人为地产生出来的情感在力量和价值上都不可能与真实的自然情感相比拟。这种自我欺骗的结果导致一种虚假的满足，这种满足对在精神的温室里制造出来的这些情感给予很高的评价，并且妄自夸大了这些情感的力量，因此在它应该强有力的地方却反而是它最薄弱的地方，如果一个人自己认识到这点，他就会沉陷于毫无办法、惶恐（Angst）①和自我不信任之中，这一种心理状态常常会发展到发疯的地步。他也会常常陷于绝望，如果他想到，尽管他是一番善意并且作了一切可能的努力，他的情感还是达不到教会所要求于他的那种高度。既然他只是在感情的领域里，并且决不能达到他的完善的任何坚实标准（也许除了通过欺骗性的想像），于是他会堕入到一阵惶恐的慌乱之中，缺乏任何力量和决断，只有在信赖上帝的无边仁慈里寻得一定程度的慰安，只要稍微增加一点想像力的强度，就可以把这种精神状态变成疯狂和神经错乱的行为。

最常见的效果就是刚才所提到的一种自我欺骗的形式，因为尽管〔好象〕有了一切丰富的精神感情，这个人整个来说还是保持

① 这一段也许对于研究存在主义者基尔克戈尔德的人会感到兴趣。——英译本注

着他的这一性格;他的通常自我仍然把精神自我放在旁边,最多只是用精神自我美好辞句和外表姿态来加以修饰。在交易和商业中是普通人,但是在礼拜日或者在他同教门的人或在祈祷书前,他就完全是一个不同的人了。责备这样的一个人说他是伪善,未免过分一点,因为伪善严格讲来包含着意识到一个行为的名义和一个行为后面的动机之间的矛盾;在这个事例里完全缺乏这种矛盾的意识。当然这个人也并不是一个统一体。如果这两种情态公开互相冲突,并且像极常有的情况那样是肉欲的一面占了上风,那么在那一大堆道德的和禁欲的命令里,不可能找不到一个命令可以同所犯的罪过联系起来,因而借它来把这罪过伪装起来,并且使得它在当事人面前表现出一种值得赞美的面貌。

这些精微的作法在天主教徒中曾经发展到极端;大部分天主教外表规则仪文都被路得教会抛弃掉了,但是路得教会又建立了一套规则和训令以约束情感,而虔敬派的人比起任何人来都更彻底地维护并实行这些规则和训令。即使他们看来只是一个路得宗派,但我们仍然不能说在他们的道德或信仰的体系里他们曾经对于他们教会的规章有丝毫违反;反之,他们似乎仅仅是给予路得体系以一种较确切的表现。如果说看来他们同大多数路得派有所差别的话,原因在于自然和健全常识阻止了绝大多数路得派,使他们的生活和感情不能与他们的体系相一致。整个讲来,宗教改革派似乎大部分把道德当作主要的东西,而拒绝了禁欲主义。

第三十节　宗派的兴起是不可避免的

各式各样的基督教教会都曾企图一部分通过公开的规章和禁

令，一部分通过必要的行政权力以使得这些规章禁令生效，来决定和产生人们行为后面的动机和情态。用这种方法，人的自由并不能加以统治，除了产生机械地墨守法规的作风外什么成效也不会有。在这种情境下结果只能是：或者教会能够把一部分人类的人性干脆全部抹煞掉，并且把这缺陷弄成人类本身的一个特性；或者时常会有这样一些人[①]出现，他们认为在这种教会的机械的墨守陈规里、在一个禁欲主义能培养出来的人身上不能满足他们自己内心的要求；他们必定会感觉到自己能够为自身建立起基于自由的道德律。如果他们不单独保持他们的信仰于自身之中，他们就会成为一个宗派的创立人，而这个宗派，如果教会未加以镇压，就会逐渐扩展。它从它的发源地传播得越远，它就越只能仅仅保持它的创始人的一些律法和规则；而这些律法和规则现在对它的信徒来说又一次成为教会的规章，而不是基于自由的规则，这又一次会重新带来新的宗派，如此递进，以至无穷。这最初是从犹太教会开始，从其中产生了基督教宗派；这个宗派变成了教会，在这个教会的胸怀中一些新的宗派产生了；这些宗派又繁荣滋长成为教会，在这种方式下事情一定还要这样进行，只要国家错误地理解它的权利的范围，或者让国家包含着一个支配一切的教会在其中产生出来，或者国家竟至同教会结成伙伴，因而又一次重新超越它的权力或权威的限度。

归根到底教会的整个体系的根本错误在于无视了人心中每一

① 例如，柏几里斯人。参见穆士海牟《教会史》，第八卷，第二部分，第5章，第九、十节。——诺尔注

个能力所应有的权利，特别是其中最主要一个，即理性的权利。只要教会体系无视理性，它除了只是一个轻蔑人的体系之外再也不能是别的东西。人心的诸力量有它们自己的领域，这个领域曾被康德加以划分同不同的科学相联系。这种有益的划分，在教会对人的活动加以法规化的时候，并没有作出来，而且还需要许多世纪逝去，欧洲人的心灵才在实际生活和立法里学会这个区别并承认这个区别，虽说希腊人曾经自发地通过直觉早就达到了这种见解。在基督宗教里或者在其他以纯粹道德为基本原则的宗教里，理性的道德命令恰恰是被当作或者被建立为属于知性的规则。道德命令是主观的，知性规则是客观的，但是基督教教会却把理性中的主观因素建立成为规则，并且把它当作某种客观的东西。

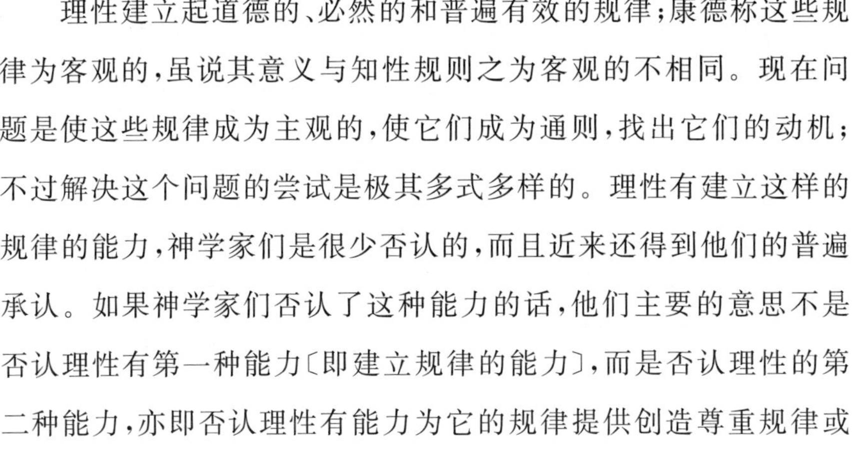

理性建立起道德的、必然的和普遍有效的规律；康德称这些规律为客观的，虽说其意义与知性规则之为客观的不相同。现在问题是使这些规律成为主观的，使它们成为通则，找出它们的动机；不过解决这个问题的尝试是极其多式多样的。理性有建立这样的规律的能力，神学家们是很少否认的，而且近来还得到他们的普遍承认。如果神学家们否认了这种能力的话，他们主要的意思不是否认理性有第一种能力〔即建立规律的能力〕，而是否认理性的第二种能力，亦即否认理性有能力为它的规律提供创造尊重规律或促使意志按照规律行动的动力。① 基督教〔据说〕给我们提供的是

① 原文作 motive，按在这里似有动力和动机双重意义。——中译者注

客观的动力，[①]——这种动力不是规律本身。

尊重道德规律的唯一道德动机只能地一个主体里唤醒起来，即在这个主体内道德规律自身就是立法者，这个规律是从这一主体的内在意识里产生出来。但是基督教宣称，道德律是在我们外面并且是某种现成的东西，因此教会必须努力用一些别的方法来创造对于道德律的尊重。单就权威宗教这一概念本身就使得我们假定，那样一种宗教其〔基本〕特点即在于把道德律作为某种现成的东西加于人；如果道德律是现成给予的，那么道德就成为一种很复杂的艺术或技术，大不同于那天真素朴的道德感，这个道德感能够随时随地当机决定任何问题，因为它敢于自己作出决定。这种复杂的道德技术包含各种技巧和机灵，并且也和其他技术一样据假定是可以学习到的；但是它却有一个奇特的命运，因为人类的一切技术都曾愈益完善，后一代总是从它的前辈那里学到不少东西，独有人的道德没有取得显著的进步，而且每个人必须为他自己从头学习道德，而不能够利用前一些时代的经验。政治上的立法和制度以保障人的外在权利为其对象：但是教会的制度的对象就是人对他自己和对上帝所负的义务。而人对他自己和对上帝所负的义务是教会自命它知道的东西，而且它设置一个下判断的席位，从这个席位上它发出关于道德事务的判断。任何人的行为和事情之与上帝有关涉的，它都要带到这个法庭前面，而且在它法典载着在作出某些行为时我们应该具有什么样的情感。在这种方式下教会建立起一个庞大的道德法典，包含着什么是我们应该作的和应该

① 原文作 motive，按在这里似有动力和动机双重意义。——中译者注

知道的，应该信仰的和应该具有的情感。掌握并实施这个法典是教会的一切司法权和立法权的基础，如果屈服于这样一种异己的法典是侵犯每个个人的理性权利，那么可以说一切教会的权力都是对于人权的侵犯。自我立法的权利，自己单独为自我负责执行个人自己的规律，乃是没有任何人可以放弃的权利，因为放弃了这个权利就意味着他完全停止其为一个人了。但是阻止一人放弃这种权利并不是国家的任务，因为这将会意味着国家强迫他去当一个人，而且将会是一种暴力的行为。

一切基督教教派在中世纪和近代的兴起，都是基于个人感觉到他们具有为他们自己立法的权利。但是在未开化的时代里，或者出于一个被他们的统治者迫使其居于野蛮境地的社会阶级的人们那里，这样一种自己立法的原则一般只是一种狂热的、粗野的和无有秩序的想像。但是在它〔想像〕的产物之中仍然有一个美丽的理性的火花不时闪烁着，这样，人的不可转让的、从内心出发为自己立法的权利却总是被维护下去。①

第二部分 继续前一部分的材料②

第一节 犹太地区又是否条顿人的祖国呢？

每一个民族有它自己的幻想的对象、有它自己的神灵、天使、

① 原文到此结束；手稿里随后是一张空白页，足证这里没有什么缺失。——诺尔注

② “第二部分”与文中的分节及每一节的题目系根据英文本所加。——中译者注

魔鬼或圣者，这些东西继续生存于民族的传统里，它们的故事和行迹由保姆传述给儿童，并且通过给儿童的想像力以深刻的印象而说服他们、感动他们。这样就使得这些故事长久流传下去。除了这些想像的产物之外，在大多数民族，特别是自由的民族的记忆里，也还活跃着祖国历史上的古代英雄、国家的创立者或解放者，以及促进各族人民统一成为一个法治国家的勇士们。这些英雄们并不只是孤立地生活在各族人民的幻想里，他们的历史、他们的功绩的回忆又同公共的节日、全国性的竞赛，同许多国内制度和对外关系、同许多著名建筑和名胜地区、同许多公共寺院和其他纪念物联系在一起。每一个民族具有自己特殊的宗教和政治制度，或者也从其他民族那里吸收来一部分宗教和文化，但都完全加以融会，变成自己的一部分。——例如，埃及人、犹太人、希腊人、罗马人都曾有过那样的民族幻想。又如古代日耳曼人、高卢人、北欧人也有其瓦拉拉（Walhalla）众神居住的庙宇，并有其为他们的歌曲所传颂的民族英雄，这些英雄们的英勇事迹在战斗中鼓舞着他们，或者在纪念典礼中使人们心灵里充满了伟大的决心；他们有了他们的神圣的丛林，在那里这些神灵得以和他们更为亲近。

基督教把瓦拉拉中的众神赶走了，把神圣的丛林砍倒了，把〔欧洲人固有的〕民族幻想，当作可耻的迷信、当作可怕的毒药，加以根除，而代之以另外一个民族的幻想，这个民族的气候、法律、文化、兴趣，对于我们说来都是异己的，它的历史同我们也完全没有任何联系。一个大卫、一个所罗门却在我族人民的想像中生活着，但是我们祖国的英雄们反而在史学家的渊博历史画册里睡觉，对于这些博学历史家来说，亚历山大或者凯撒等等，和沙拉曼或者腓力克·巴尔巴罗莎的历史是同样有趣味。也许除了路得之外，在新教徒的眼里，就我们这些从来没有形成一个民族的人说，哪里有过什么英雄呢？谁会是我们的德色伊斯(Theseus)？这个希腊神话人物曾经创立了一个国家，并为这个国家制定了法典。哪里找得到我们的哈尔摩丢瑟(Harmodiusse)和亚里士多吉东(Aristogitone)？对于他们，作为我们国土的解放者，我们可以于饮酒时高唱颂歌。那些使得千百万日耳曼人死亡的战争，都是由于王公们的野心或者为了王公们自己的独立而打起来的战争；人民只不过是工具，即使他们愤怒英勇地作战，归根到底他们还是不知道，为什么要作战？也说不出，他们究竟赢得了什么东西？宗教改革和为了保证改革宗教的权利而作的流血战争是一部分人民具有兴趣去参加的少数重大事件之一，而且这种兴趣，还不像人们对十字军的兴趣那样随着想像力的冷却而消逝，反之这种兴趣激动起来，乃是基于对一种永久权利的感觉，即自己对宗教问题的意见信从自身奋斗、自身获得的信念的权利的感觉。但是除了在有些新教教会内通常一年一度宣读奥格斯堡的忏悔词(这种忏悔词的宣读通常令每个听众厌倦)外，并且除了继此而来的冷冰冰的说教外，哪里举行过纪念这件大事的欢庆节日？——看来，教会和国家的当局似乎很高兴看到：对我们祖先从前感觉到这种权利的记忆，并且对千千万万的人能够为争取这种权利而冒生命危险的记忆，听任其在我们心中沉睡，而不使其活生生地保存下来。

任何一个不熟悉雅典城邦的历史、文化和法律的人，只消在雅

典城内居住一年,就会通过许多节日的庆典很好地学习到。

因此我们没有土生土长的、同我们的历史联系在一起的宗教幻想,也简直可以说是没有任何政治幻想,我们所有的东西,只是一些我们自己的幻想的残余,以迷信的名义潜伏在普通民众里:或者是作为对鬼的迷信,保持在对于某一座山的记忆里,据说在山上有一次鬼曾出来把骑士们弄得很狼狈;或者记起那山上有一座凶宅,僧侣和尼姑的幽灵曾在其中出现,或者在那里有一个据说是不忠实的保管人或邻居在坟墓里还得不到安息。这种迷信既是幻想的产物,没有任何历史的根据,以巫术的可能性愚弄和欺骗理智薄弱的人或坏人。——这些迷信可以说是人们试图寻求独立、试图寻求财产的可怜和惨痛经历的残余,对于这些残余予以彻底根除,于是就成为整个国家中开明人士的职责,也是他们所采取的一般态度。由于国家中高贵人士的这种态度,(除开这些迷信材料的粗糙和乏教养以外,)也就完全抛弃了提高其中神话因素的可能性,从而完全抛弃了将本族民众的朴素感情和幻想加以美化的可能性。像荷尔蒂(Hölty)、毕尔格(Bürgcr)、缪索斯(Musäus)这批人在神话故事领域内所搞的可爱的玩艺儿,在我们的民众中却看不见踪影,因为民众在别的文化方面是太落后了,他们是不能够欣赏那些东西的。同样我国较有教养阶层的幻想又完全与普通民众的幻想不同其范围,后者一点也不懂得为了投合前者(较有教养的阶层)的那些作家和艺术家所提供的场面和人物。与此相反,雅典的公民,虽说由于贫苦在公共集会中没有表决权,有的人甚至还须出卖自己去当奴隶,但是他们却仍然同皮里克里斯和阿尔西比阿底斯一样很好地知道,谁是阿加曼郎和奥狄浦斯,当苏封克勒斯和优

里披底斯的悲剧把他们搬上舞台作为优美而崇高的人的高尚典型之时，或者当斐底阿斯或阿贝尔把他们刻画成肉体美的纯粹形象之时。

莎士比亚所描写的人物的真实性，除了这些人物很多是历史上很熟悉的以外，他们又深印在英国人民的脑海中，并且在民众想像中形成了一群特有的幻想的形象，以致民众在学院图像展览会上，在这许多伟大作家作品竞赛的地方，可以很好地了解并自由欣赏莎士比亚陈列馆。

在我国有教养的人与未受教育的人共同具有的幻想形象的范围内，亦即在宗教故事的范围内，对于给这些故事以诗艺的加工借以提高人民的思想感情，是有不少的困难的。除了别的困难外，就未受教育的民众而言，其缺点在于太死板地抓住故事的材料作为信仰的内容，而就有教养的人士来说，其困难在于无论诗人对这些宗教或神话故事的加工是怎样的优美，他所用的名字就已带来了某种哥特式的或古代法兰西式的观念[①]，由于这些观念从我们青年时代起就被宣称为对我们的理性的一种强制，因此它们便引起我们一种反感，以致不能获得基于心灵力量的自由发挥而来的美的欣赏。即使在某些个别的头脑里，幻想得到自由的发抒，单独地追求美和宏伟，那么我们就可以看到，整个讲来，他们的理想，或者他们对于理想的感受又与宗教的教义完全割断了。

当对于古代文学的兴趣扩大了，随之而来对于古代艺术的兴

① 黑格尔这里可能是指克拉普斯托克的长诗《救主》而言。——英译本注

趣也扩大了，于是我国较有教养的一部分人士便吸收了希腊的神话进入他们的幻想中，而他们对于这些形象的感受就表明希腊神话有其较大的独立性，不受理智的限制，因为据说理智在别的情况下不免要妨害他们对于美的自由欣赏的。另外一些有教养的人士则试图重新给予日耳曼人以土生土长的自己特有的幻想，并且向日耳曼人高叫道："难道阿凯亚（Achaja）[①]不是条顿人的祖国吗？"[②]但是希腊人的幻想却并不是今天日耳曼人的幻想。试图恢复一个民族已经丧失了的幻想，这自始就是徒劳的，一般讲来，这比起朱利安皇帝试图把他的祖先的神话在他当时的人们那里恢复其原有的力量和普遍性，还更加不幸。他的这种尝试本身成功的可能性显得还要大些，因为当时许多神话故事还存留在人们的心灵中，而且这位皇帝也还有许多办法，命令给予祖先的神话以优先地位。而那些古代日耳曼幻想却没有什么东西可以适应我们的时代，并同我们的时代相联系；它们与我们整个一大堆的观念、意见和信仰那样地隔绝，那样地生疏，就像莪相神话或印度神话一样。刚才提到的诗人对他的民众高叫的关于希腊神话的话，我们也可以对他和他的民众，以同样的权利对犹太人说，并且问道："难道犹太亚是条顿人的祖国吗？"

幻想越是喜爱自由，它就越是要求一个民族的宗教幻想能有永久性，这就是说，要求其尽量少同特定时间以及特定地方有联系。但是对于民众来说，知道一个故事发生的地点，一般讲来，是

① 指希腊而言。——中译者注

② 这句话是微欠准确地从克拉普斯托克《山陵和林苑》一诗引证而来。——英译本注

又一个证明，甚至是最确定地证明一个人所说的故事的真实性。——希腊人的神话在他们的心灵中之所以是活生生的现实；天主教徒之所以坚强地信仰他们的圣者和奇迹创造者，都是由于这个缘故。在天主教徒看来，在他们自己国土内所创造出的奇迹远比在别处创造的较重大，甚至为基督本人创造出的奇迹，更为真实和重要些。每一个国土通常有它的守护神，这个神特别为这个地区作出奇迹，并且也在那里特别受到尊敬。此外，每一个民族由于特别注意到它的守护神对它所作出的特殊贡献，因而特别优越地尊崇和信仰那个神，这种一个民族超过其他民族而信仰那个神的优越性，增加了这个民族对那个神的皈依之感，犹太民族的情形就是这样。这也就是一种宗教幻想怎样变成一个民族自己固有的信仰的过程。

那些在我们的圣经里本来是一种历史（如旧约中的大部分材料），原来并不同于我们有义务去信仰的新约，因此本来是可以成为民族幻想的对象的东西，同我们的伦理、我们的政治制度、我们的精神和肉体的力量所创获的文化，是那样地格格不入，以致我们同它几乎找不到任何共同一致之点，除了我们偶尔于其中找到了一点普遍的人性之外。而且，对于每一个人，当他开始成为一个被启蒙者的时候，亦即当他开始要求他的理智和经验的规律具有普遍性的时候，（而这一类被启蒙者的人数正在不断地增长，）这种东西大部分是不能受到欣赏的。它只有对于两类的读者有用：第一类人具有圣洁的单纯意识，他们把所有的旧约故事认作真实的，并且相信是可以为普遍经验所接受的；另一类人从来也不想到那些故事对理智说来是真理或者错误的问题，但只是考虑它们的主观方面，即对于幻想的真理性，像我们在赫尔德的著作中所读到的那样。[1]

希腊人的宗教传说，其目的几乎只是为了拥有诸神灵，对于他们，他们可以表示感恩、修建神庙和供献祭品。与此相反，有关神灵的故事据说对我们具有许多用处，据说从其中我们可以学到并得出各式各样的道德教训，但是一个从这种前提出发的健全的道德判断，每每不禁在它能在神话故事中找到道德教训以前，首先把道德教训强加给那些故事；在许多情形下，它总会碰到把故事和它们的〔道德〕原则结合起来的困难。这些神话故事对于一个虔诚信仰的人所能自己从其中寻找到的主要用处和主要效果就是这样一

① 用理智或者用幻想去理解古代传说的不同态度，可以从摩西曾经在西奈山上看见上帝这个故事作为例子来加以说明。（一）一个普通的基督徒读者都把这故事当作感性知觉的事实，这件事实是按照我们一切感性知觉的规律而发生的。（二）那开明的，重理智的女人瑞霞（Recha）说道（见莱辛著：《哲人纳丹》一剧第3幕第2场，1653年）："摩西站立在哪里，那里就是在上帝前面"。她承认上帝的客观存在，但是否认上帝为人的感官所能够知觉到。她认为上帝随处出现在摩西前面，即使他并没有想到他，她在这种情形下特别否认上帝能够出现在感官前面。（三）还有另外一种主张，当摩西相信他感觉到上帝出现在他前面的那时和那处，上帝就同样真实地出现在他前面，正如任何一个感觉对于我们都有其真理性那样。但是这里并不想要肯定客体本身的真实性，因为在这个判断里并没有涉及到客体的真实性问题。这里所要肯定的只是，当时当地，当人没有想到上帝时，上帝就不出现在面前。

第一个判断坚持对上帝的感性知觉当作一个客体；第二个判断否认对上帝的感性知觉，但是坚持他的客观存在；第三个判断肯定对上帝的知觉，但是不把他当作一个客体。第一种态度肯定摩西具有感觉和理智，第二种态度只承认摩西有幻想，第三种态度承认摩西有着幻想和理性的活动。对作出第二种判断的人来说，只有客体才有效准、他是按照他的理智和经验的规律来判定客体之为客体的。对作出第三种判断的人来说，摩西的精神本身直接就有效准。他理解摩西的精神，摩西的精神启示给他。他不管客体怎样。

第一种判断肯定主观的和客观的真理；第二种判断肯定客观真理，但认为错误是主观的；第三种判断肯定主观的真理，如可以容许这样说的话，却认为错误是客观的。

种启发，亦即隐晦的圣洁情绪之唤醒（因为他现在是与关于神的各种观念打交道），而这种圣洁情绪模糊紊乱的情况决不能有助于获得道德的见解，但通常却加强了另外一些所谓圣洁的激情，有如一种误解了的为神争光荣的圣洁的狂热，一种宗教的骄傲和狂妄，和一种沉睡似的对神的信从。

希腊人的幻想与基督徒的权威宗教的差别

第二节　基督教是怎样征服异教的

基督徒最愉快的一种情绪就是把他们的幸福和智慧拿来同异教徒的不幸和黑暗相比较，这些精神上的牧羊人最喜欢用来引导他们的羊群到自身满足和骄傲的卑谦的一种最普通的办法，就是把这种幸福相当生动地放在他们眼前，这样一来通常总是表明那些盲目的异教徒日子过得很坏。他们特别"惋惜"那些异教徒在他们的宗教中得不到安慰，因为他们的宗教不能约许他们以罪过的宽恕，特别是没有对神意的信仰，而神意是可以引导他们的命运到明智而幸福的目的的。但是我们很快就可以意识到，我们实在用不着惋惜或怜悯他们的，因为在希腊人那里我们并没有碰到我们现在的实践理性所要求的那些东西，——实际上现在人们一般都知道把许多要求加给实践理性。

基督教能够取异教而代之是惊人的革命之一，寻求其原因应是思想历史研究家的任务。在大的、使人注目的革命运动之前，必定在时代精神内有一个沉静的、秘密的革命为其先导，这种革命并不是每双眼睛所能看得见的，也是极少为同时代的人所能观察到的，既难于把握住，也难于用语言文字去表达，由于人们不熟习这种精神世界内的革命，于是就感得那结果特别惊人。一个本地的原始的宗教为一个外来的异己的宗教所代替，这就是在精神领域本身内直接发生的革命，像这样的革命其原因更必须直接在时代精神本身内去寻找。

一个千百年来在国家内已经固定下来，并且与政治制度有着最密切联系的宗教，怎样会被别的宗教取而代之？对于这样一些神灵的信仰怎样会中止？对于这些神灵许多城市和帝国的兴起都归功于他们，各族人民日常给他们奉献祭品，他们举办一切事业都要祈求他们的保佑，只是在他们的旗帜之下，军队才取得了胜利，并且为了自己的胜利而感谢他们，欢乐的歌唱、严肃的祈祷都是献给他们的，他们的庙宇和祭坛、他们的财富和雕像，都是民族的骄傲、艺术的光荣，对于他们的崇拜和庆祝竟成了举国欢腾的节日。——像这样的对于神灵的信仰与人的生活之网有着千丝万缕的联系，何以这种联系又会割断呢？一种身体上的习惯可以为心灵的意志和其他的身体的力量所抵制，一种个别心理上的习惯（除了坚定的意志外）可以为其他心理的力量所代替，但是一种心灵上的习惯，不是孤立起来的，像现在一般宗教那样，而常常是在各方面与人的其他能力相关联，而且与人的最自主的力量本身最密切地交织在一起，这需要如何强烈的相反的力量才能克服那种习惯力量呢？

“熟悉基督教曾经有过一种消极的效果，即使得民众注意到自己的宗教之贫乏和没有安慰，并使他们的理智看到他们神话中的

寓言之荒唐可笑,因而不复满足于自己的信仰。另外其积极的结果就是他们采纳了基督教——而基督教是能够适应人的心灵和心情的一切需要、能够满意地回答人的理性所提出的一切问题的宗教,此外,这个宗教的神圣起源还通过奇迹得到证实。”这就是对于前面所提出的问题的通常答复。作出这种答复的人所使用的术语如“理智的启蒙”、“新的识见”等等,对于我们是那样熟习,以致我们会以为它们是了不起的东西,并且可以用来说明一切问题;并且我们又会把那种理智活动看得太容易,把它的效果看得太自然,因为要我们使任何儿童都能理解,像异教徒那样相信天上有一大群的神灵,能够吃饭、走路、饮酒、骂架、打架,而且还作出许多为每个有礼教的人而羞于去干的事情,是怎样的荒谬,这又未免太容易了。

但是任何人只消对这个问题作过简单的观察,就可以看到,那些异教徒也拥有理智,此外他们在一切伟大的、美的、高尚的和自由的东西方面仍然还可作我的范例,我们还必须把他们看成异于我们的族类,对于他们的成就感到惊异;任何人只要他了解宗教,特别幻想的宗教,是不能用书斋内进行的冷静的理智推论,把它从感情、特别是从民族的感情和整个生活分割开的;任何人只要他进一步知道,基督教的扩展,什么别的手段都应用过,就是没有应用过理性和理智;任何人只要在他用奇迹来说明基督教以前,知道先提出这样一个问题:即那个能够使得奇迹,特别是像圣经故事所告诉给我们的那些奇迹发生的时代,其特性是什么?——任何人只要注意到这些情形,就不会对于上面所提出的何以异教被基督教取而代之的问题所作的那个答复感到满意。

自由的罗马征服了一大批国家,一些亚洲国家较早,一些西方国家较晚，先后丧失了它们的自由，另外还有少数自由的国家却遭到彻底的破坏，因为它们不屈服于罗马的奴役。于是剩下给这个世界征服者的，就只有作为最后一个失掉其自由的国家的荣誉。希腊人和罗马人的宗教只是为了自由民族的宗教，随着自由的丧失，也就同时丧失了自由的意义、力量及其对于人们需要的适合。一队炮兵还能有什么作为，如果已经没有任何弹药了？他们必定要去寻找别的武器。当整条河流已经干涸的时候，渔网对于渔夫还有什么用处呢？

作为自由的人，希腊人和罗马人服从他们自己建立的法律，服从他们自己推举出来作为首长的人，他们参加他们自己决定要进行的战争，放弃他们的财产，竭尽他们的热情、牺牲成千上万的生命为了这样一个事业，这个事业是他们自己的，共同的。他们既不〔抽象地〕教导也不学习道德，但只是通过行为实践他们的道德原则，这些道德原则他们完全可以叫做他们自己的。在公共生活以及私人或家庭生活里，每一个人都是一个自由人，每一个人都是遵循自己订立的法律而生活。他的祖国观念、他的国家观念乃是一种看不见的，较高的理想，他为了这个理想而工作，这个理想鼓舞他努力，这就是他在世界中的最后目的，或者说，他的世界的最后目的，这个目的他发现是体现在现实生活里，亦可说，他本人也有助于对它的体现和保持。在这个观念前面，他的个体性消失了，他所向往的只是这个观念的保持、生存和延续，而这些东西也是他本人能够促其实现的。他决不想到，或者很少想到企图或者祈求个人生命的延续或永生，只有当无所事事或在松懈的时刻，才会强烈地感觉到某种单纯涉及个人休戚的愿望。伽图，只有当他的共和

国、他的世界，对他说来，是他从前的事物的最高秩序被摧毁之后，他才开始转到柏拉图的《斐多篇》；这时，他才逃避到一个更高的领域里〔去寻求安慰〕。

希腊人和罗马人的神灵支配着自然世界，支配着一切影响人们的痛苦和快乐的东西。高尚的情操是出于神灵的作用，伟大的智慧、雄辩和智谋的秉赋都是出于神灵的恩赐。人们作一件事情，其后果是吉还是凶，都去征询神灵的意见。他们恳求神灵赐给福祉，他们为了获得的每一种恩赐而感谢神灵。当人与神灵发生冲突时，他自己、他的自由可以同这些自然界的统治者、他们的力量相对立。人的意志是自由的，他服从他自己特有的规律，他不知道有什么神圣的命令，换言之，如果他把道德律叫做神圣的命令的话，那么这个命令也并没有用文字的形式写在什么地方，它只是以看不见的形式主宰着（安提恭尼）。① 这足以表明，他承认每个人有他自己的权利和自己的意志，不管这意志是好还是坏。好人承认自己有义务作好事，但是同时尊重别的人也有自由不那样作；因此他们既没有提出一套神圣的、也没有一套自己建立的抽象的道德规律以强加给他人，

胜利的战争、财富的增多和更多熟习于生活的便利和奢侈，在雅典和罗马产生了一种有财富和军事荣誉的贵族，并给予他们对于多数人以一种支配力量和影响，由于这些贵族的行为，更多的是由于他们对于他们的财富的滥用，买好了群众，于是群众便乐意地

① 参看苏封克勒斯著《安提恭尼》一剧，第450—457行，“神的规律是一种永恒的规律，不成文的，不可动摇的，谁也不知道它是什么时候最初定立的”。

和自愿地把国家中权力上的优势转让给这些贵族，当然他们意识到，这种权力是他们给予他们的，只要将来他们不高兴时，他们是能够从他们〔贵族〕手中取回来的。但是逐渐往后，群众已不再应该受到常常加给他们的、说他们对统治者不知感恩的指责了；当他们被迫要在受奴役（不义）和自由（不感恩）之间去作选择时，他们宁愿选取不感恩的道路，对于那些有过功德、曾经从危亡中拯救过祖国的人，他们开始咒骂起来了。不久之后，那种由群众自由转让给他们的统治者的权力上优越地位，统治者只得用武力来维持了。这种情况之所以能够发生，当然必定以失掉了这样一种情感和意识为前提，这种情感或意识孟德斯鸠便叫做“道德”，[①]并把它当作共和国的根本原则，而这种道德乃是为了一种理想而勇于牺牲个人的生命，这个理想在共和国的成员们看来是在他们的祖国中实现了的。

国家作为自己的活动的产物这一形象从公民的灵魂中消逝了。为全局操心，统筹全面的任务落在一个人或者少数人身上。每一个人有他自己特定的、或多或少受到局限的。不同于他人的地位。少数公民被付托给以掌管国家机器的重任，这些人只是作为个别的齿轮来服务，这些齿轮之所以有价值只在于同别的齿轮有联系，在这分工很细的全体中，付托给每个人的那一部分就其与全体的关系来说，是那样的微不足道，以致个人用不着把自己那一部分老是想念着或者放在心目中。对于国家有用就是国家为它的人民所设定的伟大目的，而人民自己设定的目的乃是利益、生活维

① 参看:《法的精神》,第三篇,第三章。

持，也许还有一点虚荣。现在一切活动、一切目的都是为了个人；不再有任何活动是为了全体、为了一种理想。要么每个人为他自己而劳动，要么他就被迫而替另外一个人劳动。自由、服从自己建立的法则、在和平时期服从自己推选出来的领袖、在战争时期服从自己推选出来的统帅。实行自己参加决定的计划，——所有这一切都一去不复返了；一切政治自由也一去不复返了。公民的权利只提供一种财产保障的权利，这种权利现在充满他的整个世界。死亡摧毁了他的目的整套想法、摧毁了他的整个生命的活动，死亡这个现象，对他说来，必定是一种可怕的东西，因为人一死后什么也没有存留下来了，而一个共和国的成员死后，还存留着共和国，并且在他那里还浮现出这样一种思想，即他的灵魂和他的灵魂所寄托的共和国是某种永恒的东西。

但是由于他的一切目的、一切活动都是为了个人，由于他已经找不到可以为之而生、为之而死的共同理想，于是他在神灵那里也找不到依归，因为这些神灵也是个别的、不完善的存在，不能满足完善理想的要求的。希腊人和罗马人能够满足于内容如此贫乏、带有人的弱点的有才能的神灵，因为他们在他们胸怀中已经拥有永恒的和独立不倚的东西了。他们能够容许在舞台上嘲笑神灵，因为他们所嘲笑于神灵的，并不是他们神圣本性，在普劳特（Plautus）[①]的剧作中，一个奴隶敢于说："如果至高无上的宙斯可以作这事，为什么我这个小人物就不能作同样的事呢？"（Si summuns Ju-

① 按下面引文不是从普劳特，而是从德伦斯（Terence）的 Eunuchus，iii. 5. 42 引证来的。——英译本注

piter hoc facit,ego homuncio idem non facerem),这样一种推论,当时的听众必定会感到是罕见的和可笑的,因为他们是不习于从神灵的行为中去寻找人的行为所要遵守的原则的;反之一个基督徒定会感到那个奴隶的推论是正确的。在这种情形下,没有对某种固定的东西和绝对的东西的信仰;服从一个异己的意志和异己的法令成为习惯;没有自己的祖国,公民生活在这样一个国家内,对于这个国家他没有愉快的感情,他所感受到的只是压迫;他有了这样一种宗教崇拜,对于它的庆祝和节日,他没有欢乐的情绪,因为欢乐的情绪已从他的生活里飞走了。在这种情形下,一个奴隶虽说就天赋才能和教育说,常常胜过他的主人,但是他也不复有获得自由和独立的展望。在这种情形下,提供给人们这样一种宗教,这个宗教或者已经适合于时代的需要,因为它是从一个具有相似的腐朽情况和具有相似的空虚和缺陷(只是色彩不同)的民族里产生出来的宗教,或者它是这样一种宗教,从其中人们可以形成他们所愿意皈依和满足他们所需要的东西。

理性是绝不会放弃在适当的地方去寻找绝对的、独立的、实践的原理的,但是在人的意志里它却不复碰得到。这个原理只有基督教所提供的神里启示其自身给理性,这个神虽超出我们的权力和意志之外,但却为我们吁请和祈祷所能感动,这样,道德理想的实现就不复是意志所能掌握的,而仅只成为一种愿望,(因为人能愿望的对象总不是他自己所能完成的,他只是盼望获得它,而用不上自己的力量。)基督教最早的传播者就怀抱着这样的希望,希望通过一个神圣的存在的降临,带来这样一种革命,而他们自己却完全采取被动的态度。而这种希望最后落了空,于是他们就满足于期待这个全面的革命的到来直到世界的末日。只要理想的实现一旦被设置在人的力量的限度之外，只要那时的人们感到他们自己无能为力，那就不论把希望的对象如何加以无限度的扩大，并因此使得这个对象能够包括进去举凡狂热的东方想像能够用来装饰它的一切东西，而且这样包括进去的并不是幻想，而乃是某种期望其成为现实性的东西，也都无关紧要。

同样，只要犹太人的国家有了足够的勇气和毅力以保持自己的独立，我们就可以看见，犹太人很少，或者像许多人所说那样，决不求助于希望救主的降临。一直到了犹太人受到异族的压迫，深切感到他们的软弱无能，我们看见，为了寻求安慰，他们才埋头于他们的圣书里面。那时，如果他们得到一个救主，即使这个救主不能满足他们的政治愿望，他们也认为那是值得努力去寻求，借以保证他们的国家仍然是一个国家；一个民族如果对于政治漠不关心，它立刻就会不复是一个民族。短时期之后，他们就抛弃了这个懒散的关于救主的希望，拿起了武器。及当犹太民族以最英勇热烈的气概做了一切所能做的，忍受了人类最惨酷的灾难之后，它埋葬了它自己和它的国家于它的城市的废墟里。从历史来看，从各族人民的意见来看，这些犹太人应该同迦太基人和沙恭丁人(Saguntiner)有同等地位，而且比希腊人和罗马人更为伟大，这些民族的都城保存了，而他们的国家却灭亡了，如果一个民族能够为它的独立作些什么的事情，对于我们不是太生疏的话，如果我们没有勇气去指示一个民族，说它不应按照它自己的方式去处理它的事情，而应该遵照我们的意见，并为了这些意见去生或者去死，虽说对于这些意见的坚持，我们并没有插手去干涉。那些散居各地的残

余犹太人，诚然没有放弃犹太国家的观念，不过他们也从来没有举起依靠自己勇气的军旗，而只是又退回到懒散的希望救主的旗帜。

相信异教的人也感觉到这种实践理想的缺乏；像路西安（Lucian）和郎金（Longin）这些人就感觉到在人类生活中应该具有实践的理想，他们在人事方面的悲惨经验迸发为沉痛的悲叹，相反地另外一些人如波斐尔（Porphyr）和雅布利希（Jamblich）试图把他们的神灵装扮成具有一种人类已不复享有的财富，然后用变戏法的方式退还一些财富给人们作为神灵的恩赐。除了这些较早尝试之外，我们今天主要地至少在理论上还剩下这样一种看法，即把天国里被浪费掉的宝贝，争取作为人的财产，但是要什么时代才会有力量把这种权利争取到手并且拥有这种财产呢？

照这样看来，人们是有罪恶的，人们从道德观点看来人们必定会轻视他们自己的，（虽说在别的方面他们经常以神的宠儿自豪，）他们必定会创立人性本恶的学说，并且乐意接受这个学说。这个学说一方面同人的经验很一致，另一方面，它又满足了人的自尊心，从自身消除掉罪恶，并且在痛苦之感本身内找到骄傲的根据；这个学说使耻辱变成荣誉，因为它圣洁化和永恒化那些无能，把对人的任何潜在能力的信仰转变成罪恶。异教神灵所支配的领域前此只限于自然界里活动，也像基督教的神的活动范围一样，现在扩展到自由的精神世界了。不仅立法的权利完全让给了神，而且盼望神能够对于人的每个善良的冲动、每个较好的计划和决定有所启示。他们把这些东西看成神的工作，不是在这种意义上，即不是像斯多葛派那样把每一件善事归功于神，因为他们认为他们的灵魂是具有神性的，是神放射出来的火花，而是在这种意义上，把它们看作在我们之外的一个存在的工作，我们并不是这个神圣存在的一部分，神是远离我们的，我们和神没有共同的东西。不仅如此，甚至我们被动地服从神的作用的能力也由于受到恶魔的不断的用阴谋诡计来扰乱和破坏而削弱了，这恶魔经常入侵到对方的领域，既打进自然世界也打进精神世界。摩尼教人看来容许恶的原则在自然领域里有不可分割的统治权，与此相反，正统的教会反对这种看法认为有损神的尊严，力求保持神有统治大部分自然界的权力，但同时为了弥补这个缺点，特别容许恶的原则在自由领域里有其足够的权力。

那软弱无力的人类带着一颗正直的心和一种善意的热忱逃避到祭坛面前，在那里他们找到了并且崇拜着独立自存的东西和道德的化身。但是当基督教打进了较腐化的贵族阶级，当基督教内部产生了高贵人物和藐小人物的重大差别，当专制政治更加毒化了生活和存在的一切泉源之时，时代便通过转变暴露出生存的羌无意义，这转变表现在对于神的神性的概念和对于神性概念的争论上面。那个时代的空疏无聊尤其赤裸裸地表现在，以神圣的光圈围绕着神性，并把它吹捧为人类的最高光荣。

完善的理想被当作圣洁的东西唯一寄托的地方，但是道德却从这种完美理想中消失了，或者至少被置诸脑后了。对于道德和真正神性的直观倒可以反射出一种温暖的阳光透进人们的心灵，但是与此相反，这面镜子所反映出的不外是自己时代的图像、自然的图像，这图像是为了随意附加上人的骄傲和情感的目的而形成的。——这里提到“自然”，因为知识和信仰的一切兴趣现在都转向神性观念之形而上的或先验的方面去了。我们看见人们较少从事于动的范畴的研究，这些范畴是理论的理性能够加以扩大以达到无限的，而较多应用数的范畴、反思范畴如同一、差异等等，甚至应用从知觉得来的单纯表象，如起源、创造，产生等到无限的客体，而且从自然的事变里去推演出这个客体的特性。这些烦琐的规定和细微的分辨并不像别的科学那样，只局限在神学家的书斋里；它们的公众乃是整个基督教世界。各个阶级、各个时代、男女两性都以同样的分量参加于其中，对于这些问题的不同意见激动起生死的仇恨和流血的迫害，并且常常导致所有道德的纽带和最圣洁的关系之完全破裂。像这样的本性的颠倒除了引起最恐怖的报复外不会有别的后果了。

基督教徒所加给这个无限存在的目的乃是同世界的道德目的不相干的东西，它不仅是只限于基督教的传播，而且只涉及个别宗派或者个人，特别个别宣教师所设定的目的，他们把人的每一种虚荣、骄傲、野心、嫉妒、仇恨以及其他情绪都掺杂进神的目的之内。不过在这早期基督教里，时间还没有成熟到提出构成快乐主义的核心的渲染得很美妙的我们今天的神意说和慰安说。基督徒的境况大部分是太不幸了，以致他们不敢期望在现世里可以享受很多的幸福，他们关于教会的普遍概念太深入在灵魂内了，以致个人不能为他自身期望或要求很多。但是只要他们把他们的利益同教会的利益结合起来，则他们的要求便愈益强烈。他们轻视世间的欢乐和地上的幸福，这些东西是他们所必须放弃的，而在天上寻找丰富的补偿。教会的观念代替了祖国、自由国家的地位，两者之间的区别除了在教会里不能有自由的地位外，国家在地上就是完善的，而教会则与天国有最密切的联系。天国，在基督徒的情感体系里是那样的接近，以致放弃一切欢乐和幸福在他们看来并不是牺牲，只有在那些对殉道者之死的旁观者（这些人不懂得接近天国之感）看来，这些行径才显得不寻常。

这样看来，罗马皇帝的专制把人们的精神从地上驱逐到天上去了，剥夺了人们的自由，迫使他们的永恒的、绝对的东西逃避到神那里去求庇护。剥夺自由带来的广泛苦难迫使他们在天国里去寻求和仰望幸福。相信神的客观存在是和人的腐化与奴役以同样的步伐进行的，前者只不过是这个时代精神的一种启示，一个现象罢了。当人们开始对于神有了异常之多的知识，当人们关于神的本性知道如许多的秘密、制订如许多的公式，而这些秘密并不像关于邻居的秘密那样须用耳语的方式透露给别人，而乃向全世界高声宣讲，并且要叫儿童们背得烂熟，——当这个时候，时代精神便通过它的客观的神来启示其自身。时代精神启示其自身于神的客观性里，当它并不从量上向着无限伸展，而是被放置进一个对我们陌生的世界之内；在这个领域内我们什么也不能参与，对于这个世界我们不能用我们的行动作出任何贡献，而至多我们只能用乞求或者用魔术的方式沾一点边，因为当人自己是一个非我时，则他的神便是另一个非我。这个时代精神最明显地启示其自身于它所创造的一大堆奇迹里，这些奇迹于需要作出决定，建立信心的场合代替了个人理性的作用。但是最可怕的表现莫过于人们，以这个神的名义去作战、残杀、污蔑、在十字架上烧死人、偷窃、撒谎和欺骗。在这样的时代里，神必定已经完全不复是某种主观的东西，而完全成为一个客体了。在这样情况下，对于道德原则的那种颠倒和歪

曲加以理论的辩护是很容易的，也是很合逻辑的。

由于神的自身启示，基督徒知道，神是最崇高的存在，是天上和整个地上的主、是无生命和有生命的自然界的主，也是精神世界的主。对于这个主如果有人拒绝给予神以像她自己所命令的那种敬畏，那么他必定是不知感恩和犯罪。——这是每一个教会所共同遵守的体系，只有关于谁应该是审询罪犯的法官、惩罚者，它们才遵守着不同的原则。一个教会掌握这个审判职务；另一个教会按照教会体系加以谴责，但是决不插手在地上去执行这个判决，相反地，确信，神本身将会执行这个判决。通过说教或者通过其他小小的贿赂手段，或者通过致人濒于死亡的压迫以协助神发挥作用的狂热，似乎逐渐冷淡下去了，似乎同情代替了仇恨。尽管卑谦归根到底是骄傲，这种骄傲表现在自诩自己掌握了真理，但这时却宁肯要骄傲。一个自由人既不要前面那种狂热也不要后面这种同情，因为作为一个生活在自由人之中的自由人，他不承认任何别的人有权利改进他或改变他或者以他自己的道德原则去干涉他，同时他也不愿意干涉别人的权利，不管是好是坏，他们是怎样就怎样，他们愿意怎样就怎样，我决不越权去和他们争辩。虔敬和罪恶这两个概念在基督教中的含义是希腊人所没有的。对我们说，虔敬是一种在行为上尊敬神作为发出命令者的意态，罪恶是一种违反了神圣命令的行为；άγιου，ὰυαγιον，pietas 和 impietas（虔敬和不虔敬）表示人的感情之圣洁与否，以及人的意态和行为之符合或违反神圣的命令。他们同时也叫它们[①]为神圣的命令，不过这些命

① 按“它们”在这里可能指圣洁的情感。——中译者注

令并不是权威性的，因为如果有人碰巧要问，“你根据什么来证明一个命令或禁令是出于神的？”，那么他们就会找不到历史事实作为根据，而只能诉诸自己内心的感情和所有善良人们的一致赞同。

第三节　拒绝服军役有助于基督教的胜利

一个民族到了这样的情况，即当消灭了一切政治自由之后，对于国家的一切兴趣也随之消失了，（因为我们只能对于我们能够参加活动的东西感兴趣，）并且当生活的目的只限于赚取每天的面包再加上一点或多或少的舒服和奢侈，而且对于国家所有的兴趣只限于希望为我们保持和保证这些东西，因此完全是自私自利的，那么也就必然会在过程中（在时代精神中我们看到了这个过程）出现反对服兵役的倾向，因为服兵役是安静的常规的享乐的一般愿望的反面；在军队中服役带来了艰苦，甚至会失掉再享受任何东西的可能性，即会带来死亡。换言之，如果一个人由于懒惰、堕落或者厌倦，找不到别的出路，只剩下当兵作为维持生活并满足自己的欲望的最后手段，那么他在敌人面前只能是一个懦夫。我们看见一大批的罗马人，在受到专制压迫和缺乏政治积极性的情况下，用逃跑、贿赂、残害自己的肢体的办法来逃避兵役。一个具有这样心情的民族一定会欢迎这样的宗教，这个宗教能够把那占优势的时代精神、道德上的无能、被践踏的丑恶现象以“被动的服从”的名义推尊为光荣和最高的道德。这种作法使人们感到绝大的惊喜，因为人们看见了，过去的受人轻视和感到的耻辱现在转变成光荣和骄傲，——他们一定会欢迎这样的宗教，这个宗教教导他们要人流血

是罪恶。所以我们看见圣安勃罗斯(St. Ambrosius)或圣安东尼(St. Antonius)带起大批的群众,于大群的野蛮掠夺者攻近城市的时候,不忙着跑上城垣去抵抗敌人,反而跪在教堂里和街头上,祈求神来袚除他们的可怕的灾难。平心讲来,他们怎样会愿意去死在战场上呢?城市的保持之所以对每个人重要只是为了保存他的财产和享受;如果他冒危险死于战争,那么他岂不是做了一件可笑的事情吗?因为手段(死亡)将会直接否定了目的——财产和享受。我们感觉到保卫财产不仅只是为了财产本身,而是为了以死保卫享有财产的权利(因为谁为了保卫一种权利而死,他就是在维护那种权利),——这种感觉对一个受压迫的民族来说是陌生的,这种民族只满足于享有它的财产作为一种外来的恩赐,而它所要维护的乃是它的信仰。

第四节 奇迹

在需要一个外在给予的、客观的宗教和相信奇迹的可能性之间存在着紧密的联系。一件事情发生的条件据说只在唯一的一次是这件事情的条件,一个被报告的感性事实据说绝对不能提高到经验的内容,对于知性来说(而知性在这里是唯一的裁判官,而对经验内的事情作出判决又是属于它的法庭任务内的,)是绝对不可设想的。知性不禁要尽量充分考虑那件事情的各种条件,即使那报告本身绝对没有提供那样的材料,它也不愿去考虑某些特殊的、独特的条件。如果有比较可靠的证据告诉它说,它现在所假定的条件,不足以说明所涉及的事情,那么它只得去寻求另一个条件。如果智力所可想到的每一个条件都被表明为不可靠,知性也不能放弃它的要求:即使这个或那个条件不适合,必有充足可靠的条件存在。如果现在有人相信这种毫无成果的寻求可以通过提出一个较高存在作为原因来解释的办法得到满足,那么知性只好哑口无言,保持沉默,因为提出这种解释的人乃是违反了知性,他并没有诉诸知性。

反之,想像对这种问题是很容易满足的,刚才提出的那种解释无异于把问题推向想像的领域。知性容许它这样做,并且不禁对它感到好笑,不过知性无意于剥夺掉想像力可能产生的玩意儿,因为关于这个问题并不期待知性作出任何结论。甚至在一定限度内,知性还迁就想像,把它的一般的因果概念借给想像,让它使用,但是想像力对于因果概念的运用,却与知性自身的活动不相干。但是奇迹的传述者却不满意于知性这种消极态度。他现在大声疾呼地反对不信神、渎亵神圣和放荡无赖。那不信神的人却无动于衷,因为他看不见不道德与不信宗教之间有任何联系,也看不见坚持知性的权利与不道德、不信宗教之间有任何联系。

但是,现在,情形改变了。维护奇迹的人转而诉诸理性,他们在理性面前,提到说什么奇迹里包含着重大的道德目的,并且有补于人类的改进和幸福。他们转而利用理性的无能之感,大量地燃烧起想像的火焰。这个软弱无力的理性对于这些恐怖和想像的优势不能够抵制和反对,在这种惶恐不安的情况下,理性采纳了为它设定的原则,以平息知性的反抗。在这样的心情下,奇迹的信仰要末站住脚跟,要末就会倒塌。站在知性的立场对奇迹进行争辩是无济于事的。后果总是表明了,理智的论辩是得不到什么成就的。

理性的兴趣永远是赞成或反对奇迹的决定性因素。如果理性需要外界的立法,如果它有客观世界的恐怖……[①]

附　　录

权威信仰是这样一个宗教原则的体系:它所以对我们来说具有真理性,乃是由于它是由一种权威命令给我们的,而这权威我们不能拒不屈从,不能拒不信仰。在这个〔权威信仰〕概念中,首先出现的是一些成体系的宗教原则,或宗教真理,它们不管我们是否认为它们是真的,总归应被看成是真理;这样一些真理,即使从来没有人熟悉它们,没有人认为它们是真的,它们却仍然不失其为真理,而且它们因此经常被称为客观真理;而这些真理现在也要成为我们所认为的真理,成为主观真理。凡涉及到知性或理性的那些真理,都应该由知性与理性接受作为真理;凡包含着对我们意志的诫命的那些真理,都应该由意志接受为箴言;而且,其中作为一切其余诫命之条件的第一条诫命,就是:把命令给我们的东西,把上述那些真理,都认为是真理;因为这是由一个我们绝对不能不服从的权威对我们下达的命令。这个概念本质上属于权威信仰的概念,意即信仰是我们的义务。这是因为,历史性的信仰,比如说对父母、师长、朋友所说的话的信仰,也同样是建立在权威上的信仰,但这种信仰是基于对这些人物的信赖,而对他们的信赖是任意的,主要是建立在我们觉得他们向我们提供的信息所具有的值得相信的价值本身;与此相反,对权威教义的权威的信仰,不是我们可以

① 原文到此为止。——中译者注

自由任意的东西，在人们完全没有了解或评断权威教义的内容之前，对权威的信赖就必须先已建立起来。于是神对我们的权利，以及我们对神的服从义务，都是由于神是我们的主宰与支配者，我们是它的创造物与臣民，都是根据神对我们的善行和我们的感恩义务；此外，还是由于神是真理的源泉，而我们是无知者、盲目者。关于权利的几种理由根据，我们只消指出两点：一，后二者已经是以某种对真理的敬爱，已经是以一定的道德观念为前提；二，特别是，那些受神的善行感召的人，是以那应首先得到证实的东西为出发点，即是说，在上述情况下，我们对权威宗教承担的义务是这样推演出来的：权威宗教是一种善行，并且出于感恩而服从，实际上意味着使神欢悦，让神高兴，等等。我们承担义务的第一条根据才是真正的有份量的根据，尤其是对于道德观念是后来才产生出来的那种感性的人来说，更是如此。因为这种人从他同神的这种关系中取得一种他绝对不能避而不予履行的强制性权利：一个人世间的统治者，奴隶可以有希望逃脱他，逃出他的权力范围内；但是神的情况不是这样，因为它插上朝霞的翅膀，你在他那里，即使它潜入海底，你也在他那里。谁若是承认一个存在物的优势不仅凌驾于自己的生活冲动之上（因为任何人必须承认这样一种优势，无论它叫自然也好，命运也好，天意也好），而且也凌驾于自己的精神，自己的整个存在之上，那他就不能摆脱一种权威信仰。接受一种权威信仰，必然以丧失理性的自由、理性的独立为前提，而理性丧失了自由和独立，就不能对外来势力进行任何反抗。这是首要的一点，所有信仰或不信仰权威宗教的人都以此为出发点；这同时是旋转的中心点，一切争端因此都围绕着它转动；即使它没有被清楚

地意识到，它还是构成了一切屈从或反抗的根据。正统教徒必然牢守这一点，丝毫不让步。即使他们承认，道德实际上是人类绝对的、最高的目标，即使他们承认，理性能够建立纯粹的道德体系（因为他们不能否认在他们眼前发生的东西），但他们必定还要坚持认为，理性毕竟自知没有能力为自己创造压倒私欲的优先地位，以实现自己的要求，并且他们必定就这些要求，就人类最终目的作出这样的规定：即使不从最终目的的设定上说，只从它的实现可能上说，人也是要依赖于一个在他之外的〔神圣〕本质的。一旦理性的这种无能和我们整个存在的依赖性成了前提（这是一切后果的必要条件），那就可以完全历史地证明，某种宗教，例如基督教，是这样一种由神给予的权威宗教。而且这种证明现在更容易了，因为既然承认了我们的屈从地位，从而放弃了另外一种检验的标准，那我们就完全失去了探讨内在的根据、探讨根据的合理性，研究所说的事情是否合乎经验规律的权利了。合乎理性的问题，或违反理性的问题，在此是一个完全无益的问题，只有出于无聊才可能被提出来，但这个问题绝对不可以被看作能有助于决定我的信仰，因为在得到承认了的高级法庭面前，一切低级法庭必须缄默。因此，凡是因其合乎理性而被当作“真的”，看待的东西，就决不在我的权威信仰的范围之内。虽然可能发生这样的情况，即我开始所以信仰某种东西，是因为我被命令去信仰它，而我以后所以继续信仰，是因为我觉得它符合我的理性，是因为我出于根据而对它有了确信。也可能发生这样的情况，即权威宗教的整个内容，能够最终被人按照自己的理性看作是真的；但是，能够期待或要求出现这一种情况的，只有另外一种人，即毫无这种权威信仰的人；或者就教徒来说，

他能够把他的权威教义回溯到理性上去，则只可能是为了让这样一种教外人感到满意。假如有人要把这方面的追问坚持下去，那么更可指望从一种由神启示的、含有神的真理亦即含有神的思想的宗教那里得到的，会是反面的答复，比如说什么神的思想不能被人的理性所把握、所衡量。一种相信这样一些真理的权威信仰，怎么是可能想像的呢？这些真理怎么能成为主观真理呢？人的心情在这种情况下是怎么接受影响，它如何是能动的，如何是受动的呢？所谓信仰是一种生动的、迫使人行动的、伴有感情的信念，这样的话太不确定了，我们从中听不到多少东西。

基督教一方面包含关于对象的认识的命令，及其实践环节，一方面包含关于行为的命令。

向别人传达经验和思想的可能性，先须假定：这别人已经有类似的经验和思想，我们现在把他已具有的这些东西换一种关系展示给他，要他按我们现在指明的方式去联结这些东西。又须假定：他有能力把我们向他表示的这些活动在他自身内产生出来。现在，基督教的真理是与认识能力有关的，它部分地与想像力有联系，部分地与知性有联系，部分地与理性有联系。

想像力在知性的许可之下，吸收那些与我们其余的经验法则相一致的历史真理。在这过程中，对想像力说来，毫无新东西，有的只是一种联系，它的任务只在于把原先就已有了的观念联系起来，同时，把和原有观念相近的观念吸取进来，这样，现实经验有了，感情也有了，而感情就促使知性发生变化，成为一种对业已具有这些感情的一切人均属必然的活动。这就是此处信仰所包含的意义。但是，现在历史的真理出现了，而训练有素的知性立刻会从中觉察出，这些真理与它自己的法则是矛盾的，因此准备拒不承认这些东西，以及所有的奇迹和其他超自然的事件，知性对人们把这些东西推到超感官的原因上是不能满意的，因为这样的一种回答是它所根本不理解的，这种回答没有说出任何东西。这怎么能够满足信仰的义务心呢？提出一种超自然的原因来，想像力就完全满足了，对它说来，“实在的东西”是完全无所谓的。但知性指责想像力的胡扯，根本不容许想像力在一个观念的现实或非现实的问题上作争辩。因此，一种较高的能力必须被请出来发挥作用，使知性本身在它面前不得不保持缄默；信仰被变成义务的事情，被引进一个知性根本不再能出现于其中的超感官事物的领域。在这种情况下，信仰仅仅意味着，出于义务，在这里就是说，出于对强大的支配者的畏惧，而坚定固执于这样一种事物关联（这种关联，对想像力而言是给定了，而知性总是寻求另外一种联系）；同时还强迫知性对这种做法亲自插手，并提供因果概念，这对知性来说真是一件可怕的事情；而一旦知性在这里想继续干涉，〔信仰〕立即就把它的要求从意识中清除出去，把给予了想像力的关联带进意识，并因坚执这种关系，不给上述另外那种关联以任何地盘。

现在，实践的种种环节被交给了理性，为了满足理性的要求。它们并不针对意志，以规定意志去采取行动，它们所涉及的毋宁是对意志与感官世界提出要求的那种理性，或法则。在权威宗教的体系之中，允许理性提出的要求，只是对感官世界的要求，这些是权威宗教许诺满足感官世界的要求。支配者的法则提出意志方面的要求，权威宗教本身在这里答应予以支持，也就是说，意志不信仰自己的力量，感觉到靠着它还自信有的力量，不可能达到符合权威宗教布置给它的理想，现在它得到了保证：可以从天上得到帮助和支持。在这信仰之中，提高到意识和考虑的东西，构成整个权威信仰的可能性的基础，是道德上的无能为力和这样一种感觉：是一架虽然还在想像的，由给予的观念驱使着的机器。考虑的是我们对这个机械装置的力量不熟悉，考虑的是我们常常经过考验表现出来的受某些观念驱使的一种无能，[①]因而与此相关，就联系着一种希望：在人们声称陷入困境的地方，如何会有这机器装置的最初的推动者，作为善良的、富于同情心的主宰，来照料与帮助人们。在权威信仰之中理解的人，在这里如实地使他自己的整个状况成为他的反思的客体，只不过像他通常受他在权威宗教中得到的观念所规定，在这里，他认为这种规定不通过观念的中介，而是这规定将针对他的活动，他的本质本身。至于说到权威宗教许诺予以满足的实践理性的要求，那么它们具有两种方式，即理性希望看到一些要求的实现，但理性害怕另一些要求的实现，因为权威宗教向双方许诺，使它们安宁。"理性希望"或"理性害怕"这样的表达已经表明：感性在这里起了作用，更正确些说，实际上它要把提出那些要求作为理性的基础，实际上它想得到满足。在一种特别在新的时代出名地生成的、在一切民族中产生的、幸福与道德的谐和的先决条件中，理性如何达到对在这方面它看作是自身独立的、不受规定的东西的要求呢？理性在某种主体之中进展到支配的程度，权力的程度，它给予意识以应该的感情、支配的感情。如果理性以

① 黑格尔在这里说得很清楚：权威信仰成为可能的基础，就在于人对于自己本身能力的不认识，由于这样的种种缺陷，结果必然寻找救世主。——中译者注

此转向具有情欲的确定的对象的意志，那么，意志就按由理性给予的形式而活动，发挥各种肉体的力量。如果这些力量在与异己的、敌对的力量的斗争中胜利了或[①]失败了，如果意志在这斗争中保持稳定，那么无论哪种情况，理性都感到满足；而且，如果有人为荣誉而死或为了祖国、道德而献身，那么，只有我们时代的人能够说，男子汉是配得上有好命运的。在理性找到更多地受感性意向支配的意志的地方，在理性很少找到机会转向意志的地方，在这样主体的东西之中，感性听到了理性的声音、理性的应该：并且按它自己的需要去加以解释，把理性的应该说成是对幸福的要求。但是，在这里什么样的要求区别于感性的幸福要求，那在于：它是建立在理性本身的声音之上的，是以理性的、能够表达"应该"的权力为前提的。只有这种可以说是由理性宣布为合法之后的要求才能称为对幸福有价值的；而幸福之无价值称为理性无能力表达"应该"，称为理性的失败，因此也称为对外部环境无能为力。在两种情况下，理性不直接要求幸福（"直接"这个概念对理性是配不上的，犹如感性配不上知性），它向由感性所理解的意识提供的只是它的应该（或者不应该）；感性丝毫没有规定客体应该是这个"应该"，它没有它支配的客体。即使掺杂着感性，理性要求实现它的客体，由于它与自然混合而被削弱，变得不纯洁，所以它不能实现这种混杂物，由于这样的情况，它就要求一个异己的存在，在这异己的存在之中，包含着理性现在所思念的、理性现在不再能鄙弃的对自然的支配。

理性是绝对的，在自身之中完成自己，它的无限的理念仅属于

① 诺尔本此处为"und"，即"和"这儿依理论版改为"oder"，即"或"。——中译者注

自己本身；如果把它看作纯粹必须由外来的掺合来创造，如果它只能通过与强求的外来的东西保持距离，而不通过对这种东西的充分训练而得到完成，那么，信仰就称作意识的缺乏。受这种方式限制的理性的最终目标提供对神的存在的道德信仰，这种信仰不能是实践的，因为它〔不〕能推动实现那个最终目标的意志，而也许只能推动实现一部分最终目标的意志，这部分是依赖于它的。通过考察，这信仰受到更心甘情愿的实行，因为感性或许在这里也将找到它的图谋之处。一个人，例如共和党人或战士，不直接为祖国，但是为荣誉而斗争，因此也就为自己树立了他存在的目标，在其中，第二位的东西——幸福并不出现。他有一个目标，这目标的实现完全依赖于他，因此不需要什么外来的帮助。权威宗教支持那个道德信仰还通过生动的形象，通过想像力的材料。它使想像力进一步了解那个客体，因为它使想像力这样地达到客体，以至于它夸口说，客体有时已经给予经验之中的人了。理性的另一个出名的需要（对这个需要，理性绝对不能提供满意的答复）是要求安宁，因为随着不道德的行为必然会有惩罚。

基督教的精神及其命运

第一节　犹太教的精神[①]

犹太民族的历史从亚伯拉罕(犹太人的真正祖先)开始,这就是说,亚伯拉罕的精神是支配着他的后人的整个命运的统一体和灵魂。他的精神表现为各种不同的形态,当它向各种不同的力量作斗争之后,或者当他被敌人的暴力或诱惑所征服之后,接受了异己的本质,失掉自己的纯洁性时,因而他或者表现为不同的武装和冲突的形式,或者表现为受制于比他更强有力者的镣锁的形式。这后一种形式便叫做“命运”。

关于亚伯拉罕以前的人类历史发展的过程,关于人们从不同的道路由纯自然状态之丧失而来的野蛮状态力争回返到那被破坏了的统一这一个重要时期,——关于这一过程只有很少的暗淡的痕迹给我们保存下来。挪亚时代的洪水在人的心灵上所造成的印象必定是一个深刻的分裂,也必定会引起严重的不相信自然的效果。那前此友好的或静穆的自然现在失掉她的各种力量的平衡,对于人类对她的信仰现在她以最有破坏性的、不可克服、不可抗拒的敌意来回答;在她的震怒之下,绝不按照等差之爱而饶恕任何东

① 本文的分节与每一节的小标题系根据英译本所加。——中译者注

西，而且对一切东西喷射出疯狂的破坏。

针对这种普遍的、有敌意的自然力量所造成的人的大量死亡的印象的某些现象和反应，历史已昭示给我们。现在，人们为了在这有敌意的自然的爆发面前能够支持下去，所以他必须征服自然。既然自然只能二分为理念和现实，所以这种征服的最高的统一，不是统一于思想里，就是统一于现实里。在思想里挪亚把分裂的世界建立在一起。他把他的思想中的理想转变成存在着的东西，然后他把一切东西作为被思想的东西，即作为被征服的东西同它对立起来，这就使他把那些能为他服务的自然力量保持在它们一定的限度内，以致永远不会有洪水为灾，危害人类。有生命的东西是能够接受这样方式的统治的：即人们建立规则或命令以限制他们自己，使其不要互相残杀。谁一超出了这些限制，他就陷于受他的存在的力量所支配，因而成为无生命的东西。人受这种规律的支配，反过来所得到的补偿是他可以支配动物。但是，虽然对于有生命之物的毁坏——对植物和动物的消灭或宰杀，得到了准许，而为需要所造成的不可免的人与自然的敌对关系被规定为一种合法的支配，但有生命之物也得到一定程度的尊重，以致人被禁止吃动物的血，因为在血里包含着动物的灵魂和生命。（参看《创世记》第 9 章，第 4 节）

以相反的方式，尼姆罗德（如果容许我在这里用摩西的报道和约瑟在《犹太古史》第一篇第四章中对尼姆罗德的有关叙述结合起来谈）则把统一性放在人这一方面，赋予人以把其他现实事物变成思想中的东西，亦即杀死它们、统治它们的能力；他试图把自然控制到使其不能再危害人类；他使自己处于捍卫自己以反对自然的

状态下，他是“一个强悍勇猛以自己强壮的双臂自豪的人。假如上帝有意再一次让洪水淹没世界的事情发生的话，他威胁道，他并不是没有足够的力量和办法来作出坚决的抵抗。因为他决定修筑一座远比波涛的汹涌为高的高塔，这样他就可以替遭受灾难的祖先报仇（据欧瑟比的欧波勒姆[①]的传说，这座高塔是在洪水中幸免于难的那些人筑起的）。他劝导人，说他们获得一切幸福是由于自己的勇敢和坚强；于是他改变了一切，并在很短的时间内，建立起一种专制的僭主政权”。他把那些业已彼此不相信任、互相乖离、正准备分散的人们联合起来，但并不是重新返回到一个愉快的、彼此相信、也相信自然的社会生活，而是用武力把他们保持在一起。他修筑高堤防御洪水，他曾当过猎人，也是国王。因此，在向困难、自然力量，洪水猛兽作斗争的过程中，人们必得忍受弱肉强食的规律，但这乃是一个有生命之物的规律。

为了反抗自然界敌对的力量，挪亚采取把自然和他自己都屈服在一个更强有力的东西之下以保证自己的安全；尼姆罗德则自己亲身去驯服自然。两人都同困难这个敌人谋求到暂时的和平，从而把敌对性永恒化了。两人中没有一个人同敌人和解，这是与〔希腊神话中〕那优美的一对，都卡良和皮拉不同的。这两人在当时的洪水之后，又复引导人们重新同世界友好，重新回到大自然，使得人们在欢乐和享受中忘记了他们的灾难和仇敌，而归结到爱的和平，——这两人就成为更优美的民族的祖先，并使得他们的时代成为一个新生的保持其青春之花的自然生活的母亲。

① 《福音的准备》，IX，17。——诺尔注

亚伯拉罕，生于迦勒底，在少年时期即同父亲一道离开了祖国；这时，在麦梭波达米亚平原上，他又完全脱离了他的家庭，以便成为一个完全自立、独立的人，自己作自己的主人。他这样作，并没有受侮辱或被放逐之感，也没有作了坏事或有了罪行之后的痛苦；这种痛苦显示出对爱情的持久需要，这爱情诚然受到了伤害，但还没有丧失净尽，它寻求新的祖国，以便在那里去开花结果，并且使它们本身欢欣愉快。亚伯拉罕所以能成为一个民族的始祖，其第一个行动就是对家庭的爱和民族的共同生活之纽带的决裂，这是同他前此和人与自然一起生活的关系之全体的分离；他一脚踢开了他青年时期的这些美好关系。（《约书亚记》，第24章，第2节）

此外卡德穆·丹瑙斯等人也放弃了他们的祖国，不过是在战争中丢掉了的。他们力求找到一个基地，在那里他们可以享受自由，也可以有爱情。亚伯拉罕却不追求爱情，他不想从爱情中去求自由。前者为了能够过一种在自己国土内已不复可能的、纯洁的、美好的集体生活，他们带着这些神灵同他们一起走。亚伯拉罕则想脱离这些关系本身。前者由于他们文雅的艺术和礼俗，把较粗野的土著民众诱导到他这边来，与他们混合在一起过着一种快乐群居的生活。

那使得亚伯拉罕离开他的亲族的精神也同样是在他以后的生活中引导他与异族接触的精神；这种精神以严格对立态度对待任何事物，维持自己，把思想提高为支配无限敌对的自然界的统一体，因为敌对的东西只能处于〔不是你支配我就是我支配你的〕支配的关系中。亚伯拉罕带着他的牧群漫游过漫无边际的土地，他没有在任何一片土地上通过建设或生活的改善使人们更接近他，

赢得他们的喜爱；把他们吸收进来作为自己的世界的部分。土地只是被他交给他的牛群任其吃草。水只是深藏在泉井里，没有活泼泼地流动；掘井挖泉对他来说未免太麻烦了。一个夺取来的财物、一个需要的满足，无论对他或对他的牛群来说，都是付了很高的代价买来的或争斗得来的。那些常常可以供他乘凉和荫蔽的树丛，他待不久就又放弃了。在树丛中，诚然他也有神的显现，他的整个最高客体的显示，但是他不以爱的心情同这些显现打交道，唯有爱可以把它们当作神圣的东西来尊敬，并使它们可以分有神性。无论就对土地来说或者就对人来说，他在这地球上乃是一个陌生的人。在人们之中，他过去是、今后也仍然永远是一个异己者：但是他又不是同人们离开得这样远或者这样独立于他们之外，仿佛他便可以无需知道有关他们的任何东西，可以完全不同他们打交道。土地上早已居住了人，以致无论他漫游到哪里，到处他都碰上有人联合成一小部落早已住在那里。他拒绝进入任何这样的联系之中。虽说他需要从他们那里得来谷米，但是他不顾一切，他要反抗他的命运，这命运要求他同别的人一起过一种静止的共同生活。他坚持把他自己和别的人分离开，为了分离，他在他自己身上和他的后人身上造成一种显著的肉体上的特点。当他为更强大的民族所包围时，像在埃及和格拉尔那样，他对待那并不怀恶意的国王们，却抱疑忌的态度，使用狡猾不诚实的手段。当他相信他是强者时，象反对五个国王那样，他就用刀杀死他们。对待别的没有带给他什么困难的人们，他便谨慎小心地保持一种法律上的关系。他所需要的东西，他去买。对善良的埃弗朗，他坚决拒绝在沙拉给予一块葬地作为礼物。对待与他同等的人他避免进入有感谢之情的关系。他不让他的儿子与任何迦南女子结婚,从一个住得距他很远的亲族中为他儿子娶来一个媳妇。

亚伯拉罕简直把整个世界看成他的对立物,如果他不把世界看成无物,至少把它看成受一个异己之神支持的。在他看来,自然中没有任何分有神性的东西,但是一切事物都受神的支配。亚伯拉罕,作为整个世界的反对者,除了与他处于对立中的对方外,他找不到更高的存在,因此他也同样受神的支持。也就只有通过神他才与世界有中介的关系,这是他与世界唯一可能的联系。他的理想是要为他控制这世界给予他尽量多的所需要于世界的东西,并使他安全地处于其余的东西之中。他不懂得什么是爱;甚至他有过的唯一的爱,对儿子的爱,对后嗣的希望(这是他懂得的并且希望的唯一足以延长他的存在达到永生的方式),也会使他感到苦恼,扰乱他孤立自身于一切事物之外的心情,使他感到不安静,有时这种不安静甚至达到这样程度,以致使得他想要撕毁这种的爱[①]。只有当他确信对儿子的爱没有强烈到使他没有能力亲手杀死其爱子的时候,他的情感才感到安静。

由于亚伯拉罕与对立的无限世界间唯一可能的关系是统治,而他又不能实现这种统治,所以统治世界对他仍然只是一个理想他自己无疑地也在理想支配之下,但是他的心灵中却有理念,他为理念服务,因而享受他的理想给他的恩宠。既然他的上帝植基于他对整个世界的轻蔑上,所以他就是它的唯一的宠儿。因此亚伯

① 他命他的儿子伊斯迈尔及其母亲从沙拉放逐到荒漠地区,因为他们扰乱家庭统治的统一性。

拉罕的上帝本质上不同于罗马人的家庭守护神和民族的神灵。一个崇敬守护神的家庭，一个崇敬民族神灵的民族，当然也孤立了自己，分割了统一的东西，排斥别的家庭或国家使不得分享它的神，但是这样作时，它同时承认别的部分的存在；它不独占不可限量的东西，排斥别人不得参与，反之却为别人保留同等的权利，承认别人的守护神和神灵同样地是守护神和神灵。与此相反，在亚伯拉罕及其后代的心怀嫉妒的神里，却包含有一个可怕的要求，即只有他的神是神，而他这一国是唯一的拥有神的国家。

当到了他的后代，形势较为顺利，他们的现实情况与他们的理想较少分离，并有了足够强大的力量以实现他们统一的理想时，于是他们就毫无顾忌地以最暴虐、最强烈、最灭绝人性的暴政统治一切。因为统一是以死亡作代价取得的。像这样，雅各的诸儿子以恶魔的凶狠向侮辱过他们的姊妹的西谢米人报仇，虽说后者已经以史无前例的善意力求道歉补偿。一个异己的东西混杂进他们家族里面，同他们建立起联系，因而在他们看来都足以破坏他们的孤立状态。除了他们少数人和他们的亲信所形成的无限统一体之外，任何东西也没有参加进这个统一体的希望，一切东西都是物质(哥尔果的头把一切东西转化成石头)，一种没有爱情、没有权利的质料。一种可诅咒的东西，这种东西只要他们一有了力量，就要把它们当作质料和可诅咒的东西来对待，如果它们打算反抗，那就指定给它们以应有的地位〔死亡〕。

当约瑟在埃及掌握大权时，他建立了政治上的阶层制，按照这个制度，一切埃及人与国王的关系，如同按照他的理念一切与上帝的关系一样，——他实现了他的神。埃及的人民把谷物奉献给他，

他在灾荒时期又把谷物转发给人民吃，于是他把所有他们的金钱、所有他们的牲畜，他们的马、他们的绵羊和山羊、他们的牛和他们的驴子，以及所有的土地和他们的人身，掌握在他手里；只要他们有任何存在，他都把它变成国王的财产。

亚伯拉罕以及后来的雅各为了拥有一个永久的住地和保持成一个民族，曾经向之作斗争的命运，终于压倒了雅各。他愈是由于困难，违反他的精神和出于偶然投入这种境地，则他和他的后人所遇到困难处境必然愈为严重。那个引导他们从这种奴役处境中超脱出来，然后并组织成为一个独立民族的精神，从这里起就在较多情况下起作用并得到发展（如同他出现在较简单的〔犹太人〕家庭里），从而有更确定的特性和多方面的结果。

至于关于以色列人如何获得解放这一事变应如何用我们的理智去理解，这里以及上面所说的都完全没涉及到；而我们这里所要掌握的乃是犹太精神在这一事变中的行动如何与这一事件出现在犹太人的幻想和活生生的记忆中的情况正好相符应。当摩西在孤独地为了自己的民族的解放而热烈奋斗时，走到以色列的老人们面前，对他们陈说自己的想法时，他的神圣的使命并不是在他们心情上对压迫的仇恨和一种争取空气和自由里去寻找他的合法性，而是在于摩西向他们表演了一些技巧，使得他们惊异，这些技巧后来也以同样的巧妙为埃及的艺术家们所表演。摩西和亚伦（Aron）这些行为作为一种力量对他们的犹太兄弟们起作用正如对埃及人一样，我们看见，后者也用同样的办法来保卫他们反对压迫。

由摩西在法老（Pharao）面前的讲话所引起的较大的困难却并没有更强烈地刺激犹太人，他们只是更遭受深重的苦难。犹太人愤恨摩西甚于任何人,他们诅咒他(出埃及记,第5章,第25节,第6章,第9节)。摩西单独采取行动。由于害怕国王,他被迫准许离开。犹太人的信仰甚至不容许国王有自主行动——忘记他的恐惧、让他悔改他的被强制的决定,反之,他表示他不愿受制于他们的神的那些话,在他们看来,其本身就是神的作用的表现。对犹太人来说,曾作出一件大事,不过他们不从自己的英雄的行为开始。为了他们,埃及人遭受到各式各样的瘟疫和灾难。在普遍的痛苦哀号的情形下他们离开了,为不幸的埃及人驱逐走了(出埃及记,第12章,第33、34节),但是他们自身只有懦夫式的幸灾乐祸心理,当他的敌人不是由于他本人,而是由于别的原因被打倒了,他们只有对他们犯了罪行的悲痛意识,而并没有激起一种勇敢的意识,这可以对他们所造成的灾难洒泪,但是他们的现实未受到污损,他们并未受伤害,他们的精神必能在一切有用的痛苦之中仍然感到愉快。犹太人胜利了,但是他们没有战斗。埃及人被征服了,但是他们不是被敌人打败的,而是像被毒死或在睡梦中被杀死那样,受到一种看不见的打击。而那些以色列人在他们的房子上画上标志,获得了从灾难中所带来的利益,看起来仿佛像当马赛瘟疫流行时期[①]的臭名远扬的强盗。摩西最后剩下对以色列人的唯一行为是在他知道他们能对邻居和朋友说话的最末一个晚上,用欺骗去借贷,并且用盗窃去回答信赖。

这是无足怪的,这个在它的解放里最具有奴性的民族会对他们离开埃及感到悔歉,愿意以后只要埃及有了困难和危险,重新回

① 按这事发生在1720年。——英译本注

到那里，这就足以表明，在这个民族的解放里是怎样没有灵魂和要求自由的内在需要的。

一个民族的解放者又是它的立法者。这只能意味着，把一个民族从枷锁下解放出来的那个人，也就是给这个民族套上另外一个枷锁的人。说一个被动的民族能给它自身立法，乃是一个矛盾。

整个立法原则是从祖先那里承袭来的精神——无限的客体、一切真理和一切关系的总和，真正讲来，也就是唯一的无限的主体；它只能叫做客体，因为它必须以具有生命的人为前提，而人便叫做有生命的、绝对的主体。——也可以说，这绝对的主体就是唯一的合题，反题一方面是犹太民族，另一方面是整个其余的人类和世界。这些反题是真正的、纯粹的客体。绝对的主体就是与它们〔两种反题〕相反的、存在于它们之外的无限的东西。它们是没有内容的、空的、没有生命的，当然它们并不是死的、无物，而只是某物、为那无限的客体所造成的某物、一种被造成的东西、不是自在存在着的东西，它自身没有生命、没有权利、没有爱[①]。这样的普遍的敌对性所剩下的只能是对物质的依赖和一种动物的存在，这种存在只有牺牲其他事物才能保证自身的存在，而犹太人便把这种存在当作生命。这种对对方的排斥、他们所盼望的这种孤立的安定性是必然地从那种无限的分离得出来的：这样的恩赐、这种从埃及人奴役下的解放、这种对于具有丰富的蜂蜜和牛奶的土地的占有，以及充分有保证的食物、饮料和两性生活——这些东西就是

① 西贝尔(Kybele，土地之女神)，崇高的神，她是现在、过去和将来存在的一切东西，她的面纱没有有死的人曾经揭开过。——她的祭司们都是被阉割了的，在身体和精神方面都是非人化了的。

他们敬神所祷祝的要求;崇拜神的要求既然是这些东西,则他们所崇拜的就是这些东西。前一种崇拜是为了解除灾难,后一种崇拜就是奴性的表现。

无限的主体必须是看不见的;因为一切看得见的东西都是受限制的东西。在摩西设立他的圣幕以前,他只指示给以色列人以火和云,使得他们的目光忙于观看那永远重新变化着的不定的形象,而不得固定其目力于一个形象里。一个神的形象在他们看来也如同石头和木头一样:它是看不见的,它是听不见的,等等。随着这种连续的祷词,他们便自以为他们是了不起地聪明的,并且轻视神的形象,因为它不能支配他们,他们在爱的直观和美的欣赏里一点也预想不到神圣化的迹象。

虽说没有具体的形态作为宗教情感的对象,但对于一个看不见的客体的皈依和崇拜必须给予方向和一个包含这客体在内的轮廓。摩西便提出了圣幕,以后又提出庙宇作为至神圣的客体的具体体现。这难怪滂佩会感到极其惊异:当他快走近庙宇的中心,祈祷的重地时,他曾经希望在这里通过一个重点,就认识到国家精神的根源、这个优秀民族的推动灵魂,还瞥见了一个可供他崇拜的对象、某种富于义蕴引起他敬畏的东西。当他进入神秘中心时,他发现他的希望落空了,而且发现所谓崇拜的中心只是一间空房子。

此外,在每一种享受里,在人的每一个活动里都应当谨记人的非存在和由于神的恩赐而保持的存在的卑微不足道。作为神的财产权利的标志和作为神所应享的一份,凡是土地上的出产,必须以十分之一的数量献给于神。一切人的长子和头生的牲畜都属于神,当然也可以赎回。人的肉体只是借来的,并不真正属于人,必须保持洁净，如同仆人的制服是主人赐给他的，必须保持洁净一样。对每一个不洁净的行动，以色列人必须牺牲一件他能叫做是他自己的东西去补偿，这就是说，他必须承认，改变他人的财产是一种侵占、是非法的，一般讲来，没有任何财产是属于他个人的。但是凡是完全属于他〔神〕的东西，对于他也完全是圣洁的，例如从征服敌人得来的许多东西和战利品，就可以给予他，为他完全占有，因为那是已经毁坏了的东西。

正如以色列民族只是部分地牺牲自身，这个民族所一般地标志其自身的东西，乃是整个民族的一个支系，亦即它的神的完全的财产，但又为神服务的财产①。然而这些仆人又只是为主人所养育，直接照管它的家事，在整个土地上是它的收获者和它的家仆，他们必须维护它的权利，他们的服务是按照不同等级排列的，由最微贱的服役者直到神的直接牧师。后者本人并不是神秘奥义的保管者，而只是神秘事物的保管者，正如其他的祭司除了学习和教导崇拜仪式外并不能作别的事务。神秘本身完全是某种异己的东西，是不能传授给任何人的，人们只能依赖于它。神之隐蔽在最高神圣里，其意义都完全不同于奥菲斯神灵的神秘的意义。关于奥菲斯神灵的图像、对他的情感、灵感和崇拜，关于神的各种启示，并不排斥任何人于其外的，虽说关于它们不许有所言说，因为通过语言一说出来，它们就被渎亵了。但是以色列人关于他们宗教仪式中的各种事物，各种活动以及规律，却可以随便谈说（《申命记》，第

① 凡供献给主人的东西，他并不能完全占有（即消灭它），它至少总还可以保持一种植物式的生活。

30 章,第 11 节),因为那里面没有什么神圣的东西,神圣的东西是永远在他们之外,为他们所看不见和感觉不到。

西乃山上庄严立法时的有关的景象曾在所有犹太人中起了如此大的麻痹作用,以致他们恳求摩西赦免他们,不要把他们带得太接近神,只须他一人单独去同神谈话,然后把神的命令传达给他们。

每年的三大节庆,大部分以举行宴会和舞蹈来表示庆祝,是摩西的宗教制度中最合乎人性的因素。但是每个第七天上的休假最具有特色。于六天紧张劳动之后有一天的休息,对于奴隶来说,这种劳动后的静休当特别受到欢迎。但是对其他自由活泼的人留下一天作为单纯的空白,保持在一个无活动的精神的统一性中,把奉献给上帝的时间弄成一个空白的时间,而且让这种空白如此经常地来复,这只能说在这个民族的立法者看来,愁苦的、无感觉的统一才是最高实在,这个最高实在把他的神在一个世界的新生活中的六天生活和他的神对立起来,并且把这个新生活看成出于自身的异己东西,让他安息在上面。

犹太人这种彻底的被动态度,除了证明他们甘受奴役外,剩下给他们的只不过单纯、空虚的需要、保持肉体的存在并保证肉体的存在免于苦难。维持生活并使生活满足,此外他们没有更多的愿望。他们得到一块地可以居住,那里有如泉涌的牛奶和蜂蜜。作为一个定居的和农业的民族,现在他们愿意据有土地作为财产,这种土地在他们的父亲当时只是作为牧人匆匆走过,他们的父亲在这种游牧生活方式里,不愿干扰那些生长在乡村、聚居在市镇的民族,只要后者也让他们安静地在未经耕种的草地饲养牲畜,并且当他们不在附近游牧时,仍然尊重他们的坟墓。这样的游牧生活在他们的后代那里一去不复返了。他们受制于这样的命运，为了反对这种命运他们的游牧的祖先曾经长期作过斗争，在这种斗争和反抗的过程里，他们只是不断增加了他们和他们民族守护神的痛苦。他们虽然放弃了他们祖先的生活方式，但是他们的守护神如何能丢掉他们呢？它在他们里面必会变为更加强大、更加可怕，因为随着需要的改变，存在于他们的风俗习惯与其他民族的风俗习惯之间的一道高墙被拆除了，除了他们的心情外，已不复存在着别的什么力量可以阻碍他们和其他民族的联合了。他们的需要使得他们成为其他民族的仇敌，但是仇恨并不一定扩大到远远超过需要，具体说来，不会超过掠夺迦南人定居的部落。游牧民族与农业民族生活方式上的差别没有了。现在联合人们的东西是他们的纯粹精神，而过去隔离犹太人和迦南人的东西也只是他们的精神。这种仇恨之守护神号召他们〔犹太人〕完全消灭掉那些原来的居民〔迦南人〕。如下的情况在这里还是部分地补救了人性的光荣：虽说人性的最内在的精神已经被歪曲了，并转化成为仇恨了，它的原始的本质却还没有完全丧失，而它的被歪曲也还不是一贯的，不是完全贯彻到底的。以色列人毕竟让很多原来的居民依然活着，不过是被抢劫了并且作为奴隶而活着。

那些在争夺住地的斗争中死于荒野的人们，没有获得许诺的土地，也就没有实现他们的使命，他们生存的理念。因为他们的生活是从属于一个目的的，不是独立自存、自身满足的，因此他们的死亡只能认作一种恶，既然一切活动都受主的支配，则死亡只能被看作主的一种惩罚。

所有那些还没住进新盖的房屋、还没有吃过新辟的葡萄园中的葡萄、还没有同未婚妻结婚的人，均可以免服军役，因为那些现在有了生活的前途展开在他们前面的人，会有一股傻劲去行动——敢于冒险去把生活的整个可能性和条件变成现实性。为了财产和生存而把自己当前的这个财产和这个生存拿去拼，这是很矛盾的；如果为了其一，必须牺牲其他，则这两者必定是不同性质的。财产和生存只能为了荣誉、为了自由或美、为了某种永恒的东西而牺牲。但是对于任何一种永恒的东西犹太人都没份儿。

摩西以一种东方式的、美好的威胁来保证他所制定的法律，——威胁不服从法律的人会丧失一切享受和一切幸福。他把畏惧暴力的观念向有奴隶根性的人们宣扬。

关于人类精神的另外一些反思，别种的意识形态并不表现在这些宗教规律里，而门德尔松[①]认为这是他的信仰〔犹太教〕一个极大的优点，因为它不提供任何永恒的真理。“只有一个上帝”是居于国家法律的顶点的一个原则，如果在这种形式所提出的东西可以被称为真理，那么我们真的可以说，对奴隶来说，没有比说他们有一个主人这话具有更深刻的真理了。不过门德尔松有权利不把这类的话叫做真理，因为我们在犹太人中所找到的真理，在他们看来并不包含真理和信仰的内容里。因为真理是一种自由的东西，我们既不支配它，也不为它所支配。因此上帝的存在在犹太人看来并不是真理，而乃是一个命令。犹太人是彻始彻终依赖上帝的，而人所依赖的对象是不能具有真理的形式的。因为真理加以

① 门德尔松(Moses Mendelsohn，十八世纪的犹太哲学家)著：《耶路萨冷或者关于宗教的权力和犹太教》，1783. II. 31—54。——诺尔注

理智的表示就是美，真理的否定的性格就是自由，但是那些在一切事物里只看见物质的人们，怎样能够揣想到美的性质呢？那些不是奴役人，就是被人奴役的人们，怎样〔能够〕运用理性和自由呢？那些人怎样能够希望达到甚至可怜的灵魂不死或独立保持个人意识的呢？如果他们事实上放弃了意志的能力，甚至放弃他们存在的本身；他们只愿意通过他们的子孙继续占有他们的土地——这乃是愿意他们的子孙在他们的生产物上继承一个无价值的、不光荣的名义，而这些子孙从来没有享受过超出吃喝之上的生活和意识。因此像这样不通过限制把不在眼前的东西弄污浊，不过问那没有人知道的东西，怎样能说是一个优点呢？爱斯基摩人难道也可以骄傲他们对于欧洲人的优越性，因为在他们那里买酒无须缴纳酒税，农业没有缴纳田赋的严酷的负担。

恰好在这里，一个相同的后果——不过问真理——从相反的方面产生出来，例如，就民法之从属于国家法这一摩西所建立的国家制度而言，与希腊的两个著名的立法者在他们的共和国中所奠定的法制，就有显著的相似之处，不过其来源各不相同罢了。为了避免由于财产的不平等在他国家中威胁着自由的危险，梭伦和李克古曾经采用了多种方式来限制财产权，并且排斥了许多可以导致不平等财富的自由选择。同样在摩西的国家里，一个家庭的财产永远固定在这个家庭里；任何人由于生活困难卖掉了他的财物和他自身，可以在五十年举行一次的大纪念节庆里重新登记，享有他的财物的权利，而且在别的情况下，他可以在第七个年头里享有他的个人权利，任何人赚得了较多的田土，他必须退回到他的田产的原来的地界。任何人从别的种族或民族里娶来一女子，如果这女子没有兄弟，因而享有财产，则当她进入这一种族或家族时，她的财产或财物自然属于这个家族。因此属于一个家族较少取决于他所具有的最独特的特性、或从某些祖先遗传下来的不可磨灭的性格，而较多取决于某些获得来的东西。

在希腊的诸共和国里，这些法律的根源在于防止，在别的情形下发生的不平等足以危害贫穷的人的自由，并使他们陷于政治上无权的地位。在犹太人那里，事实上他们原来就没有自由，没有权利，因为他们占有一切财物只是作为借来的东西，而不是作为财产[①]，因为作为国家的公民他们所有的人都是绝对无权的。而希腊人则是平等的，因为所有的人都是自由的、独立的。犹太人也是平等的，因为所有的人都没有独立自存的能力。所以每个犹太人属于一个家族，因为他享有一份家族的土地，而这片土地一个家族并不能说是它自己的。这片土地只是出于恩赐而给予这个家族的。每个犹太人不能够增加他的地产无疑地只是立法者的一个目的，他的民众看来并没有严格遵守他的规定。如果在立法者的灵魂有了防止财产不平等的动机作为原因，那么就可以采取完全不同的措施去堵塞住许多其他不平等的源头，那么立法的伟大目的必会是公民的自由，——这样一种政治理想，摩西的语调和民族的精神都是同它不相符合的。

犹太人之没有增加现有地产的权力并不是由于他们有平等的土地权的结果，而是由于他们平等地完全没有土地权的结果。也

① 《利未记》，第 25 章，第 23 节以下及第 35 节。他们不能转让任何财产，“因为土地是我的，你们在我面前是旅客，是客居的”。

就是感觉到这种在无权方面的平等激起了大坍和可拉的反叛，他们发现摩西自封给自己的特权，即自认为有某种特殊意义的东西是有矛盾的(《民数记》，第 16 章，第 3 节)。国家法制方面的那种平等〔即无权的平等〕的假象在经过对于这些法制所自出的原则加以透视之后就完全消失了。既然犹太人作为国家的公民彼此间的关系没有别的，只不外在全体依赖于他们所看不见的统治者和他的看得见的仆人和官员方面的平等，因而真正讲来根本就没有所谓公民权，而且这种依赖关系实际上取消了政治自由或立法自由的一切条件，所以在犹太人中不可能找到任何类似宪法、或制定宪法的立法权力，正如在任何专制政体下，提出宪法问题是矛盾的一样。

法庭和官员(犹太师爷)以及某种形式的持久的执政者(部族的首领)，或者基于任意或偶然需要或者基于暴力而兴起的和消逝的领袖或统治者总是可以有并且必定会有的。也就只有在这种的社会联系下，一国究竟采取君主专制与否才会成为无足轻重的、不确定的。就以色列的情形而论，关于受一个国王的统治像其他国家那样的想法，摩西只发出了一些命令，有一部分命令是说，王权须遵从与否，是可以随意的，另一部分命令完全没有涉及(甚至没有一般地涉及)建立一个宪法或规定人民的权利以对付国王。一个毫无权利、已经不再有什么东西可供压制的民族，要害怕什么权利受到危害呢?

摩西没有亲身看到他所订立的法制的实现，一般讲来他的法制就没有在以色列人历史上任何时期充分实现过。他死于为了惩罚一次唯一的一个微小的自发活动，而激动起来的一个单一的意外的打击。在他回顾他的政治生活时，(《申命记》，第 32 章，第 11

节)他把他的上帝通过他来领导犹太人的方式拿来与一个老鹰习于训练雏鹰飞行的行动相比较。它不断地在巢上拍击它的翅膀,也把它们背在翅膀上,并带着它们飞行。不过以色列人并没有完成这个美好的比喻,这些雏鹰并没有成为老鹰。就他们对上帝的关系来说,他们毋宁提供了一个老鹰的形象,这老鹰由于错误,抱暖了一些石头,教导它们飞,并带着它们飞向云天,但是石头的重量是不能带动飞起来的,而它借给它们的温暖也是不能燃起生命之火的。

犹太民族此后的一切情况,直到现在还存在的卑鄙的、落魄的、恶劣的情况,都不外是它的原始命运的后果和发展。这个命运是他们创造出来反对他们自身的不可克服的无限力量。他们受到这个命运的折磨,并且只要没有能够通过美的精神同它和解并从而通过和解把它扬弃,那么他们将还会继续受到它的折磨,

在摩西死后,犹太民族长时间内处在民族独立与受异族压迫的交替中。由于幸福安乐导致丧失独立的命运,由于受异族压迫又鼓起了争取独立的勇气,——这种一切民族的共同命运,也是犹太民族所遭遇的命运,不过在他们这里有着两个不同的特点。

a)向衰弱过渡、向安乐幸福的境遇过渡表现为一种崇拜新的神灵,而从压迫中愤发起要求独立的勇气,表现为回复到信仰他们原来的神。当苦难减轻的时候,犹太人的敌忾精神、破坏的意志、他们的全能的神、他们的苦难之神就衰退了。比较人道的情绪在他们的心灵中上升了,因而比较友好的关系抬头了。他们尊敬比较优美的精灵并且崇拜异族的神灵。但是现在,就在这种崇拜本身里,他们受到他们的命运的支配。他们不能成为这些神灵的尊

崇者，而只能成为它们的奴隶。他们现在变成依赖于这样一个世界，这个世界从前不是受制于他们本人就是受制于他们的理想的。由于这样，他们的力量衰退了，因为他们这种力量只是建筑在仇恨敌人上面，〔现在恨敌情绪松懈下来〕，因而联系他们国家的纽带便完全解体了。他们的国家并不是由于每个公民都有了一个支柱，因而有了一个支柱。因为只有由于他们所有的人都依靠一个共同的东西，他们才能联合起来成为一个国家，但是他们所依靠的这个共同的东西，只是单独属于他们的，却与全人类相对立。由于崇异己的〔或异族的〕神灵，他们虽说不是不忠于个别的法律即我们所谓国家法，而是不忠于他们整个立法的原则、也不忠于〔他们的〕国家的原则。因此很合乎逻辑地就有了对于偶像崇拜的禁止；这是他们最初的和最严禁的法律之一。由于同别的民族混合居住，由于友谊和通婚的关系，由于一种非奴役的，而是友好的共同生活的各种方式在他们和异族之间便发展出一种共同的东西。他们一起享受太阳的阳光，他们一起赏月和观星，或者当他们反省他们自己的情感时，他们也发现有了共同的纽带和情感可以同别族的人联合在一起。因此，日月星辰以及他们在这些天体中的联系，加之以他们在其中联合为一的情感的观念——所有这些都被犹太人表象为某种活生生的东西，这样他们就拥有了神灵。只要犹太民族的灵魂，odium generis humani（对人类的憎恨），松弛到极点，比较友好的神灵把他们同异邦人联合起来，超出了仇恨所固定下来的界限，那么他们就是背教者；他们迈步走入了他们前此在受奴役时期所没有的享乐的范围。经验到在他们原来的遗产之外还有让人的心灵可以有采纳某种新的东西之余地，——这种经验对奴隶说来

是一种背叛，因为这意味着这些奴隶在从主人那里接受来的之外，还知道某些东西并且可以把这些东西叫做他们自己的。有了这种人道主义（Menschlichkeit），即使他们所感到的是纯粹的人道情绪，而不是又作了某种原来是自由的东西的奴隶，他们的力量也会衰退。现在在他们这里就产生一种矛盾：他们怎样能够把他们的整个命运、旧日的仇恨的结盟一下子就摆脱掉并组织起一个优美的联合呢？他们很快就会仍旧返回到前者；因为在他们的共同体和国家的解体里，他们变成更强大的民族的牺牲品；他们同其他民族的混合在一起变成对它们的依赖。压迫又唤醒了仇恨，从而也又唤醒了他们的上帝。他们要求独立的冲动真正讲来是要求依靠某种自己特有的东西的冲动。

(b)这些变化在别的民族常常只须数千年之久方可经历过，而在犹太民族却经历得很快。它的每一种状态发生得太猛烈，以致不能持久。独立的状态由于与普遍的敌对相联系是不能坚持下去的，它是太与自然相违反了。在别的民族里，独立的状态是一种幸福的状态、一种较优美的人道主义状态。而犹太人的独立状态则是一种完全被动、极其丑恶的状态。因为他们的独立只保证了他们的饮和食，一种贫乏的生存，所以有了独立，有了这一点东西，却丧失了一切的东西，或者使一切东西遭受危害。不复剩下任何有意义的生命，他们可以保持，可以享受，而这种享受可以教导他们忍受许多的苦难，牺牲许多东西。在受压迫时他们的恶劣生存立即遭受危险，他们努力去拯救。这种动物式的生存是与基于自由的人性的美丽的形式不相容的。

当犹太人建立君权的时候（这种君权摩西认为与神权相容，而撒母耳认为与神权不相容)，许多个人获得了政治上的权力，这无疑与祭司们分享了权力，或者保卫这种权力以反对祭司们。正如在自由国家里，君权的建立便把所有公民降低到私人的地位，而与此相反，在犹太国家里，君权的建立至少把个别的人提高为或多或少是一个有限制的某物(每一个人是政治上的无物)。在那短暂的但却暴虐的所罗门政权的光辉消失之后，新的力量所建立的君权又与受到命运的打击交织在一起，(追求无限的权力而实际上统治力很弱)，最后完全分裂了犹太民族，他们以前此用来反对异族的同样暴烈的无爱和无神的精神来反对他们自己的脏腑；他们引导它的命运用自己的手来反对它自身。犹太民族至少学习到知道畏惧其他的民族；它从一个在理念上支配着的民族变成一个支配了现实的民族，并获得了依赖某种外在力量的情感。在一段长时间内，它通过屈辱还维持了一种多灾多难的国家，到了最后(因为不幸的日子在狡猾而衰弱的政治之下不会不到来的)，它完全被践踏在地下，已没有力量再爬起来。隔不很久总有一些富于热情的人紧抓住他们民族的守护神，力求在它垂死的情况下赋以新的生命。但是当一个民族的守护神已经跑走了，热情是没有巧妙的办法唤它回来的；民族的命运是不能用热情的幻术所能赶走的，但是如果有了纯洁而活生生的热情是可以在生命的深处唤起一种新的精神的。但是犹太的先知们从一个沉睡了的神灵的火把上点燃了他们的火焰，并且力图恢复它的旧力量，并用破坏时代的多方面的兴趣，来恢复它的旧的令人震栗的崇高的统一体。因此他们只能够成为冷酷的盲目的信仰者，在涉及实际政治和目的方面，是受局限的，无成效的。他们只能提供一种对于已经过去了的时代之回忆，

因此他们只能增加现在局面的紊乱，而不能恢复过去的时代。把许多不同的情欲混杂在一起决不能重新转变为一种整齐划一的被动状态；反之从被动的心情里，这些情欲反愈加凶狠激怒。为了逃避这种恐怖的现实，人们力图在理念中去寻求安慰。普通的犹太人，他们宁愿牺牲自己，而不愿意牺牲他们的客体，就在救主来临的希望中去〔寻求安慰〕；法利赛人则在崇拜一个客观的存在并按照它的意志行动的事务中而且在达到同它合而为一的意识中去寻求安慰，（因为除了在他们能够作主人、能够起作用的圈子之外，还由于这个圈子的不完善，他们还感觉到异己的力量，因此他们相信一个异己的命运同他们的意志和活动的力量的混合体）；撒都赛人则在他们的生活和变化的存在之分散的整个多样性里去寻求，这种生活和存在只是充满了有规定性的东西，在其中无规定性只是作为向另一种规定性过渡的可能性；戒行派教徒们则在一个永恒的东西内，在一个主张放弃一切足以使人分离的财产及与财产有关的东西的兄弟社团中去寻求，这个兄弟社团可以使他们成为一个活生生的统一体而没有杂多和纷歧；他们在一个独立于一切现实关系的共同生活中去寻求，这种共同生活的享受建筑在大家生活在一起的习惯上面，这种“大家生活在一起”，由于各个成员间的完全平等，是不会被任何杂多或纷歧所破坏的。

犹太人愈是彻底地依赖他们的法律，则他们对于在反对对立的信仰方面便愈是顽强，因为只有在宗教崇拜方面他们还有自己的意志。当他们没有苦难，可怜的需要得到满足时，异族的信仰不以敌视态度一接近他们，他们就如此轻易地被引诱，变成不忠于自己的信仰，另一方面，当他们的宗教崇拜受到攻击时，他们又以同样如此顽固的态度进行斗争。他们就像绝望的人那样为他们的宗教崇拜而斗争;在为它进行斗争的同时,他们甚至也能够违反它的命令,例如不遵守安息日的规则,虽说没有力量或由于别人的吩咐可以使他们有意识地违反那些规则。既然生命在他们那里那样受到糟踏,既然在他们那里没有不受统治的东西,没有任何圣洁的东西、所以他们的行为可以陷于最不虔敬的狂怒和最粗野的狂热。

罗马人希望在他们的温和的统治下这种狂热主义可以减轻,但是他们失望了,因为这种狂热主义又一次发出怒火,在它自己所作出的破坏中埋葬了自己。

犹太民族的这种大悲剧并不是希腊的悲剧:它不能唤起人的恐惧和怜悯,因为这两者只发生于优美人物由于受命运的支配而陷于必然性的失脚;犹太民族的悲剧只能唤起憎恶。犹太民族的命运是麦克白斯(Macbeth)的命运,麦克白斯越出了自然本身的界限,屈服于异己的力量,在为异己力量服役的过程中,践踏了并且杀害人类本性一切神圣的东西,最后还是被他的神灵所抛弃(因为他的神灵是客体,而他本人是奴隶),为他的信仰本身所粉碎。

第二节　耶稣的道德教训:(a)登山训众与摩西法律和康德伦理学的对比

耶稣出现在犹太人命运由于多种因素的酝酿而产生的最后危机之后不久。在这种内部酝酿那些不同材料发展的时代里,直至这些材料汇合成为一个全体,而且直至发生了与罗马的绝对对立和公开战争,在这最后一幕之前先有了一些局部的爆发。一般具有普通头脑但又具有强烈感情的人们,只能很不完全地理解犹太民族的命运，因此他们不够沉静，既不能随波逐流，被动地、不自觉地让命运的波涛带着他们走，又不能等待它的进一步的发展。以便把他们自身同较伟大的力量结合在一起。其结果是他们跑在全体的酝酿的前面，毫不光彩、毫无成就地倒下来。

耶稣不只是向犹太人命运的一部分作斗争，因为这就意味着他受了这个命运的另一部分的束缚，而是同整个命运作斗争。因此他自己首先超出了命运，而且力求使他的民族超出它的命运。但是像他所要扬弃的那种仇恨只有通过勇敢才能克服，而不是通过爱所能和解。甚至他要克服整个命运的崇高企图。因而必定会在他自己的民族中遭受失败，他本人将会成为自己民族的牺牲品。由于耶稣对于这个命运的两个方面都不沾边，所以无疑地他的宗教在他的民族中不会受到欢迎，因为这个民族是太多地纠缠在它的命运之中了，但是在世界别的地方的某些人们中却会受到很大的欢迎，因为这些人并不分享这个命运，没有任何东西需要他们去保卫或坚持。[①]

一个人可以牺牲他的权利，如果这些权利是他自由承认的，而且是他对他自己权力的一种克制。规则，从耶稣的精神看来，应该被认为是以人的本性之活生生的样态为根据。但是权利和规则在犹太人那里都是来自命令的、都完全是权威性的。犹太人各种不

① 在这段话下面，黑格尔原稿有遗漏和不连贯之处。在较早的草稿中(诺尔本第386页)，黑格尔曾写道："犹太教的根源是崇拜一个客体，亦即束缚在一个异己的主上面"。在遗失了的这一段中，黑格尔大概是在进一步说明犹太人之束缚于法律。下段开始在原稿也有残阙，英文本译者根据海林(L. T. Haering)的解释，略有修补。中译文亦主要依据英译本。——中译者注

同的立法(宗教崇拜的法规、道德规律、民法)所遵循的命令因此对他们说来乃是异己的,矫揉造作的命令。既然宗教的、道德的和政治的法规在犹太人那里都是权威性的,因而也就是没有差别的,这些不同的法规之间的差别只是由于耶稣对于它们的不同反应才逐渐建立起来的。

犹太教的命令要求单纯地对主的崇拜、直接的奴役、无欢乐、无人情、无爱的服从,亦即与崇拜神的命令正相对立,耶稣提出了人的冲动、亦即人的需要。由于宗教行为是最精神性的、最美的、是在发展过程中还必然分离开的东西中寻求统一的努力,也是把这理想中的统一性表明为充分存在着、不复与现实相对立的东西,因而力求在一种行动中把这种统一性表达出来、实现出来的努力,所以如果宗教行为缺乏美的精神,那么它就是最空虚的东西,它要求最无意义的奴役和灭绝自己的意识,它是人表现他的非存在和被动性的行动。比起这样的宗教活动来,即使人的最普通的需要的满足也更为崇高一些,因为在这种需要的满足里,还直接包含着人的存在的感觉和保持,不管这种存在是怎样空虚。

说最重的苦难是损害神圣东西的,乃是一个同语反复的命题,因为苦难是一种分裂的状态,而且一个损害神圣客体的行为就是在行为中的苦难。在苦难中不是把人当作客体加以压迫,就是人把自然当作客体加以征服。不仅自然是神圣的,也有一些自在的客体是神圣的,自在的客体之所以是神圣的,并不仅是因为它们本身是许多东西结合为一的理想的表述,而是因为它们在某种形式下同这个理想有联系、从属于这个理想。苦难可以要求对于那一种神圣东西的渎亵。但是不基于这样的苦难而损害神圣事物就是肆无忌惮。当在这种苦难中,一个民族得到了统一,同时又是一个共同体和所有人的财产。因为不基于这种苦难而损害神圣事物,则这种神圣的损害同时就是对所有人的权利之不公正的损害。那种破坏异教徒的庙宇和祭坛,驱逐异教祭司的虔诚的狂热渎亵了共同的属于全体的神圣事物。但是如果一个神圣事物之所以是统一一切的,只是因为它弃绝一切、服役一切,那么每一个从其他事物分离开的人都可重新收回他的权利,而对于这样一种神圣事物或命令的损害,就其他的人看来,乃只是一种破坏,因为他弃绝了和他们的共同生活,并且是重新保证了对于他的财物之任意的使用——不管这里所谓财物是指他的时间或某种别的东西。但是这种权利和权利的牺牲愈小,则一个人与别的公民在涉及最高东西的问题上相反对之处就会愈少,而他在联结的核心方面与他人破裂共同关系也愈少。只有当整个共同体成为轻视的对象时,情形才不是这样;因为耶稣坚决从他的民族的整个生活中退了出来,他放弃了这种形式的容忍,这种容忍在别的情况下,一个朋友表示自我克制,以漠不关心的态度,对待他所全心全意向往的东西。为了犹太人的神圣事物,耶稣不弃绝任何东西,一点也不丢掉一个极其普通的需要或任意的要求的满足。他要我们在其中体会出他同他的民族的分离、他对于奴役在客观命令下的人们的整个轻视态度。

耶稣的门徒由于在安息日掐起麦穗来吃激怒了犹太人。(《马太福音》第 12 章,第 1 节)那迫使他们这样作的饥饿,在那些麦穗里并找不到很大的满足;如果尊重安息日,他们很可以推迟这种微不足道的满足的时间，直到来到一个地方可以找到煮熟了的食物。耶稣举出大卫的故事来反对那些谴责在安息日作不容许的行为的法利赛人说，大卫于极度困苦之时也曾经吃了神殿中的陈设饼。他也引证了由于祭司的职务关系吃了饼而渎亵了安息日的事例。但是既然祭司基于职务而吃饼是合法的，所以那不是对于安息日的渎亵。一方面，他用这样的话去夸大过失说：祭司们只是在庙宇里渎亵安息日，这里就包含了更多的意义，即自然比庙宇更为神圣；另一方面，总的讲来他的目的在于提高自然（自然在犹太人看来是无神的、非圣洁的，）使超出那个单一的有限制的为犹太人建筑起来的庙宇，这个庙宇在犹太人看来，是世界上唯一与上帝有联系的一个部分。但是简单讲来，他把对某一时间〔安息日〕的神圣化与人对立起来，并且宣称前者低于对人的需要之细微的满足。

在同一天耶稣治好了一只干枯了的手。在对待一条在危险中的牛的事件上，犹太人自己的行为，如同大卫错食圣饼或祭司们安息日在职务上吃饼，就足以证明在他们自己那里，安息日的神圣性也并不被当作绝对的，而且他们自己也知道某些东西比遵守这种命令要更高些。但是即使在这里，他摆在犹太人面前的情况也是一种苦难的情况，而苦难抵消了罪过。那条堕在坑里的牲畜要求即刻的拯救；至于那人是否迟至日落时还没有用手去救，那是完全无关轻重的。耶稣的行动表明了他的意愿是要早几个钟头去救，并表明了这种意愿优越于从最高权威发出的命令。

耶稣提出了(《马太福音》,第15章,第2节)[①]人的整个主观性以反对吃饭前洗手的习惯;并且提出了心的纯洁或不纯洁来超出奴役于命令、超出一个客体的纯洁或不纯洁。他把不确定的主观性、性格提到完全另外一个范围,这个范围与呆板地遵守客观的命令毫无共同之处。

耶稣为了反对纯粹客观的命令,提出某种完全不同于它们的东西、主观性一般;但是他对于我们从不同的观点或叫做道德命令或叫做民法命令[②]的那些规律则采取不同的态度。由于它们在命令的形式下表达了人的自然关系,所以把它们全部或者部分看成是客观的,这将是错误的。既然规律是对立面在一个概念里的统一,因而概念是允许它们作为对立面、而概念自身又与实在相对立而存在,所以概念所表达的乃是一个"应当"。只要不就概念的内容而就概念的形式来看,亦且只就概念是人所造成的,是人所理解的来看,这命令就是道德的。只要单纯地就概念的内容来看,把它看成特定的对立面之特定的统一,从而只要"应当"不是起源于概念的特质,而是由一个异己的权力所规定,那么这命令就是民法的。由于在民法的命令里,对立面的统一不是基于概念的理解,不是主观性的,所以民法的规律包含着对许多有生命的存在间的对立之界限规定,而纯粹的道德规律则规定一个有生命的存在内的

① 法利赛人问耶稣道:"你的门徒为什么违反古人的传统习惯呢?因为吃饭的时候,他们不洗手。"耶稣回答说:"……你们借着传统习惯废了神的诫命。……以赛亚指着你们说的预言,是不错的。他说,这些人用嘴唇尊敬我,心却远离我"。(参看《新约全书》第15章,第1—8节,中华圣经会本。)——中译者注

② 这些命令就其为出于人的一种活动、基于人的一种能力而言,也是主观的。

对立的界限。由此足见，前者限于处理有生命的存在与有生命的存在之间的对立，后者限于处理一个有生命的存在的一个方面、一个力量与同一有生命的存在的另一个方面、另一个力量之间的对立，在一定程度上，这个存在的一种力量统治着同一存在的另一种力量。纯粹的道德规律是不能够成为民法规律的，这就是说，在这种道德规律里，对立和统一是不可能具有异己的形式的，——这样的纯粹道德规律关涉到对于某些力量的限制，这些力量的活动并不是一种反对他人的活动或关系。一些规律如果单纯作为民法的规律而起作用的话，则它们就是权威性的，并且出于这些规律，就内容材料来说，是和道德规律相同的，或者，由于客观的东西在概念里的统一也预先假定一个非客观的东西，或者可以变成一个非客观的东西，所以它们作为民法规律的形式就会被扬弃，如果把它们转变成道德规律，如果它们的"应当"不是出于一个异己权力的命令，而是自己的概念和尊重〔道德〕义务的后果。但是那些不能够成为民法命令的道德命令，也可以成为客观的命令，只要其统一（或限制）本身不是作为概念、作为命令而起作用，而是受一个异己力量（这力量虽说是主观的东西）的限制。这样的客观性只能通过恢复概念本身和通过概念对活动的限制才能够被扬弃。

在这种情况下，我们可以指望，耶稣曾努力反对道德命令的权威性，反对单纯的法律观点，并指望他曾指出合规律的东西是一种普遍的东西，人们之所以有义务遵守它全在于它的普遍性，因为一方面每一个应该、每一个命令无疑地表明其自身是异己的东西，但另一方面，作为概念（普遍性）它又是主观的东西，并且由于是主观

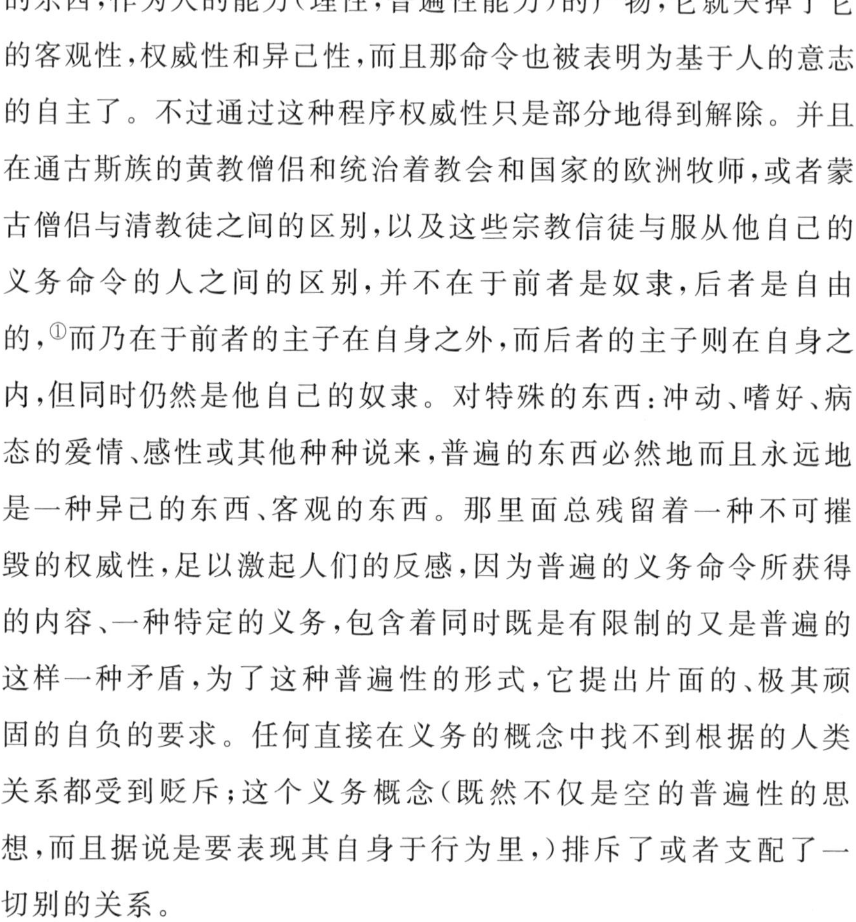

的东西，作为人的能力（理性，普遍性能力）的产物，它就失掉了它的客观性，权威性和异己性，而且那命令也被表明为基于人的意志的自主了。不过通过这种程序权威性只是部分地得到解除。并且在通古斯族的黄教僧侣和统治着教会和国家的欧洲牧师，或者蒙古僧侣与清教徒之间的区别，以及这些宗教信徒与服从他自己的义务命令的人之间的区别，并不在于前者是奴隶，后者是自由的，[①]而乃在于前者的主子在自身之外，而后者的主子则在自身之内，但同时仍然是他自己的奴隶。对特殊的东西：冲动、嗜好、病态的爱情、感性或其他种种说来，普遍的东西必然地而且永远地是一种异己的东西、客观的东西。那里面总残留着一种不可摧毁的权威性，足以激起人们的反感，因为普遍的义务命令所获得的内容、一种特定的义务，包含着同时既是有限制的又是普遍的这样一种矛盾，为了这种普遍性的形式，它提出片面的、极其顽固的自负的要求。任何直接在义务的概念中找不到根据的人类关系都受到贬斥；这个义务概念（既然不仅是空的普遍性的思想，而且据说是要表现其自身于行为里，）排斥了或者支配了一切别的关系。

一个想要恢复人的全面性的人，决不能采取这样的道路，因为它只是把一种顽固的虚骄附会在人的分裂上面。“按照法规的精神行动”对于他并不意味着“为了尊重义务而作出与嗜好相矛盾的行动”，因为精神的两个部分（我们不能用别的话来说出这种心灵

① 黑格尔这里利用康德的命题来反对康德本人；参看康德：《理性界限内的宗教》，IV，2，§3。——诺尔注

的分裂）正由于是两个分裂的部分，就不能是符合法规的精神，而是反对那种精神的，因为一部分〔指理性〕是排他性的，从而是自我限制的，另一部分〔指嗜好〕是被压制的，

耶稣这种超出道德的崇高精神像在登山训众所表明的那样是直接反对法规的。这个教训是一个用许多例子以扫除法规的法律意味或法律形式由法律所实行的尝试。这个教训并不是教人尊重法规，而在于昭示，凡是实践法规的行为，扬弃了它作为法规的性质，因而成为比服从法规更高的东西，并使得法规成为多余的东西。由于义务命令以理性与嗜欲的分离为前提，概念的统治便表明其自身为“应当”，因此，与此相反，那超出这种分离的东西就是“存在”，生命的一种变形，这种变形只是从客体方面看来才是排他的，因而是有限制的，因为排他性只是通过对于客体的限制才有的，并且只涉及客体。当耶稣把他所提出来的反对法规并超出法规的教训（不要以为我来要废掉法规；你须说话算话；我告诉你们不要与恶人作对等等；爱上帝并爱你的邻居）也叫做法规时，则法规一词在这里作为命令是大不同于义务命令的“应当”的。这个词只表示生活经过思想、经过表达出来后，它就获得了一个异己的概念的形式这样一种后果；与此相反，义务命令按它的本质来说就是一个普遍的东西、一个概念。如果生活表现为一种经过反思或某种对人们说出来了的东西的形式，那么像这样一种不适合于生活的表述方式：“爱上帝超过一切和爱邻居如自己”被康德看成“一种命令，要求当作基于爱的命令而建立的法规来尊重”[①]就是错误

① 参看康德：《实践理性批判》第一部分，第一章，第三节。——诺尔注

的。康德把他所叫做的命令:“爱上帝超过一切和爱邻居如自己”,归结为他自己的道德命令这一有深刻意义的作法,建筑在将表达生活的极其偶然的形式与道德命令的混淆上面,而康德所谓道德命令或义务命令包含着概念与实在的对立。康德的说法,“爱(或者按照他以为爱必然应包含的意义——乐意地实践一切义务)是不能命令的”,自身就站不住脚了,因为在爱里一切关于义务的思想都消失了。此外甚至在另一方式下他对于耶稣那句话的尊崇,把它看成不是任何被创造者所能达到的圣洁理想,也同样是多余的词费。因为这样一种把义务当成乐意去做的理想本身就是自相矛盾的,由于义务设定一种〔理性与情欲的〕对立,而乐意去做却不设定对立。他能够在他的理想中忍受这种得不到解决的矛盾,因为他宣称理性的被创造者(一种奇特的文字凑合)〔是能够〕犯错误的,但不能达到那个理想。

耶稣在《登山训众》开始时(《马太福音》,第5章,第2—16节)使用了一种似非而是的矛盾语句,对盼望着他的大量听众立刻就毫不含糊地宣示了他全部灵魂,他们从他那里应该盼望某种完全陌生的东西、另外一种天才、另外一个世界,他曾经大声疾呼,因为他热情地立刻就想排除庸俗的道德评价,热情地宣示一种新的道义和光明、新的生活领域,它们与现世界的关系只能是遭到仇恨和迫害。但是在这个天国里(《马太福音》,第5章,第17—20节)他指示给他们的却并不是法规的消失,而乃是这些法规必须通过一种新的道义加以实践,在这种新的道义里,比起那些墨守义务的人们还有更多和更完善的道义,因为它补救了那些〔旧〕法规的缺陷。

从这里起，他指出了对于几条法规的补充，我们可以把这种经过增补的内容叫做按照所命令的法规办事的嗜好或倾向，嗜好与法规的统一，这样一来，法规便失掉其为法规的形式了。这种与嗜好的一致性就是法规的履行，一种存在，这存在或者用别的说法来表达，就是“可能性的补补”[①]：因为可能性就是在思想中的客体、共相。存在〔是〕主体和客体的综合，在这个综合中主体和客体皆失掉了它们的对立，同样那种嗜好、道德也是一种综合，在其中法规（由于它是普遍的，康德总是把它说成是客观的东西）失掉了它的普遍性，同样主体失掉了它的特殊性——两者皆失掉了它们的对立性。与此相反，在康德的道德观念里，这种对立仍然保持着，普遍成为能统治的，特殊成为被统治的。嗜好和法规的一致意味着法规和嗜好已不复是不同的。因此“嗜好与法规的一致”这个提法就不太适合，因为这个提法包含着法规和嗜好仍然是特殊的东西、仍然是对立的。此外这个提法还很容易把法规对于道德意向、对于尊重法规、对于意志自决的支持〔错误地〕理解为由于受到不同于法规的嗜好的支持，并且照康德这种看法，处于一致的两个方面既然是不同的，那么它们的一致只能是偶然的，只能是两个异己的东西的统一，只能是在思想中的一致。但是既然在法规（及与之相联系的东西的补充）里，义务、道德意向等等停止其为〔反对〕嗜好的普遍物，而嗜好停止其为反对法规的特殊物，因此法规与嗜好的这种一致就是生活，并且作为不同的东西彼此间的关系就是爱，一种存在，这种存在(1)被表述为概念法规，必然地与法规相契合，

① 这是鲍伽登的说法。参看他的《形而上学》(1739)，第40、55节。——英译本注

亦即与其自身相等同，或者(2)被表述为现实物，为与概念相对立的嗜好，也同样是与它自身、与嗜好相等同。[①]

譬如，“不要杀人”(《马太福音》，第5章，第21节)这个命令曾被认作对于每个理性存在的意志都通行有效的基本命题，也是被认为可以作为普遍立法的根本原则。反对这个命令，耶稣提出了一个较高的和解的天才(爱的变形)，这个天才不仅行事不反对那个法规，而且使得那个法规成为多余的东西，它包括在其中远为丰富的有生命的充实内容，像空洞抽象的法规，对它来说，简直不是什么东西。在〔爱的〕和解里，法规失掉了它的形式，概念为生命所代替，但是和解也因而失去了普遍性、失去包括一切特殊在内的概念，不过这只是虚假的损失，而且由于与接触到的个人(也许人数很少)所发生的活生生的关系之丰富性，它却有了真正的无限的收获。它不排斥现实的东西，而只排斥在思想中的、可能的东西。那种富于可能性的、普遍性的概念、命令的形式，本身就是生命的分裂，而且命令的内容又是那样空疏，以致除了它要禁止的唯一不道德的行为外，它可以容许一切其余的不道德的行为。反之，从和解看来，即使愤怒也是一种犯罪，是情感对于压迫之快速的反应，是

① “因此，每一个命令只能表达一个‘应当’，因为它是一个普遍的东西，从而立即表明了它的缺点，因为它没有说出存在。对于这样一种命令像：‘不要杀人’，耶稣提出了一种道德、人的爱的意向与它对立，这种爱的意向不仅使得那个命令就内容说来成为多余的，而且也打破它作为命令的形式，因为命令的形式意味着一个命令者与一个抗拒命令者之间的对立；爱的意向排除了任何关于牺牲、毁灭、压制情欲的思想，它同时比起理性的冷酷的命令是一个具有更丰富更有生命的充实内容。”在这一段里黑格尔明显而突出地歌颂爱，反对冷酷的道德命令。但是这段话又被他意味深长地删去了。原编者诺尔在小注中附入此段，今亦作为小注译出。——中译者注

重新鼓动起压迫他人的报复愿望，这乃是一种盲目的正义感，因此虽假定了一种平等，但乃是仇恨的平等。与此相反，和解的精神本身〔是〕没有仇恨的意向的，而且努力于消灭他人的仇恨。如果按照爱作为评判的标准，则叱骂自己的弟兄为恶棍也是一种犯罪，甚至是比愤怒还更大的犯罪。但是一个恶棍在他的孤立中，在他把他一个人放在与所有别的人处于仇恨的对立地位中，并且努力维持这种混乱境地时，他还可以被看成某种东西，他还有其一定的价值，因为他成为仇恨的对象，并且一个大恶棍也有其可以赞美之处。因此对于爱说来，尤其陌生的就是宣称别人是一个愚人，因为，这样一来不仅割断了同他的一切关系，而且也取消了对他一切平等对待和一切本质上的共同性了。被称为愚人的人一般被认作完全受压制的人，并且被标明为无物。

另一方面，爱（《马太福音》，第 5 章，第 23—24 节）来到祭坛面前意识到一种分裂，在那里留下了它的献礼，同兄弟取得和解，然后才以纯洁而单一的心走近上帝。它不让法官去衡量它的权利，而打破一切顾虑去与敌人和解。

同样，耶稣提出爱来以与义务上忠于婚姻和丈夫与妻子离婚的权利相对立（《马太福音》，第 5 章，第 27—32 节），爱甚至排斥了为夫妻间单纯义务所不禁止的淫欲，并且除了在一种〔通奸〕情况外，爱取消了离婚的许可，而许可离婚是与义务冲突的。所以一方面，爱的圣洁性是反对离婚的法规的补充，而且只有这种圣洁性才使人能够克制他多方面中的一个方面夸大成为全体或者突出地要反对全体，并且只有全体感，爱，才能够防止人的本性的分裂。另一方面，爱取消了离婚的许可；对爱来说，只要爱还保持着，或者甚至当爱停止时，就说不上什么许可或权利。丈夫对于妻子停止了爱，而爱在妻子中还存在着，则他的爱本身就是不忠实的，就犯了罪。而且把感情转移给另外一个人，只是爱情的背叛，这种背叛必然因恶的良心而忏悔。当然在这种情况下，命运是不饶人的，这个婚姻本身就分离了。但是丈夫可以从法律和权利去取得支持，并且把正义和正当拉在他那一边，这实际意味着于伤害妻子的爱情还更加上一点卑鄙的狠心。只有在妻子把她的爱情交付给别人的情况下，耶稣才容许有例外，不能让丈夫老是作她的奴隶。摩西想必曾经给犹太人（因为他们心狠）制定了关于婚姻的法律和权利；但是在开始的时候并没有这样作。

在肯定一个现实事物时，主体和客体总是被认作分离开的，或者在肯定一个将来的东西和作出一个诺言时，意志的宣示和行为本身还是被认作完全分离开的，在这两种情况下，真理，亦即两者的紧密联系是主要的。在宣誓里总是或者把已经过去的事情的观念或者把一件将来的事情的观念与某种神圣的东西结合起来，把言语与行为的联系，它们的结合，把存在自身，用一种存在的东西表现出来，在这种东西里显示出来。由于誓言所包含的事情的真理性，本身还看不出来，于是便提出真理本身、上帝来作为见证，这样一来，一方面给予宣誓的对方以真理性的保证，在他那里起增加信心的作用；另一方面，通过这个存在着的事实之反作用于宣誓者的决心，就排除了誓言所包含的真理的反面。实在看不出来，这里面包含有什么迷信。当犹太人指着天、指着地、指着耶路撒冷或者指着他们的头发宣誓，并把他们的誓言让上帝得知，请上帝作主时，那么他们就把誓言所保证的东西的现实性与一个客体结合起来了。他们把两种现实性的同一，把客体和誓言所保证的东西的联系，两者的同一放在一个异己的力量支配之下，上帝被设定为监视誓言的权威，而这种结合是应该奠基在人们自身上面的。誓言所保证的行为和作为誓言的见证的客体，是那样地互相联结在一起，以致只要其一被扬弃，其他也就被否定、在观念中被扬弃了。因此如果那约许了的行为或者誓言所保证的现实没有实现出来，那么宣誓所诉诸的客体、天、地等等也就从而被否定了。在这种情况下客体的主必定要出来维护誓言，上帝必定成为他自己的报仇者。这种把誓言所保证的行为与某种客观事物相联结的作法，耶稣加以反对(《马太福音》，第 5 章，第 33—37 节)。他不主张谨守誓言的义务，而且宣称一般讲来起誓是多余的，因为不论天或者地，不论耶路撒冷或者头发都不是人的精神，唯有人的精神才是人的言语与行为的联结者。耶稣认为那些东西〔天，地等等〕乃是异己的财物，行为的确定性不可以与某种异己的东西相联结，不可以置于异己的东西的支配之下，反之，言语与行为的结合必须是活生生的，必须建立在人自身之内。

法规说，以眼还眼，以牙还牙(《马太福音》，第 5 章，第 38—42 节)。报复、对等的报复是一切正义的神圣原则，是每一个国家制度所必须依据的原则。但是耶稣总的讲来要求放弃权利，他要求通过爱来超出正义或非正义的整个范围，在爱里面，不仅权利感消失了，而且不平等之感和平等观念所要求的应有不平等之感，亦即对仇敌的恨也消失了。

耶稣直到现在所谈及的法规和义务，总的讲来是有关民法方面的，他对于它们所作的补充并不在于证实它们作为法规和义务，也不在于要求作为纯粹尊重它们的动力，而毋宁表示了他对它们的轻视。他的补充乃是一种精神，它的行为如果按照法规和义务命令的标准来评判，虽说是符合它们的，但它却没有对义务和权利的意识。他还进一步谈到一种单纯的道德义务、慈善的德行（《马太福音》，第6章，第1—4节）。耶稣谴责了如像在祈祷和斋戒中夹杂一些异己的东西进去，使得行为不纯洁："不可将善事做在人面前，故意叫他们看见。"耶稣认为行为的目的，亦即在思想中的行为，在行为作出以前的念头，和完成了的行为是相同的。除了要扫除伪善（伪善在行为的思想夹杂进去另外一个不在行为之中的、故意叫他人看见的念头，）外，耶稣在这里似乎还想扫除把行为当作一个实践了的义务的意识。"不要叫左手知道右手所作的"，不能解释为不要自己的行为为他人所知悉，因为这正是叫他人看见的反面，因此如果这话有什么意义的话，它所表示的将应是不要对于他的符合义务的行为有自觉的反思。对于我的行为究竟只有我看见，或者我以为别人也看见，究竟只有我欣赏我的意识，或者我又欣赏别人对我的意识的赞扬，这是没有很大差别的。因为当别人对于由义务、亦即由普遍，克服特殊所赢得的胜利的赞扬为我所知道时，则这种赞扬似乎意味着，普遍和特殊不仅仅在思想中，而且被看见了，普遍在别人的视念里被看见，特殊在别人那里作为现实事物本身而被看见。而且实践了义务的那种独自意识与荣誉并没有种类上的不同，所不同的地方只在于在荣誉里，其普遍性被认为不仅只是在理想中的，而且又是被认为实际有效的。意识到自己实践了义务会使得个人自以为具有普遍性，他把自己看成一个普遍的东西、看成超出了自己作为特殊的东西，并且超出了包含在特

殊性这个概念内的一切,或者超出了一大群的个人。因为正如普遍性概念可以应用到个人,特殊性概念也可以和各个个人这样关联,而且个人自身作为特殊又与那个认识到自己遵照了普遍性,履行了义务的个人相对立。这种自我意识同别人对他的赞扬一样对于那个行为来说,都是异己的。

关于相信自己是正义的这种信念和由此而来的对于别人的轻蔑,(这两方面,由于特殊与普遍的必然对立,处于必然的联系中),耶稣在《路加福音》第 18 章第 9 节的比喻里也曾说到。法利赛人感谢上帝(他是太谦虚了,他没有认识到那是由于他自己意志的力量,)说,他不像别的人,勒索、做坏事、奸淫,也不像在他旁边的税吏;他按照规则禁食,并且按照良心作为一个正直的人缴纳收入的十分之一。对于这种正直的意识(姑且不说这是否真实的)耶酥提出那个税吏与它相对立,这个税吏以垂头丧气的、不敢举起望天的眼光,捶着自己胸膛说:上帝啊,开恩可怜我这个罪人。法利赛人的这种意识(意识到已经履行了自己的义务),也如那个少年人的意识(意识到他自己已忠实地遵守了一切法规,《马太福音》,第 19 章,第 20 节)一样都是伪善,因为一方面,虽说这种意识是和行为的动机不可分、是对它自身、对那行为的一种反思,但却是一种不纯洁的、不属于行为本身的东西;另一方面,如果这种意识是他自己作为一个有道德的人的观念,像在法利赛人那里和在那个少年人那里那样,那么这是具有道德内容的观念,这就是说,它的内容是有限制的,它的范围是限定了的,它的材料是有限度的,因此,总的讲来,是不完全的,而那自问无愧的良心,自诩完成了义务的意识却诡称为全体,所以是伪善。

耶稣以同样的精神谈到祈祷和禁食(《马太福音》,第 6 章,第 5—18 节)。两者或者完全是客观的纯粹被命令的义务,或者是基于一种需要。它们是不能够被认作道德义务的,因为它们并不假定在一个概念中可以统一起来的任何对立。在祈祷和禁食的行为里,耶稣谴责人们通过行动在他人面前所表观出来的那种虚伪性,特别是在祈祷里,他又谴责人们用许多重复的话使得它具有义务和实践义务的外观。耶稣评判禁食(《马太福音》,第 9 章,第 15 节:〔新郎和陪伴之人同在的时候,陪伴之人岂能哀痛吗? 但日子将到,新郎要离开他们,那时候他们就要禁食。〕)是按照作为它〔禁食〕的基础的感情并按照推动人们如此做的需要出发的。除了排斥在祈祷时心情的不纯洁外,耶稣还提出了一种祈祷的方法。在这里不打算考察祈祷的真理。

下面(《马太福音》,第 6 章,第 19—34 节)关于摆脱生活的烦恼和轻蔑财富的命令,像《马太福音》第 19 章,第 23 节所指出:财主进天国是怎样的困难,这里没有什么可说的;这是一种连祷,只有在说教中或者在赋诗中这样说是可以宽恕的,因为这样一种命令对于我们是没有真理性的。财产的命运对我们说来已变成太有威力了,使我们不能忍受不去反思财产,使得废除财产在我们成为不可设想。至少这些是可以看得出来的:即财产的占有以及与占有财产有联系的一切权利和一切烦恼,给人们带出许多规定性,这些规定性的限制给道德划定了界限,规定许多条件给道德,使道德依赖于这些条件。在这些条件之内,当然有实行义务和道德之余地,但是义务和道德已不被承认为全体、为完全的生活,因为如果生活与一个容体相联结,它就受到自身之外的一些条件的制约,因而虽说承认生活有某种属于它自己的东西，但这种东西又不能成为它的所有物。财富立刻就表明它与爱是对立的，从而是反对全体的，因为财产是一种权利，并且是包括在众多权利中的一种权利，这就意味着，一方面那直接和财产相关联的道德，正直，另一方面别的在财产范围之内可能的道德必然与排他性不可分，因而每一个道德行为本身就是一种对立物。杂拌主义、替两个主人服务当然是不可设想的，因为不确定者和确定者是不能各自保持它们的形式而又结合在一起的。耶稣必须不仅指出诸义务的补充，而且又必须指出这些原则的客体、义务范围的本质，以便摧毁与爱相对立的那个领域。

路加(《路加福音》，第 12 章，第 13 节)把耶稣反对财富的观点与一个具体的人相联系，因而讲述得更为明白。有一个人请求耶稣去调停他的兄弟和他分遗产的事情。一般讲来，拒绝这种调停工作的请求将会被指责为自利主义者的行径。耶稣在对请求者的答复里似乎只是直接提到他没有权力过问这件事情。但是在他的精神里却包含着远比只是说他没有权力干涉分配遗产的话要多得多，因为他立刻转而向着他的门徒们，警告他们要去掉贪心，并且加上一个关于财主的比喻，上帝用这样一些使财主震惊的话道："无知的人哪！今夜晚将要求于你的灵魂；凡是自己积蓄财富，而在上帝面前却不富足的人，你所获得的东西要归谁享受呢?"所以耶稣只是对那个庸俗的请求者才提到权力，对于他的门徒他要求他们提高到超出世人在这个领域内所能作的如权利、正义、公正、友好的服务的领域，超出整个财产的范围。

与良心、与自己尽了义务或未尽义务的意识相对立的，就是应用法规去评判别人。耶稣说："你们不要论断人，免得你们被论断；因为你们怎样论断人，也必怎样被论断。"(《马太福音》，第 7 章，第 1—5 节)这种把别人从属于一个概念(而这个概念又被表述为规律)之下的办法，应该说是一个弱点，因为评判者不够坚强，不能完全容忍他们，而去把他们分开[①]，他不能始终坚持他们是独立的，他不把他们看成他们本来那样，而是把他们看成他们应该那样；通过这个判断，他把他们从属在他自己的思想之内，因为那个概念、普遍性是他自己的。但是有了这个论断，他就承认了一个规律，并使自己受这个规律的约束，也为他自己提出一个评判人的标准；并且以爱的情绪对待他的兄弟，把兄弟眼中的刺替他取出来，他自己也就进入了爱的王国。

再下面(《马太福音》，第 7 章，第 6—29 节)耶稣所说的不像前面那样，提出一个高于法规的领域来与法规相对对立，而只是揭示出生活在它的优美自由的境界内的一些表现，如人们在请求、取、给与方面的统一性。整个说教在结束时，努力于指出一种人的形象，完全处在前面所描述过的那个范围之外，在那里人的形象是与特定的烦琐法规相对立的，因而生活的纯洁性便表现在它的特殊形态和特殊道德，如和解、忠于婚姻、诚实等里面。这样，人的形象当然只能在不完善的比喻中表述出来。

和这种超出法规和义务的爱(这种爱耶稣标明为最高的道德)形成对比的，有着施洗者约翰的看法，关于这点路加(第 3 章)保存

① "把他们分开"大意是把他要评判的人分成下句所说的"本来那样"和"应该那样"，而以自己主观思想的应该那样作为标准去苛责他人。——中译者注

了一些例子。约翰对那些犹太人说，如果他们还希望逃脱将来的忿怒的命运，不管他们的祖宗是否亚伯拉罕，“斧子已经放在树根上”。及当那些犹太人问他说，他们应当作什么呢，他答道：“有两件衣裳的，或者有多余的食物的，就分给那没有的。”他告诫税吏，叫他除了例定的数目，不要多取。他告诫士兵，叫他们不要以强暴待人，也不要讹诈人，自己有钱粮就当知足。人们还知道他（《马太福音》，第 14 章，第 4 节），说他责骂过国王希律与他的兄弟的妻子的关系，这次责骂使得他丢掉了脑袋。他的命运由于一个特定事件〔责骂希律〕而告完结，正如他的教训（按照上面的例子）是关于一些特定的道德的告诫，并且表明它们的伟大精神，它们的无所不包的灵魂，没有进入他的意识。他自己也感觉到这一点，他宣称另外一个人手里拿着簸箕，要扬净他的场地。约翰希望并且深信他的继承者将不用水施洗，而用圣灵与火施洗。

第三节　耶稣的道德教训：(B)爱超出了刑罚上的公正并且是对命运的和解

耶稣提出人来与犹太人的权威性相对立，他提出道德来与法规和服从法规的义务相对立，在这些作法里，他就扬弃了那受制于权威性的人的不道德。诚然受制于权威的人，就某一特定的道德看来，这个道德在他那里，对他来说，是他的服役，既不是道德的，也不是不道德的，而且他履行某些义务的服役与那些义务比较起来，也并不直接就是非道德的，但是从另一方面看来，与这种特定的中立性相联系，同时就有了一定的不道德性，因为他的特定的受权威支配的服役有一个他所不能逾越的界限，一超出这个界限他就算是不道德的。因此权威性所包含的不道德与服从权威所包含的不道德是属于人类关系的不同方面的，在服从权威的范围内，行为是非道德的〔即中立于道德的服从〕而不是不道德的。[①]

当提出主观性来反对权威性时，服役的中立性和界限就消失了。人独自站立起来，他的性格和他的行为就是他本人。他只有他自己为他自己设定的限制；他的道德是他自己限制自己的一些规定。这种划清〔善与恶的〕对立的可能性就是自由，就是道德或者罪恶之间的“或者”。在法规对自然、普遍对特殊的对立里，这两对对立是同时设定的，同是现实的，没有其一也就没有其他。在道德自由中所包含的善与恶的对立里，有其一必排斥其他，因此如果其一是现实的，其他便是可能的。

义务与嗜好的对立在爱的各种特殊形态，亦即在道德里找到它们的统一。既然法规不是就内容说，而是就形式说是与爱相反对的，所以法规就可以吸收进爱里，但是在经过吸收后，它就失掉其作为法规的形式了。反之，对于犯法来说，法规就是在内容上与它相反对的。犯法排斥了法规，但法规却仍然存在着。因为犯法是对于本性的破坏，既然本性是一，所以在破坏〔犯法〕中，能破坏者所遭受的破坏与被破坏者所遭受的破坏同样的多。如果“一”受到反对，则对立面的统一只能存在于概念中，〔而不存在于现实中〕。一条法律制定出来；如果反对这法律的人被摧毁了，那么概念、法律仍然存留着。但这就只是表明了这里有了缺陷、漏洞，因为这条法律的内容实际上已经被扬弃了，——这就叫做刑法。法

① 道德不仅是与权威性相反对的，而又是与非道德、不道德相反对的。

律的这种形式是直接与生活相对立的，因为它标志着生活的破坏。但是看来这更难于设想：这种形式的法律作为刑罚上的公正，怎样可以被扬弃。在上面所谈到的通过道德对于法规的扬弃里，只是法律或法规的形式消失了，它的内容仍然存留着。但是在这里，内容也随着形式之扬弃而扬弃，因为它的内容是惩罚。

惩罚直接取决于受侵犯的法律。犯法者必须丧失同他由于犯法而损害别人的权利相等的权利。犯法者把他自己放在构成法律的内容的概念之外。当然法律只是说，他应该丧失包括在法律〔概念〕之内的权利，〔但是〕由于法律直接只是一个思想，因此只是犯法者的概念丧失了权利；而且为了使得犯法者真实地丧失权利，这就是说，为了使得犯法者真正地丧失他的概念所丧失的权利，那么法律必须与生活相联系，并且披上权力的外衣。现在如果法律只高高乎在上，固执在它的恐怖的威严中，并且坚持惩罚是罪有应得的，因而是不能被扬弃的。法律是不能赦免处罚的，是毫不容情的，因为这样法律就会扬弃它自己。法律受到犯法者的破坏，它的内容对他已不生效，他已经扬弃了法律的内容。但是法律的形式，普遍性紧迫逼着他，并紧抓住他的犯法行为。他的行为被赋予普遍意义，他剥夺了别人什么权利，也从他那里把那个权利剥夺掉。因此法律仍然存留，应受处罚仍然存留。但是其权力与法律合而为一的那个活着的人、执法者（他把那个犯法者在概念上丧失了的权利在实际上剥夺掉），法官并不是抽象的正义，而乃是一个活的存在，正义只不过是他的一个特性。犯法应受惩罚的必然性是固定不移的，但是正义得到执行却没有必然性，因为正义作为活人的一个特性也是可以消失的，并可以为另外一个特性所代替的。因

此正义也成为一种偶然性的东西。在作为普遍、作为思想的正义与作为现实的正义，亦即，在一个活人身上的正义之间是可以有矛盾的。一个复仇者可以宽恕敌人，放弃报仇；一个法官可以不作为法官行事，赦免罪犯。但是这种作法不能满足正义的要求；正义是不屈不挠的。只要法律是至高无上的，只要法网是不可逃脱的，那么个人就必定要为普遍而牺牲，这就是说，他就应该处死。因此以为惩罚一个罪犯作为许多同样犯罪者的代表〔杀一儆百〕就可以满足法律的要求，这种想法也是自相矛盾的，因为只要别的罪犯都被认为在他〔这个代表〕那里遭受到惩罚，那么他就是他们的普遍、他们的概念，但是法律，作为贯彻命令或惩罚的工具，之所以是法律只因为它是针对特殊个人的。法律之所以有普遍性的条件在于有行为的人或他们的行为是特殊的东西。就这些行为与普遍、与法律相关联看来，亦即，就它们符合法律或违反法律看来，它们是特殊的。就这个观点看来，它们与法律的关系，它们的规定性是不容改变的，它们是现实的东西，它们就是它们那样；已经发生的行为是不能一笔勾销的，有罪行者必受到惩罚，它们的联系是无法撕毁的。如果没有办法使已发生的行为不发生，如果这个行为的现实性是永恒的，那么就不可能有任何和解，即使遭受到惩罚也不可能有和解。当然这样一来，法律是得到了满足，因为存在于法律所宣布的应当与犯法者的现实性之间的矛盾是被扬弃了，而且犯法者想要在法律的普遍性之中去寻求例外〔的赦免〕也随之被扬弃了。不过犯法者仍然没有同法律取得和解，（不论这法律对犯法者来说是异己的东西也好，或者主观地在他那里作为惭愧的良心也好）。在前一种情况下，那个异己的力量（这力量是犯法者创造的、并用来作为反对自己的武器的)、这个敌对的存在一经惩罚了他,便不复对他起作用。当法律对他所作的也正是他自己对他所作的时,法律当然就会让他过去,但是它仍然退回到一个恫吓的态度;法律的〔异己的〕形象并没有消失,换句话说,它并没有成为友好的东西。往后一种情况下,在具有愧悔良心,意识到自己的行为是坏的,意识到自己是个坏人的人那里,受到惩罚,也不会引起他任何变化。因为犯法者永远把自己看成犯法者,他对于他的行为作为一种现实,已无能为力,而他的这种现实与他对于法律的意识是互相矛盾的。

但是人不能忍受这种不安〔矛盾〕;在可怕的罪恶的现实性和法律的不可改变性面前,他只能求救于恩典。愧悔的良心的压迫和痛苦可以重新驱使他走上不诚实〔欺骗〕的路,这就是说,可以驱使他力求逃避他自己的良心,从而逃避法律和正义,他投到执行抽象正义的司法官的怀抱中,去恳求他的仁慈,他希望这个法官可以闭着一只眼睛,单看他的好的一面,把他看成不同于他现在的样子。当然他自己不否认他的罪行,但是他怀着一个不诚实的愿望、即仁慈本身可以否认他的罪行,而且他从另外一个存在所形成关于他自己的思想和假观念中去寻找安慰。所以在这里,除了一个不诚实的恳求之外,意识没有沿着纯洁的道路回复到统一性的可能,没有扬弃惩罚、没有扬弃法律的威胁、没有扬弃愧悔的良心。只要惩罚被看成某种绝对的东西,只要惩罚是无条件的,并且只要它没有一个方面与制约它的条件具有一个较高的领域在它们之上,就不可能有这样的扬弃。法律与惩罚不能得到和解,但是在命运的和解里它们可以被扬弃。

惩罚是违犯法律的后果，犯法的人在犯法的行为中脱离了法律，但是他又仍然依赖法律，他不能逃脱法律，既不能逃脱惩罚，也不能逃脱他自己的行为。[①] 因为既然法律的特征是普遍性，而犯法者所破坏的是法律的内容，但法律的形式、普遍性仍然存留着。犯法者以为他超出了法律，变成了法律的主人，然而这个法律仍然存留着，而且法律现在是按照内容来反对他了，因为它具有与前此的法律相矛盾的行为的形式，而行为的内容现在却具有普遍性的形式并且是法律了。[②] 法律的这种颠倒，即法律变成了它从前那个样子的反面，就是惩罚。因为那个脱离了法律的人，他仍然受法律的支配。既然法律作为普遍的东西仍然存留着，同样那犯罪的行为也仍然存留着，因为它是特殊的东西。

被了解为命运的惩罚完全是另外一回事。在命运里惩罚是一个敌对的力量，是一种个别的东西，在这种个别东西里，就应当的命令及这个命令的执行之间没有分离而言，普遍与特殊是统一的。但是就法律来说，却有了分离，因为法律只是一种规则，一种思想物，需要一种与它对立的东西、一种现实的东西，从那里得到它的权力。在命运的这种敌对力量里，就法律作为普遍的东西与人或人的嗜好作为特殊的东西相对立看来，普遍与特殊也是没有分离的。命运只是一个敌人，人与命运的对立是作为一种斗争的力量

① 法律，正如惩罚和行为一样是一种客观的东西，是不能消灭的东西；以命运的形式被了解的惩罚又完全是另外一回事。一个受命运支配的人是和法律不相涉的。

② 这段话所谓“按照内容来反对他”是指用具体刑罚来处罚他。所谓“它具有……行为的形式”是指法律已变成惩罚人的具体行动的形式。所谓“行为的内容……”是说按照法律的惩罚措施，其内容也是有普遍性的，也是法律。这里是用内容和形式的范畴来分析法律、犯法、惩罚的辩证关系。——中译者注

来反对它。与此相反，法律作为普遍者统治着特殊者，要求个别的人服从它，人的犯法，作为一个受命运支配的人来看，并不是臣民对于君主的反叛，也不是奴隶从主人那里逃跑，不是从奴役地位中求解放，不是把一个犯死罪的人救活，因为人存在着，在他有犯法行为以前，没有分离，没有对立，更不用说没有统治他的东西。只是由于脱离了那种统一谐和的生活(这种生活既非法律所规定，也不违反法律，)，只是由于杀害了人命才产生一种异己的东西。毁灭生命并不是把它变为无存在，而乃是生命的分离，其毁灭乃在于把生命转变成自己的敌人。在他们看来，生命是不死的，生命被杀害了的它就表现为它的可怕的鬼魂，这个鬼魂要维护生命的每一方面，报复任何仇恨。犯法者的幻想，以为他毁灭了对方的生命，就可以扩大自己，被如下的事实打破了，即那被伤害了的生命的已死去了的精神又要出现来反对他，像班科那样，他作为一个朋友来在麦克白斯面前，他并没有因为遭受杀害而被消灭，而是在转瞬之间他却又取得一个座位，不过不是作为宴会上的宾客，而是作为一个恶的鬼魂。犯罪者用意在戕害对方的生命，但他只是摧毁了自己的生命。因为生命并不是不同于生命的，一切生命是在一个单一的神之内。在他的盛怒之下他诚然有所摧毁，但是他只摧毁了生命的友好性，他把生命转变成一个敌人。首先是这种行为本身创造了一个法律，现在这个法要出来作主宰了；这个法律便在概念中把那表面上是别人的被伤害了的生命与他自己用来抵偿的生命之间的同一性结合起来了。现在那被伤害了的生命首先出现作为一个敌对的力量来反对那个犯罪者，并且虐待他，犹如他虐待对方那样。所以惩罚作为命运是犯罪者的行为本身之对等的反作用，

是他自己武装起来的一种力量的反作用，是他自己造成的敌人对他的反作用。看来要同命运和解比起同执行惩罚的法律和解，还更难于设想，因为为了要同命运和解，似乎还必须扬弃毁灭，但是单就和解的可能性来看，命运比执行惩罚的法律有一个优点，即命运是在生命的范围之内发生的；与此相反，一个犯罪行为受到法律和惩罚的制裁是发生在不可克服的对立、绝对的现实性范围之内。在这个范围内惩罚如何可以被扬弃，是不可能设想的，也不可能设想对于恶的现实性的意识可以消失，因为法律是一个使生命从属在它下面的力量，没有什么高于法律的东西，甚至上帝也不高于法律，因为上帝也只是最高思想的力量，只是法律的执行者。一件现实事情只有当它作为观念的东西消失在另一个薄弱的观念中时才会被忘记，在这种情况下，它的存在却仍然被设定为有永久性的，但在作为命运的惩罚那里，法律较生命更为后起，并且较生命更为深刻。法律只是生命的缺陷、是作为权力的有缺点的生命。生命可以重新医治它的创伤，使分裂了的敌对的生命重新返回到它自身，并且可以扬弃犯罪行为的罪过、扬弃法律和惩罚[①]。及当犯罪者感觉到他自己的生命受到摧毁（遭受惩罚）或者在愧悔的良心里认识到他自己被摧毁了时，他的命运便开始发生作用，而这种被摧毁了的生命的感觉必会成为对那业已失去了的生命的向往。这个缺少的东西被认识到是他自己的一部分，被认识到应该在他里面，

① 违规、犯法和惩罚决不是原因与结果的关系，因果的有规定的联系是一个客观的东西、是一种规律。在这种情形下，可以说因与果是完全分离，不再统一的。反之，命运可以扬弃那反作用于犯罪者的规律，因为那个规律是他自己建立起来的。这种他自己作出来的分离，是可以统一起来的，这种统一就是爱。

而又不在他里面的东西。这个缺陷不是一个非存在，而是生命被认识到、被感觉到作为一个非存在着的东西。感觉到命运是可能的，就是对命运的敬畏，这种感觉是完全不同于对惩罚的恐惧的。前者是害怕生命的分离，是对自己本身的敬畏；对于惩罚的畏惧是对于一个异己力量的畏惧，因为即使规律被认识到是自己的规律，对于惩罚的畏惧仍然是对于一个异己东西的畏惧，如果不是把对惩罚的畏惧看成是毫无价值的话。但是在惩罚里，除了不值得畏惧之感外，又加上一种不幸的现实性，或丧失了幸福的现实性，丧失了幸福也就丧失了人的概念或本性，这就是说，人成为不值得享受幸福的了。因此惩罚假定了一个异己的存在作为这种现实性的主宰。对于惩罚的畏惧就是对于这个异己的主宰的畏惧。与此相反，在命运里，这个敌对的力量乃是敌对化了的生命的力量，因此对命运的畏惧不是对于一个异己力量的畏惧。再则，惩罚并不能有所改善，因为它只是使人遭受痛苦，使人在一个〔异己的〕主宰面前有无能为力之感，和这主宰，那犯罪者既没有共同之点，也不愿意有共同之点。惩罚只能起使被罚者执拗、对敌人顽固抵抗、认被敌人压制为耻辱的作用，因为人若屈服于惩罚就是自己丢掉了自己，但是在命运里，人认识到他自己固有的生命，他向命运恳求，并不是向一个异己的主宰恳求，而是回返到他自己和接近他自己。

当人在命运里感觉到他所丧失了的东西时，命运对他所起的作用是使他对那已经丧失了的生命有一种向往之忱。这种向往之忱，如果可以说改善或被改善的话，那么就已经可以叫做一种改善〔或提高〕，因为于它〔向往之忱〕是一种对丧失了的生命的感觉，它

认识到那丧失了的东西是生命，是一度对它很友好的东西。而且这种认识本身已经是生命的享受。犯罪者的这种向往之忧可以如此充满了良心的自责和畏缩，以致他处在意识到自己的罪恶与更新地认识到生命之间的矛盾中，对回复到新生命仍然感到迟疑，特别是当他处在这样心境下：即延长他的愧悔的意识和沉痛的情感，而且随时告诫它，不要随便轻心地对待生命，直到他出于灵魂的深处要求重新与生命联合、重新把生命当作朋友来欢迎。在牺牲中、在忏悔中，犯罪者总是使自己受苦受难；就像参拜圣地的人那样，穿着毛衬衫，赤着脚在很热的沙上一步一步地走，为了延长和加倍愧悔意识和痛苦，以便一方面完全透彻体会到他们的损失和缺陷，同时另一方面在其中完全认识到这个生命（虽说是个有敌意的生命），并从而使得重新获得它成为可能。因为对立是重新统一的可能性，在痛苦中感到生命的对立愈大，则重获得生命的统一也愈大。即因为甚至敌对的力量也被感觉到为生命，所以同命运的和解就成为可能。因此这种和解既不是同一种异己力量的破坏和压迫相和解，也不是将对自己的意识与盼望别人对自己有不同的看法的矛盾加以和解，更不是按照法律罪有应得与对法律认真执行之间的矛盾或者人作为概念与人作为现实之间的矛盾的和解。这种生命的感觉，在其中生命重新发现自己，就是爱，在爱中命运得到了和解。从这种方式来看，犯罪者的行为并不是一个片断，那个从生命、从全体产生出来的行为，也表现了全体。犯罪或所谓违反法律只是一个片断，因为法律已经存在于犯法的行为之外，法律是不属于它的。那从生活中发生的犯法行为，也表现了（不过只是部分地）这个生命或生活的全体；而那敌对的部分也可以重新接纳到全体。正义得到了满足，因为犯罪者已经在自身中感觉到与他所伤害的生命相同的生命受到伤害了。良心上的内疚也减轻了，因为引起罪行的恶的鬼魂已被赶走了；在他那里已不复有任何敌对的东西了，他的犯罪行为至多只是作为没有灵魂的骸骨仍然存在于现实的藏骨室和记忆中罢了。

但是命运比惩罚有一个较宽广的领域。有时甚至只有内疚没有罪行也可以激动起命运，因而命运远较惩罚更为严格。命运的严格性常常达到最显明的非正义性，当它以极其恐怖的姿态出现来反对那最崇高的过失，也可以说是，无罪之罪的时候。这就是说，因为法律只是对立事物在思想中的统一，所以法律的概念远不能穷尽生活的多方面。惩罚的统治只施行于生活达到意识的范围内，在那里生活的分离在概念中得到了统一。但是对于那些还没有分解的生活关系、对于活生生地联结在一起的生活的各个方面、对于道德的范围，法律都不能施展它的威力。反之，命运，正同生命或生活一样，是不可磨灭的和没有极限的。它不知道现成的关系，它不知道观点或立场的不同，它不知道道德的畛域。只要哪里生命受到伤害，不管怎样正当，不管当事人感到怎样满意，那里命运就要出现，因此我们可以说，无罪决不会遭受苦难，遭受苦难就是有罪。但是一个纯洁的灵魂愈益意识到为了保持最高贵的东西，它曾经伤害了生命，它的光荣也就愈大，而一个肮脏的灵魂愈益有意识地伤害了生命，则他的犯罪就愈是黑暗。

一个命运看来只是产生于异己的行为。这种行为只是形成命运的诱因。但是命运之所以产生乃基于各个人对这种异己的行为

承受或反对的态度。一个人遭受到非正义的攻击，他可以抵抗，并且保卫他自己和他的权利，或者他也可以不抵抗；他的罪过、他的命运开始于这种反应，无论是斗争或者忍受痛苦。在两种情形下，他既没有受罚，但也没有受害。在斗争中他坚持他的权利，并且捍卫他的权利。甚至在忍受中，他也没有放弃他的权利。他的痛苦在于这样一种矛盾中，即他认识他的权利，但没有力量在现实中坚持其权利；他不为维护他的权利而去战斗，于是他的命运就是他的意志不坚强。谁为了在危险中的东西作斗争，他就没有丧失他所为它而战斗的东西。但是如果他本人遇到危险，他自己就受到命运的支配，因为他走上了两个力量互相较量的战场，并且敢于去反对对立的力量。但是勇敢比痛苦的忍受更为伟大，因为勇敢即使失败，它事前就已经认识到失败的可能性，因此他是有意识地担负起这事的责任。反之，被动的忍受痛苦死抱住自己的缺陷，不用全副力量去反对它。但是由勇敢带来的痛苦也是一种公正的命运，因为勇敢的人投身于权利与权力的斗争范围。因此为了权利而斗争也同被动忍受一样，已经是一种非自然的状态，在这种状态里存在着权利的概念与它的现实性的矛盾。因为即使在为了权利的斗争里也存在着一种矛盾。权利作为一种思想物，因而是普遍的东西，权利在侵害权利的人那里，也是另外一个思想物，因此这里就有了两个普遍的东西，彼此互相扬弃，但却仍然存在，同样斗争的双方是作为现实的东西而对立着的，两个有生命的存在，生命与生命作斗争，这又是一种自相矛盾。由于对于侵害行动的自卫行动，那攻击者同样就变成被攻击者，这样就维护了自卫的权利，所以双方都有权利，双方都处在战争中，对于双方都赋予了自卫的权利。

于是或者让暴力和强权来决定正义(Recht)[1]在哪一边，但由于正义与现实相互间是没有共同之点的，因而他们就会把两者混淆起来，并使正义依附于强权；或者双方都服从一个仲裁者，这就是说，因为他们互相敌对，于是他们就自愿放下武器、接受死亡。他们放弃他们对于现实的统治、他们放弃权力，并且让一个异己的东西、一个法律从仲裁者的口中向他们作出判决。这无异于说，他们会屈从于一种每一方都曾反抗过的待遇，因为他们曾抗议过对于他们的权利的侵害，这就是说，他们都曾反对过通过外人来干预。

这样一来，两个对立面各自所持的真理：勇敢和被动忍受，就结合在“灵魂之美”里面了，于是就勇敢者来说，生命保存住了，但对立取消了；就被动忍受者来说，权利的丧失还是存在，但痛苦消失了。因而出现了一种没有苦难便扬弃了权利的局面，这是超出丧失权利和斗争的〔对立〕一种活生生的、自由的提高。那个听任对方以敌对态度来接近他的人，他对于对方从他那里掠取去的东西不再声称是属于他的、避免了由损失带来的痛苦，他避免了通过第三者或仲裁者的干预或处理，他也避免了应付仲裁者的麻烦和必要。无论别人触动他的哪一方面，他就从那一方面撤退，他只是把在受到侵袭的瞬间转让出去的东西，放弃给他人。这种对于自己所有物的关系的放弃就是自己本身的缩小，不过这种过程是没有限度的。(这些关系愈是生死攸关，如果它们被玷污，一个有高尚品格的人必定愈要从那些关系中撤退，因为他不能继续保持这

① 按 Recht 一字前面都译成“权利”，但在这里就上下文语意看来，又要译成“正义”才妥当。——中译者注

些关系而不致污损他本人，——因而他的不幸也就愈大。这种不幸既不是非正义的，也不是正义的，它只是变成了他的命运，因为他是基于自己的意志和自由而轻蔑那些关系的。由此而产生的一切痛苦，对他来说仍然是公正的，不过现在成为他的不幸的命运，这命运是他有意识地造成的，并且为此而公正地遭受苦难也是光荣的，因为他已经大大地超出在他愿意让给敌人的那些权利之上了，并且由于这个命运植根于他自身之内，所以他可以忍受它、反抗它，因为他的痛苦并不是纯粹的被动忍受，并不是受异己力量的压制，而乃是他自己的产物）。这人为了拯救自己而弄死自己，为了不要看见自己的生命受异己暴力的支配，他不复叫他的生命为自己的，所以他消灭他自己，由于他想要保存他自己，而那受异己暴力支配的已不复是他自己了，在他里面没有什么不受到侵害的东西和不可以放弃的东西。

不幸可以大到这样的程度，以致他的命运，自我毁灭，可以驱使他弃绝生命，直到他完全退缩到空无。但是当人以最高的全部的命运来同他对立起来时，那么他同时就把他自己提高到一切命运之上了。生命变得不忠于他了，他也变得不忠于生命了。他逃避了生命，但没有伤害生命。他也许想望生命就像一个离开了的朋友那样，但是它不能像一个仇敌那样来迫害他了。无论哪一方面他都是不可伤害的了，就像含羞草那样一受到接触时，立即回缩。早在他把生命弄成自己的敌人之前、早在他激起任何命运之前，他已经逃脱了生命。也就是由于这个道理，耶稣（《路加福音》，第 14 章，第 26 节）要求他的朋友放弃父亲、母亲及其他一切，为了避免与污浊的世界结成联盟，因而陷入命运的可能性。又如他说：

“有人要拿你的里衣，连外衣也由他拿去；如果一个肢体触犯你，就把它砍掉”。(《马太福音》，第 5 章，第 40 和 29—30 节)

“灵魂之美”以最高自由〔解脱〕为它的否定的属性，这就是说，为了保持自己可以放弃一切。但是谁想要保持生命，他将要丧失生命(《马太福音》，第 10 章，第 39 节)。因此极大的罪过可以与极大的无罪、至大的最不幸的命运可以与超出一切命运统一起来。一个超出一切权利关系、不受任何客观事物束缚的心灵，没有什么东西可以宽恕那侵犯者，因为侵犯者并没有损害它的权利，因为它已经放弃了它对侵犯者所要掠夺的对象的权利。对这样一种心灵来说，和解之门是开着的，因为它有可能立刻重新恢复每一种重要的关系，重新进入朋友的关系、进入爱，因为它并不曾伤害生命本身。从它自己这一方面没有敌对情绪、意识阻碍和解的道路，没有要求别人恢复被损害的权利，没有盼望别人在较低下的范围内即权利的领域内承认从属于它的那种骄傲。耶稣把宽恕别人的错误，随时愿意同别人和解，看成宽恕自己的错误、扬弃自己的敌对命运的极其明确的条件，两者只不过是灵魂的同一性格之不同的应用。与伤害过我们的人和解，心灵不复是抱着在权利方面赢得充分的理由去反对他的态度。由于把它的权利，当作它的敌对的命运，丢掉给别人的恶灵魂，它就同他和解了，它就为它自己如同在生命范围内赢得同样多的东西了，它把原来对他是敌对的生命，现在同样多地转变成朋友了，它与神圣的东西和解了，而且那种由于自己的行为把它武装起来反对自己的那个命运也在晚风中消散了。

除开由于个人遭遇到侵害而引起的个人仇恨之外，这种仇恨力求使在那个情境下应有的权利得到满足，——除开这种仇恨之

外，还有一种正义的愤怒，一种严肃的基于义务的愤恨，这种愤怒的发生不是为了伤害了个人，而是为了伤害了他的概念、义务的命令。在这种正义的愤恨里，人们认识到并建立了别人所应遵守的一些义务和权利，并且根据它们来评判别人，于据以评判别人时，他们也表明自己也服从于这些义务和权利的，并且同样为他们自己提出这些义务和权利作为标准。当一个人在义愤中反对侵害这些义务和权利的人们时，他就为他们造出一个命运，并且不宽恕他们。这样一来他就从他自己那里取走了他的错误得到宽恕的可能性，丢掉了同他所遭遇的命运取得和解的可能性。因为他曾固定下来一些特定的标准来限制自己，不容许他跃出他的现实情况和他的错误之上。也就是在这样的意义下，耶稣提出这个命令："你们不要论断人，免得你们被人论断，因为你们用什么标准衡量人，人也将用什么标准衡量你们"（《马太福音》，第 7 章，第 1—2 节）。这个标准就是法律和权利〔Recht，这里也可作'正义'解〕。但前一条命令并不是说：凡是你所不见责的或者容许的别人违法行为，你的那种行为也会得别人的宽容。在恶人组成的联盟中，每一个人可以容许别人作坏事。而是说：须小心，不要把善行和爱看成依赖法规和服从命令，而非导源于生命本身。如其不然，你就会承认有一个主宰在你上面，你对于它无能为力，它比你更强人，一个力量，这力量不是你自己。于是你为你自己，也为别人，在行为上建立一个异己的东西；你把人心的全体中之一片断抬高成为一个绝对物。这样一来，你就提出了一个法规统治的世界，你的感性一面或你的个体性变成了奴隶。在这种方式下，你就设定了惩罚的可能性，而非命运的可能性，前者是外面来的，是从一种独立外在的东西来

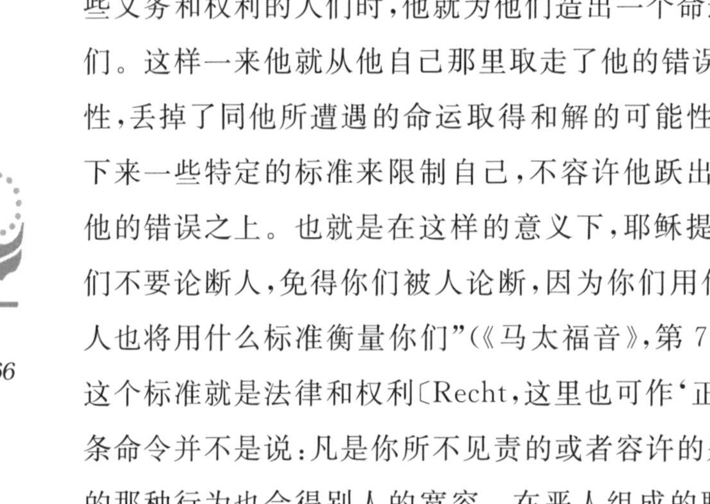

的，后者是由你的本性所规定的，虽说现在对你是敌对的，但却并不在你之上，而只是反对你的。

一个人将会由于别人的行为而牵连到命运中，如果他接受别人的挑战，维护自己的权利，起来反对那侵害者，——不仅这种命运由于放弃权利和坚持爱可以超出；而且即使由于自己一种不正当的行为伤害了生命而引起的反对自己的命运，他也可以愈益强烈的爱使其再趋于沉寂。法律上的惩罚仅只是"公平"罢了。所谓人格的共同性，犯罪与惩罚的联系仅只是一种"平等"，而不是生命。犯罪者给予别人多大的打击，他也受到同等的打击；有了暴君就有反暴君的受折磨者；有了杀人犯，就有杀杀人犯的刽子手。受折磨者和刽子手做暴君和杀人犯所做的同样的事情，这就叫做公平，因为他们都做同样的事情。他们的行动也许出于有意识地报仇，也许是盲目地作了他人的工具；但法律不考虑他们的灵魂，而只问他们的行为。所以在法律上的公平里，就说不上有所谓和解和生命的回复。在法律面前，犯罪者不是别的任何东西只是一个犯罪者。但是正如法律只是人的本性的一个片断，所以犯罪者也应只是人的本性的一个片断。假如法律被看成全体、绝对物，那么犯罪者也就只是一个犯罪者，什么东西也不是了。在命运的敌对性里虽说也感觉到公平的惩罚。但是在命运里惩罚不是从高高乎在人上面的异己的法律而来，而首先是命运的法律和公正都起源于人，因此回复到原始的状态、回复到全体是可能的。因为犯罪者不仅只是一个存在着的罪恶，而乃是一个具有人格的人的犯罪，他是一个人，犯罪和命运是在他之内，他可以重新返回到自己，如果他回复到自身了，则犯罪和命运都在他下面，他就超出它们了。现

实性的因素就溶解了，精神和肉体就分离开了。那〔犯罪的〕行为诚然还持存着，但只是作为一件过去了的事情、一个片面、一块死的残骸罢了。现实性的另一部分，即愧悔的良心，也消失了；而良心对那个行为的回忆已不再是对它自身的直观；生命在爱之中重新发现了生命。在罪恶与宽恕之间就像在罪恶与惩罚之间，同样很少有那种异己东西进入的地位了。生命自己与自己本身分裂为二，又重新统一起来了。

至于耶稣也发现罪恶与宽恕罪恶、从神异化与同神和解之间的联系不在〔人的〕本性〔即生命〕之外，待以后才加以充分的说明，这里只能引述这么多：即他主张在爱之中、在充沛的生命中去寻找和解，他差不多在每一场合都以很少变动的形式表达这种见解。当他有了深刻的信念时，他英勇地宣布："你的罪赦免了"（《路加福音》，第7章，第48节）。这种宣布并不是客观上取消了惩罚，也不是打破了仍然持续存在着的命运，而乃是基于一种信念，这信念在那个接触他的女人的信仰里，认识到它自身，并且认识到在她那里有一颗同他自己的心一样的心，从她的信仰里看出了她的心已提高到法律和命运之上，因而对她宣称她的罪恶得到了赦免。对于一个人有了那样充分的信赖，对他有了那样的献身精神、有了那样毫无保留的爱，——这只能是一个纯洁的或者纯化的灵魂，才会投身到纯洁本身的怀抱中。信仰耶稣并不只是意味着知道他个人外表的现实，而感觉到自己在力量和坚强上都远逊于他、是他的一个仆人。信仰是精神对于精神的认识，并且只有相同的精神才能相互认识和理解，而不相同的精神只能知道它们与别人不同的东西。但是精神力量的不同，力量大小的差别却不是不相同或不平等，力

量较弱者依倚于较高者就像婴孩那样，或者可以被吸引提高到较高者那里。只要他爱慕在他人那里的美，只要美诚然在他那里，虽说尚未得到发展，(这就是说，只要他的行为和活动对于世界还投有达到平衡和安定，只要他对于事物的关系还没有达到坚定的意识)那么就仍然只停留在信仰阶段。耶稣曾这样说过(《约翰福音》，第 12 章，第 36 节)："你们应当在自己有光以前，信从这光，使你们成为光明之子。"反之关于耶稣本人，据说(《约翰福音》，第 2 章，第 25 节)：他自己对于那些信仰他的犹太人并不曾信赖，因为他知道他们，并且因为他不需要他们的见证，他之认识他自己并不是首先通过他们。

勇敢，关于生命的充实内容、关于爱的无量的丰富性的决断的信心只存在于一个能承担起全部人性在自身内的人的情感里。一个这样的心灵不需要大肆夸耀的所谓深邃的关于"人的知识"，这种知识对于本性分裂了的人，他们的本性包含一大堆的杂多性，许多和不同色调的片面性而没有统一，——对于这样的人来说，诚然是一种范围很广，用处很大的科学，但是它们所要寻求的精神，却永远为它们所掌握不住，而它们所提供的仅不过是一些烦琐的细节。一个完整的本性在一瞬间就可以透进别人的情感，锐感到它的和谐或不和谐。因此耶稣断然自信地说出这样的话：你的罪赦免了。

在犹太人的精神里，在冲动与行为、肉欲与罪行、生命与犯罪，犯罪与赦免之间存在着一个不可逾越的鸿沟，一个异己的裁判所。如果有人指示给他们说，在人们的罪恶与和解之间有爱作为纽带，那么他们那种缺乏爱的本性定会感到震惊，当他们的仇恨采取判断的形式时，他们会把那种思想看成一种疯人的思想。因为他们

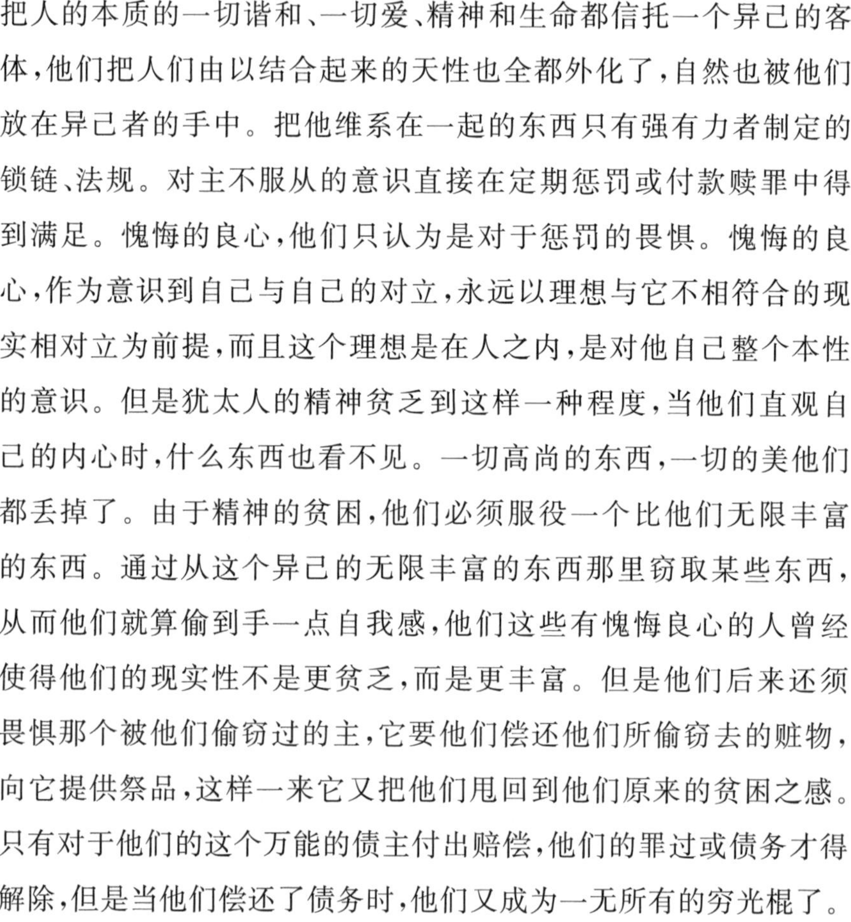

把人的本质的一切谐和、一切爱、精神和生命都信托一个异己的客体，他们把人们由以结合起来的天性也全都外化了，自然也被他们放在异己者的手中。把他维系在一起的东西只有强有力者制定的锁链、法规。对主不服从的意识直接在定期惩罚或付款赎罪中得到满足。愧悔的良心，他们只认为是对于惩罚的畏惧。愧悔的良心，作为意识到自己与自己的对立，永远以理想与它不相符合的现实相对立为前提，而且这个理想是在人之内，是对他自己整个本性的意识。但是犹太人的精神贫乏到这样一种程度，当他们直观自己的内心时，什么东西也看不见。一切高尚的东西，一切的美他们都丢掉了。由于精神的贫困，他们必须服役一个比他们无限丰富的东西。通过从这个异己的无限丰富的东西那里窃取某些东西，从而他们就算偷到手一点自我感，他们这些有愧悔良心的人曾经使得他们的现实性不是更贫乏，而是更丰富。但是他们后来还须畏惧那个被他们偷窃过的主，它要他们偿还他们所偷窃去的赃物，向它提供祭品，这样一来它又把他们甩回到他们原来的贫困之感。只有对于他们的这个万能的债主付出赔偿，他们的罪过或债务才得解除，但是当他们偿还了债务时，他们又成为一无所有的穷光棍了。

一个意识到罪过而有较好的灵魂的人不愿意用祭品去购买恩典，也不愿偿还赃物，而是自愿居于贫困，以一种热情的礼物，没有义务和服役的感觉，而以虔诚的祷告和全部的灵魂去接近那个至纯洁者，以便他可以获得他自己不洁的灵魂所不能意识到的东西，并从这至洁者那里体察到美的直观中加强生命的力量、赢得自由的欢乐和愉快。反之，犹太人在还债赎罪的过程中只是一再采取他想要逃避的服役，于离开祭坛时带着一种失败了的企图和重新承认他受制于枷锁的感情。不同于犹太人回到服从外力的态度，在爱中的和解乃是一种解放，不同于犹太人重新承认奴役统治，在爱中的和解扬弃了奴役统治，恢复了生命的纽带、爱的精神、相互信任精神，这精神从统治的观点来看，这应说是最高的自由。这样一种境界是犹太精神所最不可理解的对立面。

在彼得认识到耶稣是具有神圣本性的人(《马太福音》，第 16 章，第 13 节以下)，从而证明了他对人的整个深度有所体会，因为他能够理解到人是神的儿子之后，耶稣就把〔掌握〕天国的钥匙的权力交给了彼得，说：凡他在地上所捆绑的，在天上也要捆绑，凡他在地上所释放的，在天上也要释放。既然彼得曾经一度拥有对于神的意识，所以他必定能够在每一个人那里认识出他的本质的神性或非神性，或者认识出在第三者那里有无神性的感觉、以及他的信仰的坚强与否甚或没有信仰，这种信仰将会决定他能否从任何遗留下来的命运里解放出来、能否超出那永恒的不可动摇的统治和法规。他必定会理解人的心灵，知道它们的〔罪过〕行为是否业已过去，或者它们、它们的精灵、罪过和命运仍然持续着。他必定会捆绑，这就是说，宣布什么东西还处在犯罪的现实性支配之下，并且会释放，这就是说，宣布什么东西已经超出了犯罪的现实性。

另外一个悔过的女罪人的美丽例子出现在耶稣的故事里：那著名的美丽的女罪人抹大拉的马利亚。不要误会，以为关于这个故事的两种叙述(《马太福音》，第 26 章；《路加福音》，第 7 章)在谈到时间、地点和其他细节上有许多出入，它们本来要表明不同的事件，但在这里却当作同一故事之不同的形式来处理，因为关于现实的事情什么也没有说到，在我们看来，这并不影响事情的实质。那个自知有罪的马利亚听见耶稣在一个法利赛人家里吃饭，有一大批公正的正直的人（即美的灵魂的过错的死敌）聚集在那里，她的心情驱使她通过这一群人去找耶稣。她站住耶稣背后，挨着他的脚哭，眼泪湿了耶稣的脚，就用自己的头发擦干，又用嘴连连亲他的脚，把香膏抹上一种纯粹的、昂贵的甘松油。少妇的骄傲、羞怯和恬然自足的态度都不容易使她公开说出她的爱的需要，更难于使她敢于不顾那些正直的人、法利赛人和门徒们重视法规（因为她的罪过在于违反了法规）的眼光，全盘倾泻出她的灵魂。但是一个深深受到伤害、濒于绝望的灵魂必定要忘掉自己，不顾羞惭，大声叫喊，也不管自己平时对于正直的感觉，把她整个充实的爱情发泄出来，以便她可以把她的意识沉浸在一种内心的享乐之中。看到这个女人泪如泉涌、看到她那富于生命力的、消除一切罪过的亲吻、看到她沉醉于爱的和解中涌现出来的幸福，正直的西门只感觉到耶稣同这样的女人周旋是不适宜的。他先怀着这种想法，但不忙说出来，也不表现出行动，但是他立刻想得出这样的结论，他心里想，如果耶稣是先知，他就必会知道这个女人是个罪人。耶稣说，“她许多的罪都赦免了，因为她的爱多。但那赦免少的，他的爱就少”。西门只是表示了他的〔冷静的〕判断能力。但是在耶稣的许多朋友那里却激动起来很多高贵的兴趣，一种道德的兴趣，——那香膏也许可以卖三百个辨士，这笔钱可以用来周济穷人。他们想替穷人做点好事的道德倾向、他们善于打算的聪明、他们的与理智相联系〔而不是基于爱〕的机敏的道德都只不过是一种粗俗的态度，因为他们不惟没有抓住那个美的情境，而且甚至可以说是伤害了从一颗充满了爱的赤心里迸发出来的圣洁的感情。耶稣说：“你们为什么要为难这女人呢？她在我身上做的是一件美事。”——这是在整个耶稣故事中唯一的地方得到“美”的名称。这样一种朴素的行动，没有任何应用于行为上或教义上的实用目的，只是表现在一个充满了爱的女人身上。当然不是为了虚荣，也不是为了把门徒们导向一个正确的观点，而是为了获得一种平静的气氛，耶稣促使他们注意于一个他们有敏感的方面，不过他不愿把这方面的美向他们说明。他从她的行为里推出一种对他的人身的尊敬，对于那些粗俗的灵魂我们必须满足于力求避免由于他们的行动而渎亵了一个美的心灵。要想对于一架粗糙的机器去说明优美的精神气氛，那是徒劳的，因为它的气息不是他们所能感觉得到的。所以耶稣说：“她将这香膏浇在我身上，是预先为我安葬作的”。“你的许多罪都赦免了，因为你的爱多。你的信仰救了你，平平安安地回去罢”。难道人们还可以说，对于马利亚而论，如果她屈服于犹太人生活的命运，作为时代的自动机器正直地、平庸地、没有罪也没有爱地度过她的日子，这样还更好些吗？没有罪，因为她的民族所处的时代是那样的一些时代之一，在那个时代里一个美的心灵没有罪是不能生活下去的，不过在这时代里正如在任何别的时代一样，人可以通过爱回复到最美的意识。

但是，爱不仅使犯罪者同命运和解．它又可以使人同道德和解，这就是说，如果爱不是道德的唯一原则的话，那么每一种道德就同时是一种不道德。与完全奴役于一个异己的主子的法规相反对，耶稣所提出来代替的并不是一个部分地奴役于自己的规则、并不是康德式的自我强制的道德，而乃是没有统治、没有屈从的道德，即作为爱的特殊样态的道德，但是这样的道德如果不被看成一

个活生生的精神的特殊样态，而是一个绝对的道德的话，那么由于绝对道德之众多，就会产生不可解决的冲突。如果没有这样一种在精神中的统一性，则每一种道德都会有某种缺陷。因为顾名思义，每一种道德已经是一个个别的东西，因而是一种有限制的东西。使得道德可能的环境，一个行为的客体、条件等乃是偶然性的东西。此外道德与它的客体的关系是个别的，它不仅排斥同一道德对其他客体的关系，也排斥同一道德对别种客体的关系。因此每种道德，无论就它的概念以及就它的活动来说，都有其不可逾越的界限。一个遵守这一特定道德的人，如果他的行动超出他的这一特定道德的界限，只能说是作了不道德的事，因为他之所以是有道德的人只是因为他忠于他的特定道德。但是假如在他那里又存在着另外一种道德，这种道德的范围是在前一种道德的界限之外，当然我们可以说，道德意识不论就它本身或者一般来看，这就是说，离开刚才这里所假定的那种道德来看，是不会发生冲突的，因为道德意识只是一个。但是，这种说法就取消了刚才的假定。设定了两种道德，一种道德的实行就取消另一种道德的材料，从而也取消了实行另一种道德的可能性，因为后者也同样是绝对的，因而对另一种道德的有根据的要求就拒绝了。对一种关系应有的权利如果放弃了，则它也不复成为对另一种关系的权利，换句话说，如果权利为后一种关系保留起来，则前一种关系就会挨饿。由于人与人的关系的多样性增加了，道德的数量也增加了，从而道德与道德间的必然冲突多起来了，履行〔所有的〕道德的不可能性也多起来了。假如一个具有多种道德的人，要把他所不能个个都满意的一大批债主按次序加以排列，那么他会宣称对于那些地位低于他的人，他所负的债要较少于那些比他高的人。由此足见，道德也就停止其为绝对的义务了，甚至也可能成为邪恶。

在这种人类关系的多方面和道德众多的条件下，除了对道德绝望和打破道德本身外没有别的办法了。只要当没有任何道德要求在它的有局限的形式下固定地和绝对地永久存在；只有当每一个有局限性的道德否定了它的绝对性，甚至即在独有它可以进入的情境中，也不坚持必定进入；只有当那一个活生生的精神唯一地按照特定情境的全体、但完全不受外界的限制、同时不因情境的多样性而陷于分割，去行动、去限制共自身的时候；——只有这样，然后情境的多样性才可仍然保持着，而那一大堆绝对的、彼此不相容的道德才会消失。这里并不涉及那个问题，即在一切道德中存在着一个甚至同一个根本原则作为基础，这个根本原则永远是一样的，在不同的情境下、以不同的形态表现为一个特殊的道德。正因为这样一个原则乃是一个共相，因而是一个概念，所以必须在特定的情境下，必然地得到特定的应用，表现为一个特定的道德、特定的义务。（各式各样的情境作为给予的现实性，如同原则〔作为〕这些现实性的规则，因此这个原则应用到这些现实性，各式各样的道德都是不可改变的。）在这样的绝对的永久存在的道德里，这些道德相互地摧毁其自身。它们通过规则所取得的统一性只是表面的，因为这个统一性只是一思想物，像这样的统一性既不扬弃、也不统一多样性，而只是让多样性完全坚强地持续存在。

各种道德的活生生的纽结，一种活生生的统一性是完全不同于概念的统一性。它不为特定的情境提出一个特定的道德，而是表现为，甚至在不同关系的花样最为繁多的混合体里面，也是没有

分裂的、简单的。它的外部的形状可以有千变万化，它决不会两次具有同一形状，而且它的外在表现决不会提供一个规则，因为它决没有一个与特殊相对立的普遍形式。正如道德是对于服从法律的补充，[①]同样，爱是道德的补充。通过爱，道德的一切片面性、道德与道德之间的一切排斥、一切限制都被扬弃了。这样就不复有有道德的罪过或者有罪过的道德了，因为它是本质本身的活生生的关系。在它里面，所有的分离、所有的限制都消失了，因而道德的限制也不复存在了。哪里还有道德的余地，如果不再有权利须得放弃？耶稣要求他的朋友说，爱应当是他们的灵魂(《约翰福音》，第13章，第34—35节)："我赐给你们一条新命令，乃是叫你们彼此相爱；……众人因此就认出你们是我的朋友了。"

人类爱，这就是应该扩大到对所有的人的爱，即使关于那些人我们毫无所知，即使对于我们不认识的人，他们和我们之间并没有什么关系，我们也要爱他们，——这种普遍的人类爱乃是一种浅薄的、但在各个时代中具有特征的发现，由于它们(指各个时代)的现实是如此的贫乏，所以各个时代不能不提出一些对于一种思想物的理想要求或道德，为了使得那些思想客体显得特别庄严堂皇。爱邻居就是爱同我们每一个人发生直接关系的那些人。一个思想物不能成为爱的对象。诚然爱是不可以命令的，诚然爱是"病态的、一种嗜欲"，[②]但这并不能减少爱的伟大，因而一点也不能降低

① 补充(complement)有"完成"的意思，但又不好译为"完成"。这里说道德补充法律、爱补充道德，有前者扬弃后者、较高于后者的意思。——中译者注

② 黑格尔这里是引证康德的话，并加以批评。参看康德的伦理思想，并参看本书第308—313页。——中译者注

爱的地位，因为爱的本质并不是对一种异己的东西的统治。但是这也并不意味着爱是从属于义务和权利的东西，这毋宁是爱胜过权利和义务的地方：即它不统治任何东西，它不是反对别一个东西的敌对力量。说“爱胜利了”，这和说“义务胜利了”并不是一样的意思，后者意味着征服了敌人，而前者意味着克服了敌对性。那将是一种对于爱不光彩的事，如果爱是被命令的，[①]这就是说，如果爱、一种活生生的东西、一种精神被指着名字来叫，叫出它的名字就是对它加以反思，而它的名字或者叫出它的名字不是它的精神、不是它的本质，而是与它相反对的东西。要命令爱，只有把它作为名字或者说出它的名词。人们只能够说：你应当爱。爱本身并不宣布命令。爱不是与特殊的东西相反对的普遍性。爱不是概念的统一性，而是精神、神性的统一性。爱神就是感觉到自己投身于生命的全体里、没有界限、在无限之中。在这种和谐的感觉里当然没有普遍性，因为在和谐之中特殊的东西不是争执着的，而是共鸣着的，不然就不会有和谐。“爱邻居如自己”并不是说爱他跟爱你自己一样，因为自己爱自己是没有意义的名词。它的意义应是：爱他像他是你那样。爱是一种同类之感，即感觉到一种生命不强于自己也不弱于自己。只有通过爱，客观东西的威力才可以打破，因为爱推翻了客观东西的整个领域。道德由于有了界限总是在它的外面设定一种客观的东西，而且道德的复多性尤其是一种极大的难

① 只有在意志范围内的东西才可以命令的。只有理性能够发出命令，只有符合义务的东西才可以命令，因为理性与义务皆以对立和自由为前提。只有对于自由意志可以下命令。命令或应当表示出思想与现实的对立。因此无疑在这个意义下爱是不能被命令的。

于克服的客观东西的多样性。只有爱才没有界限。凡是爱所没有统一起来的东西，对它说来就不是客观的；那是因为爱把它忽视了，或者爱还没有把它发展出来，它与爱不是对立的。

耶稣同他的朋友们的告别采取了充满了爱的纪念宴会形式。爱还不是宗教，这个宴会因此还不是真正的宗教行动。因为只有通过想像力客观化了的在爱之中的合而为一才能是一种宗教崇拜的对象。但是在一个爱的宴会里爱本身活跃着并表现其自身。那里面的一切行动都只能是爱的表现。爱本身只作情感而出现，并不同时作为形象而出现。爱的情感和关于这种情感的观念还没有通过幻想结合起来。不过在爱的宴会却已经出现了客观的东西，情感与这客观的东西已有了联系，但还没有联合在**一个**形象里。因此这个最后晚餐兼有友谊的聚会与宗教的活动的双重意义，这种双重意义使得人很难于清楚地表明它的精神。耶稣掰开面包说："你们拿着吃，这是我的身体，为你们献出的，你们也应当这样做，为的是纪念我。"同样他拿起杯来说："把它喝完，这杯是用我的血所写的遗书，是为你们和为多人流出来的，使罪得赦。你们也应当这样做，为的是纪念我！"

当一个阿拉伯人同一个陌生人喝了一杯咖啡，这样他就同他结成了朋友。这种普通的行动曾经把他们联结起来，由于这种联结那个阿拉伯人就有义务对他一切忠实并给予帮助。这里共同一起吃饭，一起喝酒并不是人们所叫做的一种象征。象征和所象征的东西之间的联系本身不是精神性的、不是生命，那是一种客观的联结。象征与所象征的东西彼此相互陌生的，它们的结合只是在它们之外的第三者里、一种思想里。同某一个人吃饭和喝酒是一种联合的行为而且本身是一种感觉到的联合，不是一种惯例的符号。同敌人共饮一杯酒，将会违反人的自然感情，他们在别的时候彼此对待的态度与这种行为中所表示的与敌人的共同感情将会是抵触的。

耶稣和他的门徒共同晚餐本身已经是一种友谊的行为。尤其亲密的联系是隆重地共食同一的面包、共饮同一杯酒。这也不单纯是友谊的象征，而是基于友谊本身、爱的精神的一种行为和感情。但是接着耶稣宣称："这是我的身体，这是我的血"，这种行为就接近于宗教行为了，但并不能使其成为宗教行为。这一番话连同与之相关分给他们饮食的行为部分地使得感情成为客观的。他们同耶稣一起、他们彼此之间的友谊、他们共同联合在他们的中心、他们的教师那里——这些并不仅只是感觉到了。因为耶稣把分给他们的面包和酒叫做献给他们的他的身体和血，所以他们的联合并不再是单纯地感觉到的，而乃是成为看得见的了，这种联合不只是被表象在一个形象里、或者在一个寓言式的图形里，而乃是与一个现实的东西相联结了，在一个现实的东西里，在面包里被给予了和被享受了。因此一方面那个感觉是客观的，但另一方面那面包和酒以及分给他们的行为同时又不只是客观的，在分给面包和酒这个行为具有比〔感觉到和〕看得见还较深的意义；它是一个神秘的行为。一个不知道他们的友谊、不理解耶稣的言词的旁观者，除了看见分给和享受面包和酒之外，什么东西也看不见。同样当要分别的朋友们打碎一个戒指，每人保持一碎片，一个旁观者除了看见把有用物品打碎，并分成无用的、无价值的碎片之外，什么东西也看不见；碎片的神秘意义是他所不能理解的。所以，从客观

看来,面包是单纯的面包,酒是单纯的酒;但是两者又包含更多的东西。这个“更多的东西”并不是作为一个说明,通过一个单纯的“正如”与客体相联系:“正如你吃的单片面包是从一整块中切下的、你饮的酒是从同一个酒杯中来的,所以你们诚然只是特殊的个体,但是在爱里,在精神里却是一”;“正如你们大家都分享了这面包和酒,所以你们大家都要分担我的牺牲”。或者你在这里可以找到的任何别的“正如”。然而客观的东西与主观的东西的联系、面包和人身的联系并不是比较的东西和比喻的联系。在比喻里,不同的东西。用来比较东西是被表明为分割开的、分离开的。这里所要求的只是一种比较,关于不同的东西是相同性的思想。因为在耶稣的最后晚餐中的这种联合里,这种〔纷歧的〕不同性消失了,因而比较的可能性也随之消失。在这里不同性质的东西得到最内在的结合。

在如下这些话里(《约翰福音》,第 6 章,第 56 节):“吃我肉喝我血的人常在我里面,我也常在他里面。”又如(《约翰福音》,第 10 章,第 7 节):“我就是门,凡从我进来的,必然得救”,以及其他类似的生硬比拟联系的话,在我们的表象中必然是分开成不同的东西用来比较,而把这种联系看成一种比较或比拟。但是在这里(正如神秘的戒指碎片一样)酒和面包成了神秘的客体。由于耶稣把它们叫做他的身体和血,于是直接伴随着它们而来就是一种特殊的享受和感觉。耶稣掰开那面包,把它分给他的朋友说:“拿去,吃;这是我的身体为你们而牺牲的”。于是他又举酒杯说:“你们大家喝完它,这是我的血,作为新约〔遗书〕流的血,为多人流出来,使罪得赦。”不仅酒是血,而血又是精神。那共同的酒杯、共同的饮酒是一种新的誓约的精神，这个精神贯彻在许多人那里，许多人为了生命而干杯，祝他们提高生命，超出罪过。“从今以后，我不再喝这葡萄汁直到那个日子，一切都得到满足，我再同你们一起，在我父的国里，同你们喝新的酒，为了新的生命而饮”(《马太福音》，第26章，第29节)。那流出的血和耶稣的朋友的联系并不是这血作为某种客观的东西为他们而流：为了他们的健康，为了他们的实用，而这种联系乃是(如这样的话：“吃我肉喝我血的人常在我里面”所表明，)他们之间的一种由酒结成的纽结，这酒是他们大家从同一个杯子中取饮的，而且这酒是为他们大家的，对他们大家是一样的。他们全体一起饮酒，一种相同的情感起于大家之内，大家都贯穿着同一个爱的精神。假如从肉体的牺牲和流血里只在于他们同等地接受了某种利益和好处，那么从这点看来，他们只是联合在一个相同的概念之内，但是因为他们吃面包和饮酒，他的身体和血液便过渡到他们里面，于是耶稣在他们全体里面，他的本质作为爱神圣地浸透了他们。因此面包和酒并不单纯是一个客体、为理智而存在的东西。吃和饮的行动并不仅只是通过消灭面包和酒而带来的一种自我统一，更不是单纯对于饮和食的味道的感觉。耶稣与他的门徒合而为一的精神变成了外在感官可以感觉得到的现存的客体、一种现实的东西。但是客观化了的爱，这个变成了事实的主观，重新回复到它的本性，在吃面包过程中又成为主观的。这种回复从这方面看来多少可以同在写出来的文字中变成事物的思想相比较，这个思想从死的文字、从客体在阅读的过程中又重新保持它的主观性，这个比较将更会恰当些，如果那写下来的文字拿来朗读，通过理解时，便消失其为物了。正如在享受面包和酒时，不仅

感情为这些神秘的客体所唤醒了、精神变得活泼了，而且面包和酒也消失其为〔物质的〕客体了。这样那行为显得更纯洁、更适合于它的目的，因为它提供的纯粹是精神和情感，剥夺掉理智自己的内容，消除了物质和无灵魂的东西。当有爱的人在爱的女神祭坛献祭时，他们在祈祷中奔放着的情感煽动起他们的情感达到最高的火焰，可以说那女神本人进入了他们的心，但是那石头的雕像仍然老是站在他们面前一动也不动。与此相反，在爱的宴会里物质性的东西消逝了，只是活生生的感情存在着。

但是在爱的宴会中食和饮的行为之所以还没有成为一个宗教行为，乃由于在这行为里，那种客观性是完全被取消了，而只剩下感情：又由于这里有一种客体与主体的混合，还说不上是一种统一；还由于在这里爱所借以看得见的东西和爱所寄托的东西部是要被消灭的东西：面包是要被吃掉的，酒是要被喝掉的；因而它们不能成为神圣的东西。一方面他们要求主观性，即他们所寄托的情感又从它的客观性回复它自己的本性，亦即神秘的客体又重新成为一种纯粹主观的东西，他们失掉了这主观的东西，正是因为他们没有充分使爱成为客观的东西。某种神圣的东西，正由于它是神圣的，不能表现在食物和饮料的形式之中。在比喻里并不要求把拿来比较的不同的事物理解为一个统一体。但是在这里事物和感情必须联系起来。在象征的行为里，吃面包和喝酒与耶稣的精神为一体的情感必须汇合在一起。但是事物与情感、精神与现实是不能混合的。幻想不能把它们组合在一个美的形象里。那看见了的和享受了的面包和酒决不能唤醒起爱的感情，而爱的感情决不能在它们里面客观化为看得见的客体，因为在爱的感情与实际

地吸收饮食或饮食的主观化之间是存在着矛盾的。这里总是有两方面:信仰与事物、虔诚与视觉或味觉。精神表现在信仰里,面包和酒呈现在视觉和味觉面前。对于两者是没有统一的。理智与情感相矛盾,情感与理智相矛盾。它们与想像力也毫不相干,因为在想像力里面,两者存在着,却又被扬弃了。想像力在这里不能提出一个形象,在其中直视和情感可以得到统一。在欣赏阿波罗〔和爱和美的维纳斯女神〕的雕像时、人们自然忘记了大理石、可以破坏的石头,而只是在它们的形象里看见那不朽的东西。在直观到它们的形态时人们立刻就会为永恒的青春和爱的感情所浸透。但如果把阿波罗和维纳斯的雕像磨成齑粉,然后说:这是阿波罗,这是维纳斯,当然这些粉末是在我前面,这些神灵的形象是在我心里,但是石头的粉末与神圣的东西决不能结合在一起。大理石的价值在它作为神像的形式,现在形式不见了,主要的事情变成石粉了。面包的价值在于它的神秘意义,但是同时它又具有面包的特性,它是吃得的,甚至即在崇拜的行为中,它还是作为面包而出现。在被磨成齑粉的阿波罗前面,对它的虔敬当然还存在,但不能转而以虔敬态度对待粉末。粉末可以令我们回忆起虔敬之感,但它决不能引起人们对它的虔敬。当然可以产生一种悲憾的情绪,这是对这种分离、这种矛盾的感情,就像对于死尸与生命力的观念之不可联合的悲哀那样。在耶稣同他的门徒最后晚餐之后,产生了对于即将到来的他们教师之死的悲哀情绪,但是只有在一个真正的宗教行为之后,整个灵魂才能获得满足。在享受了这种晚餐仪式之后,今天的基督徒每每感觉到一种虔敬的惊异,而无轻松愉快之感,或者带着一种忧郁的轻松愉快,因为情绪被分裂的紧张与理智都是

片面性的,而崇拜也不完善,它宣传要给人以某种神圣的东西,但是神圣的东西只在口头上溜过去了。

第四节 耶稣的宗教教训

最有兴趣的是看一看耶稣怎样并用什么教训去直接反对犹太人受奴役的原则和他们那个无限的统治者。在这犹太人精神的核心里,斗争必定是最顽强的,因为在这里向一点进攻就会牵连到一切。对于犹太精神的个别分支的攻击也就打击到整个原则,不过他们还没有意识到整个原则遭到了攻击。直到愈来愈感觉到关于个别之点的争执乃植根于对于原则本身的冲突,然后才感到斗争的尖锐剧烈。在犹太人与耶稣之间很快就展开了耶稣反对他们的至高无上者的斗争,而这种反对复见之于语言。

与犹太人关于神的观念认神为他们主和命令者相反对,耶稣提出神与人的关系为父亲和子女的关系。

道德扬弃了进入意识范围内的〔异己者的〕统治;爱扬弃了道德范围的限制;不过爱本身仍然还是不完善的本性。① 在幸福的爱各个瞬间里没有客观性存在的余地。但是每一个反思都扬弃了爱,又恢复了客观性,有了客观性又开始了有局限性的事物的领域。因此宗教就是爱的完成(πληοωμα)(它是反思和爱在思想中的统一、结合)。爱的直观似乎满足了完善性的要求,不过这里有一个矛盾。直观、表象是一种有限制的东西,只是对于有限制的东西的接受。但是直观或表象的对象〔神〕将会是一种无限的东西。

① 爱可以是幸福的或者不幸福的。

这种容器是装载不下那无限者的。思考纯粹生命的任务就是排除一个人已是或将是的一切行为、一切事物。性格只是人的活动中抽象出来的,性格表示各个特定行为的共性。纯粹生命[①]的意识应该是关于当下是什么的意识,在纯粹生命意识里没有差异性,没有发展了的、现实的多样性。这种简单性不是一个否定的简单性、一种抽象的统一性。(因为在抽象的统一性里要么只设定一个特定的东西,而排除掉所有其余的种种规定性,要么它的纯粹的统一性只是否定的无规定者,亦即只是排除一切特定事物的设定的要求。纯粹的生命就是〔纯〕存在。)复多性并不是绝对的东西。这种纯粹生命是一切个体化的生命、一切冲动和行为的泉源。但是如果生命进入意识作为关于生命的信仰,那么它就在信仰的人那里活跃着,但也部分地被设定在人之外。因为被意识到的东西就是有限制的东西,因而它就与无限者不能完全合而为一。人要能信仰一个神,只在于他能够排除一切行为,一切特定事物,而又能纯粹地紧抓住每一行为、每一特定事物的灵魂。哪里没有灵魂、没有精神,哪里就没有神圣的东西。一个人常是感觉到受局限,常有这样或那样活动、忍受这样或那样痛苦、作了这样或那样事情,在他的这种抽象想法里,他是没有把被局限的东西同精神分割开的,反之那持久的东西只是有生命的东西的对立物,即支配一切的普遍者。各种特定事物的整体丢掉了,并且超出各种特定事物的这个意识的只是所有一切客体的空洞统一性,作为支配着一切特定事物的本质。生命的纯粹情感只能与这种统治和被统治的无限过程

① 或纯自我意识。

相对立,它在它本身内有其自己的存在理由和自主性。但是由于它作为一个对立面而出现,它只表现为在一个特定的人〔指耶稣〕里面的特定东西,而这个人对于为现实事物所束缚和世俗化了的眼睛是不能使其直观到〔生命的〕纯粹性的。在他所出现的特定环境里,他只能诉诸一切有局限的生活形态汇合到他那里的根源和泉源,他不能诉诸全体,(因为他现在就是全体,)像吁求一个绝对者那样。他必须吁请一种较高的存在、吁请天父,这个天父生活于一切变化之中而自己永不变化。

由于神圣的东西是纯粹的生命,因此任何关于它或者任何说到它的东西必须不包含对立在自身。而且任何关于这个客观存在的关系或者关于它表现在客观行为上的行动的反思词句必须避免。因为神圣东西的作用只是一种各个精神的合一。只有精神能理解精神,并包括精神在自身内。像这样一些名词:教导、学习、命令、看见、认识、造作、意志、来(到天国)、去等等都只是表述客观事物关系的名词,但只有当精神接受客观事物进它自身时才有这种关系。因此关于神圣东西只能以高度兴奋感动的词句来表达。犹太文化只表明对于一种生活关系的圈子的意识,而且甚至这些关系也大半在概念形式下,而不是作为道德和特性被意识到。这种意识在犹太人那里是特别自然的,因为他们要表达的主要地只是陌生人和本质不同的人之间的关系,像慈善、恩赐等等。在福音传播者中约翰大部分谈神和耶稣与神的结合。但是那在精神关系方面异常贫乏的犹太文化迫使他不得不使用一些有关客观联系和现实性的语言来表述那最有精神性的东西,因此他的语言有时听起来比起那通情达理的笔调要粗糙一些。“天国”、“进到天国”、“我是门"、"我是真正的食物"、"谁吃我的肉"等等，——他只得用这样一些日常的枯燥的现实词句，来勉强表达精神性的内容。

我们不能说犹太文化的状态是幼年的状态，①它的语言是不发达的幼稚的语言。它里面还保留着，或者也可以说重新恢复了一些深刻的，孩子式的语调，但是其余的用艰难生硬的方式表达出来的语言毋宁是由于对人民的错误教育的后果。对于这种恶劣的表达方式，一个纯洁的人必须同它作斗争。如果他要用那种形式来表述自己，他必定要受它的害。由于这些语言方式是他所不能不用的，因为他本人属于这个民族，所以为了不受它的害，他必须向它作斗争。

《约翰福音》的开头包含着一系列论题式的句子，以特有的适合的语言表达了关于神和神圣的东西的性质。那是以一种最简单的反思式的语言来说的："太初有道，道与神同在，道就是神，生命就在神里面"。但是这些命题只有判断的欺骗性的假象，因为它们的宾词并不是概念、普遍，像一种反思的表述在判断里所必然要包含的那样。反之这些宾词本身又是存在着的东西、有生命的东西。即使这种简单的反思形式也不适合于用精神的东西来表达精神。没有任何地方比传达神圣事物更需要接受者具有自己深刻的精神去掌握。没有地方比被动地去学习、去吸收神圣事物更少成功的可能性，因为在反思的形式里用来表述神圣事物的每一个命题本身都是直接矛盾的，而且被动地、缺乏精神体会去吸收那种表述形

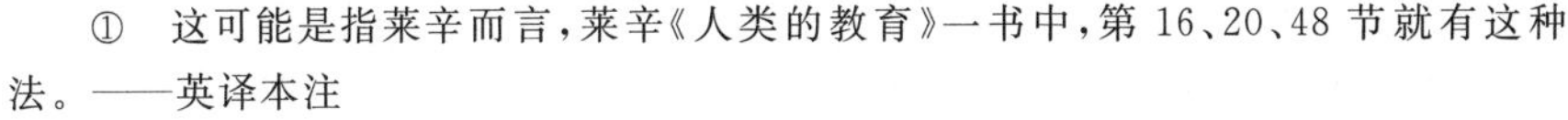
① 这可能是指莱辛而言，莱辛《人类的教育》一书中，第16、20、48节就有这种法。——英译本注

式，不仅会令有深刻精神修养的人感到空虚，而且会使吸收它的理智也因而感到迷惑，因为它是与理智相矛盾的。因此这种客观的语言只有在读者的精神内才有意义和份量，而且对于不同的人还有程度的差别，它是随着人的生活关系的不同和意识到生与死的对立程度的不同而不同的。

在对《约翰福音》开首这几句话的两个极端的解释中，那最客观的解释认道〔逻各斯〕为一种现实的东西、一个个体；最主观的解释则认道为理性。前者认道为特殊之物，后者认道为普遍性。前者认道为最有独特性、最有排他性的现实，后者认道为纯粹的思想物。在他们看来，神与道是区别开的，存在物必须从两个观点来看。因为按照反思的假定，凡是具有反思形式的东西，同时就不是被反思的东西，这就是说，反思一方面认存在为单一的，是不可分割，没有对立的，同时另一方面又认存在是一个可以分割，并且可以无限分割的单一物。神与道只在这样意义下不同，即神是具有道的形式的质料。道本身就在神内，两者是一回事。现实事物的多样性和无限性就是神的无限可分性之表现为现实，一切事物都是通过道而存在。世界不是神的流射，因为否则现实事物就会是彻头彻尾地神圣的了。但是作为现实事物它是流射出来的，是无限分割的一部分。但同时在部分里或者在无限分割着的东西里存在着生命。个别的东西，有限制的东西作为与生命相反对的东西，死的东西，同时是无限的生命之树的一个分枝；外在于全体的每一部分同时又是一个全体，一个生命。而这种生命又一次作为被反思的东西，而且从被反思分析成为主词和宾词的关系来看，就是生命(ζωη)而且是被理解了的生命(φῶς，真理或光明)。这些有限的

事物各有其对立面;光明的对立面是黑暗。

施洗者约翰不是光明;他只是光明的见证,他感觉到了那个一,不过他没有纯粹地意识到它,只是在特定的关系中有局限性地意识到它。他信仰那个一,但是他的意识还不等同于生命。只有与生命相等同的意识才是 φῶς〔光明〕,在这个真理里意识与生命的差别只在于后者是存在,而前者是这个存在之在反思中。虽说约翰自己不是 φῶς,但 φῶς〔光明〕却在走进人的世界的每个人里面(νόσμος〔世界、宇宙〕是人类关系的全体,和人的生活的全体;这就是说,它的意义较之 πάντα〔万物〕和 ὄγὲγονεν〔被造之物〕为狭小,第 3 节),并不只是当人走进世界时,他被光明所照耀,φῶς〔光明〕也是在世界自身之中。世界本身,它的一切关系和规定整个都是具有真理的人(άνθρωπον φωτος)、自身发展着的人的作品;而这些关系在其中活跃着的世界却不认识整个自然界在他那里达到意识,这种达到意识的自然却没有进入世界的意识,〔亦即没有为世界所意识到〕。人的世界是他自己特有的(ἴδιον),对他最亲近的世界,但人们却不接受他,把他当作异己者对待。但是那些能够在他那里认识到他们自身的,却通过他获得了权力,这权力并不意味着一种新的力量、一种生命的原则,而只表明生命的等级、生命的等同性或不等同性。他们并不变成他物,但他们认识神并认识自己是神的儿女,自己比神软弱,不过本性与神相同,就他们自己能够意识到神的名字(ὄνομα)所暗示的那种关系,即作为为神的真正光明所照耀的人而言。他们发见他们的本性不在异己者那里而在神里面。

直到这里所谈的只是一般地涉及真理本身和人。在第 14 节

里,〔"道变成肉身,住在我们中间"〕道又在特殊形态中表现为个人。在这个形态里,他也启示其自身给我们(ἄνθρωποζ ἐρχόμενοζ είν νόσμον——这里没有别的字是第10节以下的 αὐτόν 所指谓的)。[①] 约翰不只是给 φῶζ(第7节)作见证,而且又是给个人(第15节)作见证。

尽管神的观念在这里是如何地崇高,但仍然总是留存着犹太原则关于思想与现实、理性与感性的对立。这种原则包含着生命的分裂和对于神与世界之机械的联系,殊不知这两者间的联系只应看成是有机联系的,而且在这种有机联系里,双方的关系只能说是神秘的。

对于耶稣与神的关系,最常见、最突出的表述方式是说:他称他自己为神的儿子,并且把作为神的儿子的他与作为人的儿子的他对比起来。对于这种关系的表述应该说是当时犹太人语言偶然残留下来的很少的自然语言之一,因此应算是最幸运的表述。儿子与父亲的关系并不是一种统一、一个概念,(譬如说,情志的统一或谐和,原则的相同等等),这只是脱离了生活的在思想中的统一,反之,父子的关系乃是活生生的人之间的活生生的关系,是相同的生命。父亲与儿子只是同一生命之特殊的表现形态,不是本质的对立,也不是绝对实体性的多元。因此作为神的儿子他同父亲具

---

① 《约翰福音》第9、10节有如下的话:"(第9节)那光是真光,……(第10节)他在世界,世界也是借着他造的,世界却不认识他。"黑格尔这里首先指出文法上的问题,"光"是物,在希腊文是中性。下句"他"是阳性,指人。所以第10节以下的"他"(αὐτόν)字究应指谓什么?一般了解"他"是"光"的人格化,黑格尔意在把这点与下面"道变成肉身"联系起来看。——中译者注

有同一的本质，但是对于每一个反思作用来说，但也只是对于反思才这样，他却是一个特殊的存在。甚至在这样的话里，譬如说："柯勒希家族的一个儿子"，这个词阿剌伯人用来表明一个个人，一族中的一个个别分子，这就意味着，这个个人不仅只是全体中的一部分，因而全体不是某种在他之外的东西，而乃是意味着，他本人就是那个全体，这个全体即是整个氏族的分支。这一点也可以从这种自然的未分化的民族以其特有方式进行战争的后果上看出：每一个个人都会以最凶猛的态度拼命砍杀。在现在的欧洲，与此相反，每个个人不把整个国家担负在自身上，而他们的联结也只是一种思想中的联结，即大家有同等权利，因而他们就不会为了反对个人而进行战争，而是为了存在于每个人之外的全体而进行战争。阿剌伯人也像每个真正自由的民族那样，每个人是一部分，但同时又是全体。只有在客体和死东西里，全体才是在部分之外，不同于部分。反之在有生命之物里，全体的一部分也就同一于全体，与全体不可分。如果特殊的客体作为实体被联合在一起，而同时每一个客体作为(在数目上的)个体又具有它自己的特质，那么它的共同性或统一性就只是一个概念，不是一个本质、一个存在物。但是有生命之物，即使被分割开〔的环节〕，也是本质，它们的统一性同样是本质。在死东西的领域内是矛盾的东西，在生命的领域内就不是矛盾。一棵有三个桠枝的树，有了这些桠枝一起正构成一棵树。但是树的每一根幼苗、每一桠枝(也连同其他幼苗、叶和花)本身就是一树。那些把树的汁液从根茎输送到枝叶的纤维，其本性与树根是相同的。如果把某些树砍下来，倒立起来植在土中，则那在空气中伸展的树根将会生长枝叶，而那些培在土中的桠枝将会在地

下生根。因此说这里只有一棵树与说这里有三棵树都同样是真的。

父亲和儿子的本质在神性中的统一，犹太人也在耶稣自己谈到他与神的关系上发现了。他们发观(《约翰福音》，第5章，第18节)，“他将自己和神当作平等，并且称神为他的父”。耶稣能够提出人的需要来反对犹太人的神的统治原则(像在安息日的仪式上注重满足饥饿的需要那样)，但这也只是一般地提出来罢了，把这个对立加以更深入的发展，发展出多少近于实践理性的优越的思想，那还不是那些时代的文化所能达到。在耶稣反对犹太人的原则的斗争里，他只是作为一个个人挺身而出，站在他们眼前。为了克服这种个体性的思想，耶稣，特别在《约翰福音》里，经常强调他与神的一致性，说：神赐给予在他自身内有生命，正如父在它自身内有生命那样，又说：他与父是一体的；他是从天上降下来的面包等等。这些是很粗鲁的言词(σνληροὶ λόγοι)，这些话不能变得更温和一点，即被解释成为比喻的形象的说法，或者被错误地解释成概念的结合，而不把它们看成精神生活的表现。诚然只要人们把理智的概念与形象的东西对立起来，并承认前者的统治地位，那么一切形象都会被当作玩意儿、当作想像力的副产物，没有任何真理性，而被抛掷在一边了，而剩下来代替那富于形象的生命的只有客观的东西了。

但是耶稣不仅称自己为神的儿子，而且又称自己为人的儿子。如果神的儿子表示他是神的一种变形，那么人的儿子表示他是人的一种变形。但是人不是唯一的本性、唯一的本质像神性那样，而乃是一个概念、一种思想物。人的儿子在这里就意味着一个从属于人的概念之下的东西。“耶稣是人”，是一个正规的判断，这里的宾词不是一个本质，而是一个共相。(ἄνθρωποζ＝人；υἱὸζ ἀνθρώπου＝一个人〔或人的儿子〕)。神的儿子又是人的儿子。神在一个特殊的形态下表现为人。无限与有限的结合当然是一种圣洁的神秘，因为这个结合就是生命本身。那分裂生命的反思作用可以把生命区别为无限的生命和有限的生命，并且只是就限制、有限事物本身来看，才得出与神相对立的人的概念；在反思作用以外，就真理本身来说，是没有那种限制的。人的儿子的意义，在那把人子与神子对立起来的地方表现得最清楚，如(《约翰福音》，第5章，第26、27节)："父怎样在自己有生命，就赐给他儿子也照样在自己有生命；并且因为他是人的儿子就给他执行审判的权力。"又如(同上，第22节)："父不审判什么人，乃将审判的事全交与子。"另一方面又说(《约翰福音》，第3章，第17节；《马太福音》，第18章，第11节)："神差他的儿子降世，不是要定世人的罪，乃是要叫世人因他得救。"审判并不是一种神圣的行为，因为法律是由审判官执掌的，是与那被审判的人相对立的一种普遍性，而(法律上的)审判是一个(逻辑上的)判断，是肯定相同或者不相同，是对于思想中的统一性的承认，或者也可以说是一种不可能统一的对立的承认。神的儿子不审判、不分割、不分裂，不保持一个对立之物在它的对立中。神圣东西的表现出来或激动起来并不是制定法律、颁布法律，也不是维持法律的统治。但是世界必须通过神圣事物才能得救。甚至"得救"这个词应用到精神上也不太恰当，因为得救表示人在危险中、在濒于危难中的绝对软弱；在这个意义下拯救是陌生人对于陌生人的行为。只能在这样意义下把神圣事物的作用了解为拯救，即被拯救者只是对他从前的状态陌生，

不是对他的本质陌生。

圣父不审判；那具有生命在他自身内的圣子也不审判，因为他与天父是一致的。但同时他又获得了权力，有作审判的权，因为他是人的儿子。这是由于圣子既然是圣父的一种变形，作为变形，作为一种有限制的东西，就能产生〔审判者与被审判者的〕对立，并能够把普遍东西与特殊东西分离开。从质料方面来看，在他那里就可以有关于力量亦即权力的比较。从形式方面来看，他有了这样一些力量：比较的活动、概念、法律、法律与个人的分离或结合、举行审判，作出判断。但同时单是作为人，他也不能作审判，如果他没有神圣性的话。因为即由于他有神圣性，在他里面才有审判的标准，分离〔审判者与被审判者〕才可能。他的结合和分解的力量是以他的神圣性为根据。

审判本身又可以有两种，即非神圣的东西或者只是在观念中统治或者在现实中统治。耶稣说（《约翰福音》，第 3 章，第 18、19 节）："信圣子的人不会被定罪，不信他的人，就已经被定罪了"，因为他没有认识到这人〔耶稣〕同神的关系，也没有认识到他的神圣性。而且"他们之被定罪，就在于他们不爱真理倒爱黑暗"。因此定罪或审判本身就包含在他们的无信仰里。神性的人接近恶时不把他当作一个能支配恶、能压制恶的实力（Gewalt），因为那个具有神性的人的儿子虽说获得了权力（Macht），但却没有实力。他并不是在现实性范围内，对付这个世界、同这个世界作斗争。他并不是以惩罚的意识的形式，给这个世界定罪。凡是不能同他一起生活、一起享受的东西，凡是同他隔离开、分离开的东西，就是为它自己划定界限，这些界限，他认识到，就是起隔离、分离作用的限制，即使这些限制也许是这个世界的最高骄傲，即使这个世界一点也不感觉到这些限制是限制，而且这些限制所给予这世界的痛苦，对于它也许并未具有痛苦的形式，至少未具有由法律施以报复的痛苦的形式。但是那使得这世界在较深刻〔较内在〕的范围内受到它自己的定罪的，即是它自己的无信仰，即使它自己在没有意识到神圣事物的状态下，在它的堕落状态下还自鸣得意。

耶稣与神的关系，作为儿子与父亲的关系，既可以被了解为一种知识，也可以根据信仰去了解，这取决于人把神完全放在自身之外与否。从接受这种关系的方式来看，知识就会设定两种本性。一是人的本性，一是神的本性；一是人的本质，一是神的本质，两者之中的每一种都具有人格性和实体性，而这种人格性和实体性在任何种关系上都仍是两个，因为它们是被设定为绝对不同的东西。那些设定这种绝对差别性的人，同时却要求我们从最内在的关系把这些绝对物设想为一，他们并不由于有了这种看法而扬弃理智，因为他们所宣示的乃是某种超出理智范围以外的东西。另一方面他们却盼望理智来把握绝对不同的实体，同时又要把握它们的绝对统一性。这样当他们设定理智时，他们又摧毁了理智。那些承认诸多实体的差别性，但否认它们的统一性的人倒更为理论上一贯些。他们的前一见解是正确的，因为它要求把神和人作为思维的对象，从而第二点也是正确的，因为扬弃神与人的分离将会与他们奢望的第一点相反对。在这种方式下他们诚然拯救了理智，但是如果他们老是停留在这种本质的绝对差别性里，那么他们就会把理智、绝对分离、死亡提高到精神的顶点。犹太人之接受耶稣的话就是从这种理智的观点出发的。

当耶稣这样说:“父在我里面,我在父里面;谁看见了我,他就看见了父;谁知道父,他就知道我所说的话是真理,我和父是合二而一的。”于是犹太人控告他,说他渎亵了神,因为他生来是一个人,却自封为神。像他们这样的人怎样会在一个人里面认识到神性呢?——他们这些可怜虫,他们只意识到他们的悲惨境遇和他们的深刻奴役,以及他们对于神的对立;他们只意识到在人的存在与神的存在之间有一个不可逾越的鸿沟。只有精神才能够认识精神。他们看见耶稣只是一个人、是拿撒勒人,是木匠的儿子,他的兄弟和亲戚同他们生活在一起。他就是这么多,更多是不可能有的,他也只是一个人像他们一样而他们感觉到他们自己是毫不足道的。在这一大堆犹太人中,他想给他们灌输某种神圣东西的意识的企图必定会失败。因为对某种神圣东西和伟大东西的信仰是不会寄居在粪堆里的。狮子在鸟巢里是找不到住地的;同样,无限精神在犹太人灵魂的监牢里是没有住地的。生命的整体不会寄托在一片干枯的树叶里。高山和那看山的眼睛是客体和主体的关系,但是在人与神之间、精神与精神之间却没有这种客观性与主观性的裂痕。一方对于对方之所以是对方只在于一方为对方所认识。

对于儿子与父亲关系之客观的〔而不是精神的〕理解,有这样一点值得注意,或者毋宁可以说,这种理解的形式对意志说来有这样的后果:即在耶稣所设想和崇敬的关于分离的人性与神性之间的联系上发现了我们自己与神的联系;并且又希望在完全不同的两种东西之间去寻求爱,一种神对人的爱,这种爱最多也不过是一种怜悯。耶稣对神的关系当作儿子对父亲的关系是一个天真的关系,因为儿子感觉到他自己在本质上和精神上都同父亲一体,父亲生活在他里面，并且根本不同于那样的天真关系，在这种天真关系里，人为自己设定一个世界的富有的太上主子，这个主子的生活他感到完全生疏，他只有通过赠送礼物、通过从有钱人饭桌上丢下来的残羹剩饭去同那个太上主子联系。

耶稣的本质，作为儿子对父亲的关系只有从信仰着手才能得到真正的理解，而耶稣也要求他的群众对他有信仰。信仰的特性通过它的对象、神圣事物得到说明。对于现实事物的信仰是对于任何一个客体一个有限事物的一种认识。正如一个客体不同于神，所以同样关于客体的认识也不同于对神的信仰。“神是精神，那些崇拜神的人必须在精神和真理中崇拜”。自己不是精神怎样能够认识精神呢？一个精神与另一个精神的关系是谐和之感，是它们的合一；不同性的东西怎样能合一呢？信仰神只有在这样条件才可能，即信仰者本人也有神性，这种神性在它所信仰的对象里重新发现它自己的本性，即使它没有意识到它所发现的就是它自己的本性。因为在每个人自己里面都有光明和生命，他是光明的所有物。他将不会为光明所照亮，像一个黑暗的物体那样，它只能接受外来的光，反之，他自己固有的燃料着了火，他是他自己的火焰。黑暗（距离神很远、为现实性所束缚）与自己整个神圣生活、自己信赖自己之间的中间状态，就是对神的信仰。信仰是对神的预感、认识和想要与神为一的渴望、对神圣生活的热烈的企求。但是他还没有达到那样的神圣的坚强性，即神侵透了他的意识的各个脉络，他对世界的一切联系受到神的调整，神吹煦了他的整个本质。所以对神的信仰是根源于自己本性的神性。只有神的一个变形能够认识神性。当耶稣问他的门徒说（《马太福音》，第16章，第

13 节)："人们说，我，神的儿子，是谁?"他的朋友告诉他犹太人的意见，说犹太人尽管把他神圣化，把他放在人的世界的现实性之上，然而不能超出现实性之外，反之只是把他看成一个个人，不过他们只是以很不自然的方式与他联系。但是当彼得认识到耶稣是神的儿子时，他公开说出他对人的儿子的信仰，于是耶稣称他为有福的说："西门，你是有福的，在别的人看来，你是约拿的儿子，但你是人的儿子，因为天上的父曾把这点启示给你。"单纯对于神的本性的知识并不需要天启。大部分基督教世界的人都学习过这种知识，孩子们还被教导从奇迹等等推论出耶稣是神。我们不能把这类的学习、这种接受信仰的方式叫做神的启示。命令和棍子也可产生这种知识。"我父在天上曾经把这启示给你"。这就是说，在你里面的神性认识到我的神性，你理解了我的本质，我的本质在你的本质里起了共鸣。在人群中进出往来的人之中，耶稣挑选了西门・彼得，约拿的儿子，作为建立他的社团的磐石。他赋予彼得以他自己的结合和分解的权力，这种权力只能交付给一个纯洁地在自身内拥有神性的人，为了可以辨认出每一个脱离了神的行动。现在天上的判断并不是不同于你自己的判断；你自己在地上认识到是自由或奴役的，在天的眼睛里也是自由和奴役。现在耶稣第一次大胆对他的门徒说出他自己即要到来的命运。但是彼得对于他的教师的神性的意识当时只带有信仰的性质；信仰虽说感觉到神，但他的整个本质还没有为神性所充实，还不是对于圣洁的精神〔或圣灵〕的接受。

常常听见重复着这样的看法，即认耶稣的朋友所以信仰耶稣是由于神的作用。特别是在《约翰福音》第 17 章里，耶稣常常称他

们为“神赐给他的人”。同样在《约翰福音》第6章第29节里，耶稣把他们对他的信仰说成是一种“神的工作”，一种神圣的作用。不过神圣的作用是完全不同于一种学习和受教育。《约翰福音》第6章第65节说：“若不是蒙我父的恩赐，没有人能到我这里来。”

但是这种信仰只是他们同耶稣的关系的最初阶段。这个关系的完成被表象为如此亲密，竟到了他的朋友同他合而为一。“你们应当趁着有光，信从这光，使你们成为光明之子”。(《约翰福音》，第12章，第36节。)在那些只是初步对光有所信仰的人和那些自己成为光明的子女的人之间的差别，正相当于那只是替光明作见证的施洗者约翰和一个个体化了的光明——耶稣之间的差别。正如耶稣具有永生在自身内，所以那些信仰他的人(《约翰福音》，第6章，第40节)也应获得永生。耶稣同他们这种活生生的联系，《约翰福音》在他的最后的讲话中表达得最清楚不过了。他们在他里面，他在他们里面。他们合而为一。他是葡萄树，他们是枝蔓。在部分里其本性和生命与全体是相同的。同他的朋友的友谊完成到这样的高度，就是耶稣所祈求于天父的，也就是当他将要离开他们的时候，他所许诺于他们的。只要他活着在他们中间，他们便只能是信仰者，因为他们不依靠自己本身。耶稣是他们的教师和导师，是他们所依靠的个人中心，他们还没有自己的独立生活；耶稣的精神支配着他们；但是在耶稣离开后，神与他们之间的这个客观性、这道隔墙也就倒了。于是神的精神可以使他们的整个本质活跃了。当耶稣说：(《约翰福音》，第7章，第38、39节)：“信仰我的人，从他腹中要涌现出生命的江河来”。约翰解释说，这话是指信仰他的人是会受到即将到来的圣灵之彻底的鼓舞而言，那时他们

还没有接受到圣灵，因为耶稣还没有得着荣耀。

一切认为在耶稣与那些把对耶稣的信仰当成生命的人（神即存在于这些人本身之中）之间存在着本质的差异的想法必须排除掉。当耶稣常常说到他自己有卓越的本性时，这是针对犹太人而言的。他把他自己与犹太人分离开，这样一来，就从神性来说，他也获得了一种个人的形象。“我是真理和生命，谁信仰我，他就能得救”，在《约翰福音》中，这种经常一致地突出这个我当然是要把他的人格同犹太人的性格区别开。尽管他突出自己个人以反对犹太精神，但他对他的朋友们谈话时，也同样注重扬弃一切神圣的人格性、神圣的个体性，他只愿意同他的朋友们合而为一[①]，他们也在他里面合而为一。约翰涉及耶稣说（《约翰福音》，第2章，第25节）：他知道人心里所存的。而关于他对自然[②]的最美丽的信仰之最真实的反映，是他在看见一个天真的本性未受污染的小孩时所讲的话（《马太福音》，第18章，第1节以下）：你们若不回转，变成像小孩子一样，则你们断不能进入天国。谁最像这小孩子，他在天国里就是最伟大的。凡为我的名，接待一个像这小孩子的，就是接待我。谁在小孩子身上感觉到他的纯洁生命，谁能够认识到他的本性的圣洁性，他就感觉到了我的本质。谁玷污了这个圣洁的纯洁性，倒不如把大磨石拴在他的颈上，把他沉在深海里。啊！对于圣洁东西的破坏之惨痛的必然性啊！一个美的灵魂最深刻、最圣

① “合而为一”，德文原著作 Eins sein，这里是采用新约的原来译法，见通行本《新约全书》第127页，《约翰福音》，第17章，第11、21、22诸节。——中译者注

② Dic Netur 在这里主要作人的本性解，下面几次出现“本性”、原文皆为 Natur。——中译者注

洁的悲哀，它的最不可理解的哑谜，就是它的〔自然〕本性必定遭到破坏，他的圣洁性必定受到玷污。正如神性和与神合而为一是理智所最不能理解的东西，同样，从种脱离〔或异化〕也是高贵的心灵所最不能理解的东西。小心呀，不要轻视任何一个这样小东西，因为我老实对你讲，他们在天上的天使经常直观到在天上的我父的面貌。

所谓小孩子的"天使"不可以理解为客观本质，因为（试即从人出发来提出论证）所有其他的人的天使，我们也必须设想为生活在神的直观之中。在天使对于神的直观里，许多东西是很幸福地处在合一状态的。在这种状态中，存在着不自觉、未发展出来的与神为一、存在和生命在神中的一致，但由于它〔合一状态〕被表象为神的一个变形在这些存在于时空中的小孩子里，于是它就从神分离了。不过天使们的存在和行动仍然是在神的永恒直观之中。为了表述精神、神性超出自己的限制，和表明有限制之物与有生命之物的共同性。柏拉图通过时间的差异来分离开纯粹有生命之物与有限制之物，他容许纯精灵曾完全生活在神的直观之中，而且它们〔纯精灵〕在以后的地上生活中也是一样的，只不过对于天上的直观仅有一种朦胧的意识罢了。在不同的方式下，耶稣在这里分离了并且结合了精神的本性、神性与有限制之物。——作为一个天使，那孩子式的精神并没有表述为在神中没有任何现实性、没有任何存在，而是同时把它表述为神的儿子、特殊的个体。能直观者与被直观者的对立，亦即主体与客体的对立，在直观本身中消逝了。它们的差异只是一种分离的可能性。一个人如果完全沉浸在直观太阳之中，他将会只是一个光明感、一个作为存在的光明感。一个

完全生活在直观另一个人的人，将会完全是那个另一个人本身，而且将会只具有作为另一个人的可能性。但是凡是已经失掉了的、凡是已经分裂为二的，可以通过回复到统一重新赢回来，变成像小孩那样。但是凡是拒绝并坚持反对回复到自身统一的，就是自陷于分裂；他对于你们是异己的，你们与他没有共同之点，并且你们就会扬弃和他的共同生活，于是在他的孤立状态下你们宣称同他有什么样的联系，在天上也还是有那样的联系。但是凡是你们解除了的东西，你们宣称是自由的东西，因而达到了统一的东西，在天上也是自由的，也是一，直观不到神。

在另外一种形式下，耶稣阐明了这种一致性（《马太福音》，第19章）："若是你们中间有两个人在地上，同心合意地求什么事，我在天上的父必为他们成全。"这里所用的"求"、"保证"真正讲来是指关于客体（πραγματα）的统一而言，关于这样的统一只有犹太人的现实性语言才有。但是客体在这里不能是别的东西，只能是经过反思的一致性（σνμφωνία τῶν δυοὶυῆ τριῶυ〔两个或三个的一致〕）。作为客体它是一个美丽的东西，主观地看来它是合一。因为在真正意义的客体里，精灵是不能合一的。美丽的关系、你们两三人的一致性也是反映在全体的谐和里，是谐和中的一个声音、一个和音，且是全体的谐和的产物。它之所以存在，因为它是在全体的谐和中，因为它是神圣的东西。这两三个人与神圣的东西有了这种共同性，则他们同时便与耶稣有了共同性，参加在耶稣的社团里。无论在什么地方有两个或三个人"根据我的精神"（εἰζ τὸὄυομα μοῦ〔直译应作"以我的名义"〕，参考《马太福音》，第10章，第41节）联合起来，就可以说，在那里，我就有了存在和永生，在那里我就存在，我就在他们中间，我的精神也同样如此。

耶稣如此明确地宣称反对人格性，反对认他的本质具有与他的完成了的朋友相对立的个体性（反对关于人格神的思想），因为那种个体性的根据将会是与他们相反对的他的存在的绝对特殊化。关于互爱者的合一所讲的一句话（《马太福音》，第19章，第5节）用在这里很适合："夫妻两人是合为一体的。……既然如此，夫妻不再是两个人，乃是一体的了。所以神结合的，人不可分开"。如果这种合一只是指的夫妻相互之间的原始的规定，那么这个理由不适合于反对离婚，因为通过离婚，原来那个规定合一的概念并没有被扬弃，即使一个活生生的合一被分离开了，那合一的概念仍然存留着。活生生的合一应该说是神的一种作用、一种神圣的东西。

既然耶稣同他的民族的整个天才进行斗争，并且同他的世界彻底绝裂，所以他的命运的完成不能不是受到民族的敌对天才的压迫。人的儿子在这次失败中得到荣耀，并不是消极的，并不是放弃与世界的一切关系，而是积极的，而是他自己的本性对那个不自然的世界断了念，他宁愿在斗争和失败中去拯救自己的本质，也决不愿意或者有意识地屈服于腐朽势力，或者不自觉地让腐朽势力偷偷地钻进来腐蚀他的本性。耶稣清楚意识到他个人失败的必然性，并且也力求使他的门徒也相信这种必然性。但是他们不能把他们的本质从耶稣的人身分离开；他们还只是信仰者。当彼得刚好在人的儿子身上认识到神性时，耶稣相信他的朋友们能够明白知道他们与他的别离，并且能够忍受这种离别之感。因此在他听见彼得说出他的信仰时，他立刻就同他们说他要离开的话。但是从彼得对他的话的惊恐，也表示出他的信仰距达到完成还很远。

只是在耶稣个人死去之后,他们才停止对于他的依赖,而他们自己的精神或者神圣的精神才在他们自身内持存着。耶稣说(《约翰福音》,第16章,第7节):"我去是于你们有益的,我若不去,慰安者[①]就不到你们这里来。"——慰安者即真理的精神(《约翰福音》,第14章,第16节以下):"真理的精神乃世人不能接受的,因为世人不认识它,你们却认识它。……我不撇下你们为孤儿,我必到你们这里来。你们将看见我,因为我活着,你们也要活着"。当你们不再仅只在你们外面、仅只在我里面看见神圣东西、当你们在你们自身内有了生命,那时神圣东西也将要进入你们的意识,"因为你们从一开始就与我同在"(《约翰福音》,第15章,第27节),因为我们的本性在爱里面、在神里面是一个。——"精神〔圣灵〕将要引导你们进入一切真理"(《约翰福音》,第16章,第13节),并且使你们回忆起我对你们说过的一切。它是一个慰安者;它给予你们安慰意味着给予你们一种展望,使你们看得见一种比失掉了的有相同或者更大的善;所以你们就不撇下作为孤儿了,因为你们相信同我失掉了,那你们就会在你们自己本身获得多少。

耶稣又提出全体的精神来与个人相对立(《马太福音》,第12章,第31节以下):凡说话干犯一个人的(干犯我作为人的儿子),他的罪还可得到赦免,唯独说话干犯精神本身〔或圣灵〕、干犯神的,他的罪无论在今世或来世总不得赦免。——心里所充满的(同上第34节),口里就说出来。善人从他心里所充满的善的财富就

① "保惠师"(Tröster)是《新约全书》的旧译名、乃"慰安者"之意,实即指圣灵或神圣精神而言。——中译者注

发出善来，恶人从他心里所存的恶就发出恶来。谁干犯了个人（譬如干犯了作为个人的我），他只是从我这里把他自己排斥出去，没有从爱排斥出去。但是谁从神分离开，他便干犯了本性本身、干犯了在本性的精神；他的精神摧毁它自己的圣洁性，因此他不能够扬弃他的分离，使他自己与爱、与圣洁者合一。一个奇迹可以使你们受到震动，不过你们由此失掉了的本性却不是在你们里面所能恢复的。你们本质内的复仇之神可以被恐吓掉，但那些被驱除走的妖怪给你们遗留下的空虚，却不是用爱所能填补。它们将再把你们的复仇之神拉回来，它们现在反而为你们自己的意识本身所加强了；因为现在它们是地狱里的复仇之神了，它们要完成你们的毁灭。

信仰的完成、回复到神性，从神性中降生了人，结束了人的发展的圆圈。一切事物都生活于神性，一切有生命的东西都是神的儿女，但是小孩子把与神的合一、联系、和声带进完全谐和的状态，未受到破坏，尽管本身还是未发展的。小孩子开始于以恐惧的情绪相信神灵，直到他自己愈来愈通过他的行为，与神灵分离开了，但是他又在寻求与神合一的过程中回复到那原始的统一，但这现在已是发展了的、自我产生的、感觉到了的统一。并且现在他认识神了，这就是说，神的精在他内部了，超出他自己的许多局限了，扬弃了特殊的形态，并且恢复了全体。圣父、圣子、圣灵。

“教导万邦”（这就是得到荣耀的耶稣的最后遗言，《马太福音》，第 28 章，第 19 节），向它们施洗使它们得以进入这个神圣关系，得以进入圣父、圣子和圣灵的联系。即就那一段话的上下文就可以明白，“施洗”并不是使人浸泡在水中，也不是像一般所谓洗礼或浸礼的意思，在施洗的时候，须说出一些话，像一个魔法的咒语那样。教导(μαθητεύειν)这个词通过下面的补充也与正规的"教"的概念不同。神不是可以讲授的,也不是可以学习的,因为神是生命,只有用生命才能把握。"使他们充满了精神的关系"(ὀνομα〔名字〕,如《马太福音》第10章第41节说:"谁接待一个先知 είξ ὄνομα προφήτου〔以一个先知的名义〕,他就是一个先知"),这种关系把原始的合一、变形(分离),和发展了的重新合而为一在生命和精神里(不是在概念里)联系起来了。在《马太福音》第21章第25节里,耶稣问道:"约翰的 βάπτισμα(洗礼)是从哪里来的?是从天上或者从人间来的呢?""洗礼"在这里指精神和性格的整个神圣性。附带也可以想到浸入水中,但只是次要的事情。可是在《马可福音》第1章第4节里,关于约翰用这种形式来吸收人进他的精神盟约的思想就完全不见了。这里说:"约翰传悔改的洗礼,使罪得赦"。在第8节里约翰说:"我是用水给你们施洗,他却要用圣洁的精神〔圣灵〕和用火(《路加福音》,第3章,第16节)给你们施洗",(έν πνεύματι άγίω και πυρί〔以火〕又《马太福音》第12章第24节以下:έυ πνεύματι θεοῦ έκβάλλω τα δαμιόνια 以神的精神,即作为与神合一)。他将要以火、以神的精神来浸透你们、来充实你们,因为一个人以精神(έν πνεύματι,《马可福音》,第1章,第8节)充满了自身,就以精神去神圣化〔感召〕他人,他也神圣化他们使其进入精神、进入这名义(εἰζ πνεῦμα,εἰζ ὄνομα)(《马太福音》,第28章,第19节)。凡是他们所接受的,凡是进入他们的,不是别的东西,只是在他〔们〕内部的东西。

约翰把接受他的精神教育的人浸入水中的施洗办法(耶稣没有类似这样的行动),是一个很有象征意义的作法。渴望无限、渴望沉浸在无限里的感情与渴望沉浸在大海里的感情在性质上是再相似没有了。投身于水中的人有一个异己的东西在他前面，这个东西立刻就把他整个淹没了，使他全身每一点都感觉到它的力量。他脱离了世界，世界脱离了他。他只不过是有感觉的水，无论他走到那里，都有水接触到他，他只存在于他感觉到水的地方。在汪洋的大海里，没有〔无水的〕空隙、没有限制、没有杂多性或者特殊的规定。这种汪洋大海的感觉是最简单的、最不支离破碎的。那投入水中的人也可以重新上岸走到空气中来，使自己与水相分离，就算脱离水了，不过水还在从他全身各处往下滴。及当水一离开他，那围绕他的世界又表现出不同的规定性，而他返回到这世界来要强烈地意识到它的杂多性。当我们远望那没有阴云的蓝天和远望那清晨的东方地平线上的简单的、没有形状的一望无涯的地平面，我们不会觉察到周围的空气，而我们思想的活动是很不同于登高远望的。沉浸在水中时，只有一个感觉和对世界的忘怀、一种蔑弃一切、退出一切的孤寂之感。像这样一种抛弃掉从前种种东西，热烈兴奋地献身到一个崭新的世界，在这个世界中，现实事物浮现在这种新精神前面，没有现实与梦境的差别，——《马可福音》(第1章，第9节以下)所陈述的耶稣受洗后的心境看来就有这种情况："他在约旦河里受了约翰的洗。他从水里一上来，就看见天裂开了，圣灵仿佛鸽子，降在他身上。又有声音从天上来说：你是我的爱子，我喜悦你，圣灵立刻就把耶稣推到旷野里去。他在旷野四十天受撒旦的试探，并与野兽同在一处，且有天使来侍候他。"从水里走出来他充满了最高的灵感，这种灵感不容许他仍然待在这个世界里，并迫使他走到旷野里去。这时他的精神的活动还没有把自

己从对现实世界的意识脱离开。这种脱离只是在四十天之后才充分觉醒起来，然后才有信心地走进世界，但是坚决地反对那个世界。

他所说的 μαθητεύσατε βαπτίζοντεζ〔“教导万邦，给它们施洗”〕（《马太福音》，第 28 章，第 19 节）等语因此也是包含深刻意义的。——“无论在天上、在地上一切权力都给予我了”（在《约翰福音》第 13 章第 31 节里，耶稣谈到他获得荣耀是正当犹大离开大家，为了要在犹太人那里叛卖耶稣的时刻，在这个骨节眼上，他正期待着返回到他的天父那里，因为天父远比他自己伟大。所以这里在《马太福音》中，他谈他的权力时，也是正当他被表明为已经抛弃了世界所要求于他的一切东西，抛弃了这个世界可以分享他的生活的每一部分的时刻）。“天上地下所有的权力都赐给我了。所以你们要去到万邦，使它们作你们的门徒，给它们施洗，使归人父、子和圣灵的关系，使那合一的精神浸透它们，就像水围绕着投入水中的人流灌，使他周身都感到水的浸润那样。——看呀，我就常与你们同在，直到世界的末日”。[1] 在这个时刻，耶稣被表述为摆脱了一切现实和个人人格，绝少想到他自己本质的个体性和人格性。他同他们一起，他们的本质为神圣的精神〔圣灵〕所浸透，他们投入神内，他们的本质在神中、神现在活跃在耶稣那里，并在耶稣那里达到顶点。

这个由受洗而进入与圣父、圣子、圣灵的〔合一〕联系，比较薄弱地被路加（《路加福音》，第 24 章，第 47 节）表述为以耶稣的名义

① 参看《马太福音》，第 28 章，第 18—20 节。黑格尔这里的引文，与原文小有出入。——中译者注

"传授悔改赫罪的道"。这个宣教要从耶路撒冷起。"你们就是这些事情的见证,我要将我父所约许的降在你们身上。"他们不应当在耶路撒冷以外的城市开始宣教,直到他们领受从至高无上那里来的能力。一个单纯的学说可以拿来宣讲,而且可以用一些发生过的事实作为证据去加以支持,没有自己圣洁的精神〔圣灵〕。但是这样的宣教决不是神圣的崇拜,决没有精神的洗礼。在《马可福音》里——虽然最末一章不完全是出于真笔,但他的语调却很能表达出特点——耶稣告别的情况述得远为客观。圣灵表现在他里面毋宁是通常的公式,耶稣所说的话是为教会的习惯弄得冷冰冰的习用的词句:"你们〔往普天下〕去〔给每个人〕[①],宣传福音(没有进一步附加解释,"福音"是一种宗教术语),信仰的人和受洗的人必然得救,不信的人必被定罪。""信仰的人"、"受洗的人"看起来已经是一种有特定意义的术语,用来划分人们是否属于某个宗派或社团的没有灵魂的字眼,这些字眼是须以具有充实意义的概念为前提的。不像那些富于精神的活的语言:"我就常与你们同在",足以表信仰者怎样充满了神的精神和耶稣的荣耀,马可的语言是枯燥的,没有精神兴奋感动的气息,只是干巴巴地谈到对于现实世界的奇异的支配,谈到驱走魔鬼和其他类似的为信仰者所能够做得到的行动。——那些话是那样地客观,就像人们只是在讲述一个人的行动,而一点也不是提到他的灵魂。

神在人内的发展、人由于充满了圣洁的精神〔圣灵〕而进入同神的关系,成为神的儿子,并且生活在他们发展了的多面性中和他

① 方括号内的字是别的本子有、而黑格尔引文中省去的。——中译者注

们整个本质和性格的谐和中。在这种谐和中不仅他们多方面的意识谱成一个精神的曲子、许多不同的生活形态唱成一个生活的调子，而且通过这种谐和他们与其他近似神的人之间的隔墙也随之取消了，并且同一个活生生的精神使各式各样的存在具有生命，这些不同的存在不再仅只是相同的，而乃是一致的，不是构成一个凑合体，而乃是构成一个共同体〔或神圣的社团〕，因为他们并不是作为信仰者联合在一个共相、一个概念之内，而是通过生活、通过爱而联合起来。——这种人的活生生的谐和和他们在神里面的共同友谊，耶稣就叫做天国。[①]

王国这个名词是从犹太语言里来的。它给"人们的神圣合一"这个说法带来了某些歧异的成分。由于王国只表示异己者对异己者通过统治、通过暴力而达到的统一。这样的统一必须从一种纯洁的人的联盟(一种可能有的最自由的联盟)的美和神圣生活中完全排斥出去。这种天国的理念完成了并总括了耶稣所创立的宗教的全体。我们还须考察的，是否这个宗教完全满足了〔人的〕本性，或者是否有什么样的需要驱迫着他的门徒作出某些进一步的发展。

在天国里，共同之点是一切都生活在神里面，不是共同生活于一个概念里面。在天国里，爱、一种活生生的纽带把所有信仰者联合起来。这是一种生活一致的感觉，在这种感觉里，一切对立，作为纯粹敌对性，以及权利，作为持久存在着的对立的统一，都被扬弃了。耶稣说(《约翰福音》，第13章，第34节)："我赐给你们一条

① 天国(Königreich)直译应作"神的王国"，故下文提到"王国"这个词在犹太文中的意义。——中译者注

新命令,要你们彼此相爱,……众人因此就认出你们是我的门徒了。"这种灵魂的友谊,用反思的语言说来叫做本质、精神,就是支配着整个社团的神圣精神、神。作为通过爱相互联系起来的人的社会,还能有比这更美的观念吗?属于一个全体,而这个全体乃是神的精神的合一体,其中的个别成员都是神的儿子,——还有比属于这样一个全体更崇高的观念吗?这个观念中是否还有不完善之处,这种不完善之处即在于它仍然逃不出命运的支配呢?或者是否可以说,这个命运也许就是那复仇的女神,她要愤恨一个太美的努力,愤恨一种对于自然界的飞越呢?

在爱里面,人在另外一个人身上重新发现了他自己,因为爱是生命的合一,它以生命的分离、发展和形成中的多面性为前提。生命活跃的形态越多、生命联结到和感触到的点越多,则爱也就越深挚。有爱的人的关系和情感延伸的方面越多,爱集中得越深挚,则它就越具有排外性,越对于其他生命形式抱漠不关心的态度。它的欢乐同每一别的生命不可分,它也承认别的生命是生命,但是一有个人的排外的情绪,它就倒退了。人们在教育和兴趣方面、在对世界的关系方面越是孤立,每个人的独特处越多、则他们的爱越是局限于自己本身。为了具有对于自己的幸福的意识,为了增进自己的幸福,像它乐于做那样,那么它必定要孤立它自己,甚至为自己招来敌对。因此广大群众相互间可以感觉到的爱①必须包含某种程度的〔精神的〕坚强和深度,并且要求在许多生活关系方面精

① 参看凯特(G. Keate)著:《碧柳岛》(Pellew Islands),福尔斯特德文译本,第XXXIV页,汉堡,1789。

神上和利益上的平等以及个体性的减少。这种共同的生活、这种精神上的平等，既然不是爱，便只能通过它的特定的、有坚强标志的表现才能达到意识。这里说不上认识的一致和意见的相同。广大群众的联合在一起建筑在共同的需要上面。这种联合表现在共同的对象上面、在由这些共向对象产生的关系上面，然后又表现在为了那些共同对象的共同追求以及共同的活动和行为上面。这种联合可以与千百个共同占有和共同享受的对象相结合，也可以与共同的文化教育相结合，并且从这些东西里面认识到联合一起的意义。一系列共同目的、物质需要的整个范围可以成为联合行动的对象，在这种联合行动里就表现出一种相同的精神了；于是这种共同精神也高兴让自己在这个群体的平安中被认识到，并高兴看到自己是一个促进联合的力量，因为在这种欢乐和游戏中它自己也感到愉快。耶稣的朋友在耶稣死后聚合在一起，他们共同吃、共同喝。他们中有一些兄弟会社的成员还彼此完全取消了财产的权利，另外一些兄弟会社的成员则用大量施舍和捐献给社团的方式部分地放弃了财产。他们共同交谈关于他们死去了的朋友和导师的一切，他们共同一起祈祷，他们彼此互相鼓励和加强他们的信仰和勇气。他们的敌人谴责他们有一些社团甚至实行公妻。这种谴责，一方面可以说他们缺乏足够的勇气和纯洁性，值得承受，另一方面他们也无需对这种谴责感到羞愧。许多人共同退出他们旧有的联系，以使别的民族也分享他们的信仰和希望；因为这是基督教社团的唯一活动，皈依宗教是它独特、本质的特点。除了这种共同享受、共同祈祷、饮食、娱乐、信仰之外，除了传播信仰的独特活动，扩大参加共同崇拜的范围之外，还存在着一个巨大的客观性的范围,这要求有各式各样的活动,并且提出一个有方面最多、范围最广、力量最大的命运。在爱的课题前面,这个社团轻蔑任何非最内在的精神的联合,轻蔑最高精神以外的任何精神。这个社团以为普遍人类爱的崇高观念以外的精神都是浅薄的不自然的观念,这用不着我在这里说,因为它不是这个社团所追求的东西,这个社团老是停留在爱的本身。除了共同信仰的关系和这个社团表现在有关的宗教行为之外,任何在别的客观活动方面的别的联系对社团来说都是异己的,无论这种联系的目的是为了实现一个理想、发展生活中的另一个方面,或者为了一个共同的活动。任何参加传播信仰以外的事情的精神,任何表现在生活的其他变形和部分形态中,并对这些方面感到特殊兴趣的精神也皆被社团认作是异己的。这个社团在〔它所认作〕异己的精神里看不见它自身。它认为那样作就会抛弃了爱——它的唯一的精神,并且会变成不忠于它的神。甚至它将不仅抛弃了爱,而且还会破坏了爱。因为各个成员会陷于个性互相冲突的危险,而且他们必难免于这种危险,特别是由于他们所受的教育各不相同,从而他们就会囿于他们各自性格的范围,受到他们各自不同的命运的威力的支配。为了某种卑微不足道的利益,为了某种小事情的不同规定性,爱转化成为恨,并导至背离了神的后果。这个危险只能通过一种不活跃的、不发展的爱才可以防止,这就是说爱虽说是最高的生命,但却仍然是没有生活气息的。这样一来,那种违反自然本性的对于爱的范围的扩展,就陷于矛盾,陷于一种错误的努力,这种错误的努力必定会成为一种最可怕的狂热主义的根源,不管是被动的或者能动的狂热主义。这种把爱局限在自己本身、这种对于别的生活形式的逃避,(即使

爱的精神在那些生活形式里面吹煦，或者它们是从它产生出来的，它也同样加以排斥。)——这种逃避一切命运的态度正是它自己的最大的命运。这就是耶稣与命运相联系的枢纽，他而且以最崇高的方式与命运相联系，但他却因命运而殉难。

第五节　耶稣和他的教会的命运

耶稣以一个有勇气和有信仰、受到神圣感召的人①出现在犹太民众当中，一些精明的人叫他为狂热者。他以一种自己特有的新精神走出来。摆在他前面的世界，在他看来，是一个应当改变的世界。他对待这个世界的态度，首先就是号召把它变成另外一个样子。所以他开始对所有的人提出这样一个号召："改变你们自己，因为天国是很近的。"假如生命的火花只是沉睡在犹太人的意识里，那么他只须吹一口气，就可以点燃起火焰来，烧毁掉他们藐小的自负的权利和要求。假如在他们对于现实的不安和不满里，他们能够意识到有追求某种较纯洁的世界的需要，那么耶稣的号召就会引起人们的信仰，而这种信仰当时就会促使所信仰的东西得到实现。有了信仰天国也会就在眼前。真正讲来耶稣只不过是对他们说出了在他们心中还不自觉、还没发展出来的东西。潜伏在他们心中的东西，找到了文字的表达，从而对自己的需要有了明确的意识，他们就会摆脱了〔旧的〕束缚。关于他们的旧命运，这也只会激起他们对于已经过去了的生活的震动，〔一点也不会使他们留恋〕，而新的命运就会起而代之。犹太人虽说诚然也想要某些不

① 他投身于为了一个伟大的目标的高贵活动中。

同于从前的东西，但是他们太自鸣得意于并骄傲于他们的奴役状态了，不可能在耶稣所提供给他们的东西中去发现他们所寻求的东西。

他们的天才对于耶稣所提出的号召的反应和回答，乃是一种从很不纯洁的动机出发的注意。有少数几个纯洁的灵魂带着求教训的动机去接近他。他以很大的善意，并以一个纯洁的梦想家的信仰，把他们的愿望当作得到满足了的心灵，把他们的初步倾向当作〔教育的〕完成，把他们弃绝一些从前的关系（这些关系大部分都是无关紧要的）当作自由、当作对于命运的医治或克服。于是在他同他们熟识不久之后，他就以为他们能够对于天国的福音展开较广泛的宣讲，并且以为当地的民众也成熟到足以接受这种关于天国的宣教了。他把他的门徒一对一对地送往附近各地区，以期使他的号召从多方面的声音散播出去。但是神圣的精神〔圣灵〕却没有表现在他们的宣教里。甚至在同他接近很长时间之后，他们还常常表露出藐小或者至少不纯洁的灵魂，只有其中少数的枝叶为神所透进了。他们的整个宣讲的内容，除了所包含的否定方面外，就是宣扬天国的临近。不久他们又集合在耶稣周围，我们一点也看不出耶稣的希望和他们宣传福音的成效。由对接受他的号召之漠不关心很快就转变为对他的愤恨。这种愤恨在耶稣方面的结果，使得他愈益增长他沉痛地反对他的时代、反对他的民族的决心，特别是反对民族的精神最强烈地、最热情地寄托在他们身上的那些人，反对法利赛人和民族的领袖们。他反对他们的语调完全没有试图同他们和解的可能，一点也不照顾到他们的精神，反之，他最强烈地发泄了对他们的痛恨，揭露了他们敌视他的精神。他

对待他们从来也投有带着有改变他们的可能性的信心。他们的整个性格是反抗他的，所以当他有机会向他们说到宗教问题时，他决不从反驳他们或教训他们出发，他只是针对他们的弱点，把他们问得无言回答。与他们的想法根本对立的〔正面的〕真理，他是向着在场别的一些人说的。

他的门徒回到他那里之后(《马太福音》，第 11 章)，看来他好象弃绝了他的民族，并且感觉到(第 25 节："父呀！你将这些事向聪明谨慎的人，就藏起来，向婴孩就显出来。")神只是向简单朴素的人启示它自身。从此以后，他只限于向个别的人作工作，把民族的命运放在一边不去触动，因为他已经把他自己同他的民族隔离开了，并且把他的朋友从民族的掌握下带走了。只要他看见那个世界还没有改变，他就一直要避开那个世界，并同它断绝一切关系。尽管他同他的民族的整个命运冲突得很厉害，他对它的态度却是被动的，虽说这种态度对他说来似乎有些矛盾。他说："把凯撒的东西还给凯撒，"当犹太人向他谈起他们命运的一个方面，即关于要向罗马人缴纳税捐的问题，他便那样回答。这好象对他是矛盾的，那加在犹太人身上的税捐，他和他的朋友也照样去缴纳，他曾告诉彼得，不要反抗，如数交付。他对于国家的唯一关系就是仍然遵守它的法令。他被动地忍受服从这种国家权力的后果，并且有意识地承受精神上的矛盾。

天国并不存在于现实世界。不过现实世界是否当前存在着与天国相反对，或者它对于天国的反对并不存在、只是一种可能，这对于天国来说却有很大的差别。因为事实上发生了的是前一种情况，并且耶稣是充分意识这点而遭受到国家的反对的。所以在对于国家的这种〔消极〕态度里，在活生生的联合中已经有的一个很大方面，对天国中的各成员来说，已经有一个重要的纽结被割断了。同时他们丧失了自由的一个部分、亦即美的联盟所具有的否定的特性的一部分，[①]他们也丧失了大量的活动的关系和活生生的联系，天国的公民变成了与一个敌对的国家相对立的，把自己从国家中排斥掉的私人。此外，对于那些从来没有在这样一种〔政治的〕联合里活动过的人、对于那些从来没有享受过这种联盟和这种自由的人，特别是对于那些公民关系在他们看来主要只是涉及财产权利的人来说，这种生活的限制〔或脱离国家〕，倒并不表现为剥夺了生活〔的丰富内容〕，而毋宁表现为一种异己的权力用暴力统治一些外在的物件〔指奴隶〕，而这些物件是可以自由地拔抛弃的。凡是在失掉了大量的关系和多式多样的愉快和美的联系之后，每每是通过一种收获去予以补偿，这个收获就是一种孤立化的个体性，和对于个人特性的偏狭的意识。诚然从天国的观念里，一切基于国家的关系都在排斥之列，国家的关系是无限地低于神圣联盟的活生生的关系，在后者面前，它是只能受到轻视的。但是国家业已存在，而耶稣或者他的社团不能取消它，于是耶稣的命运和在这个问题上始终忠于他的社团的命运，就只好忍受自由的丧失、生活的受到限制、对人们所轻视的异己权力的统治抱被动的态度，而且耶稣所需求于政府的那一点点东西，即生存于自己的民众之中，也是那个异己的权力不折不扣地交付给他的。

除开这一方面的〔最低限度的〕生活（也可以说不是生活，只可

① 关于自由是灵魂之美的否定的特性可参看本书第 332 页。——中译者注

以叫做生活的可能性，）犹太精神不仅掌握和支配了生活的一切角落，而且使自身在它们里面成为国家的法规，而且曾经把人的自然本性中最纯洁，最直接的各种形式加以歪曲丑化使成为特定的烦琐的法规条文。在天国里面，除了来自最无顾虑的爱的关系，从而亦即来自最高的自由的关系之外，除了单是从美中获得它的表现形式和与世界的联系的东西之外，就不会有别的关系了。由于犹太生活的污浊，耶稣只能把天国保持在心中；他跟人们发生联系只是为了教育他们、把他相信他们里面所具有的善良精神发展出来；只是为了首先培养出一些人，这些人的世界将会是他的世界。但是在现实世界里，他必须逃避一切现存的关系，因为那些关系受到死法规的束缚，人们都被束缚在犹太精神的暴力之下。假如他进入一种摆脱了两方面〔束缚〕的关系，那他就会走进犹太人的法规之罗网，而且为了不要渎亵或者破坏他所进入的关系，他就会纠缠在那个法规之网的线绳里。所以他只能够在空虚里找到自由。因为生活的每一个方面都被束缚住了。因此耶稣把他自己孤立于他的母亲、他的兄弟和亲戚之外。他不要爱妻子、不要养小孩、不要成为一个家庭的父亲、一个国家的公民，以便同别的人一起享受共同的生活。耶稣的命运在于必须忍受他的民族的命运。要么他把民族的命运当作他自己的命运，担负起它的必然后果，并分享它的快乐，把他自己的精神与民族精神合而为一，——但是这样就得牺牲他的美、他与神的联系；要么他把民族的命运从他自身推开，但是这样他就得保持一个本身没有发展和没有快乐的生活。在两种情况下都不能满足他的本性。在前一情况下，他会感觉到他的本性可以得到片断的满足，但即使这一些片断也是被玷污了的；在后

一情况里，本性可以达到充分的意识，不过他只能认识它的形象作为一个壮丽的阴影，这个阴影的本质是最高的真理；但是要感觉到那个本质，要那个真理在行为中和现实中活跃起来，对他是无望的。

耶稣选择了后一种命运，把他自己的本性同世界隔离开，并且要求他的朋友走同样的道路。“谁要是爱他的父亲或母亲、儿子或女儿多于爱我，他就不配作我的门徒。”但是他愈益深刻地感觉到这种分离，他便愈是难于安静地忍受这种情况，而他的活动就是他的本性对于世界的英勇的反抗。他的斗争是纯洁的和崇高的，因为他认识到他的命运的整个局势，下定决心要反对它。他和他所创立的社团要抵抗〔旧世界〕的腐朽势力，首先必须意识到这个腐朽势力本身并且意识到还比较不受那种势力支配的自由精神，因而使这种腐朽势力的命运同它自身分而为二。[①] 纯洁反对非纯洁的斗争呈现出一种崇高的景象，但是这种崇高的景象很快就会转变成一种恐怖的景象，当圣洁的东西本身遭受到非圣洁的东西的践踏，并且当两者的混合体冒充圣洁凶狠地反对命运的时候，因为这时圣洁的东西还被束缚在命运之中。

耶稣预见到这种动乱情况的整个恐怖性，所以他说：“我来到地上不是带来和平，而是带来宝剑。我是来把儿子分裂出来反对父亲，把女儿分裂出来反对母亲，把新媳妇分裂出来反对她丈夫的亲人。”凡是一部分从命运摆脱出来、而另一部分又同它联在一起的东西，无论这种混乱状态被意识到或者没有被意识到，必定会特别可怕地毁灭它自己和它的本性。而且在自然与非自然、本性与

① “分而为二”、“分裂”，德文原文都作 entzweien。——中译者注

非本性混合在一起的时候，则向后者攻击，也必然会牵涉到前者；麦子与稗子一起遭受践踏，而本性中最圣洁的方面，当它与非圣洁的东西交织在一起的时候，本身会受到伤害。耶稣不因为考虑眼前的后果而收缩他的活动，而使得这个世界免于它的命运的惩罚，减轻这个世界的动乱，并容许这个世界在它灭亡的时候还以自信毫无罪过来安慰自己。

因此耶稣的生活：①同世界分离开，并且从世界逃避到天上；②在理想中恢复那遁入空虚的生活；③在每个反抗的人那里，教导对神的回忆和仰望。但是他也有对于神的实践的证明这一方面，这是就他同命运作斗争而言：一部分是对于天国的传播，由于天国得到阐明，那整个世界的王国就倒坍了并且消失了。另一部分是在他对于命运的个别部分的直接反击里，正如它们直捷了当地打击他一样。不过在反对命运的某一方面须除外，这一方面直接表现为国家，耶稣也是意识到的，他反对国家的态度是被动的。

耶稣的命运并不完全相同于他的社团的命运。由于他的社团是由许多人集合起来的，他们大家诚然过着同样地与世界分离的生活，不过每个分子都找得到几个志趣相同的伙伴，所以他们团结在一起，能够一起支持住同世界隔离的孤寂生活。这样他们可以与世界较少接触，较少冲突，因而他们较少受到世界的刺激，也较少过作斗争的消极生活，而向往积极生活的要求在他们之中愈来愈大，因为消极的共同生活既没有享受，也没有美。取消财产、实行财物公有、共同一起进餐，所有这些大都属于消极方面的联合，还不是一种积极的联合，他们的盟社的本质是(一)同世人隔离，

(二)彼此相爱。两者必然联结在一起的。这种爱不应是、也不能是一种个人的联合,而乃是并且只是在神里面的联合。一个与现实相对立并与现实相隔离的社团,只有在信仰中才能联合起来。所以这种〔与世界的〕对立乃是固定了的,并且是这个盟社的原则的一个主要部分。爱必须永远保持其对神的爱、对神的信仰的形式,而用不着成为活跃的东西,用不着表现其自身于生活的形态之中,因为每一个生活形态都可以为理智加以客观化,并理解为它的客体、为一个现实事物。这个社团对世界的关系必定会成为害怕与世界接触和对于每种生活形式的畏惧,因为每个生活形式,由于它有了形态,它就只是一个方面,它的缺点就会被揭露出来,而这种缺点却是世界的一个部分。因此这个社团的联盟不可能与命运相和解,而只能成为与犹太精神正相对立的极端、没有在美里面达到两极端的中项。犹太精神曾把本性的各种特定形态、生活的各种关系固定化为世俗的现实法规,它不唯不对这些现实事物的贫乏无聊感到羞耻,反而认之为真宰的赏赐,并且以拥有这些现实事物为骄傲、为自己的生命。基督教社团的精神同样看见了在自身发展着和表现着的生活的每个关系中的种种现实情况。但是既然这种精神是爱的情感,它的最大的敌人就是客观性,所以最后它落得与犹太精神一样的贫乏,不过它轻视财富,而犹太精神则为财富服务。

轻视生活的那种梦想很容易转化为狂诞主义。因为为了要保持自己与任何东西都不发生关系,它〔梦想〕必定要摧毁那个要摧毁它的东西,即使这东西是最纯洁的,但住它看来总是不纯洁的,而且它必定要摧毁它认为非纯洁者的内容,因而它常常会伤害到最美丽的关系。较晚近时代的梦想家曾经把对一切生活形式的轻视(因为它们是不纯洁的)变成了一种无条件的空虚无形式性，并且向每一个自然本性的冲动宣战，仅仅因为它要表现为一种外在形式；这种自杀的尝试、这种死抓住空虚的统一性不放，其结果特别可怕，如果他们的心灵还愈益坚固地为世俗的纷繁事务所桎梏，因为由于他们的意识只是有局限的形式的意识，所以除了通过残暴破坏的行动以外，他们已没有别的办法向空虚逃遁。

但是当世界的命运的力量太强大能够在与它不相容的教会周围和教会里面维持其自身，那时逃避世界的想法已不复可能。于是就出现反对自然本性的巨大的伪善者，他们企图在世界的纷繁事务与无生命的统一之间、在一切有限制的法规关系和人伦道德与简单的精神之间去寻找并且去保持一种违反自然的联合。对于每一个市民的行为或者对于情欲和嗜好的每一种表现，他们都想出一种在统一体中的掩蔽所，为了通过欺骗的办法同时保持住每一种限制并且从限制中得到享受，而且同时还逃脱了那种限制。

由于耶稣轻蔑犹太人，不愿同他们一起生活，并且同时拿他的理想不断与他们的现实事物作斗争，所以很难有别的出路，他必定会为现实所压倒。对于他的命运的这种发展他毫不畏缩，当然他也不是自寻苦恼去寻求这种发展。每一个梦想家，如果他只是为了自己在梦想，他是会欢迎死亡的。但是对于一个为了实现一个伟大计划的梦想，则他只能以沉痛的心情离开那他梦想要实行他的计划的舞台。耶稣死时具有很大的信心，相信他的计划不会消亡。[①]

① 以上三段，占诺尔本第 331 页全页，是诺尔从黑格尔别的零散的手稿中挑出来，加到这里的。与上下文稍有不甚连贯的地方。英文译本把它放在小注中，我们仍然照诺尔本作为正文译出放在这里。——中译者注

与基督教社团的命运的消极方面相对立，即与它把生活的变形导向特殊的规定并因此把与它们的联系导向犯罪行为的反对世界的方面相对立，还有其积极方面，即爱的纽带这一方面。由于把爱扩大到对于整个社团的爱，它的性质也就起了变化，即爱已经不是个人与个人之间活生生的联合，反之，爱的享受被局限在他们彼此相爱的意识中。通过逃避到毫无内容的空虚生活以求免于受命运支配的努力在这个社团的各成员中变得较容易了，因为他们构成一个社团，这个社团本身脱离生活的一切形式，换言之，他们的使命只是一种普遍爱的精神，这就是说，他们不生活于那些生活形式之中。

这种爱是一种神圣的精神，但还不是宗教。要成为宗教，它同时还必须表现其自身于一种客观的形式里。爱作为一种情感、一种主观的东西必须与观念的东西、普遍的东西溶合在一起，才能够赢得一个可以祈祷并值得祈祷的存在形式。这个需要：把主观和客观结合起来、把情感和情感对于对象的要求结合起来、通过幻想把理智在一个美里面、在一个神里面结合起来，——这个需要，人类精神的最高需要，就是向往宗教的冲动。基督教社团对于神的信仰，是不能满足它的这种宗教冲动的。因为在他们的神里只可以找到他们的共同感情。在世界的神里一切存在都联合起来了。社团的成员，作为成员来说，是不在这样的世界的神之内的。他们的谐和并不是全体的谐和，不然的话，他们就不会构成特殊的社团了，也不会彼此之间〔只是〕通过爱来联合了。世界的神并不是他们的爱、他们的神的表现。

耶稣对于宗教的需要在全体的神中得到了满足。因为他对于神的仰望表现在他对世界的每一次经常的冲击里和他对于世界的逃避里。他需要的只是世界对他的反对,他即在世界对他的反对里奠立他自己反对世界的根据。他就是天父,他与天父一体。但是在耶稣的社团那里,对于世界的经常冲击就或多或少地消失了,社团的成员们生活着对世界没有能动的斗争,在一定限度内他们是幸运的,没有不断地受到世界的刺激,因而也就没有被迫只是向世界的对立面逃避,向神逃避。另一方面,他们在他们的共同生活里,在他们的爱里找到了一种享受、一种真实的东西、一种活生生的关系。只是因为每种关系总是与相关联的东西相对立,情感仍然以现实,或者从主观方面来说,以认识现实的能力——理智——作为自己的对立物,所以它的缺陷必须在一种能够联合两者的东西得到补救。这个社团需要这样一个神,这个神即是这个社团的神,在这个神里面,排他性的爱、这个社团的性质、它的成员间相互的关系都恰好得到表达。这些东西之在神里得到表达,并不是把神当作一个象征或者作为一个比喻,也不是把神当作一种主观的东西的人格化,在这种人格化里人们可以意识到这个主观的东西与它的表现的分离;而乃是把神当作一种同时既是情感(即是说在心里),又是客体的东西。情感在这里仍然意味着浸透一切的精神和一种本质,即使每一个个人只意识到他的情感是他自己的个人情感。

在爱里面结合起来的一小群人,一小群有性灵的人,他们彼此间放弃在特殊事物上的权利,他们只是由于共同的信仰和希望而联合起来,他们的享受和欢乐仅只在于这种纯洁的一心一意的爱上面,——这就是一个小型的天国。但是他们的爱还不是宗教,因为人与人的合一和爱并不同时包含这种合一的表现。爱把他们联合起来,但是那些被爱者还不认识这种合一,当他们认识到任何东西时,他们所认识的东西,却是分裂开的东西。如果神表现出来,那么那看不见的精神必须同看得见的东西联合起来,这样才可达到一切联合于一之中:知识与情感、谐和与谐和的东西合而为一,导至一个完全的综合和完成的谐和。否则,在人的可分离的本性对全体的关系方面必会存留着一种渴求,这种渴求对于世界的无限性来说是太小了,而对于世界的客观性来说,又太大了,因而始终得不到满足。于是始终存在着一种永无止息、永不满足的对于神的渴求。

在耶稣死后,他的一些门徒就像一群没有牧羊人的绵羊。他们的一个朋友死去了,而他们本来是希望这个人将能够解放以色列人的(《路加福音》,第 24 章,第 21 节),这个希望随耶稣之死就落空了。他把一切东西都同他一起带进了坟墓。他的精神并没有在他们那里留下来。[①] 他们的宗教、他们对纯洁生活的信仰都取决于耶稣个人。他是他们的活的纽带和启示了的、现人形的神。在他们看来,神也通过耶稣显现给他们了。他个人的人格把不确定的和确定的东西都给他们在一个活人中谐和地联合起来了。随着耶稣之死,他们又退回到看得见的与看不见的、精神与现实事物的分离了。当然对于这个有神性的人的纪念,尽管现在他远离他

① 在死了两天之后,耶稣从死里又复活了。信仰回转到他们的心灵里。不久圣灵来到了他们那里,于是耶稣的复活就成了他们的信仰和他们的得救的基础。由于复活的作用是那样的大,由于这件事情已成了他们信仰的中心,足见他们对于复活的需要是深深地铭记在他们心里。

们了，还会仍然在他们那里持续着。他的死在他们身上引起的震动当会随时间而逐渐减轻；在他们看来，这死去的耶稣并不单纯地只是一个死人。对于腐烂了的肉体的悲哀逐渐让位于对于他的神圣性的直观。不朽的精神和纯洁的人的形象将会从他的坟墓里走出，来到他们的前面。但是伴随着对于这个精神的崇敬和对于直观这个形象的享受当然还会有对于这个形象的生命的纪念，这个崇高的精神总会有它的对立物在它的消逝了的存在里。这个精神之出现在幻想里总会同一种仰望联结在一起，而这种仰望只是标志了对于宗教的需要，但是那个社团却仍然会找不着它自己的神。

一方面，耶稣的形象由于缺乏生命还没有达到美和神性。另一方面，在共同的爱和共同生活中的神性又缺乏形象和形态。但是在复活的耶稣（这时是升了天的崇高对象）里，耶稣的形象又有了生命，而爱的合一也有了它的表现。在精神和肉体的这种重新结婚里，生与死的对立就消失了，并且在一个神里面统一起来了。爱的仰望已发现其自身为一活生生的存在，而且现在可以享受其自身了，并且对于这个活生生的存在的崇拜现在成为这个社团的宗教了。宗教的需要在这个复活的耶稣里、在这有了具体形态的爱里得到了满足。

从历史研究家的观点把耶稣的复活当作事件来考察，这和宗教丝毫也不相干。没有宗教的兴趣，把耶稣的复活仅仅当作现实事件去信仰或者不信仰，是理智的事情，理智的作用在于确定客观性，这恰好是宗教的死亡，在这个问题上求助于理智就意味着脱离宗教。但是，理智无疑地也有权利过问宗教问题，因为神的客观的一面不仅只是爱的一个形态，它也有它的自身存在，并且作为一种现实,在现实世界里占有其一定的地位。因此很难固执着耶稣复活的宗教的一面和爱之具体体现在美中的一面;因为只有通过把他神化之后,他才变成了神,他的神性也是一种人的神化之作为一种当前的现实事情。他曾经作为个别的人而生活过,死在十字架上,并且被埋葬了。具有人性的这一污点是完全不同于神所特有的那种形态的。神的客观的方面,它的形态只有在这样的范围内才是客观的,即它只是把社团联合起来的爱的表现,只是那个爱的纯粹的对立面,除了在爱本身之内的东西不包含任何东西,(但是在这里它只是作为爱的对立面),除了同时是情感外,也不包含任何东西。

但是,这样一来,复活者的形象,那变成有生命的存在的合一体就有了某种不同于它的、完全客观的、个体的东西附加给它了,这种东西当然与爱结合在一起,但是对理智说来却是固定地个体的、与理智相对立的东西,因而它是一种现实,它永远挂在神化了的对象上面就像一块铅挂在它脚上,老是把它向地下拖。因此他们的神可以说是摇摆于无限制的、天上的无限之物与地上的纯粹有限事物的聚集体的中间。这个社团的灵魂不能否认两个不同的本性的看法。正如赫尔寇里斯(Herkules)只有通过身体遭到火焚以后才飞跃成为一个英雄,同样那神化了的人也只有通过进入坟墓才得到荣耀。但是在前一种情况下,只是对于具体化了的勇敢、成了神的英雄,(这个英雄现在既不复战斗,也不复服务于国家),设立了祭坛并向他祈祷。而耶稣的情形却不同,因为并不仅是那个复活者一人能使罪恶得救,能唤起人信仰的狂热;对于那些教导者、漫游者和吊死在十字架上者人们也都向其祈祷。这个巨大的结合就是多少世纪以来千百万渴求神的灵魂所为它战斗并受到折磨的。

那阻碍人们渴求宗教的东西并不是奴仆的形象和卑谦屈辱的本身，作为神性的外衣，如果只消真实的人形就足够作为这种外衣并且可以向神性过渡的话。但是这个真实的人形却被认作固定地和永久地在神中，并且属于神的本质，而祈祷也只以这个个人为对象。那在坟墓中取下了面罩的真实人形又从坟墓中升起来了，而且与作为神而复活的耶稣接联在一起。基督教社团对于世俗的现实这种可悲的需要深深地同它的精神和它的命运联系在一起。这个社团各成员的爱使得每一个生活形态成为意识到的客体，从而对那些生活形态表示轻蔑，这种爱诚然在复活者那里认识到自身的具体形象。但是在他们眼里，复活者并不是单纯的爱。由于他们的爱是与世界隔离的，既不表现在其自身于生活的发展中，也不表现在生活的美的关系里，和自然关系的形成里，由于他们的爱仅只是爱而不是生活，所以在他们对爱有相互的信仰的可能性之先，他们必须对于爱的认识具有某种标准。由于爱并不在他们之间建立一种彻底的联合，所以他们需要另外一个纽带把社团中各成员联结起来，同时在其中社团可以找到普遍爱的确信。因此这个社团〔不能依靠单纯的爱〕，必须在现实性里认识自己。现在这种现实性就是信仰的相同性，接受一个教义的相同性，和拥有一个共同的教师和导师。这是社团精神的突出的一面，即那个把他们联合在一起的神，对它来说，有了一个被给予的东西的形式了。对于精神和生命来说，没有什么被给予的东西，凡精神所接受的东西，它就成为它自身，它就因而转化为精神，它现在就是精神的一种变

形，它就是精神的生命。但是在缺乏生命力的爱里，社团的爱的精神仍然是如此枯燥，感觉到自身如此空虚，以致它在那个感动它的精神中不能够充分认识自身，不能够活生生地认识自身，因而对那个精神仍然是异己的。同一个异己的并且作为感觉到异己者的精神相联系是一种对它依赖的意识。既然社团的爱一方面超出了自身，扩展到整个人群，因而另一方面它诚然充满了理想的内容，不过失掉了生命，而未实现的爱的理想在他们看来是一种"积极"的〔权威性的〕[①]东西。他们便认为这理想是与他们对立的，而他们自己是依赖于这理想的。在他们的精神里就产生了一种当门徒的意识和有了一个主和老师的意识。他们的精神没有完全表现在具体化了的爱里面。精神的一个方面：接受、学习和学生不如老师之感会表现在爱的具体形态里，但只有当这个爱的具体形态同时与那个社团相对立的现实性相结合。这个较高的对立物并不是神所必然具有的崇高性，因为在神里个人不认识他自身与神相等同，但是所有联合在一起的人的整个精神均包含在神之中。与此相反，在他们那里，这种爱的具体形态乃是一种积极的〔权威性的〕东西、客观性的东西，这种东西，这个社团在精神上对它的依赖性有多大，则它所具有的异己成分和权威统治也就有多大。在这种共同性的依赖里，在有了共同的奠基人的社团里、在这种历史的现实的事实与它的生活的混合物里，基督教的社团认识到它的真实纽带和联合一致的保证，而这种保证在那种无生命力的爱里是不能感

① 原文"ein Positives"一般译"积极的东西"或"实证的东西"，在宗教方面主要指有束缚力的权威性的东西。在下文中的用法也是这样。——中译者注

觉到的。

这就是基督教社团被命运所抓住之点，这个社团凭借脱离任何世界的羁绊、纯洁不杂的爱，似乎逃脱了整个命运的支配。但是它仍然为那个命运所抓住了，这个命运的中心点就是把逃避一切联系的爱扩大到一个社团；这个命运一方面随着社团的愈益扩大而愈益发展，另一方面由于这种扩大，它便愈益同世界的命运会合在一起，既由于不自觉地接受了世界命运的许多方面，也由于在向它作斗争的过程中，也经常不断地玷污了自己。

一个非神圣的客体，尽管也要求对它崇拜，但无论用怎样光辉的光去照亮它，它也决不会变成神圣的东西的。

诚然耶稣这个人也为许多天界的现象所围绕。为了他的诞生许多神圣的存在出了力。他本人也曾一度被神圣化作一个能自放光明的光明形象。但是即使这些天界的形式对于那现实的人说来也只是外在的东西，而且围绕着耶稣个人的那些神圣的存在也只足以使得〔人与神〕的对比更为显眼罢了。比起这些转瞬即逝的光轮来，利用那些被认作神圣的从耶稣本人身上发出来的种种活动，要想把他提高成较高的天界的形象，其成效就更少了。奇迹（这不仅是围绕着他或附加给他的东西），乃是从他的内在力量产生出来的东西，看来是配得上作为神的属性的，并且可以表示神的特性的。在那些奇迹里神圣的东西与客观的东西似乎得到了最密切的结合，因而粗硬的对立和对立面之单纯的结合在这里似乎也去掉了。这些奇迹式的活动是人做出来的，而这个人是和神不可分的。不过，这个结合愈是亲密（因为这个结合还不是合一），则那被结合在一起的对立物愈是显得生硬而不自然。

在作为一种行为的奇迹里，就会给理智提供一种因果的联系，并且还必须承认理智的概念在这个范围内的效准。但同时它的范围又被破坏了，因为原因不像结果那样是一种特定的有限的东西，反之据说乃是无限的东西。既然因果联系在理智中是同等地有规定性的，则它们的对立只应是，这方具有主动的规定性，对方就具有受动的规定性。然而在奇迹里，据说在行为的本身，某种无限的东西带有无限的主动性同时却具有一个高度局限性的结果。不自然的地方倒不在于取消了理智的范围，乃在于它**同时**设定了又取消了理智的范围。现在正如一方面设定一个无限的原因与设定一个有限的结果相矛盾，同样另一方面那无限的原因就扬弃了特定的结果。从理智的观点看来，无限之物只不过是一个否定的东西，不确定的东西，有一种确定的东西与它相联系。但是，如果从把无限看成是一种存在，则无限就是一个能发生效果的精神，这个精神的效果的规定性是它的否定的一面。只有从另外一个比较的观点来看，精神的行为才似乎是有限的；就它自身来说，按照它的存在来说，精神的行为是一种规定性的扬弃，并且它本身又是无限的。

如果一个神能发生作用，那只是由精神对于精神起作用。这种实际作用必须先假定一个对象，对这个对象起某种作用。但是精神的作用就在于扬弃那个对象。神圣之物的向外展开只是一种发展，即于扬弃对立物的过程中，表现其自身在同对立物的合一里。但是，在奇迹里看来是精神对于物体起作用。奇迹中的原因不会是一个具体化的精神，它的具体形态，单纯就它与精神相对立来看，作为物体可以与另一物体同等地、彼此对立地进入因果联系。这样的联系将是一种精神与物体的共同性，这个精神之所以是精神，只由于它与物体无共同之点，这个物体之所以是物体，只由于它与精神无共同之点。但是精神与物体没有任何共同之点；它们是绝对的对立面。它们的合一（在这个合一里它们的对立停止了），是一种生命，生命就是具体化的精神。当这个精神作为一种神圣的、不可分的东西在起作用时，那么它的行动乃是同一个有血缘的存在、同一个神圣之物的结婚，并且是一种新事物的创生和发展，这个新事物乃是精神与物体的合一的表现。但是只要精神以另外一种形态作为一种对立物、作为敌对的东西和统治性的东西在起作用，那么，它就忘记了它的神圣性。由此看来，各种奇迹都是最不神圣的东西的表现，因为它们是最不自然的现象，它们包含着精神与物体的最生硬的对立，并且以极其惊人的粗糙方式把两者糅合在一起。神圣的行为是〔精神与物体的〕合一的恢复和表现；奇迹是两者的最高的分裂。

因此任何动人的希望，指望着与耶稣相联系的真实肉体（由于耶稣被神圣化了、变成了神，凭借他的肉体的人所做出的种种奇迹），就可以提高到神圣性，这希望将完全不会实现，这反倒愈益加强了附加上一个现实的肉体的难度。不过这种生硬的不自然的糅合对于我们，远比对于初期基督教社团的成员们，感到更加锐敏，因为我们比他们有更多的理智。他们呼吸了东方精神的空气，精神与肉体的分裂较少，他们只有较少的客体提供知性来处理。在我们用知性认识到特定的现实性和历史的客观性的地方，在他们看来常常都是精神；而在我们认为只是纯粹精神的东西，在他们看来还是有形体的，关于后一种观点，可以举一个例子，即他们理解我们所谓永生或灵魂不灭所采取的形式。永生在他看来似乎是肉体的复活。两种观点都各趋于极端，而希腊人的观点却居于中间。我们的观点走上理性的极端，理性设定一个灵魂，设定一个对一切知性说来是否定的东西，设定它的客体与死的肉体相对立。那些早期基督徒的观点，可以说是，走上了理性的积极能力这一极端，他们一方面设定肉体是有生命的，但同时又把肉体当成死的。然而在希腊人看来，肉体和灵魂保持在一个活生生的形象里。反之，在两个极端的观点看来，死亡是肉体与灵魂的分离，不过在一方面，灵魂的肉体不复存在，在另一方面，即使没有生命，肉体还持久存在。我们只是用知性并且对别人的精神只认识到一种现实的东西，或者换句话说，一种异己的精神，而早期基督徒则把他们的精神与别人的精神混合起来。

在犹太人的著作中我们看见过去了的历史、个人的情况和已经死去了的人的精神。在犹太人宗教崇拜的行为里，照命令办事的行动已没有任何真理性了。这行动的精神、目的和思想，在我们看来，已经不复存在了。在他们看来，这一切当然还有精神和真理性，不过只是他们的精神和他们的真理性，他们未曾使它变成客观的。他们解释先知的某些语句和犹太文著作的某些段落说具有某种精神，但是他们对精神的解释就先知来说既不包含发现先知预言现实事件的用意，就读者来说也没有把那些预言应用到现实上面。只是不确定地、无形式地摇摆在现实性与精神之间。一方面在现实性里只有精神在观察，另一方面现实性本身也作为现实性而出现，不过是不固定的。为了举一个例子来说明，约翰（第 12 章，第 14 节以下）把耶稣骑着一头驴子进入耶路撒冷这件事情同先知的一句话联系起来，说这位先知在他受神感召时看见了这样一件事，约翰就把耶稣的骑驴进城作为先知那个预言的应验。他们在犹太人的著作[1]中去寻找许多类似的证明，有时相同的段落根本就引证错了，与原书的意思相违反，有时对于那些引文的解释，与它们在原书中从上下文看来的含义完全违反，有时他们把与先知们同时代的事情和人物与其他完全不干的事实联系在一起，有时只是那些先知们孤立的预言式的启示，〔与耶稣根本不相干〕——所有这些证明，除了使徒们硬要把那些不相干的材料与耶稣的生平事迹附会在一起之外，实在没有任何关联之处。他们并没有接触到那些话句的精神和真理性，就那些话句严格的客观的意义来看，要在先知们真实的话句和预言之中，去寻找后来耶稣的现实事迹与他们早先的原话之间的联系，实在很少看得出它们的真理性。基督的朋友们要想在先知们的预言与耶稣的事迹之间所寻找到的联系的精神是很难解释得令人信服的，因为这种联系只是建立在相同情况的比较上面，这种比较实无异于人们在叙述一种情况时经常把古代著作家的特定的术语标贴在他的叙述上面。在前面引证过的那个例子里，约翰明白地说：耶稣的朋友一直在耶稣得到荣耀[2]、耶稣的精神来到他们之后，才认识到这种联系。如果约翰看见了这种联系仅仅是一种偶然的巧合，一种单纯的不同事物的相似，那么他就不会加上那一句话。但是在他们看来，先知

① 黑格尔这里所谓“犹太人的著作”(die Jüdischen Bücher)和上面(本书第430页)所提到的“犹太人的著作”(die Schriften der Juden)皆主要指《旧约》而言。——中译者注

② “得到荣耀”(verklärt)是指耶稣被神化、被奉为神而言。这里是采纳《新约》旧译本的译法。——中译者注

的那个预言和耶稣骑驴进城的情况在精神上是一致的。既然这个联系只是精神上的联系，那么对于那件事情的客观看法即认之为现实事情，个别事件的符合的看法就不存在了。这种精神，它把现实事物看得如此不固定、或者把现实事物变成一种不确定的东西，它在现实事物中所认识到的不是个别的东西，而是一种精神性的东西，也特别在《约翰福音》(第 11 章，第 51 节)里表现得最明显。在那里约翰谈到该亚法的一种预言和它的应验说："一个人替百姓死，免得通国灭亡，这是你们的益处。"又说："该法亚这话又是出于自己个人而说，是因他本年作大祭司，所以作出这个启示性的预言(ἐπροφήτενσεν)"。在我们也许会看成一种神意的工具的东西；约翰就把它看成是一种充满了精神的东西，因为耶稣和他的朋友的观点在性质上与近代人把一切看成机器、工具、手段的观点有很大的对立，他们的观点乃是对于精神有最高的信仰。当我们看出一些相关联的行为的统一性时，我们总是认为这些行为单就它们本身个别地来说，缺乏一种统一性，即整个结果后面的动机，并且我们把这些行为(例如该亚法的行为)看成从属于动机，看成不自觉地，在它们对统一性的关系上，受那个动机的指导和支配，因而把那些行为看成现实的事情和受动机支配的工具，反之，约翰却看到精神的统一性，即在该法亚的行为本身，看到整个结果的精神在起作用。他谈到该法亚，认为他本人充满了决定着耶稣命运的必然性的那个精神。

所以像这样从使徒们的灵魂来看，奇迹就失掉了在我们看来的那种精神与肉体对立的生硬性。因为很显然这些使徒缺乏欧洲人的理智，这种理智从意识的内容里抽掉了一切精神，并且把意识

凝固化为绝对的客观事物和与精神纯全对立的现实事物。反之，他们的认识可以说是介于现实与精神之间的不确定的摇摆，在他们那里，两者当然是分离开的，但是并不那么不可挽救地分离开，也没有被溶合成为纯粹的自然，但却已经提出了明白的对立，这种对立得到进一步的发展，必定会变成生与死、神圣与现实的对偶。把现实的耶稣与得到荣耀、神化了的耶稣附会在一起，这表示了他们企图借以寻求深刻的宗教冲动的满足，但是这种满足并没有达到，只变成了一种无限的、不可遏止的和永不平静的渴望。这种渴望一直无法达到，因为即使在它的最高的梦想里、即使在它最微妙最有机化的、在最高的爱中呼吸着的灵魂的神秘境界里，仍然永远有一个个人、一种客观性的、人格性的东西与它〔渴望〕相对立。在他们优美的感情最深处，他们渴望着这种与耶稣的合一，但是由于他是一个个人，这种合一也就永远不可能。这个个人经常在他们前面，永远存留在他们的意识里，而决不能使宗教成为完善的生活。

在时间进程中发展出来的基督教的各种形式里，都存在着关于神的观念的一种对立的基本特性，即认神只是出现在意识里，而决不出现在生活里。这种对立存在于梦想家的神秘的合一境界里，因为梦想家拒绝承认生活的任何多样性，甚至精神欣赏其自身的那种最纯洁的生活多样性也被排斥了，只有神对它自身的意识，因此只有在死亡中，人才能摆脱个人与神的对立。这种对立的基本特性也存在于后来的教会里。这时的教会享有了极其多样性的意识的现实性，并且把它本身与世界的命运结合起来了，虽说这时神是与世界的命运相对立的。这种感觉到的对立或者在一切行为和生活的表现里，因而通过一种服役和抹煞它们的对立的感觉，用以赎买它们的正当性，像天主教会所作的那样。——或者神与世界的命运的对立只是表现在或多或少的虔敬的思想里，像新教教会那样。无论是一个恨怒的神对于生活的对立，因而把生活当成一种耻辱或有罪，像某些新教教派那样；或者是一个仁慈的神与生活和生活的欢乐之间的对立，这样就把生活认作纯粹接受来的东西、是神的善行和恩赐，并把生活认作纯粹的现实性，于是以神圣的人的观念、先知等等形式浮现在人们面前的精神就被贬低成历史的、客观的看法。在增多或减少的友谊、愤恨的意识或者对世界漠不关心的两极端之间，在发生于神与世界、神圣与生活的对立内部的两极端之间，基督教教会往返摇摆绕成一个圈子，但是，总是与它企图在一个非人格的活生生的美中找到安息的主要特性相违反的。教会与国家、崇拜与生活，虔诚与道德、精神活动与世间活动决不能融合为一，——这就是基督教教会的命运。

1800年体系残篇[①]

绝对对立〔在死物领域内也〕[②]是有效的。有一种对立是存在于有生命之物的多样性中。诸多有生命之物必须被看成各种不同的组织。必须把生命的多样性看作是对立着的;这个多样性中的一部分(而这一部分本身就是一种无限的多样性,因为它是有生命的),只可以看成是在联系中,它的存在只能看作一种结合。其中的另一部分(也是一种无限的多样性)只能被看作与前一部分相对立,它是由于从前一部分分离开而有其存在,所以反过来也可以把前一部分规定为,它之所以有其存在只是由于从后一部分分离开。前一部分〔统一体〕叫做一种组织、一个个体。很显然,这种生命,其多样性只能被看作在联系中,而其存在即是这种联系,同时一方

① 据诺尔的考证:这个"体系"的原稿共有47印张,现在保存下来的这个"残篇"只是原稿中的第34和第47印张。黑格尔于稿末写明"1800年9月14日"。这时他在法兰克福。几天之后他曾经到美因茨去旅行一次。从9月24日起,他已经开始修改他的《基督教的权威性》一文。修改的成果见本书第155—177页。11月2日,黑格尔在与谢林的一封重要的信中,接触到"体系"问题说:"在我的科学教养里,(而科学教养是被看成人们的次要的需要的,)我必定要被迫走向科学的形式,而我少年时代的理想必须转变成反思的形式、转变成为一个体系。现在我自己问自己,当我还忙于从事搞哲学体系时,有什么办法可以返回来抓住人的生活。"所以这个体系残篇实包含有黑格尔后来体系的一些种子。——中译者注

② 括号内的话是根据克朗纳的英译文增补的,因为原稿散失不全,这里可能是在谈无论死物或生物都有对立或矛盾。请参看上面所说:"在死东西领域内是矛盾的东西,在生命的领域内就不是矛盾"(本书第391页)。——中译者注

面也可以看成自身差异〔或自我分化〕,看成纯粹的多样性;因为它的联系以及在联系中的各方面的分离都不是绝对的。另一方面又必须认识到,生命有与被它排斥开,与它分离开的东西发生关系的可能性,并能够丧失其个体性于它所排斥的东西中,或者与它所排斥的东西结合一起。同样,多样之物本身,是排斥于有机全体之外的,只是以与有机全体相对立而取得其存在的,同时一方面,它必须认作不仅仅是自为的、脱离于那个组织。本身是绝对多样性的,而又处于自身联系之中的;另一方面又必须被认作与为它排斥开的有生命的全体是结合一起的。个体性这一概念既包含与无限多样性相对立,又包含与无限多样性结合。一个人就他不同于一切元素,不同于在他外面的无限多的个体生命而言,他是一个个体生命;但是他仅仅是一个个体生命,因为他同一切元素、他同在他外面的无限多的个体生命是一体的。他存在,只因为生命的全体是分裂成部分的,他本人只是一个部分,而所有其余的人是另一部分;他存在,只因为他并不是部分,没有任何东西是同他分离开的。如果我们假定,不可分割的生命是固定的,那么我们就可以把无限多的有生命之物看成生命的表现或显现。正因为我们设定了这些表现的多样性,同时也就设定了有生命之物的多样性,甚至无限的多样性,于是反思作用就把这种多样性固定下来当作静止的、持存的、固定的点或个体。反之,如果我们假定一个有生命之物,而且假定我们自己作为观察者,那么那被设定在我们有限的生命之外的生命,就是一个具有无限多样性、无限对立,无限联系的无限生命;这个无限生命既是一种多样性,一种具有无限多的组织和个体的多样性,又是一种统一体,一个独特的有机全体,既是分离的又

是结合的有机全体——这就是自然。自然是设定起来的生命，因为反思作用曾经提出了它的关于联系和分离，关于自为持存的个别（作为某种有限的东西）和联合而成的一般（共相，作为某种无限的东西）的概念，并且通过固执着这些概念、反思就把生命转变成了自然〔的观念〕。

现在因为生命，作为有生命之物的无限性或者作为多形态的无限性，就是自然，自然就是一个无限的有限物、一个无局限性的局限性，并且因为有限与无限的这种结合与分离是在自然之内，所以自然本身并不是生命，而乃只是一种被反思作用固定起来的生命，虽说反思作用以最高贵的态度来对待它。[①] 因此那思维着和观察着自然界的生命仍然感觉到（或者无论用任何别的方式来称谓这种认识过程）这个矛盾，感觉到还存在于它自身和无限生命之间的这种唯一的对立。或者换句话说，理性仍然认识到这种设定生命和考察自然的片面性。这种思维的生命，从有死的、变灭的形态中，从无穷地自己与自己对立自己与自己斗争的形态中，提升出可以超脱消逝的有生命之物，提升出不是死的、不是互相残杀的多样性事物的关系，这种关系并不是一种〔单纯的〕统一，一种纯思维的抽象关系，而乃是全面活生生的、充满了力量的无限生命；这个生命就叫做上帝。这种无限生命并不只是在思维着或观察着，因为它的客体并不带有任何反思的东西、僵死的东西在自身内，〔而乃是拜崇的对象〕[②]。

① 据英译本的注释，这可能是指谢林的自然哲学而言，因为当 1797—1999 年数年内，谢林的自然哲学是当时德国唯心主义的中心。——中译者注

② 括号内这句话是黑格尔原稿所有，后来又被他删去的。——中译者注

人的这种〔自我〕[1]提高，不是从有限提高到无限，（因为这些规定只是单纯反思的产物，由于这样，两者的分离是绝对的，）而是从有限的生命提高到无限的生命，这就是宗教。与〔僵死东西的〕[2]抽象的杂多性相反对，我们可以把无限的生命叫做精神，因为精神乃是多样之物的活生生的统一，精神的这种统一性与多样性的对立乃是与它自己的表现形态相对立（这种形态构成了包含在生命的概念中的多样性），而不是与精神分离开了的、僵死的、单纯的杂多性相对立。如果精神与多样性的关系是后面这种情况的话，那么精神就会仅仅是一种单纯的统一：这种统一被叫做〔抽象的〕法则，并且只能是一种单纯的思维之物和无生命之物。精神是同多样之物结合为一的活生生的规律，多样之物本身因而也是有生命的。当人把这种有生命的多样性设定为众多个体的全体，同时却又把它同有生命的事物结合起来，则这些个体生命就成为有机的器官，而那无限的全体就成为一个无限的生命的大全。如果人把无限的生命设定为全体的精神，并同时设定为在他外面的有生命之物（因为他本人是有限制的，）并且当他要提高其自身以达到这有生命之物并同它有最亲密结合时，同时又设定他自己自身为在他外面，（即在他这有限制者外面），那么他就在崇拜上帝。

但是即使宇宙万物不复被设定为各个孤立，而是同时完全被认作与有生命的精神相联系，作为有生命者、作为有机的器官，那么在这种看法里，还会有某种东西被排斥在外，即一种死物质还仍

① “自我”二字，是根据英译本第311页增补的。——中译者注

② 括号内这几个字是黑格尔原稿所有，后来又被他删去的。——中译者注

然是一种不完满的东西、一种对立物。换句话说,如果宇宙万物只是被设定为在联系中的有机器官,那么就会把对立本身排斥掉了,但是生命恰好不应单单被看成结合、联系,而必须同时被看成对立过程。如果我说,生命是对立和联系的结合,则这种结合本身又可加以孤立并提出反驳说,这种结合是与非结合相对立的。因此我必须这样来表达我自己说,生命是结合与非结合的结合,这就是说,每一名词都是反思的产物,因此每一名词都可以被表明为被设定者,从而设定一物同时就表明另一物未被设定、被排斥在外。这种过程可以追逐至没有止境;但是这种过程必须因此永远制止,并谨记:例如,凡是叫做正题与反题的结合之物,并不是一个设定的东西,抽象理智的东西、反思的东西,而乃就反思来说,具有独特性格的东西,即是超出反思的存在。在有生命的全体里同时就设定了死亡、对立物、抽象理智,因为这里设定了一种本身是有生命的多样之物,而这种具有生命的多样之物,又可以设定其自身为一个全体。这样一来,它同时就是一部分,这就是说,对于这一部分来说,就有了某种死物,而这种死物本身对于别的东西来说也是死的。有生命之物的这种部分〔片面性〕存在在宗教中得到扬弃,有局限的生命被提高到无限。只有因为有限者本身就是生命,它才具有内在的可能性提高其自身到无限的生命。正由于这样,哲学必须停止在宗教前面,因为哲学是一种思维,因而一方面以非思维为它的对立物,一方面又有能思维者与被思维者的对立。哲学必须揭露一切有限之物的有限性,并且必须要求有限之物通过理性达到它们的完善化;哲学特别要认识到它自己的无限观念的欺骗性,因而必须把真的无限放置在欺骗性的范围之外。有限之提高到无限之所以标明自己是有限生命之提高到无限生命，之所以标明自己是宗教，乃只是由于在这里并没有把无限者的存在设定为由反思得来的存在，设定为无论是一种客观的东西或主观的东西，以致这种提高只不过是在有限物之外再加上有限物，而这加上的有限物又被认作一个被〔反思〕设定之物，其本身又被认作有限物，而且重新又须在这个有限物之外寻求有限物，并且要求这样连续下去以至无穷。理性的这种活动也是一种提高到无限，但是这种无限乃是一种[①]〔坏的无限〕。

……〔以庙宇作为崇拜上帝的〕[②]客观中心。因为这个中心对所有民族说来都是座西向东的庙宇，对于不可见的上帝的崇拜者们来说，这庙宇只不过是一间没有〔美的〕形象的特定的屋宇罢了，一块地方罢了。但是这个单纯的对立物、纯粹的客观东西、单纯的空阔的中心，必定不会老是停留在不完善的片面的客观性里，这就是说，它既然是独立自存的，它自身就可以通过它的体现形象而返回到自己的主观性。那有限者对无限者所感到的神圣的感情只有加上反思，通过反思的浸透，才能够达到完善。但是反思对于感情的关系只不过是对于感情的认识，认识到感情是一种主观的东西；只不过是对于感情的一种意识，意识到一种脱离情感的反思对一种脱离反思的感情的反思罢了。那纯粹的空间的客观性给许多人

① 原稿这里到了第 34 印张末，下页遗失，这句话也不全，括号内“坏的无限”四字是译者增补的，取其与上文“真的无限”相对立。英译本增补为“假的无限”，也可通，不过黑格尔在别处很少用“假的无限”的说法。——中译者注

② 由于前页散失，原稿第 47 印张突然由“客观中心”四字开始，兹根据译者从下文作出的揣测，增加括号内这些字以补足语意。——中译者注

提供了一个联合的中心，而那体现为形象的客观性同时已经是它本来应该那样了，即它并不是一种现实的客观性，而只是一种可能的客观性，因为已经有主观性同它〔联合中心〕相联合了。这种体现为形象的客观性可以被设想为现实的客观性，不过这种设想是不必要的，因为它并不是纯粹的客观性。这样，正如在上文[①]，时间的二律背反，亦即瞬间与生命〔实现所需〕的时间之间的二律背反，被设定为有必然性的那样，所以现在就设定了就对象方面看来的客体的二律背反。那在无边无际不可衡量的空间中的无限本质同时也存在于一定的空间内，有如诗句中所说：

那个一切天外之天都包容不下的他，
现在却躺卧在玛利亚的怀抱里。[②]

在宗教生活里，人对对象的关系，人的行为，被表明为把那些对象保持在生命中或者被表明为赋予那些对象以生命的过程，但是又必须使人谨记他自己的命运，由于命运的关系，他也必须承认客观事物作为客观事物而有其持久存在，或者甚至把有生命之物当作客观对象。也可能，把有生命之物加以对象化或当成客观事物只是一时如此，而不久之后，生命又会从对象中抽引出来，这就是说，生命又会从客观事物中解放出来，而且让那被压抑的东西[③]

① “上文”，这里指已遗失了的文稿中的一部分。——中译者注

② 这是从马丁·路得的一首赞美诗中，略加改变后引用而来，这诗的首句是：“耶稣基督，你应该受到赞美。”——英译本注

③ 被压抑的东西指仅被当作对象的有生命之物。——中译者注

有其自己生命或得到再生。不过有必要也使生命与对象处于持久的关系中，并且保持那些对象的客观性直到完全把它们消灭掉。甚至在通过前此〔崇拜仪式中〕的完善化过程而表示出来的增长了的宗教结合里也还有伪善的表现，即由于个人特别要求保留一部分财物给他自己。如果人一有了牢固地掌握财产在自己手中的要求，他就不会满足宗教所需要的消极的条件，即从绝对的客观性中解放出来，并把自己提高到超出有限生命的境界。这样他就不能够同无限的生命相结合，因为他还为自己保留某种东西，他还对于事物有所统治，并且还被束缚在依赖这些事物的境地。由于这个原因，他只是放弃他的财产的一部分作为献礼，因为享有财产是他的必然的命运，他的命运是有必然性的，并且是不能被剥夺的。当着神的面前〔即在祭坛前〕他销毁一部分财物，其余的部分他尽可能取消其私有性，而与朋友们共同享有。在祭坛前销毁一些财物，从否定私有财产来说，乃是无关宏旨的、微不足道的。但是通过这种无关宏旨的财物的消灭，亦即通过这种为消灭财物而消灭财物，他达到了他自己消灭财物的特殊目的；同时他通过与他自己的目的无关的财物的消灭，通过它们〔财物〕的完全无关系性亦即它们的死亡〔或牺牲〕，而完成了这些对象的客观性。即使有关联的消灭对象的必然性仍然存在，而这种无目的的为消灭财物而消灭财物的事情有时也会出现，而且这种事情还被证明为对于绝对对象的唯一的宗教态度。

只需再约略提一下，其余的外部空间环境，〔如庙宇或教堂〕，作为进行崇拜的必要的区域，无需通过无用的美加以装饰，只消采取合目的的美化布置以暗示某种〔高尚神圣〕东西即行。而且崇拜

仪式的本质在于扬弃对于客观的上帝之直观的或思维的静观，或者也可以说在于与欢乐中的有生命之物的主观性相混合，〔借助于〕歌唱、身体的动作，亦即借助于一种主观表现（这种表现如严肃的演说可以通过一种规则或节奏使其客观化或美化成为舞蹈），借助于各式各样的仪文、礼品的呈献、牺牲的安排等。此外，各式各样的表现和表现的主体要求一种活生生的统一性和秩序，而这又出于一个命令者、规定秩序者，这就是祭师，如果人们的外在生活曾经分裂为不同的部门以满足他们的不同需要的话，那么这位祭师也同样有他自己的不同的特殊地位。这里我们用不着考虑别的后果和那些后果的充分实现过程。

这种较完善的结合在宗教内并不是绝对必要的，因为这种结合包含着有限生命之那样地被提高到无限生命，以致保留下来的有限的东西、受限制的东西，亦即单纯客观的或单纯主观的东西已是尽可能地少，而且每一个从这种提高和完善境界中产生出来的对立又重新弥合了。宗教是任何一种由有限到无限的提高，只要这无限被设定为一种无限的生命。这样一种提高是必要的，因为有限是以无限为条件的。但是某一代的人群的特定本性[①]停留在哪一阶段的对立和结合上，就不确定的本性看来，乃是偶然的。最完善的谐和在某些民族那里，这就是说，在幸运的、快活的民族那里，[②]是可能的，因为它们的生活是极少分离或分裂的可能。不快

① “特定本性”指宗教具有自然的、艺术的、道德的特性或阶段而言。——中译者注

② 快活的民族可能指古希腊人，不快活的民族可能指犹太民族而言。——中译者注

活的民族不能够达到那一阶段，反之，它们生活在分离状态中，必须苦费心思以求保存其作为全体中的一个成员，以求保持自己的独立。它们不容许丧失这种独立；它们的最大骄傲在于必定坚持这种分离，并保持其一个方面〔的独立性〕。现在我们可以从主观性这方面把它当作独立性来考察，或者也可以把另一方面〔客观性〕作为异己的、疏远的、不可企及的客体来看。两者看来彼此并不矛盾的，虽说两者的分离愈强烈，则各个的自我愈益纯粹，同时客体也就愈益高高在人之上，远离于人之外，——这乃是两者必然的联系。内心世界愈益伟大和孤立，则外部世界也愈益伟大和孤立，如果后者被认作独立自存的，则人就似乎更受到束缚。但是人们固执着认为主观与客观的关系，恰好正是主体受无限巨大的客体所统治的这种关系。至于人的意识究竟偏重哪一方面，那是偶然的：无论它或者倾向于敬畏一个上帝，这个上帝无限地超出一切天上之天，被崇奉为超出一切联系、一切关系，具有超绝的力量凌驾于一切自然界之上；或者它设定自身为一个纯粹自我，超出肉体的破灭和放光的太阳，超出千千万万的天体，超出无数多的新的太阳系，数倍于你们所有的人，你们的放光的太阳，——这都是偶然的。如果这种分离是无限的，那么无论你固执着主观一面或客观一面，那都是无足轻重的。但是在任何一种情况下，两者的对立仍然保持着：绝对有限之物与绝对无限之物相对立。把有限生命提高到无限生命只能意味着把有限生命提高到超出有限生命。无限者是最完善者只是就它与全体性，亦即有限有的无限性，相对立来说，而这种对立并没有在美妙的结合中得到扬弃。反之，两者的结合却被扬弃掉了，而对立便是自我的一种虚悬在一切自然之上，或

者是自我依赖，也可以说，关联于一个超出一切自然的本质。这种宗教可能是崇高的、令人敬畏的，但却不是美丽的、人道的。因此这个反对一切、把一切践踏在脚下的自我，它所享受的福祉乃是时间内的一种现象，其意义基本上与依赖一个绝对的异己的，不能变成人身的本质相同，或者换句话说，如果这个绝对本质能够变成人身（因而在时间内）的话，那么，甚至在这种〔神与人、无限与有限，永恒与时间〕的结合里，仍然有一种绝对特殊的东西、仅仅是一种绝对单一的东西存留着。如果〔永恒与〕时间的结合是不高尚的和可耻的、则〔自我〕所享受的这种福祉将会是最有价值的、最高尚的。

1800 年 9 月 14 日

附　　录

A. 提纲

一

应该如何来评判宗教是主观宗教或是客观宗教？主要是考虑其情感成分吗？客观宗教不如说是神学，见费希特的序言。[1] 为了保持宗教仍然是宗教，理智推论可在多大程度上掺入其中呢？——对偶像崇拜者的责骂是否公正，其判断根据就在这里。

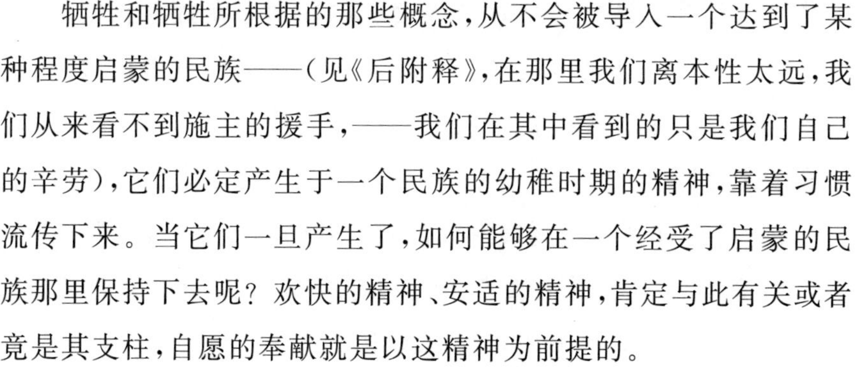

牺牲和牺牲所根据的那些概念，从不会被导入一个达到了某种程度启蒙的民族——（见《后附释》，在那里我们离本性太远，我们从来看不到施主的援手，——我们在其中看到的只是我们自己的辛劳），它们必定产生于一个民族的幼稚时期的精神，靠着习惯流传下来。当它们一旦产生了，如何能够在一个经受了启蒙的民族那里保持下去呢？欢快的精神、安适的精神，肯定与此有关或者竟是其支柱，自愿的奉献就是以这精神为前提的。

在希腊人的有关他们神灵的一切观念那里，我们会觉得它们

---

① 《一切启示的批判》，1792 年，第 8 页。

还是这样的荒谬，即还是这样地与我们的理想相矛盾（门德尔松：《耶路撒冷》，第2部分，第101页），还是这样的低下。我们必须注意到，它们是最紧密地与命运的普遍观念联系在一起的，完全是关于人的理论；与此相反，为允许一些有关神的事件而作的理智推理是可笑的，——和人们为了相信能保住天意而作的这种允许的根据——圈地发现美洲。

教士与牧师之间的比较。

门德尔松，《耶路撒冷》，第2部分，第125页。犹太民族期待一个国王，——人们不愿意任何时刻让同类的人作麻烦的挑剔，人们却愿意服从国王（一些农民，在他们的辩护人、法官等等看来，是敌对者，一般说来，他们倒是能忍受他们的王公的经常的压迫和勒索，却不愿意忍受同类人的一些鸡毛蒜皮的小事），这是犹太宗教的精神，第121页。基督教的德图里昂，第39章，和在宗教改革时代之后（在宗教改革时代，人们想重新恢复最初几个世纪的宗教与习俗的纯洁与真诚），是检查与教会中的忏悔。在犹太人中，过多的是忏悔、处罚，这是很狭隘的性格，一般并不形成民族的性格；这是狭隘的权势欲等等。犹太人的礼仪规则把公众的、私人的宗教结合起来了吗？

在一种真正自由的宗教中，普遍的教师与监督者的职务是什么？在检查中，作特殊的教育，从善、劝诫（不一致的），这些就是我们教师们的真正的状况和真正的职业？

宗教改革运动领会了主观宗教的价值，并在此基础上着手改善人们，想把这种本事付之于文字的体系。对于这一点，人们还在神学的各种纲要中见到，其中，Ioci vom loco de gratia〔恩典的授予与接受〕直到 unio mystica〔神秘的合一〕占据了很大的很重要的部分。但是，如今人们认为主观宗教并不能归入教义学，就更多地抬出客观宗教。在一个纲要中这样做是较适当的，但因此想改善人的愿望也就谈不上了，因为现在占据重要地位的是人被教导 locus de scripturasacra〔有关圣经的内容〕，而不是过去的纲要以人为前提这种作法，如同经典以对神的信仰为前提。

希腊人和罗马人尊重他人的宗教感情。门德尔松，《耶路撒冷》，第 121 页，“随着寺庙的毁灭”“犹太教士的教义认为，一切处罚就其仅仅是民族性的而言，应该不再是合理的”。罗马人和希腊人在他们的祖国，伽图完全把握了他的祖国，祖国占据了他的整个心灵。世界主义只是就个别人而言的。只要有国家，它必定有错误，最初时期的基督教徒就是这样，德图里昂，第 33 章。

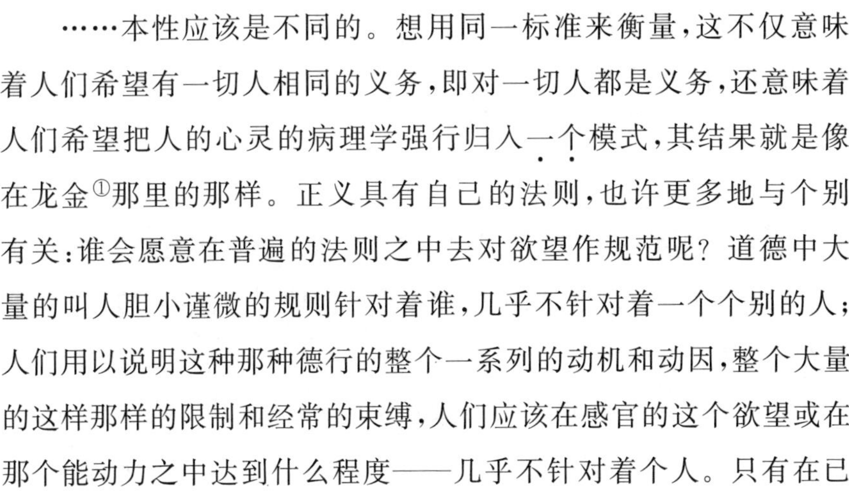

……本性应该是不同的。想用同一标准来衡量，这不仅意味着人们希望有一切人相同的义务，即对一切人都是义务，还意味着人们希望把人的心灵的病理学强行归入一个模式，其结果就是像在龙金[①]那里的那样。正义具有自己的法则，也许更多地与个别有关：谁会愿意在普遍的法则之中去对欲望作规范呢？道德中大量的叫人胆小谨微的规则针对着谁，几乎不针对着一个个别的人；人们用以说明这种那种德行的整个一系列的动机和动因，整个大量的这样那样的限制和经常的束缚，人们应该在感官的这个欲望或在那个能动力之中达到什么程度——几乎不针对着个人。只有在已

① Longin，213—273 年，希腊的修辞学家，写过伦理学的著作。——中译者注

经是聪明者、善者那里，这类动机才有效。在某种情况下，它们是规则，按此规则，我能形成为善者、聪明者，但这是缓慢的私人修养。

作为民众宗教，基督教要求对公众进行教会的训练，这种训练完全与本性不符合，一点用处都没有，倒是因巨大的耻辱而带来损害。

一个基督教徒据说就是一个完人。如果他违犯教规，他就不再是一个基督徒；quoad ecclesiam invisibilem〔就无形的教会而言〕，但他还信仰民众宗教，还是基督教的一个成员。基督教是什么？是大量个别的人（不是大量人的结合），这些人达到了道德的某种完善；或是基督教的民众宗教。死背教义。这难道是基督教的恶棍与真正的基督教徒共有的吗？

在小事上的好的行为，不是伟大的普遍的精神，这精神把狭隘的欲望放在一边，知道要为整体去行动。许多狭隘的东西起**一个**大的作用，但这作用是很渺小的，很可怜的。这就是宗教与专制主义联合作用？

为什么女人比男人更敬畏神？

但主要的东西，一切由之而实际形成的那种质料，毕竟只是感性。那大家熟悉的、并且只因熟识而要予以记忆（因为它是如此地经常被人忽视）的结果是：人是由感性和理性共同组成的生物，每个人都处在……

无神论之所以在很多人看来很可能表现为可怕的罪恶，或者说对通常关于神的观念稍有背离，其所以很快就表现为无神论，这是因为，和神的表象结合着的是一切卑谦的感情，感恩的感情，一切希望，当上述那些表象或观念改变了的时候，这面感情之网也就被拆毁，被破坏了。

希腊人（和罗马人）让亚理斯多芬（和普劳塔斯）嘲笑他们的神灵，说他们的神灵有一些最可笑的行为：那是因为只允许他们具有自己最独特的表象方式，邱必特[1]的行为更加离奇，因为他只允许邱必特能打雷，他想把普罗米修斯表现为暴君。希腊人在这里保持了他们的传统，因为他们对他们的神灵的认识，是来自传说，来自他们一再到来的民族节日，来自他们日常的宗教习惯，来自他们的民歌和宙克西斯的伟大的公众艺术纪念物。但是他们并没让苏格拉底、亚里士多德也被教坏，这两个人是以一种纯粹的、超越于雷电和利达[2]的理念向他们希腊人展示了 τον ιεον〔神〕。

基督教曾经产生出许多的殉教者，他们都是忍耐之中的英雄，但不是在行动之中的英雄。

由于在许多个别的义务上进行教诲，人们就不再注意大事物、整体了，一般人对于自己应该做什么的感觉，被搞乱了，以致人们产生不出对自己力量的意识，培养不出任何德行和责任行为所必定由之而产生的那种精神。

基督教给予幻想以一块宽的活动余地，我们伟大的基督教的叙事诗人从中创作了比过去在诗人的灵魂中产生过的更雄壮的生动描写、更可怕的情景、更激动人心的场面，但它们没有下降到普通的民众，它们也不会这样；它们没有受公众重视，没有得到任何承认。此外，能够理解这个诗人的理念的理性，对这个诗人的细致

① 古罗马神话中的雷神。——中译者注

② Leda，指邱必特的情妇。——中译者注

而深刻的感受具有感受性的心灵，又将拒绝许多在较粗野的人看来是可理解的、可信任的东西，而较粗野的人因此就可能忽视较高级的美，这美是赞同有教养的理性和心灵的。

民众的想像力不具有引导，不具有对形象的美好的描述，因为它既不借助于绘画，也不借助于雕刻与诗。如果它能追求这些艺术，并能与这些艺术结合起来，那么像这样的事——人们就神圣物的一切形象，向一个教导要崇拜在精神与真理之中的神这样的宗教及其较古老的起源宣战，——会不适当地干起来。

从画家周围的粗卤人种那里借用来的其他形象的一些形式，如果它们表达动态的表情——痛苦或欢乐，那么就是肌肉的痴笑的滑稽相、扭曲。制作大多数古代形象的画笔，仿佛是浸染在黑夜之中，画面是阴暗的，没有什么明朗的、欢快的幻想来使这些形象活跃起来。

我们的城市有很多狭窄、散发臭味的街道。屋子用木板钉起来，既窄小又黑暗，装有昏暗的窗户。大厅低矮，如果人在那里，就觉得压抑。为了不留任何空间，柱子都被尽可能地立在屋子中间。在一个小房间里共同坐在一起，是更知心一些，更像家长些。从前虽然房间都大，但通常在其中操持全部家务，有男仆和女仆，人们还在那里睡觉、吃饭。德国人从前的精神，主要是就文化方面而论，是家长作风。他们最大的欢乐，比如说吧，就是可怕的狂饮。一般而论，(包括在忠诚和信仰上)有坚定性。希腊人的欢乐是比较朗爽、愉快、温和、轻松。德国人不喝苏格拉底那样心胸坦荡的酒，德国人喝酒时，或者狂饮式地喧闹，或者如果他比较温和，就显得令人担忧。哥特式的建筑风格是可畏的、崇高的。

就是在建筑风格上就已经表明希腊人和德国人的不同的创造精神。希腊人自由地居住,处于宽敞的大街,在他们的住宅里有空大的、未遮盖的庭园。在他们的城市里,常有大的广场。他们的庙宇是以美观、高雅的风格而建立起来的,像希腊人的精神那样单纯,像希腊人所奉献的神那样崇高。神灵的形象,是美的最高理想,是最美的人的形式,好象能在新生的霞光中产生出来。一切都表现在它的存在与生命的最高力量之中,没有腐败的景象。表示死亡的可憎的假面具,对他们来说,是温柔的守护神,是瞌睡时的同伴。

凡是在天主教徒的崇拜中可以算是美的东西,都是从希腊人和罗马人那里搬过来的:敬神时散发香气的神香,美丽的圣母玛利亚,但庙宇都是哥特式的。最伟大的艺术品,通常被埋没在角落里,一般带着幼稚的、肤浅的装饰品,如同小孩还不能理解某种伟大的东西、崇高的东西,小孩的心灵在审美力上还未达到青年或成年。

二

人们教导我们的孩子们吃饭前后祈祷,早晨和晚上祈福。

我们的传统,是民间的歌唱等等。没有出现过哈尔摩丢瑟、亚里士多吉东。他们具有永恒的荣誉,因为他们打击了暴君,把同样的权利与法则给予他们的市民;他们流传在我们民众的嘴上,活在我们民众的歌唱中。

我们民族的历史认识是什么呢?这个民族缺乏自己特有的、祖国的传统,记忆、幻想充满着人类的史前史,充满着外民族的历史，即这历史中的国王们的举止行为，而这与我们丝毫无关。对历史中的可笑之事的嘲笑就像亚理斯多芬对他的神灵的嘲笑一样成功。〔至此，文章还属于附录 L〕①

不可否认，犹太人的反常的、不道德的概念，如愤怒、偏见、对其他民族的仇恨，他们的耶和华的偏执等等的概念，很可惜，都已进入了基督教的实践和理论，造成了过多的损害，以至于人们不应该指望基督教是植根于什么比较仁慈的宗教的，或者基督教不曾从它们那里吸取很多东西。基督教的见不得人的争吵，它的偏执，它的自命不凡，其所以有所削弱，我们必须不归功于基督教的教士，而归功于哲学（哲学因此受到教士们的憎恨），归功于我们时代的较柔和的光。当信奉东正教的英雄好汉们维护基督教，使之免遭巨大力量的进攻时，他们自己却逐渐以基督教的概念那里有所取；而挽救要塞的唯一出路，是放弃一些守不住的外堡。为了不丢脸，事后又说，人们之维护基督教不是在这样的意义上，即不是像一位将军，这位将军到晚上了还牢牢地控制着战场，并让疾驰的信使在首都庄严地宣告他的胜利。这将军通过这样的方式，诚然使民众激动，民众相信了，开始唱 Te deum〔赞美歌〕。但将军却时常并不是真实的胜利者，相反，由于接下去的撤退就露了马脚；神学也是这样，它从来也没谈得上什么《必须谦让》，而毋宁就其种种纲领而言，差异不下十至二十年。

但如果你愿意成为完善的，那么变卖你所具有的东西，并把你的财产给予穷人，——这是基督对门徒说的。基督所提出的完善

① 〔 〕中的话，系德文编者诺尔所加。——中译者注

性的这种形象，在自身内包含着证明：基督在他的传教中是如何只看到个别的人的教化与完善性的，而且又是如何没将这种对个别人的教化扩展于整个社会。

基督教的对手们曾经很辛辣地，带着尖刻指控基督徒尤其是教士的道德败坏，作为证据去反对他们的真理和善行。基督教的辩护士则把这看作虽然很杰出的、却是最软弱无力的攻击，认为基督教的那一套东西既然还起作用，其主要的本质不应该被误解。道德改善，至少在以此为职业的人那里，从青年时代起就总是在加以考虑。他们的遁词始终是：基督教被误解了，他们掌握圣经就如同我们一样好。他们解释说，这只是在基督教的教义纲要上有欠缺，假如这一点制定出来了，那么一切已是另一个样子了。如果说基督教反对专制政治，那么它反对买卖奴隶，至今才有多长的时间？它的教士们坐船去几内亚，或者说，去买卖人口的地方，是不是？人们派遣战地牧师，去支持战争，去支持各种专制政治，是不是？艺术、启蒙运动都曾改善过我们的道德，事后人们说，这一切是基督教做的，没有基督教，哲学就缺少它的基本原则。

当理性以对其工作的自得其乐提出概念的体系(这体系是理性从人的精神与很多世纪的经历中汲取来的)，并在盲信对这些真理具有特权的人们面前加以极力推行，并充分地表明自己可以不要那个前提时，那么就会有一种假象：似乎他们已经放弃了原先的一套东西，并在许多发现之前早已懂得了这些，甚至懂得更多。其态度之自负傲慢，俨如一个乡绅在牛顿面前吹牛：他在五岁的时候就已经看见苹果从树上掉下来，当时就懂得太阳不会掉到地球上。人们何曾在科学文化进程中的幸运的变革之前就看见宗教概念的变革先行产生、并由它来促成前者呢？难道不是科学的发展、科学中的检验的精神总是在自身之后才引来神学概念的启蒙，并总是面临神学概念的捍卫者的最大可能的对立情绪吗？

三

关于神的，即关于一切之中最实在的本质的超验理念，思辨的理性即使能够证明其实在性和存在，或者即使能够产生对这最实在的本质的信仰，毕竟这关于神的超验理念本身是绝对不能被我们认识的，绝对不能单凭神自己的属性而得到规定的，如果不是本性考察和世界的终极目的的概念被借用过来的话。但由于思辨理性企图给予其理想（这理想看起来是很充实的，可是正因为这样，因为它不是仅对逻辑而言有兴趣，而是唯一地对人而言有兴趣，于是是空洞的）授以本质性与规定时，甚至借助本性考察也无济于事，因而只有实践理性能够建立对神的信仰。

a. 实践理性自行产生一条法则，这法则作为较高的欲求能力的形式表现为一个事实。谢林[①]，第 32 页。实践意义上的表象是由绝对自我作出的、包含在表象中的自我的直接规定（而且是包含在表象中的非我的扬弃，因为表象中的非我是以规定的形式而存在）。

b. 欲望或冲动是由非我引起的规定作用，即感性的欲求能力；愿望的内容是通过理性去整理动物性的欲求能力。

c. 意志自由通过绝对的自身能动性把自身规定为服从法则或

① 《论哲学形式的可能性》，1794 年。

不服从法则，规定为矛盾对立的行动，或者，自由只是对非我的规定作用的扬弃（费希特称前者为任意的自由），难道说，自由就是把自身规定为满足或不满足那欲求能力的要求？（狗也是这样）。

由道德法则所规定或所限制的欲望是合法的（道德上可能的），即使现象界的欲望合法地（道德上现实地）要求得到尊重。道德法则会废止它给予的一切权利吗？如果人们自愿地放弃欲望的一切要求，与此有关的权利还存在吗？如果一个人对财产的享受，美满的婚姻只有在不服从道德法则的条件下才能保持，而他甘愿放弃那些，那么他对享受和婚姻所拥有的权利也就不存在了。一个放弃了幸福享受的人，难道可以被这样看待吗，即，难道可以被认为他之放弃他的权利主张，只是为了向上推动，以求在另一种生活中实现他的权利主张吗？当一个人，其合法的欲望由于本性或人的恶而不能实行自己的权利时，本性能够要求理性去主张它的权利；而对于一个自己摒弃了欲望的人，情况就不能是这样。理性设置至善、伦理和与之相应的幸福作为世界的最终目的。但理性是自己设置这个最终目的的，它期待这个最终目的的实现，而且它期待这终极目的由另一本质来予以实现，但至少不是由人、不是由理性的因果关系来予以实现，因为理性的因果关系受到了感性的限制。

d. 神是实施和满足理性所赋予的权利的力量。通过这个规定，对神的一切其他特性的认识必然也得到了规定。

四

历史文献，《路加福音》，第 2 章，第 3 节，第 3 章，第 1 节。

关于伟大的英雄和政治家的自杀，他们的德行既不是理性的根本原则的结果，也不是无限追求荣誉的结果，不是除了胜利或死亡不能容忍其他想法的那种无限制的自傲的结果。自由（怯懦）和对他所不理解的未来的恐惧，在绝望的时刻给了他短剑，即破坏了道德的根本原则：自己把自己看作是目的。对一切归至善的正义所抱的信仰被否认了。伽图、克里昂米尼以及其他在本国的自由状况中止之后自杀的人，返回到个人状态是不可能的，他们的灵魂把握住了理念，当不可能再为此效劳的时候，他们的灵魂就出自于大的作用范围，渴望摆脱肉体的桎梏，又进入无限理念的世界。

人之罪恶也被转嫁到了撒旦和亚当身上，用厄太尔[①]的话来说，亚当造成了人类的普遍破产。

教士不应该从事于耕作，这是高贵的教授们的主张，他们把这类事看作有失教士的尊严。他们想把所有牧师培养成大学学者，他们的想法距离不准结婚的禁令已不太远了。

我们的幻想同希腊人的神话不相抵触，我们喜爱读荷马的书：他描述的神灵在天国漫游、出主意、打仗。我们喜爱读这些神灵的带人情的热情举动。祷告者与供奉者的祷告，在我们看来，是神圣的。甚至他们的野蛮的习惯，把人作牺牲品之类的习惯，是民众的一般的信仰，是根据风俗与幻想。与此相反，中世纪天主教审判异端的宗教法庭犯下的暴行，各种方式的排斥异说，却不是属于幻想的事，不是由古代尊崇的风俗，而是依仗特权，这特权的获取是靠永远陈旧的，不断翻新的理性的根据来加以证明。一个较新民族

① Örtel(1798—1867)，德国民间传说著作家。——中译者注

的个人，没有理由去对一个崇敬邱必特等，把人作牺牲品的较古老民族的个人表现出骄傲，因为废除这类习惯并不是理性的事务，恰如在较古老的民族那里导入这类习惯并不是由于罪恶或恶的意志，而是碰运气，在偶然情况下建立起来的。从理性与正当性来看，耻辱之处只在于坚持了非理性的信仰物品与非人的举动。

ad hominem 人的一切论证，即是说，从教义自身出发，用教义自己的武器，对教义提出的一切反驳，只会有时引起多疑与注意，打扰那些未受理性的影响而在自我满足的沉睡中的人。在一切的进攻中，透视着的是原则，理性是其口号。人们感觉到了这句话的重要性，但理性是什么，它的要求最高审判权的权力是从何而来的，追随它、不断加以传播的这种不可抗拒性是从何而来的？康德把论战、反驳都交付给 argumenta ad hominem 人的论证，他平静地、不计后果地提出他的原则，人们在其中认识到了天国的女儿，真理，一切其他的东西都变得毫不相干。耶稣也是这样提出德行的原则。由此，他又直接地攻击犹太人的那些破坏道德的条例，或试图对之加以 πληρωσαι〔完善〕，试图把犹太人的精神加上去。否则，当他的教义传播的时候，这些条例就会自行变得微不足道，大为降格。苏格拉底也不直接地否定他的民族的神话，因为直接的进攻会推翻一种权威宗教，eo ipso〔自身〕又导向一种权威宗教。

基督教的文献与犹太人的文献（诺斯提派信徒们鄙弃犹太人的文献）的结合也许造成最多的不幸。在犹太人的文献中，非道德的、非法的行为和观念被戏弄为是由神命令的。这些政治的、与国家状况有关的基本原则（两者在权力增强的情况下是相互有关的）变成了教会的基本原则。

在专制统治下，当想得到某种东西而又为障碍所激怒的时候，很容易产生任性（就像孩子们那样）。奴隶想在某事上具有自己的意志，尤其是当从共和制过渡到专制主义的时候，那里总还保持着拥有自己意志的阴影；尤其是奴隶由于接受基督教还拥有某种不仅仅被许诺给他们的主人的脾气和意志的东西，拥有不可剥夺的财产。

客观的奇迹的说法，是一个矛盾的说法。客观的，指的是理智法则的运用，在奇迹上恰恰不适用。这种说法与人们研究自然的、逻辑的、道德的奇迹的可能性相比较，完全是另一回事，因为人们不相信能提供现实的证明。与此有关的是研究可能性和现实性的概念（请参考这些范畴）。因此，就奇迹来说，只有主观上的判断才是可能的，正如这种主观性区别于概念（目的和系统）的主观性，区别于对神和不朽的信仰的主观性。

就此而言，道德性质的命令应该被看作是神的命令，因为只有在这个条件下，我们才能把神看作是掌理正义，看作是幸福与道德的完全一致。〔这一段又被黑格尔删去了。〕[①]

道德行为的自由同神的全知全能如何并存呢？这种一致性来自那种一致性，结论不可以违反其原则。神在它对世界的统治中不改变法则，而只改变自然的过程。

骑士小说把德国人的幻想（德国人达不到罗马人和希腊人的幻想，或者说，德国人的幻想甚至依靠理性也不能与骑士小说脱离开来）从唯一的民族幻想中（犹太人的幻想中）引导出来。克洛卜斯

① 〔 〕中的话，系德文编者诺尔所加。——中译者注

托克的弥赛亚使宗教变成了幻想的事情。

伪称建立在理性信仰之上的权威宗教，就其本性来说，必然企图劝人改变宗教信仰，因为作为理性的，它应该是普遍有效的：并且，当每个人还能使其他人确信他的信仰的真理时，每个人就自己为自己找到了本人信仰的证明。

基督教是第一个这样的宗教：在其中产生了永享极乐超度和永劫之罪的概念；它的任何一个宗派都把这与对基督教权威教义的信仰联系在一起。

被压迫的罗马人的悲惨而不幸的状况，使他们很容易受如下一些东西的影响：期待世界马上毁灭、弥赛亚的来临、他们的压迫者总有一天毁掉快乐、酬劳归自己、忘记这同一个世界（在这个世界，他们毫无兴趣，盼望一个较好的世界）、慳吝的性格。要是对国家和祖国有很大的兴趣，那么几乎就不会产生第四、第五世纪期间主教们那些卑鄙的、无聊的，愤怒的争吵，因为每个人会宁愿取那种生动的、很大的兴趣，而不对神秘的言词、空洞的琐碎的分析、僵死的信仰形式产生兴趣。

一直到了较晚一些时代，这时人们又得到了权利，至少是得到了市民权，即财产权和确保财产的权利，活动又开始表现出来；并且，大体上说，受苦的服从与容忍不仅在个人人身侮辱上不再继续发展，而且在一些关系（在这些关系中，人毫无权利）、战争、政府的措施上不再继续发展，总的说来，在国家宪法和治理上不再继续发展。因此，最初的基督教徒热心于其教会，因为他们有了信仰的权利和独立地自己支配自己的权利，他们声称这权利是由神给予的，别人不能图谋他们会放弃这权利。

最初的基督教徒曾在他们的宗教中为自己找到了未来得到酬答的安慰和希望，找到了对他们敌人的惩罚，反对他们的崇拜异教神的压迫者，但寺庙里的下属人员，或者一般地说，专制国家的臣仆，可以反对他的挥霍穷人的血汗、过奢侈生活的主教或税吏，却不能在宗教上去对挥霍者进行复仇，因为这挥霍者也听相同的弥撒，甚至亲自宣读，等等。然而，他对自己在机械刻板的宗教中人权方面的一切损失找到了这么多的安慰和补偿，他也就在动物状态中丧失了自己人性的意义，而且，他的形象的美也不能使他返回到这一点，因为这种美不是作为美去讨人喜爱，而只是作为价值被评价。

在道德普遍败坏的时候，总是必然在基督教的内部产生许多宗派（因为基督教中的道德是与宗教联系在一起的；在希腊人和罗马人中产生的是哲学派别，因为宗教更多地是幻想的事情）。这些宗派企图摆脱道德败坏，但当它们增加成员数目的时候，又相应地不能抵挡这普遍的道德败坏的潮流，不能摆脱这传染的空气（连同其他的倒霉事），从而又给新宗派以可乘之机。

只要最初的基督教徒在教会的管理中找到了活动的机会，他们的数目就会增加，想当殉教者的这种宗教热忱……

把历史的传统与理性同等看待，甚至把它们看作是高于理性，理性的优先地位如此被忽视，这似乎是难以置信的。

基督教堕落成为君士坦丁及其儿子们许多无耻勾当的帮凶与掩饰者。主教封·尼科姆出示君士坦丁的遗嘱，说君士坦丁怀疑他的侄儿们要毒死他，从而就提供了君士坦丁谋杀侄子们与许多其他王子的借口，提供了这种种无耻勾当的借口。亚洲的暴君随意杀人,满肚子阴谋诡计,东方人把这看作是命运;基督教还对此采用权利的借口和最神圣名义的借口,认为无罪又算得了什么。(《想像力在十字架上的革命》,吉朋,第三册,第 205 页)

在罗马皇帝的时代,基督教不能阻止任何德行的腐败,不能阻止对罗马人自由与权利的压迫,不能阻止君主的专制和残暴,不能阻止创造精神和一切美妙艺术、一切基本科学的衰败,不可能再以生命赋予消沉下去的勇气,赋予民族德行和民族幸福的任何一个枯萎的部门,而是让这些部门受这种普遍瘟疫的侵染与毒害,并在这种歪曲的形象中,用它们奴仆的身份,去充当专制主义的工具。基督教使艺术和科学的衰败,使在践踏人性、人道、自由的每一个美丽的花朵时的痛苦的忍耐,使对君主的服从,都成为制度,它充当了专制主义最可怕的罪行的辩护士和最激烈的颂扬者,而且,更令人愤慨的是专制主义有这样一些罪行:吞噬人的一切生命力,通过缓慢的秘密的毒害来进行破坏。

五

在共和制中,有一个人们为之而生活的观念。在君主制中,总是为着个人(然而,在这种情况下,人们不能没有一个观念,他们也产生个别的观念、理想)。前者的观念是真正的观念,而这里的理想,它虽然存在着,但很少由人们自己来树立。神,即共和制中的伟大的精神,使它的一切力量(自然的和道德的力量)都转到它的观念上,它的整个作用范围是统一的。完全献身于崇拜自己理想的虔诚的基督教徒,是神秘的幻想者;如果他的理想完全占据了他,他就不能把自己平分到这个理想和自己世俗的作用范围上去,而是把他的一切力量都放到理想那边去，那就成为一个 Guyou[①]，过分的想像力将满足观察理想的那些要求，而感性坚持自己的权利。例如，无数的善男信女，他们对耶稣调情，拥抱他。共和主义者的观念是这样一种观念：他的所有最高尚的力量在真正的工作中得到其满足。而幻想者的观念只是想像力上的错觉。

希腊的建筑艺术和哥特的建筑艺术，前者是美的，后者是崇高的。究竟哪一种更适合于建筑物呢？哥特的建筑艺术适合于庙宇；但就一般的建筑物来说，希腊的建筑艺术是适合的。如果一个观察者参观庙宇，这个观察者没有虔诚感，把庙宇仅仅作为建筑物来观察，他充满着崇高感，那么，对他来说，墙都离得太近了，他希望扩大空间，手臂可向四周伸展，头脑可向无限伸展。这些曾经唤起崇高感的限制，正是因此现在对他来说是不适合的，他现在要求更多，即要求无限。

六

出自世俗的《教会史纲》，第 13 篇，第 2 页，第 5 章，10 节。（虽然这只是一个摘抄，但由于对黑格尔的发展具有重要性，必须全部予以复印。罗森克朗茨在第 102 页上所提到的摘抄，是否就此而言？）

“善良的人是上帝的独生儿子，他是天父自身之所生。我不说，一切创造物都是渺小的东西，或它们所是的那种东西，而是说，它们都是 om（虚无）。在各个灵魂里有某种不是创造出来的东西，并且是不可创造的；这东西就是理性。上帝是比善更善的，比更好

---

① Guyon，似为法国南部近波尔多地区的人的称呼。——中译者注

还要更好的，比一切最好还好的至善；因此如果我把上帝称为善，那我就不对了，其不对恰似我知道某个东西是白的而说它是黑的那样。天父还训诫他的儿子和这同一个儿子。进而言之，上帝所创作的东西就是一个，通过它上帝也训诫他的属于一切差别的儿子。圣经里关于基督所说的一切，都被每一个有神性的人视为真的。种种神性自然物所固有的一切，也都是每一个神性的人所固有的。

“其余的都是对福尔斯特(Forster)的观点的摘录——I. 26，是论地狱刑罚的实效的，I. 139 和 208. 是论希腊精神与现代精神的关系的——而且还有摘自 1796 年 2 月耶拿文学报的一个对康德伦理学的很好概括。”

七　有关犹太教精神的提纲

I.《约书亚记》。犹太《旧约全书》。1 经，第 4 章。〔引文在文章中。〕[①]

经过这次洪水，看来人们失去了对自然的信仰，自然现在首先作为敌对的存在物而对立，对付这敌对的存在，人们现在使出了他们的各种力量。这种与自然的分离(它在任意的方式上产生；在古代德国人那里，可能通过对较温和气候的产物的了解而产生)必然接着导致国家等的产生。

即使以撒发觉自己被欺骗了，他给过雅各的祝福，仍然不能再取消了，这件事表明了仅仅主观东西的威望和尊贵。梦想、幻觉可以被看作某种从外面而得到的东西，但祝福却必然总是有意识地、主动地产生出来的。孩子讨得父亲的欢心，得到父亲的祝福，这种

① 〔　〕中的话，系德文编者诺尔所加。——中译者注

祝福当然可以看作是伴随着幸福和康乐，正如诅咒就会情况相反。当祝福已经不被看作有实际的作用，但如此神圣还必须是祝福，即使洞察错误之后也不能被取消；这种主观的东西支配本性的信念是这样强烈，同样是不可取消的，因为这主观东西的尊严在此是如此崇高地表现为民族信仰之中的神的判决或行为的尊严。〔以下有关亚伯拉罕的部分被删掉了，因为是重复的。感兴趣的只是命题：希腊人的精神是美；东方人的精神是崇高和伟大。〕①

II. 亚伯拉罕生于加尔底亚。和其父及其家庭离开了自己的祖国，在麦梭波达米亚平原居住了一段时期。从这里又继续迁移，没有固定的住处，通常在迦南作逗留。他的德行和他周围的自然使他陷入的那种关系，他割断了，并放弃了由想像力而变得生动起来的关系，即放弃了他曾事奉过的神灵。（《约书亚记》，24 章，第 2 节）在他逗留过的地方，他不作耕耘，他的牲畜把地上的草吃光了，他不跟土地打交道，不愿事奉土地从而带给自己收获。他不再习惯于个别的一些地块，既不乐意得到这些地块，也不把这些地块看作他的小天地的一部分。他和他的牲畜所使用的水，是深井中的死水，需要很费力地掘井，否则就通过高价购买或争辩才能得到水。他常常在树丛下遮荫，很快就又离开了。他是人间的陌生人。他本来应该为自己制造这些神灵，应该与自然的部分结合起来，应该事奉神灵。他是一个独立的人，他与国家或其他目的没有什么联系，对他来说，他的生存就是最高的东西；他常常为自己的生存而操心，而且单为此事他就必须很操心，因为他的生存方式只是为

① 〔 〕中的话，系德文编者诺尔所加。——中译者注

他,他自为地、孤立地存在着。还必须自为地有一个神,以便引导他、指引他,但不是希腊的神,不是玩耍自然,为一些个别的事他所要感谢的神,而是在他不稳定的生存中使他从自然那里得到安全的神,神保护他,是他整个生活的主人。超脱于当前,追求生存的整体(还有子孙也属于同一个整体),这表明亚伯拉罕生活的特点。他的生活被反映出来的形象,就是指引他行动的神,神向他预示未来,向他描绘整体的实现。他在神圣的树丛中靠思索而看见未来,在对整体的信仰中把任何个别的东西献给神,摆脱掉自己成为自己条件的这种想法。他的独生子,在有些时刻表现为异类,表现为是扰乱纯粹统一的,表现为在对非本质东西的爱中对统一不忠实,并且,他还能撕碎这种纽带。

亚伯拉罕所漫游的大地,是一望无际的平原;他头顶着的天,是无限的苍穹。他对天地的容纳,他对天地的反作用,必然同样是巨大的、无限的。他所面对的万物,对他来说,必然或者是过于小的,以便于他对万物有反作用;或者万物很受罪地限制着他,为了控制万物,他必须也依靠整体去对付,并把他的神与万物对立起来。他的神现在就成了天意。

摆脱了自己的家庭,摆脱了自己的生活方式,他的求生之本能现在进入了不确定的状态。追求自己生存的安全的本能,其客体就是他的自身维持,更高更大的客体,在他的生活中我们决不会看到。对各种事件的多样性的一切变化中的统一所抱有的坚定的信仰,是他对神的信仰。亚伯拉罕是如何达到这整体、这统一的观念的呢?为什么他不自己给自己保留解救他的统一这种能力呢?当前一个问题得到回答的时候,就会很清楚,他必须把这统一置于自身之外。

他的统一性就是安全，他的多样性就是与统一性相敌对的环境，他的最高者就是一与多的结合。在他那里，分离还未达到完全的程度，因而他自己和命运还没有彼此对立。希腊人有勇气同命运相结合，这些个别的结合就是他们的神灵。单调的享受并不需要他去跟顽强的自然作斗争，支配自然、战胜自然；单调的享受既不要求为获得而努力，也不吸引他为消遣而走向众多。就在这种单调的享受中，亚伯拉罕成长起来。与他的祖国，与父亲的房子的分离，驱使他作反省，但没有达到自身的反思，没有寻找自身内的、可以与对象相抗衡的力量。他的出发点是统一。只有生活方式改变了，他并不与享受分离。他还始终是自己的客体；但处在危险之中，因此，对此有所考虑。现在，他面对着自己生活的整体。

III. 犹太人的历史说明，这个民族不是摆脱了别的民族而形成的，其国家形式的发展不是自愿的，没有使劲摆脱一种已经接受的性格；从游牧生活到国家的过渡不是逐渐地、自行地产生的，而是靠外来的影响，这种情况是强有力的，而且伴随着自身有缺陷的感觉。但这种感觉不是普遍的，没有扩展到一切方面，靠习惯建立起安宁的生活，这种安宁的生活使完美或光辉的理想不可能产生出来以与那种情况相对立。只是在一个人的心灵里（这个人在教士的学校里和在农家里学到了很多各种知识，有过各种享受，以后与此破裂了关系，学会了在孤独中不再怀念这一切，并达到了存在物的某种统一）能产生他的民族的解放计划。起初，他暂时只能利用其民族的压迫感，利用一种模糊的、相当无力的对他们父辈另一种境遇的怀念，以便把这引导到独立的希望上去。对这个人神圣使命的信仰,鼓舞他们去对实行的可能性抱有无疑是很消极的信仰。但是,在实行的过程中,他们几乎遭了大难。摩西曾试图经过40年长期持续改变的生活方式,把他们从自己习惯、风俗、思想方式的奴隶状况中解放出来,把他的理想在他们的幻想中固定下来,培植起对这个理想的热忱,〔但没有成效〕。[①] 他的法则与崇拜神有关系,尤其是处罚,它是针对违法而设立的。他的大量的法则还表明:用强迫被加以驯服、并被改造进入其他习俗方面去的有些东西,针对着他的民族的精神中的整体,但他们的性格始终是变幻无常的,他们一再地对自己的国家不忠实,只有在紧迫的时候,他们才又回到这上面来。个人对于国家完全没有积极的兴趣。他们作为公民在政治上的那种平等,与共和制下的平等是相反的,那种平等是不足挂齿的。直到了国王的时代,随着国王们必然带来的不平等,确实在许多下层人们中产生了与国家的一种关系,对许多人来说,产生了有关下层人们的重要性,或至少对一些人来说,产生了可能性,这就是指达到平等。

只是到了以后的一些时期,当这个民族的主人们,或者说这个民族的敌人们不再对这个民族的信仰表示无所谓的态度时,只要没有阻力,这个民族就乐意背离它的信仰,民族的一小部分人那时就首先投身于固执的狂热性,这种狂热性以后就标志了这个民族的特点。但是,即使民族的这一部分人也永远不再能达到这一点:成为一个整体。幻想的时代,神之显圣的时代,还有先知者的时代,早就都一去不复返了,民族已处在反省的不同阶段上。在有些

① 〔 〕中的话,系德文编者诺尔所加。——中译者注

时刻,还对外搞活动,为的是保持国家的独立存在;但是当这种活动完完全全被粉碎之后,力量却向内打击到自己本身,于是对这种活动,产生了或是反对的、或是赞成的各种宗派、意见和党派。这种在人自身内部的和在自己本身之中的活动,这种内在的生命,它不同于一个伟大公民的兴趣,因为后者在自身之外拥有自己的目标,同时能够指出、叙述这目标,而前者表现自己只是靠奇迹。而且,想借助于这种活动,依靠这种活动去达到生动的东西,在这种活动的指引下去创造生动的东西的做法,在绝大多数情况下都毫无成效。这种僵死的东西极其愤怒,因为它直接指出了生命,但其实只是生命的反面。在这样一个时期,向渴求内在生命的人(这个人与他周围的很多客体不能联合起来,他必然是这些客体的奴隶,并生活在与自身内较好东西的矛盾之中,这些客体只是敌对地对待他,他也同样只是敌对地对待这些客体),现在又向寻求某种较好东西的人(在这较好的东西之中他才能生活),提供的是经特许的、冷酷的,僵死的东西,同时还告诉他:这是生命。在这样一个时期,很多挨孙人,一个约翰,一个耶稣在自身内创造了生命,并跟永远僵死的东西作斗争。

IV. 亚伯拉罕生于加尔底亚。[①] 和其父及其家庭离开了自己的祖国,在麦梭波达米亚平原居住了一段时期。在单调的享受中他成长起来。他必然不为必需品而产生冲突,必然是贫乏的、无所求的。他的享受也不会驱使他为改造周围的东西而奔忙,或者说,

① IV 部分中的一些话与 II 部分中的一些话是重复的,现据诺尔本译出。——中译者注

不会号召他去跟相对衡的自然作斗争，支配自然，向自然索取。凡是他所享用的东西，他又得到了，两者是一回事。他所做的东西，所从属的东西，所享用的东西，这一切东西的结合，被他看作是一个整体、伟大的客体。当他离开了麦梭波达米亚和他的家庭时，他也就离开了与部分自然的联系，放弃了这些联系，放弃了这些整体，放弃了他迄今事奉过的神灵（《约书亚记》，第24章，第2节），他现在意识到的是那个伟大的整体，这是统一的神，从现在起就引导他、指引他。〔我删去一段，这一段上面已有了，第245页。〕[①]虽然他得到了神灵的光临，但只是他的完整的、伟大的客体的来临。他是人间的陌生人，一再地返回到那个客体，从个别到整体，从万物到统一，统一包含了万物。亚伯拉罕认为最高的东西，那就是一种伟大的统一，这种统一包括、包含所有的万物。但这种统一本身只是保障他生存的安全，保障他生命的安全，以便延续到他的后代。靠着他的神，一切都为他服务。当他追随神的时候，他就是追随他的整体；当他牺牲自己的时候，他就是为自己而牺牲。经常地眺望这个对象；他的存在被反映出来的形象；坚定的信仰；深信这个客体；他思索未来而在神圣的树丛中所看到的一切东西的严格统一；他把任何个别的东西献给这个客体，不依靠任何会毁灭他的个别的东西，甚至包括对自己独生子的爱。儿子是实现亚伯拉罕的神的预示的条件，他表现为某种异类，表现为扰乱纯粹统一的，表现为在对非本质东西的爱中对统一不忠实，表现为违反亚伯拉罕的整体的坚定性、必然性、永恒性、可靠性；这整体的现实性不

① 〔　〕中的话，系德文编者诺尔所加。——中译者注

在于某种个别的东西、偶然的东西、脆弱的东西,像一个人会被束缚的那样。在一些时候,亚伯拉罕还想牺牲这个儿子。

亚伯拉罕的神,情况就是这样。对这个神的信仰流传给他的后代,直到最晚出的世世代代。一个无限的客体,这个民族事奉它,它又事奉这个民族。但这个客体只作为整体,作为统一,这统一并不随个人的好恶而扩散。在亚伯拉罕之后,有些人还在不同的时期抓住这种大的统一,但由于亚伯拉罕的后代已繁殖成为一个民族,那么,神的对象不再是个别的,而成为整个民族,成为国家。任何个别的犹太人还事奉无限的客体,但这客体事奉的仅仅是整体,或者说事奉的仅仅是整体的掌权者们,还有高级教士,而不再事奉个别人。(《约书亚记》。犹太人史。4 经,第 4 章)

摩西曾经又紧盯住那种无限的统一,并企图提高一切使他的民族达到统一。但他只能达到这一步:他的民族一时害怕这统一,但决不自己实行这统一。只是到了以后,当这个民族要被从自己转化出来的一切力量,要被自己本身在大多数情况下加以抛弃的时候,它才返回到这统一。一个摩西,一个亚伯拉罕自身提高所达到的统一,不是就摩西的同时代人而言的。摩西把这统一作为一个统治者给予他的同时代人;他要他们所承担的法则,是一种桎梏。虽然莫泽斯·门德尔松[①]断言:在犹太人的法则中,没有提供永恒的真理,一切法则只涉及国家的一些机构,只限制了专制,因此犹太教不是权威宗教。犹太人的整个国家宪法是事奉神,被

① Moses Mendelsohn,1729—1786,德国哲学家、至死坚持犹太教信仰、曾把斯宾诺莎看成“死狗”。——中译者注

提供的信仰是对这个神的信仰，这种被提供的统一能使犹太教成为一种权威宗教。就神是自身提高达到那种统一而言，犹太教当然就不是权威宗教。宗派，挨孙人和撒都该人是这样产生的：那种统一从不满足，虽然人们自身内的力量已被压抑，虽然人们反省自身，并想在自身内实行存在的统一。法利赛人试图联结两者：内在的统一和被给予的统一。撒都该人和挨孙人使这两者愈加不能联结，因为挨孙人对客体或者抱敌视的态度，或者至少抱完全无所谓的态度。当罗马人统治世界的时候，外在的独立和对父辈命令的依恋融合在一起了。他们争辩说，当无限的客体不再事奉他们时，也能事奉这无限的客体；如果他们放弃对它的事奉，它就会背离他们。当犹太的一部分成为罗马的一个省时，统治的方式是贵族政治式的，由古代犹太人的最高评论会掌握，但该评论会受法则的限制。这种在民众中有生命力的法则，这种公众的舆论，现在实际上统治着；而在摩西的时代，在法官直到国王们的时代，在实际上的神权政治统治下，高级教士们作为行使着的权力真正统治着（无限的客体实际上事奉这些高级教士），很经常地反对民众。事奉于一个客体的民族，必然会假定：这个客体也会事奉它，双方达到统一，可以向这个客体要求权利或盼望恩惠。

正如经过很长的时期，事奉耶和华已成为犹太民族的财产，那么，一旦他们的最内在的财产受到攻击，他们就作为英雄而去斗争，就像所有人都已成为英雄一样；并且作为英雄而争吵。

v.〔最后一版的笔记（摘录），写得很晚，它们还根据一个草稿〕[①]

---

① 〔 〕中的话，系德文编者诺尔所加。——中译者注

立法与扩大的分离同时并进。挪亚，准许屠杀野兽，但不准喝血（康德，猎人的戒律，永久和平），禁止杀生。最高的苦难。

亚伯拉罕的祝福：财产，为自己和他的后代而占有。次等的苦难。

摩西十诫：崇敬神和欢庆日；祈的诫律：敬畏父母；私通；谎言和突如其来的欲望。

较高的苦难，次等的苦难，即较少多样性的分离。有一些分离，次等的苦难。

那是在文化的初期，因为联系较少；在较高的文化中，较多样性的分离可以是次等的苦难，因为还总是有许多东西是联合的。但高级文化之中的苦难破坏性更大，并使人感到更加可怕。当文化发展的时期，需要就增多了。分离和联合。

摩西的宗教是这样一种宗教：出于不幸，为着不幸；不是为幸福，幸福要求快活的娱乐。神过于严峻……一种不幸的宗教，因为在不幸中有分离，在这里，我们感到自己作为客体，必须摆脱开而成为规定者。在幸福中，这种分离消失了，爱支配着，统一支配着，但这统一不可以靠摆脱现有的偶然的分离而被提高为神，因为这里所说到的神不实行统治，而是一种友好的存在、一种美、一种生动的东西，其本质是联合，而与此相反，犹太人的神是最高的分离，排斥了一切自由的联合，只允许统治或奴役。

用处罚相威胁（这经常发生的）和期待报酬，有一个很大的区别，无论对此是否追求。在成文的立法中，它们完全得其所在，因为废除了补救苦难的东西，就会又引起旧有的苦难。但是，一旦苦难不存在，就不得其所在。犹太人的立法，与任何立法一样，补救的只是苦难。苦难有目的,并且依目的行事,但无论是快乐,还是诙谐,还是爱情,均非如此。但是,犹太教完全出自苦难,它必然有目的,它所缓解的也仅只是苦难,它的联合只是不完全的:或者是,一个东西能在另一个东西的旁边而存在,或者是,通过消灭。

八 道德、爱、宗教

一种信仰之所以叫做权威的信仰,由于在理论上说来其中包含着实践的因素。也就是说,在其中那原始的主观的东西只是被表明为一种客观的东西;宗教、某种客观东西的观念(而这种客观东西是不能变成主观的),被表明为生活的原则和行为的原则。〔在权威信仰中〕,实践的活动可以自由行动,无须与一个对立物相结合,无须受到对立物的规定,这种实践的活动并不使现有的杂多事物得到统一,反而变成了这样的一种统一性自身,①——这种统一性只是摆脱了杂多的对立物,使这个对立物老是同实践的能力没有联系,从而便断言,在这实践的统一性里,对立物已被完全扬弃了。

一切道德命令都是一些要求,要求肯定这种〔实践的〕统一性以反对情欲(Triebe)②。情欲仅仅是杂多的、各式各样的,而道德命令则被认为是反抗这些各式各样的情欲的,并且被设想为这种〔实践的〕统一性。

什么是道德的概念?道德概念的对象,其意义与理论概念的

① 没有杂多事物的理论上的统一性是空的、无有意义的,只有与杂多事物相联系的统一性才是可以设想的。

② 也可译作“冲动”。——中译者注

对象是不相同的。前者的对象永远是自我,而后者的对象则是非我。道德概念的对象是自我的某种规定,这个规定为了能成为一概念、为了能得到认识、为了能成为对象,就被规定为与自我相对立的东西,就被看成为自我的一种偶性,并被排斥于现在认识着的自我的规定之外。概念是一种反思活动。一个道德概念,如果不是通过反思活动而产生的、如果是一个没有反思活动的概念,就是一个权威的概念。而权威概念却同时被说成是实践性的,它仅仅是某种被认识的东西、一种被给予的东西、某种客观的东西、它获得它的威力、权力、效力仅仅是通过一种尊重和敬畏之情而唤醒起来的对象,对于这个对象,如果我们不能在它的概念里展示一条道路以达到它、以得到赦免的希望,从而能够同它合而为一的话,那么我们必定要失败、要毁灭。

权威的道德概念,如果它所表示出来的活动自身得到发展并取得权力的话,也可以丧失其权威性的性格。但是人们通常所叫做权威的东西,其性质往往并不是我们自身的一种反思活动,而是某种客观的东西,不可能丢掉这种性格。

道德的东西,当它被表象和被理解了时,诚然也可以成为客观的,但意识总是同它相联结在一起的,或者说可以立即从道德的东西还原到意识,并看到:我们自身,我们自己自由的力量和活动是认识的客体。道德的东西和客观的东西在通常意义下是彼此正相对立的。

无限的客体,它的表现形式如奇迹、天启、幻象,对认识能力来说也是权威性的。

据说在直观里是看不见整体的,认识能力要放弃把它的本质规律想像为整体的一个部分。据说认识了受动却没有相应的同等量的能动被给予在现象中，而直观是决不能把这种现象当作一个这样的整体来思维的。据说能动、原因是某种不可认识的东西，在受动与能动的转化过程中，一个环节不是客体、不是非我，也不是自我，不像人的活动的因果关系那样，在其中一个环节是一个自我。

实践自我的本质在于理想的活动超出现实事物，也在于要求客观活动须与无限活动相等同。所谓实践的信仰就是对于那个理想的信仰。这种信仰是权威性的，如果理想的信仰对于现实事物的超出以及与同一理想信仰的要求是被给予的。则这个要求只有通过一个有无上威力的、主宰一切的客体（权威）才能提出，但是这个客体（权威）和它的行动方式是为我们所不能理解的。当我们理解它时，它就会是我们所规定的了；因此它的各种作用对于我们来说应该是为我们所不可能的奇迹；这就预先假定了我们不能把它的行动当作一个自我的活动来理解，这样一来，它的行动就区别于我们认为是自由人的行动的那种行动，也就是说，不同于一个自我的行动。

就道德目的来说，虽说我们有时把它归给于神的意旨，我们却不去遥远地考虑我们所不知的神的本质，反之我们是在这里作出判断，认为神的活动也就是一个自我的活动。

宗教，创立一个宗教

对于客体的依赖还有另一个极端，即：畏惧客体，逃避客体，害怕同客体结合——这是最高的主观性。

“客观的”包含如下的意义：

1. 在空间中的现实事物；

2. 客观的内心规定，并意识到它们是内心规定；

3. 内心规定，并没有意识到它们是内心规定。

宗教是对于神的自由崇敬。单纯的主观宗教，没有想像力的辅助，只是〔冷冰冰的〕正义。

掌握(Begreifen)[①]就是统治。使客体有生命，就是使它们成为神灵。

考察一条小河，看它如何按照重力的规律必定向较低较深的地方流去，并且看它如何受到地势和两岸的限制和压力，就叫做掌握它〔或理解它〕。如果赋予它以灵魂，承认它和自己是同类，并且同情它，这就叫做使它成为神。当然因为一条小河、一棵树同时也尼一个客体，必定受到单纯的必然性的支配，正如神化了的人也不同于在普通情况下的单纯的人，所以他们信仰的只是半神，不是永恒的、必然的东西。只要哪里主体与客体或者自由与自然被设想为结合着的，即是说，自然即是自由，主体与客体不是分离的，那里就有神圣的东西。——这样一种理想就是每一宗教的客体。神同时是主体和客体，我们不能说，神是与客体对立的主体，或者说神是与主体对立的客体。

理论的综合是完全客观的、同主体完全相对立的。实践的活动否定了客体，并且是完全主观的。只有在爱里面人才是同客体合而为一的，因为爱既不统治，也不被统治。这种爱为想像力加以实体化，就是神。于是那陷于分离状态的人就对这神表示畏惧、尊

① 也可译作“理解”。——中译者注

敬，而他在自身内很少有爱。人的良心的内疚或自责使得他具有分裂的意识，使得他对神表示畏惧。

我们可以把那种爱的结合叫做主体和客体、自由和自然、现实的东西和可能的东西的结合。如果主体老保持其主体的形式，客体老保持其客体的形式，自然永远仍然是自然，那么就说不上有什么结合。主体、自由的存在是具有无上威力者，而对象、自然是被统治者。

在古代，神灵是因人而变化的。人与神灵的分离愈大、距离愈远，则神灵与人的隔绝也愈大，要通过牺牲、焚香、礼拜才可以赢得它们的欢心，它们也愈为人们所畏惧，有时神人的分离甚至到了这样严重的程度，只有凭借暴力才可以得到结合。爱只能发生于和我们相等同、是我们本质的反映、是我们本质的回声的对象里。

九　爱和宗教

……正如[①]他们认识了许多对他们没有敌意的族类，于是他们就把这些族类的许多不同的神灵接受进他们的万神殿里。并且说：你们的神也就是我们的神，这就是说，让我们不要再把我们看成不同的特殊的民族了，而须把我们看成是联合成一体的。一个轻视一切异族的神灵的民族，其心胸中必定怀抱着对全体人类的仇恨。

人的主观情欲同客观现实的分离，如果大到引起了现实痛苦的程度，他就会无疑地设定一个独立的活动作为这种苦难的根源，

① 这是残留的半个印张起始，上文散失了。从下文看来“他们”可能是指希腊人而言。——中译者注

并把它加以生命化〔或人格化〕，不过既然他与痛苦合而为一是不可能的，由于痛苦是他从外面遭受的苦难，所以同引起苦难的那个外来原因合而为一也是不可能的，于是他就把这个外来原因设定为与他相对立的一个有敌意的本质。如果他从来没有享受过这个有敌意的本质〔神〕的恩惠，那么他就会认为它具有不变的有敌意的本性。如果他已经从它那里获得了愉快，他就会爱它，因而他就会以为它对他的敌意只是暂时的，并且会意识到他自己有了某种罪过，并认识到他所遭受的痛苦是出于神的惩罚，而从前他和神的关系曾经是友好的。但是如果他意识到他自己的纯洁性，并且有了足够的力量可以忍受住完全的分离，于是他就会使自己与一个不可知的、非人的威力，即与命运强烈地作对，而毫不屈服；或者另一种情形，同这种敌对的本质取得一种和解，这只能是接受一种较强大的威力的奴役罢了。

如果在某种场合下，在本性中存在着永恒的分离，如果人们想要勉强把不可结合的东西加以结合，那里就存在着权威性。这种结合物、这种理想因而就是客体，在它里面也就存在着某种不是主体的东西。

这个理想我们不能把它设定在我们之外，否则它就会是一个客体；但我们又不能仅仅把它设定在我们之内，否则它不会是一个理想。

宗教是同爱不可分的。爱的对象不是与我们相反对的，它是同我们的本质合而为一的。我们只在它里面看见我们，然而它却又不是我们。——这是我们难于理解的一个奇迹。

“一个曾经一度享受过对于永恒的美的完善观赏，而初次进入爱的神秘的人，当他直观到一个有如神明的面貌或形象时，这个形象是美本身，或者也可说是，一个没有形体的理念的一个仿影。最初他感到惊愕，一个从前曾经有过的敬畏之情油然而生。于是他就更深深地凝视这形象，把它当作一个神来崇敬。如果他不害怕得到癫狂的声名，他就会像崇拜一个雕像、一个神明那样来崇拜这爱的对象。”[①]

十　爱

……[②]但是这种整体〔指就犹太民族或者就基督教来说的全体〕扩展得越广、则权利的平等就越是转变成皈依〔宗教〕的平等（正如大同主义者把整个人类看成他的全体），从而容许每一个人主宰客体，分享那统治的本质〔神〕的恩典就越是稀少，每个个人也就更加丧失了他的价值、权利和独立。因为他的价值在于参与对于客体的主宰，一个人如果没有成为事物的中心的那种骄傲，集体的整体的目的对他成为至高无上的东西，他就会同所有其他个人一样，感到自己是整体中如此微不足道的一部分，而轻视他自己。

〔像这样，个人和他的世界就没有有机的统一。同主体分离开的客体是死的。在这里唯一可能的爱只不过是活的主体和围绕着他的死的客体之间的一种关系。〕[③]由于死的东西这里形成爱的关

① 柏拉图对话：《斐德若斯篇》。〔251页，斯梯芬本〕——原注

② 这是黑格尔手稿中一个新印章的起头，前面的一些印张都散失了。开首所谈到的整体，据这里省略去的意思模糊的一句话和下文来看，大概是指犹太民族或基督教的全体而言。——中译者注

③ 方括符内这几句话，以及本篇下面几处方括符内的一些字句，是根据英译本（第303—308页）增补的。——中译者注

系中的一个方面，所以爱就只是为物质所包围或束缚着，而这种物质本身对于爱是漠不相干的。在这种情况下，爱的本质只在于，人在他的最内在的本性里是一种与客观性或物质相反对的东西、独立的东西；对他来说，一切别的东西都是外在于他的世界。这个外部世界同他自身一样也是永恒的，所以尽管他的诸多对象变化不息，不过它们从来没有离开过他。他是确定地存在着，他的诸多对象和他的神也存在着。由于这个缘故，在面对损失时，他可以感到平静和某种安慰，相信他的损失是会得到补偿的，因为损失在他看来是可以补偿的。这样，物质在人们看来是绝对的。但是，当然，如果他本人绝不存在，那也不会有任何事物对他而存在，而为什么他也有必要存在呢？至于他可能存在，那是可以理解的；因为除了包含在他的意识内一大堆有限事物之外，什么东西也没有；自身完成的、永恒的〔与客体的〕结合是没有的。不过要人向这方面设想下去，当然他是忍受不了的。人只是作为〔与客体〕相对立之物而存在，而对立物是彼此互为条件的，是有条件物。他必须设想他自身超出他的意识，因为没有被决定者就没有决定者，反之没有决定者也没有被决定者。〔无论主体或客体〕，没有一个是无条件的，没有一个包含着自己本质的根源在自身内，每一方都只是相对地必然的；其一对其他而存在，因而也只有通过一个异己力量才是为自己而存在。一方与对方有了共同性只是由于这个异己力量的恩惠和恩典。除了在于一个异己之物中，没有任何地方可以找得到一个独立的存在，就是这个异己之物把一切东西奉送给人们，而且据说这个异己之物就是人们为了他自身的幸福和不死，所必须竭诚感谢，并诚惶诚恐地向它乞求的。

真正的结合、真正的爱只出现于有生命的存在中，这些有生命的存在具有同等的力量，并彼此相互承认对方是有生命的，没有一方对对方说来是死的。这样的真正的爱排除了一切对立。爱不是理智，理智的联系总是让杂多仍然是杂多，理智的统一本身仍然是对立物。爱也不是理性，理性的规定总是与被规定者完全相对立的。爱既不限制他物，也不为他物所限制，它绝不是有限的东西。爱是一种情感，但它不是一个个别的情感。一个个别的情感只是生命的一部分，而不是整个生命。〔表现在个别情感中的〕生命力图破除它的限制，向前推进直至消散在各式各样的情感中，以便在这种多样性的全体中获得自己的满足。但在爱中全体并不是包含着这许多特殊的、分离的情感之总和。在爱中生命找到了它自身，作为它自身的双重化，亦即生命找到了它自身与它自身的合一。生命必须从这种未经发展的合一出发，经过曲折的圆圈式的教养，以达到一种完满的合一。分离的可能性和世界〔的多样性〕与那种未经发展的合一相对立。在发展的过程中反思总是越来越多地产生对立物（这些对立物在满足了的情欲里得到统一），直至它把人的生命的整体与客体性对立起来。最后，爱扬弃了反思，消失于完全无客体性中，取消了对立物的一切异己性格，因而发现了没有进一步缺陷的生命本身。在爱中分离物当然还存在着，不过不复作为分离物而存在，而是作为统一物而存在；〔主体的〕生命直感到〔客体的〕生命。

由于爱是对有生命之物的一种直感，所以要区别有爱情的人们，只在于他们是有死的、只在于他们想到死别的可能性，而不在于他们以为在现实中自己是分离开者，或者以为现实的东西只是

可能的东西与存在的结合。在有爱情的人那里是没有物质的，他们是一个活生生的整体。人们说，有爱情的人具有独立性、有其自己的生命原则，这只是意味着：他们可以死，〔可以为死亡所分离开。〕人们说，植物具有盐和别的矿物元素，而这些元素自身带有独立的作用和自己独特的规律，这是出于外在反思的说法，其实这只是意味着：植物是可以腐烂的。但是爱甚至要力图取消〔情人作为情人与情人作为动物机体之间的〕这种差别，取消单纯死别的可能性，甚至力图使有死者与永恒不死相联系。

如果情人之中的可分离的成分，在他们进入完全结合以前还保留某些自己特有的东西，就会使他们处于困境。这里就发生一种对抗：即存在于完全献身、唯一可能的对立的取消，即结合中的对立的取消与还保留着的独立性之间的对抗。前者〔完全献身〕感觉得受到后者〔保留着的独立性〕的阻碍。爱情不容许还有分离物、还有私有财产；爱情对于这种保持个体性或独立性的愤怒就是羞耻。羞耻不是有死的肉体的一种感动，不是人自由保持其自身、自由持续其存在的表现。一个钟于爱情的灵魂，在受到一种无有爱情的攻击时，他本身当然感受到这种敌意的侵侮，他的羞耻将会变成愤怒，这种愤怒现在只志在于保卫自己的财产和权利。如果羞耻不是基于爱的后果，这种后果只是由于遭遇某种敌意的侵袭，而产生出来一种愤怒，反之，如果羞耻是某种按其本性来说具有敌意的东西，其目的在于保卫自己的受到侵害的财产，那么我们将可以说，那些借口保卫国家以侵略他国的暴君、那些没有金钱决不出卖其色笑的少女，以及那些好虚荣、力图吸引男子的女人，都是最有羞耻之心的人了。所有这些人都没有爱情，他们对于他们的肉

体的保卫，是对侵害他们肉体的义愤的反面。他们认为肉体有内在价值，他们是无羞耻的。

一个纯洁的心灵不会对爱情感到羞耻，但它以爱情的不够完美为可耻，它责备自己还有一种外力、一种敌对的东西阻碍着爱情的完成。使纯洁心灵感到羞耻的，只由于对肉体的忆念，只由于排他性的个人的出现或者只感到一个排他性的个人，羞耻并不是对有死的肉体、对独特的小己的恐惧，而乃是属于肉体和小己本身的恐惧，这种恐惧是可以随着由爱情引起的在情人身上的分离因素的减少，而逐渐消失的。因为爱情比恐惧更加坚强。爱情对它自己的恐惧是没有恐惧的，〔或者说，爱情不害怕自己的恐惧〕，但是爱情为自己的恐惧所伴随，它扬弃了各种分离，忧虑着会发现它的抗拒者或坚固的对立物。爱情是一种相互的取和予，它羞惭，爱的给予会受到轻蔑，它羞惭，爱的接受不能够得到对方的真心。但是，爱情仍然力求希望不至于落空，虽说它未必随处都找到爱情〔的取予〕。情人接受了对方的爱情并不因而比对方更富有；他诚然也感到更富有，但总不会比对方更富有。同样，献出爱情的一方也不会因而更贫乏。由于给予对方，他也同样增进了他自己的宝藏，（试比较《罗米欧与朱丽叶》中朱丽叶的话："〔我的恩情如海那样无边，我的爱情如海那样深；〕我给予你越多，我就越是富有"。[①]）生命的这种财富是爱情在一切思想和灵魂一切多样性的交流中赢得来的，因为爱情找出无穷的差别，并寻求无穷的统一，爱情转向无穷多样性的大自然，以求在自然的每一生命中去吸取

① 见莎士比亚：《罗米欧与朱丽叶》，第二幕，第二场。——中译者注

爱情的养料。每个人身上最独特的东西在情人的接触和交感里结合成为一体，直到分离的自我的意识消失了，情人间的一切差别被扬弃了。有死的因素，肉体，摆脱了它的可分离性，而一种永生的种子、一种永恒地自身发展着、自己产生着的萌芽、一个活生生的新事物出现了。这个结合体是不会再被分割开的。〔在爱中、通过爱〕，神是在起作用，神是在创造。但是这种结合体只是一个点，一种萌芽、〔一种未经分化的统一〕；情人们不能对它作出贡献，以便从其中找到多样性的东西。因为在这种结合过程里，并没有对付对立物，它乃只是一种纯粹没有任何分离的结合。一切能够具有多样性和客观存在之物，这个新生事物必须引入它自身、使发生对立，并得到统一。这个萌芽从原始的统一性分化出来，越来越走向对立，并开始发展。它的发展的每一阶段就是一种分离，其目的在于重新获得生命自身的全部财富。由此足见其发展过程是这样的：统一、分离物、重新结合。这些结合在一起的情人又重新分离，但是在婴儿中这种结合本身又是未被分离的。

这种爱情的结合诚然是完美的，不过只有当分离了的情人们是处于这样对立的地位，即一方是能爱的人，另一方是被爱的人，因而每一个分离的情人都是有机全体中的一个器官时，这种结合才是如此完美的。但是，除此以外，情人们却同许多死东西有着联系，有许多外在的事物属于每一个情人。这就是说，一个情人同他相对立的许多事物发生关系，这些同他相对立的事物在他本人看来也仍然是对立物或客体。这就是为什么，情人们在他们许许多多财产的占有和权利的享有的过程中是可能发生多种多样的对立的。那受一个情人支配着的死物，是同时与两个情人相对立的，并且看来只有当死物受到双方的支配时，那种结合才能发生似的。一个情人，当他看见对方占有某种财产时，必定感觉到对方的这种特殊性，这种特殊性也是他所意愿的。他本人不能取消对方对于那种财产的排他性的支配，因为这又将会是对于对方的权力的一种反对，由于除了对客体加以支配外，也找不出别的对于客体的关系。他将会建立一种支配以与对方的支配相对立，并取消对方的一种关系，即取消对方对其财产的一切排他性关系。既然财产和占有物构成人们的生活思虑、关切中如此重大的部分，所以即在情人之间也不能不考虑他们关系之中的这一方面。即使双方对于财产可以共同享用，然而所有权究竟属于哪方，仍然还未决定，而且关于这种权利的思想是谁也决不会忘记的，因为人们所占有的任何东西都具有财产的法律形式。但是如果占有者一方赋予对方以同他本人一样地占有财产的权利，那么公共财产也只意味着双方中的这方或那方享有那物的权利。

十一　信仰与存在

信仰是二律背反所赖以联合起来的那种联合物如何在我们表象之中存在的方式。联合是一种活动，这种活动，经过反思，成为客体，就是被相信的东西，或信仰物。为了进行联合，二律背反的环节必须被认识为或被感觉为彼此以二律背反的关系互相矛盾着的环节。但是矛盾物之所以能被认作矛盾物，只是由于它已经是联合起来了的。联合是共同标准，就这标准，才好进行比较；就这标准，对立面才表现为对立面，才表现为两个没得到满足的东西。如果现在已经表明：彼此对立的互相限制的两个东西本身不能成立，它们必定会扬弃自身，因而它们若是可能的，就要以联合为前提（为了能表明它们是对立面，联合已经被作为前提），那么，这就证明了，它们必须被联合起来，联合应该是存在的。但是联合本身，依靠它之存在这一点，并没有被证明，毋宁是，联合这一观念，其存在方式就是被信仰或相信；再说，〔联合〕是不能证明的，因为对立面都是依存物，相对于依存物而言，联合乃是独立物；而证明，无非就是“揭示出”依存关系或依存性；当然，就这一方面来说，与依存性相对立的独立物，在另一方面，它又可以是一个依存物、对立物；而这样一来，就必然又将继续走向新的联合，这新的联合现在又是信仰物、被信仰的东西。

联合和存在有同等的意义。在任何命题中、连同[①]“是”(ist)，都表示着主词与谓词的联合，亦即表示着一个存在 sein。[②] 存在只能被信仰，信仰却以存在为前提。因此，如果有人说，为了能够信仰，必须事先确信存在，这话就自相矛盾了。存在的独立性、绝对性，这是人们所向往的；存在诚然应该是有的，即应该存在着，但这是由于它存在着，即使它因此不是为我们而存在着；存在的独立性应该在于〔它是有的〕、它存在着，而不论它现在是为我们或不为我们而存在着。存在应该能够是某种完全与我们分离的东西，说我们跟它有关系，这该是不必要的。某种东西，对于它，假如可能说我们不曾相信（或信仰）它，那么这某种东西能在何种意义上存在着呢？这就是说，可能有某种东西，它是不可思议的，然而我们

① 即中文中的系词“是”。——中译者注

② 因为德文中的“存在”sein 有作系词“是”的功能，既然系词“是”是主词与谓词的“联合”，黑格尔就以此证明“存在”与“联合”有同等意义。——中译者注

不信仰它，也就是，由于我们不相信它，就不必然地有它，因为从可思维性中推论不出存在。不错，在这个意义上它是被思维的东西，但一个被思维的东西是一个被分离的东西，它与思维者对立着；它不是一个〔独立〕存在物。误解只能是这样产生的：有不同的联合的方式、存在的方式，因而人们就能说："有某种东西存在，但并不因此必然意味着我信仰它。"因为它靠存在的一种方式，并不带来存在的另一种方式；其次，信仰不是存在，而是被反思了的存在；就此而言，人们也能说：存在着的东西，未必是被反思地存在着的。未必被意识的。存在着的东西未必被信仰，但被信仰的东西，必定存在。现在，思维物作为分离物必然成为联合物，成了联合物，它才能被信仰。思想是一种联合，并且受到信仰，但思维物或按思维的东西则还不是。

分离物只在一种存在中找到它的联合，因为多样性的存在在一个方面里以一种本性（也可以不是本性），因而以一个矛盾为前提。一种联合在这同一个方面也可能不是联合。现在，权威的信仰是这样一种信仰：它不限于唯一可能的联合而提出另一种联合，不限于唯一可能的存在而设置另一种存在；因此，它以一种方式联合着对立双方，而且通过这种方式，对立双方诚然是被联合了，但却是不完全地被联合了，即，不是在一个它们应该被联合的方面中被联合起来的。

一切联合据说在权威宗教中是某种给定的东西。被给定了的东西，在人们得到之前，人们还不具有它；在得到之后，某种给定的东西应能部分地保持着。然而就这个意义而言，某种给定的东西不是别的，正是一个对立的东西，而按此来说，假如联合是某种对立的东西，并且在此情况下，它是联合起来了的，那它就是一个矛盾。这个矛盾出自错觉，因为，在另一方面里还正互相对立的那些联合的比较不完全的方式，即，一种不完全的存在，“被看作”是在它应在其中被联合起来的那个方面里的完全的存在了：一种方式的存在和另一种方式的存在混淆了。不同方式的存在就是较完全的或较不完全的联合。在任何的联合中，都有一种规定作用和一种被规定，它们合起来是同一回事。但在权威宗教中，规定者，即使就其进行规定这一点而言，据说也是被规定了的；它的行动据说不是活动，而是受动。但这因之而引起受动的规定者，也是一种联合物，在这种联合中，行动者可能曾经是活动的。但这是一种比较低级方式的联合，因为在从权威信仰中产生的行动中，这联合物本身又是一个规定着它自己的对立物的对立物，于是这里只是不完全的联合，因为双方始终还是两个对立的东西，一方是规定者，另一方是被规定者。规定者本身诚然是活动者，但活动的形式则是受一对方规定了的，即，被给予了的；活动者，就其是活动的而言，应是被规定者。规定着活动的那个规定者，作为一种存在的东西，必须是事先就被联合了的：如果在这一联合中，规定者也是一个已被规定了的东西，从而它曾受另一物所规定等等，那么按权威方式进行信仰的信仰者，就必定是一种绝对的被动者、绝对的被规定者，这是矛盾的。一切权威宗教因而都设立了它们或松或紧的狭窄界限，把活动限制在里面；它们准予作某些联合，例如直观：它们应允人能有一定的存在，例如，它是一种能看者，能听者，还有运动者，活动者，但是它是空洞活动的活动者；在任何规定了的活动中，活动者都没有作规定，反倒是，它作为这种意义下的活动者，乃是一个被规定了的活动者。

规定者是活动赖以获得自己的方向与形式的那样一种势力，即使信仰和行动是出自于信赖的。信赖是人格、意志、理想在偶然差别中的同一性。当着我不是他、他不是我的时候，如果我信仰他，依他行动，那么这时我就被规定了，他是一种反对我的力量，我则以积极的态度对待他，对他保持权威性的关系。

权威信仰要求信仰某种不存在的东西。凡是不存在的东西，只能或者生成，或者根本不生成。至于那被规定了的东西，唯其是被规定的，所以不是存在着的东西，而由于它应该被信仰，因此它却应该是一种存在着的东西。一种势力被人感觉到，人就忍受着它；它不是在这个感觉之中，而是在感觉的分离之中；在分离了的感觉中，忍受者既然因分离而成为客体，自己就被放到了令人忍受者（它由于令人忍受，所以变成主体）的反对方面去。

一切权威宗教都是从某种对立着的东西出发的，这东西，我们不是它，而我们又应该是它。权威宗教在这东西的存在面前树立起一个理想。为了能信仰这理想，这理想必须是一种势力。在权威宗教中，存在着的东西、联合，只是一种表象，一种思想出来的东西；我相信它是存在着的，这意味着，我信仰表象；我相信我在表象某种东西，这意味着，我信仰某种被信仰的东西（康德，神）；康德的哲学，权威宗教。（神，神圣意志；人，绝对否定；在表象中是联合了的，诸表象是联合了的。表象是一种思想，但思想出来的东西不是存在着的东西）。

十二　基督教精神的基本纲要

耶稣在犹太民族中出现的时代，犹太民族的状况是或早或晚产生的革命的条件，并且总是具有相同的普遍的性质。当精神走出了宪法与法则，经过变化之后不符合宪法与法则，那就会产生寻求，追求某种别的东西。每个人很快在某种东西之中找到自己追求的东西，因而出现了多种多样的文化、生活方式、要求、需要；当这些文化、生活方式、要求、需要逐渐背离到如此地步，以至于它们决不能再相互共存，最终就导致爆发，让位于一种新的普遍的形式，人们结成新的纽带。这种纽带越是松懈，越是缺少联系，那么其中就越多地孕含着新的不一致和将来的爆发。

这样，耶稣时代的犹太民族不复给我们以一种整体的景象。共同的东西还勉强把犹太人聚集住一起，但其中包含着这样多外来的和繁复的因素，那么多种多样的生活与理想；那么不满足的、到处寻找新奇的追求，以至于任何一个满怀信心与希望而登场的改革者都能以确保自己是反对党的信徒而自居。

犹太国家的外在独立性丧失了，罗马人和由罗马人期待或委定的国王因而颇多地激起了犹太人普遍而秘密的仇恨，独立的要求深深地印入他们的宗教，其他民族几乎达不到与之并列。这种独立的要求怎么可能容忍其他的一个民族对犹太子女们的统治呢？一个其另外的现实性还仍未受损害的民族，还没有达到非要牺牲这现实性的地步，因而期待外来的、职掌权力的弥赛亚，[①]设

① 即救世主，指耶稣。——中译者注

想他能做他本身不敢做的事；或者他能鼓励勇气，似乎他还陶醉于这威力之中。

许多地方表现出死板地拘泥于对所有宗教的确切观察的特色；当达到某种不是出于自身的东西这种做法向我们表明丧失主见，表明辛劳与斗争的时候，已经表现其特色。他们的崇拜是对盲目的命运的崇拜，不是像希腊人那种对在本性之内命运的崇拜；他们的大部分的对宗教的热忱是较固定的依赖，依附于多样物，这依附只跟一种意识有联系，而排斥任何其他意识。法利赛人努力试图成为完全的犹太人，这表明，他们能有不是犹太人的可能。撒都该派的教徒容许犹太人的东西作为现实的东西在自身内存在，因为事情已经如此；对少数的东西表示满意，但他们似乎对此没有直接的兴趣，只是因为这东西已成他们其余享受的条件；此外，他们和他们的存在本身是最高的法则。挨孙人也不去跟那东西作斗争，而是把它放在一边，因为他们迴避争执，投身于他们的单调的生活方式。

最后，必然有一个人物出现，他直截了当地攻击犹太教本身；但由于他在犹太人中找不到一种帮助，来协助他向曾被他坚持的东西开战，因此，也就不能借以推翻犹太教，这样，他必然走向灭亡，实际上只是直接地创立了一个宗派。

犹太教的根源是客观的东西，即对异己物的崇拜和受异己物的奴役。耶稣攻击这一点。

A. 受奴役于他们的法则，主人的意志，与他相对立的自我规定、自身能活性。什么是受奴役于法则？

a）相反——无意志；

b)与他人的联系——无动于衷——缺乏美好的联系，爱，分离。

c)不信神。

B. 主人，看不见的主人——与他对立的是不信命运，它或者属于无辜，或者属于自我权力。无罪不可能做到这一点，主人能够不把两对立物结合到它里面去，因为实际上只是对立的一方无冲突地统治着；——自我权力不可能做到这一点，作为不信神，因此统治在父子关系上被缓和——鉴于困境，对于一个有爱心的人的依赖。

C. 别人，α)或者由我规定：——道德与我对立；β)或者由他人规定(鄙视人，利己主义和指望客观的帮助)：——尊重他人，这种指望改正或破灭。

权威对权威——只寄望于信仰人性的权威。约翰：他知道，人有什么样的力量。奇迹——他也指望它的效用，——实在的东西而不是争论的东西。主观的东西在多方面的激动——建立一个美好的宗教，有关的理想？人们找到它了吗？

只有当提出道德要求之后，在教会的法则与道德的法则之间才能加以区别。在犹太人的宗教中，道德是不可能的，因为其中没有自由，而是无例外的支配。

一般说来，〔耶稣设置〕[①]主体反对法则。

他把道德与法则对立吗？康德认为，道德就是个别服从普遍，是普遍征服它的对立物个别的胜利。毋宁说，是个别提高到普遍，是联合，即通过联合扬弃两对立物。

a)在被规定物之中的统一是以自由为前提，因为被限制物有

① 〔 〕中的话，系德文编者诺尔所加。——中译者注

一个对立物。

b)整个人的统一。

c)统一的理想。

“统一”的意志的理念是意志的对立面:意志的目的〔是〕没有意欲。但行动的客体,思想与目的总〔是〕动力、活动,即被反思了的活动,但不是消极者的活动,因而也不是外来意志的活动。对于一定的行动来说,一定的意志、动力是必不可少的;但这一定的意志并不在消极者那里实际存在,所以只实际存在于理念、表象之中。这外来的意志〔是〕客观法则。

他通过向他们指明,他们有不好的意志,他也就向他们指明了他们有意志。

在登山训众中总有客观诫命与义务的对立。因此,献祭不是为了免除和宽恕某种东西,而是你们应该宽恕;宣誓不因为寺庙就是神圣的,而你们应该是诚实的;行动和你们的意图应该是合一;你们应该就行动的整个范围去行动,任何行动出自法则,这法则应该也是你们自己的法则。

就道德命令来说,只有禁令能够成为客观的。道德命令被表达为联结(作为规则),规则是客体的相互联系。外部的联系,即分离物的联系,只能否定地,就是说,作为禁令得到确定,因为道德行动中的生动的联结、统一不是外部的联结、统一,即联系物不复是分离物。

道德是生命之中分离之扬弃。理论的统一是对立物的统一,道德的原则就是爱。分离之中的联系:规定或被规定,前者对别人来说是不道德的,后者对自己本身来说是不道德的,因为两者只是理论统一引起的结果；意志是排斥对立物，行为是扬弃希望者与所希望的东西（还有所想像的东西、努力、活动、动力）之间的分离。在权威的法则中，行动不是联结，而是被规定；原则不是爱。动机是真正意义上的动因，它作为原因、作用者；它是外来物，不是希望者的另一形态。行动的客体在权威之中不是被反映的动力本身，或动力不作为客体，而是一个外来物，与动力有区别的东西。

康德的实践理性是普遍性的能力，这就是说，去排除能力；推动力，尊重；把被排斥的东西压抑到恐惧中去——一种解体，对还在联结着之物的排斥。被排斥物不是被扬弃物，而是分离物、存在物。命令诚然是主观的，是人的法则，但这个法则与其他的在它之中存在的东西相矛盾，是一个支配的法则。它只要求这种尊重趋向行动，但尊重是行动所依照的原则的对立面。原则是普遍性，尊重却不是。对于尊重来说，命令总是被给予的东西。

与命令相对立，耶稣提出信念，即就这样行动的意向。意向在自身内建立起来，在自身内具有自己的理想的客体，而并不在外来物之中（不在理性的道德准则之中）。他不说：遵守这样的命令因为它们是你们精神的命令。不是因为它们被给予你们的祖先，而是因为你们自己给自己这些命令。他不这么说。他对立地提出信念，按道德行动的意向。

由于道德行动受限制，那么，道德行动所来自的整体也总是受限制，并且只显示在这种限制之中。但是，道德行动只由它的客体、由它所扬弃的分离的特殊方式来规定，此外在这个界限内它的原则是完全的联结。但由于信念受制约、受限制、它就安宁了；只有当条件具备了，它才行动，然后联结。因此，它一方面只在它所从事的行动中是可以看见的(人们不能在完全的意义上这样说到信念:它存在,因为它不是无条件的);另一方面,它在行动中没完全得到表现,因为行动只显示在行动中存在的事物的作为结果的、客观的联系,不显示是生动物的那种联结。但是,由于这联结只在行动中存在,它就个别地、孤立地存在;当它在行动中出现的时候,它不复被联结。

如果同时存在着要把这些行动复制出来的努力,那么,原则不复是安宁的信念。爱(普遍的人类之爱)的需要与联结整体的需要存在着。爱试图在无限多样性的行动之中创造整体,试图通过数量与复制给个别行动的被限制物以整体、无限物的外表。因此,美丽的心灵(它们是不幸的)或者意识到自己的命运,或者只满足于不在它们的整堆的爱中,因而是慈善的。它们有享受的美好因素,但也只不过是因素。对这样美好的行动同情、感动而流的眼泪,是忧伤于自己的有限性,或忧伤于顽固拒绝接受感恩,隐藏的宽宏大量(孟德斯鸠借助罗伯在战神(Mars)《?》中的)是羞耻于情况不足。慈善者总是大多作为多愁善感者。

与犹太人相反,在马太、马可和路加、基督中更多的是道德。在《约翰福音》中更多的是他本身,更多的是宗教内容方面的:他与神的联系,他的相同之处,他与父的统一。正如他的信徒应该与他在自身中合一:他是中心和首领。正像在许多人的最生动的联结之中总是还产生分离,希腊人在民族神灵之中,基督教徒在基督那里,也处在这种联结之中。这是人类的法则:在理想之中还分离的东西完全联结起来。

a)道德

b)爱

c)宗教——我是基督——天国——在这情况中神的形象——奇迹。

信念扬弃权威性、命令的客观性,爱扬弃信念的界限、宗教扬弃爱的界限。

在客观的人们中,他是与支配他的权力对立的人,就此而言,他受苦;即使他是活动的,他同样面临着受苦的东西。他总是专制君主的奴隶,同时专制君主是奴隶的专制君主。在权威宗教中,人不仅一方面寂寞地受规定、受支配,支配者神(也是人的对立物)是客观的东西,人而且还是神的支配物。信念只扬弃客观的法则,但没扬弃客观世界;人与世界各自单独存在。爱某些时候凝结成点,但处于爱中的世界,人和爱的支配还存在。支配犹太人是与专制有区别的,因为专制君主是现实的,犹太人的耶和华是看不见的;现实的专制君主是带敌意的,同时,专制的观念是保护性的,因为每个人都是专制君主的观念的宠儿。支配性的观念支配我,反对我,但同时在我与世界的对立之中,它站在我这方面。

随着客观的法则,一部分支配与被支配停止了。法则是作为结果的活动,因此是被规定被限制的活动,这活动是条件具备的结果,或更正确些说,是在条件和作为结果的活动之间的联系本身;如果联系是必然的,必定就是这样。如果活动的不表现是可能的,必定就是"应该"。如果联系是必然的,就没有自由。这有两种方式:充足的根据,即在条件本身之中的全面的联系,是生动的结果;或者不在条件之中,是死的。在这两者之间,是自由与法则。

a)适于反客观的东西。

b)缺陷。

道德只扬弃自我被支配，而自我因而支配许多生动的东西。但尽管如此，生动的东西还是一堆全然分离的东西、未联系的东西，并且还存留着无限的死的物质。这些个别的东西还需要支配者、神，这个道德的生物（Wesen）本身就此而言，是属于支配者的，就此而言，它不是道德的（不是说，不道德），它是一个安宁者，不实行强力，也不容忍强力，还排除第二者遭受强力。普遍性是死的普遍性，因为它与个别对立，生命是两者的联结；道德是依赖于我本身，分离在自身中。

道德法则同时扬弃纯粹权威命令，因为道德不承认什么法则是它自己的法则；但其中也有不彻底之处，因为道德法则不仅是规定者，而且还是可规定者。因而总是还处于外来权力的支配之中。

随着客观法则的改变，犹太人关系的其他很多方面必然也发生变化。如果人本身有意志，那么就跟人仅仅是消极的相比，人与神处于一种完全不同的关系；不存在两个独立的意志、两个实体，因此，神与人必定是合一的，但人是儿子，神是父亲；人不是独立的，也不是存在于自己本身之上；就他对立而言，他只是一种变形，因此父亲还是在他身上；这儿子也有他的许多门徒，他们也和他合一，一个现实的质的变化，一种现实的父亲居于儿子之中、儿子居于他的学生之中：这一切人不是实体、完全可以分开的、只在普遍的概念之中联结的，而是如同葡萄树根和它的枝蔓。神的活生生的生命在他们之中。耶稣要求信仰他就是信仰人的儿子；所谓父亲在他身上，谁如信仰他，他和父亲也就在这个人身上，这个信仰直接朝着消极性的客观性，并且区别于某些幻想者的消极性，这些幻想者希望在自身内产生或感受神和基督的存在,他们在这里是把自身和在他们中统治的存在区别开来的。他们的希望因而又使他们成为受客体支配之物。他们想通过如下的办法把我们从客观的历史的基督和从对基督的依赖那里摆脱出来:使基督成为主观的,即把他看作是理想,这就是说,夺走他的生命,使他成为一种想像(与人相对比,成为实体),而想像不是活的神。使基督成为人的单纯的教师,这意味着把神从世界、自然和人那里夺走。耶稣自称是弥赛亚;人的儿子,和别人不可能是,只有不信仰自然(Natur)才会期待别的、超自然的信仰。超自然之物只存在于自然之物之中;因为整体诚然分离,必然总是在这里。神是爱,爱是神,除了爱,没有别的神。非神圣之物,不爱之物,神必然在观念之中拥有,除了自身。谁不能信仰神在耶稣中,耶稣在人们之中,谁就是鄙视人们。如果爱、神在人们之中,那么能有神灵;在并非如此的地方,那么必须由他来说出,而神灵是不可能的了。神灵只是个别分离物的一些理想;如果一切是分离的,那么只有一个理想。

摧毁命令、法则的客观性,〔叫作〕表明:某种东西被建立在人的需要之上,建立在自然之上。饶恕(ἀφειναι)、赦免罪恶,通常扬弃对罪恶的处罚,——这是一个奇迹,因为结果不能与原因分离。但首要的是命运不能被取消。如果人们想像取消处罚,那么处罚就是某种完全客观的东西、从客观的东西而来的东西,并不完全必然与罪过联系着的东西——即使人们把处罚看作是某种与罪过完全不可分离的东西,这样它就成为这样的客观的,以致它是一个法则的结果,人们曾逾越而摆脱这个法则,但还是依赖于它。在客观的法则和法官那里,当我受虐待(如同我作虐待),当我制造的分离同样反作用于我时，法则都令人满意。在道德的处罚中，分离物不是一个我可以逃脱的、我能够征服的外在的东西。行为在本身之中有处罚。我在行为上多大程度地显然伤害了别人的生命，我就在多大程度上伤害了自己的生命。生命之为生命，不与生命相区别。被损害的生命作为命运与我相对立。它是令人满意的，如果我感觉到它的力量(死东西的力量)，就像我在犯罪时单纯作为力量而行动。法则不能被调和，因为它总是保持它的令人敬畏的威严，不能由爱加以制服；因为它是有前提的，可能性决不能被扬弃，它借以出现的条件决不能成为不可能的。在条件还不具备的时候，它是安宁的，但不被扬弃。但这种安宁不是调和，因为法则诚然不是必然经常有效、必然分离的那样一种存在物，但因为它受制约，它只在分离的〔条件〕中才是可能的。与此相反，命运能被调和，因为它本身是一个环节、分离物，这分离物不能作为分离物由它的对立面加以消灭，但由联结能得到扬弃。我在行动中确立的法则(无论这行动是否违反另外的法则)反作用于我时，这个法则本身就是命运。处罚只是另外法则的结果。既成事物的必然结果不能被扬弃，除非行动被一笔勾销。哪里唯有原因和结果，唯有分离物，那里就不可能有系列的间断。命运与此相反，即反作用的法则本身能被扬弃；因为法则是我本身确立的，分离是我本身做出来的，我也能消灭它。由于行动和反作用是合一的，那么不言而喻，反作用不能单方面被扬弃。处罚是对外在力量、敌对物的意识，当它在法则的支配下发挥作用时，那么法则就令人满意了，而我从一个异己物那里摆脱出来，这个异己物放弃了我，又退回到威胁性的形态之中，但我未曾把它作为我的朋友。恶的良心是对恶的行动

的意识，对既成物的意识，对我没有力量支配的整体的一部分的意识。这里说到的既成物，决不能一笔勾销，因为它是被规定物、被限制物。命运是对它本身（不是对行动）的意识。这里说到的它本身，是作为整体，这整体的意识反思、客观化。由于这整体是有生命之物；它曾损伤自己，那么它又能返回到自己的生命、返回到爱。它的意识又成为对自己本身的信仰，对它本身的直观成了另外一种直观，命运得到调和。但是，爱因而就是需要；在自身中丧失了安宁。这是遗留下来的创伤，对它本身的直观作为对现实事物的直观。对它的直观作为对追求者的直观，这追求者远离这现实，直观对着现实事物；但因为这里恰恰只有追求，那么，它就是需要，并且带着一种忧伤，爱之中的忧伤，在满足了的追求面前，孤单地消失了。

因此，饶恕罪恶不是扬弃处罚（因为任何处罚都是某种权威性的东西、客观的东西，这不能被消灭），不是扬弃恶的良心，因为没有什么行为能成为非行为；而是由爱调和的命运。因此耶稣的规则称道：如果你们原谅过错，那么，圣父也原谅你们的过错。原谅别人只会扬弃敌对状况，是被返回的爱，而爱是完全的，原谅过错就来自爱。这原谅不是支离破碎的东西，不是个别的行动。如果你们不针对自己，你们就不确立法则，因为法则也适用于你们。耶稣很有信心地称道：在他找到信仰和爱的地方，譬如在玛丽亚·马格达雷那那里，你的罪恶就被饶恕了。当他受到他的朋友们对他（一个人）更高的信仰时，就约束、解除他曾经交给他们的全权；一种曾经感受到人性最深处的信仰，这种信仰在自身内包含这样的能力：感觉到其他，感受到它们本质的和谐或不和谐；认识到它们的界限、它们的命运、纽带。返回到道德没有扬弃罪恶和对罪恶的处罚以及命运。行动还是存在着；相反地，它变得只是愈加使人痛苦。道德越是高尚，就会更深地感受到不道德的东西。处罚、命运没有被扬弃，因为道德还经常有一种与自身对立的客观力量。扬弃行动，赔偿损失，是完全客观的行动。

《约翰福音》，第 5 章，第 26 节。神是一，是不可分的，——美。人是变形。υἱοζ ἀνvρωπου〔人子〕出自于一。因此他有权力，反对敌对者、对立者；审判；对背叛他的人的法则：自由与现实的王国。

A. 礼节。对圣物和崇拜的命令。遇到犹太人的特权。《马太福音》，第 8 章，第 10 节。

斋戒，《马太福音》，第 9 章，第 14 节。人的生命和爱，超越这一点。参看 16 节，17 节。旧东西与新东西不相容。权威性的东西威胁道德的自我规定的危险。斋戒必然取决于心灵的快乐（或痛苦）的情绪。

《马太福音》，第 12 章，第 1—8 节。安息日亵渎。相反的，教士们的例子（非必然性），人的立法。

参看 11 节、12 节，人的需要的优先地位。

第 15 章，第 2 节，饭前洗手。由法利赛人本身，由他们的客观命令，引起违反神的诫命。与法利赛人对立。参看 11 节、20 节。对其余民族说来，信念，人的主观的东西，纯粹没有客观的东西，不存在被给予的纯洁。

第 17 章，第 25 节。税。国王只向外来人收税；因而国王的儿

子们是免税的。不触犯收税人。(σχανδαλιζειν)

第19章,第1节。爱,对法则的信念(在婚姻方面)。

第24章。

道德维护与确保的只是爱的可能性,因此按它的行动方式而言,只是否定的。它的原则是普遍性,即把一切都作为与它同样的东西,作为相同的东西来对待,爱的条件;普遍性的能力是理性。一个仅完全道德的人是一个吝啬鬼,这吝啬鬼总是收集和保存钱财,根本不享用。道德的行动总是被限制的行动,因为它是行动;信念是片面的、不完全的,因为它与行动对立。在缺乏爱的道德那里,与个别客体的对立诚然在普遍性中被扬弃,——客体的综合;但个别作为被排斥物、对立物而存在。

不道德扬弃爱的可能性,靠虐待有生命之物。通过法则的反作用,通过命运和处罚而返回到道德,是畏惧客观的东西,即畏惧一个人们虐待它、然后人们也受虐待的东西。返回到合法,即返回到客观的规则。返回到道德,只有靠爱:爱的需要,〔人们〕自为地感觉到。靠不道德,爱不可能得到满足,满足爱就要尊重有生命之物。

C.[①]神,因而客体是无限的,因而消极性是无限的。通过道德与爱,消极性减少,但达不到完美的独立。〔消极性〕靠与客观的东西作斗争而存在,这样,宗教是不可能的。不消灭客体,而是加以调和。法则作为支配的法则,由德行加以扬弃。限制德行要靠爱;但爱本身是感受,这感受与反思没有联结。

爱是生命之花。天国中,整棵树带着发展的一切必不可少的

① 诺尔本此处C直接承A,B在后边。——中译者注

变异、阶段。变异是排斥，不是对立，即没有法则，即思想物与现实物相同，没有普遍物，联系并不客观地成为规则，一切联系生动地出自生命的发展，客体不与客体相联系，没有固定不变的东西。没有对立的自由，没有自由的我，没有自由的你。通过自由，从对立中产生权利。缺乏对立的自由只是可能性。人们按他们应该存在的那样而存在；当然，应该存在必定是无限的追求，这是就客体全然不可以克服，感性与理性、自然与自由、客体与主体根本对立，以至于它们都是绝对而言的。依靠综合：没有客体——没有主体——或没有自我，——没有非我，它们的特性作为绝对没被扬弃。

法则是客体彼此之间一种被思考到的联系。在天国中，不能有被思考到的联系，因为没有相互之间的客体。被思考的联系是坚定的、不变的，缺乏精神，是桎梏，是衔接、支配与奴役——能动与受动，规定与被规定。

《马太福音》，第 4 章，第 17 节。μετανοειτε ἠγγιχεν γαρ ἡ βασιλεια των οὐρανων〔忏悔吧，天国就要到了〕。这是最初的号召，保证天国在这里；是他号召的结果，是他训导许多信徒的结果。

《马太福音》，第 5 章，第 17 节。πληρωσαι〔成全〕成全：依靠信念，依靠把内在的东西添加到外在的东西中去，使完善。参看第 20 节。他的信徒必须要比法利赛人和知法者更正义；此外必须还再上一条：信徒们遵循的法则是他们自己的法则。对立地有另一个标准，信念和按那标准而去热情地行动（这行动如不是热情的，就什么也改变不了），同样被谴责为对他的自为地存在着的生命的扰乱；调和，即扬弃分离的意向，被确定为原则。

参看第 21—22 节。凡对他的兄弟愤怒、责难的，要被附加到谋杀的客观诫命之中去[①]，现实的调和被附加到牺牲调和之中去，等等。参看第33节。不应该虚假地向主人发誓，应该向主人信守誓言；根本不是以某种异己物为凭证而发誓，不以天堂为凭证而发誓（因为天堂只是神的宝座，等等），不以我们的头发为凭证而发誓（头发不完全在我们力量的范围之内），决不以异己物为凭证，丝毫不依附于这一切，而是要以我们自身来宣誓。但是，如果人只是与自身合一，任何的依赖[②]都鄙弃与客体的任何联系，那么，人必须要颇费艰难地建立一种联系。第6章，第25节。你们对艰难要毫不在乎。

随着特有的奴役的停止，人们通过道德命令的观念所进行的对别人的支配也停止了。第7章，第1节以下。自己有自由，让别人同样有自由。吹毛求疵是死亡。不认识本性中任何自为地存在物，只认识一切在法则中、在支配中存在的东西，不认识本质与法则合一。你们与其他人关系的原则是尊重他们的自由，所以，你们想对他们有所取，只能靠请求。

作为道德败坏民族的新的宗教的创始人，耶稣表明了放弃生活中一切舒适的特点。并且向他的伙伴们提出与上面同样的要求，还剥夺生活中其他的关系和神圣的联系。

《马太福音》，第8章，第22节。他的一个信徒想埋葬他的父

① 《马太福音》第5章第21、22节上耶稣说："你们听见有吩咐：古人的话说，'不可杀人'。又说，'凡杀人的，难免受审判'。只是我告诉你们，凡向弟兄动怒的，难免受审判。凡骂弟兄是拉加的，难免公会的审判；凡骂弟兄是魔利的，难免地狱的火。"——中译者注

② 指对主人的依附。——中译音注

亲，耶稣回答他。

《马太福音》，第 8 章，第 10 节。在犹太人那里遭受冷遇时的最初的表示，犹太人要耶稣离开。

第 9 章，第 15 节。斋戒不是目的，而要按某些情况。

第 9 章，第 36 节，第 10 章，第 1 节以下。打发使徒去乡间，不是去调和人们，不是去和人类交朋友（《马可福音》第 6 章，第 7 节。耶稣打发他们走。第 6 章，第 30 节。他们又聚集到耶稣周围。《路加福音》，第 9 章，第 6 节。第 10 节，返回。第 10 章，第 11 节。第 17 章，第 20 节），放弃他的改革的普遍性。《马太福音》，第 10 章，第 21 节以下。一个兄弟杀死另一个兄弟，父亲杀死孩子，孩子们杀死父母。参看第 34 节。我的来临，不是为了给人间带来和平，而是带来剑。我的来临，要使男人反对他的父亲，女儿反对她的母亲，新娘反对她的新郎。同室操戈。谁爱父亲或爱母亲，爱儿子或爱女儿，胜于爱我，就是对我大不敬。本性的一切纽带的可怕的撕裂，一切本性的毁灭。

增长着的对他的时代的愤慨。《马太福音》，第 11 章，第 12 节以下。参看第 25 节。你曾经把这些事向聪明通达人藏起来而向婴孩显示出来，这是你的美意。

第 12 章，第 8 节以下。人高于安息日。

参看第 16 节。他不准治愈者谈起这件事。

参看第 31 节。虽然饶恕对人的儿子犯下的罪恶，但不饶恕对神圣精神犯下的罪恶。

参看第 48 节。当他转向他的信徒们时，问道：谁是我的母亲和兄弟们？

第13章,第54—55节。这不是木匠的儿子吗?不信仰人的本性,鄙视一切人的关系,因而他排除这些关系,认为它们不是神圣的。先知者在他的祖国毫无作用。与此有关,看上面第10章,第36节以下。纯洁被一切事物污染,得不到恢复,它不能逃脱命运。当美从一切中消失时,那他就放弃一切,仅仅为了首先把美恢复起来。

第15章,第2节。法利赛人又指责他的权威命令,他的回答跟登山训众时一样。

第16章,第16—17节。你是基督,是永生的神的儿子。我的父曾向你指示的,不是肉,也不是血。参看第19节。我给你天国的钥匙:凡是你在世上所捆绑的,应该在天堂也加捆绑,等等。

第18章,如果你们不变得像孩子们一样。参看第20节。你们俩同心同德在地上做什么事,我的父将为你们成全。参看第21节以下。原谅过错。第18章,第18节。很好地被解除;约束与解除,立法。一旦彼得表示信仰作为弥赛亚的耶稣,那么,他显示出摆脱客观的东西,充满着人性的伟大。

第19章,第8节。婚姻超越市民立法之上。

第19章,第12节。只有能够遵循这规则的人,才可以遵循。

第19章,第20节。西庇太的妻子替她的儿子们说情。

第25章,第40节。你们对我最小的兄弟做了什么,你们也就对我做了什么。

第26章,第7节。一个女人把香水洒到他身上。他的信徒们〔从〕有目的的道德〔出发〕,责备热爱着的灵魂的自由而美好的倾注。

参看第 10 节。χαλονὲργον〔美好的行为〕美好的行为,是在犹太人的历史上唯一的美好行为,它得到了别名 χαλον〔美好〕,也是产生过的唯一美好的行为。(第 26 章,第 24 节。χαλονὴν αὐτω〔对那人却是好的〕,如果他没有出生的话。χαλον〔美好〕是更无意义的空话。)

《马可福音》,第 16 章,第 17 节。伴随信仰者的奇迹:超自然的力量;自然所能办到的,是现有的,是作为现象,作为行为;人性的一切方面客观地变成各民族的风俗、习惯、生活方式,这是既成的。行为作为行为,应该是神的行为,必须是超自然的行为,因为"神的"丝毫不是产生的东西,而是存在着的东西。某种神物,它的产生要比从事其他的东西更伟大,所以是相对的。自在的行为是相互衔接的客观东西的联系;在一种联系中有多少受动,在另一种联系中就有多少能动;而且,任何客观的东西都是普遍物,就因为它在法则之中。

耶稣由此开始宣布他的说教,天国在这里。犹太人期待着神权政治的再次出现。他们必须信仰天国,天国能在信仰中存在。凡在信仰中存在的东西,是与现实、与有关现实的概念相对立的。普遍的东西表示应该,因为它是思维物;因为特定的存在不是思维物,出于相同的原因,它不能被证明。

当神支配的时候,天国就在一种状态之中,因而一切的规定一切的权利被扬弃。所以对年青人说:把你的东西卖掉,因为一个富人进入天国是很困难的;所以基督放弃一切财产和一切荣誉,因为这些与父亲、家庭、财产的关系不能成为美好的关系,因而根本不应该存在,至少不出现相反的情况:——个别的规定或者通过突变,或者通过逐渐的扬弃而被取消。耶稣试图靠鼓动,他保证天国就在这里,宣布一个事物的存在。

犹太人心怀天国期待会产生许多事情,期待他们摆脱罗马人的统治,他们的教士风貌恢复其从前的光辉,等等,这就是说,期待着在他们之外会发生许多变化。这样的犹太人,当耶稣向他们宣布天国存在的时候,他们不能相信;但他们在自身内获得根据,做到了这一点,能相信它的存在;不是作为一些孤立者,因为神不在任何孤立者之中,而是在活生生的团体之中,这团体在个人之中观察对人类的信仰。信仰天国(信仰是个人的东西面对活生生的东西)不是神的法则作支配,因为神和它的法则不是两回事。

生命和返回到生命,但对生命没有规则。《路加福音》,第 15 章,第 32 节。

十三

B. 道德

《登山训众》,《马太福音》第 5 章,耶稣大声地开始讲话,对各方面聚集在他面前的人衷心地传播他对人的价值的其他一个评价方法。激动地高声地讲道:现在要做的是为了别的正义,为了人的别的价值;激动地使自己立即远离对德行的通常的评价,宣告生活的另一个区域,在这区域中,人们的一种高兴必然受到世界的迫害,人们必然向世界表明他们与世界的对立。但是新生活并没有粉碎法则的内容实质,反倒是实现与补充在对立的形式下作为法则一直存在过的东西。命令存在的形式,当由他们新的生活加以融化,并且在他们精神、本质的充实面前消失了。

参看《马太福音》第 5 章第 21—26 节。反对犯罪的律法，通过和解的较高的天才得以实现，同时对这天才来说，也被扬弃了，因为对这天才来说，没有这样的命令。

参看第 27—30 节。反对通奸的较高的律法的实现，靠爱的神圣性和能力：当人的多方面中的一方面参与进去的时候，便会提高自身达到他的整体。

参看第 31、32 节。离婚。扬弃爱，扬弃他对女人的友好态度。在这过程中，她使自己变得不忠诚，并违法。从法律义务与礼节上所作的考察是可鄙的粉饰，是损害她的爱的新的无情。

参看第 33—37 节。如果你是真诚的，那么你需要在你的言行之间有联系，或者不必把思想与异己者相联系，不必把思想置于异己者的手中，不必把异己者宣称为这种联系的主宰，这样你自身就超出了一切异己的力量。这个律法——不乱起誓，但使神成为超出它言辞[①]的力量——的实现是靠忠诚，同时忠诚得到提高。

参看第 38—42 节。权利。通过扬弃一切财产，完全超出有权利或无权利的范围。

参看第 43 节以下。对全章的总结。

第 6 章，第 1—4 节。不要在人们面前施舍，不要在你自己面前张扬。

参看第 5—15 节。祈祷。祈祷也应具有纯洁的心。不要掺入异己的东西，不要被人看见，而应躲进你们的内室去祈祷，一个这

① 这“言辞”的原文是“Wort”，即“太初有道”中的“道”或希腊哲学的逻各斯。——中译者注

样的、孤单的、个别的祈祷是给我们的天父的。这不是一个民族向它的神作祈祷，而是孤寂、心神不定、知识不够情况下的祈祷。愿你的天国降临，你的名字被神圣化。这是一个个人的愿望，而一个民族不会祝愿。愿你的意志实行。一个光荣、自豪的民族实行它自己的意志，并且只知道敌对的意志，个人能相反地看见神的意志和普遍的意志。今天请给我们某种东西。这是一个平静、简单的请求。这要求在一个民族的嘴里是不适合的，因为这个民族意识到它对食物的支配，或不可能只有日常要求的思想，而会祈祷整体的发展和欢乐的本性。祈祷不是请求。宽恕我们。这也是个人的祈祷。民族是分离物、隔绝物，不可想像，它们怎么会宽恕一个别的民族。假定这种情况能够发生，那就不是通过联合，而是通过平等的感觉或通过对占优势的力量、恐惧所产生的感觉。对自己罪过的意识，能够得到这种反思全靠痛苦。因为反思不能在律法中承认自己的意志。个人能够在我有爱、我可以体验的范围内作祈祷。

参看第 16—18 节。斋戒，跟祈祷的施舍一样，不掺入丝毫异己的东西。

参看第 20—34 节。思想不涣散，不使整体失之于忧虑与依赖性。这些局部的事物：需要、财产、食物、衣服，给人以约束，使人客观上不能纯粹地生活。

第 7 章，第 1—5 节。评论别人，就会在论断中经历一条例规〔也会被人评论〕。思想中的专制主义。

参看第 7—12 节。人们在祈求与给与中的联合。

参看第 13 节以下。完人的一般形象。

《马太福音》，第 12 章，第 31 节。谁干犯人，谁就是干犯个别者、特殊者；但是，谁干犯神灵，那么就是干犯本性，并且罪恶不能得到饶恕，因为他不能与整体联合起来，他仍然是孤立的、被排斥的。这样一种罪恶来源于过分的意气，表现他的毁灭和败坏。他的不神圣性不能是他所干犯过的神物。按分离与结合来看，圣物就是爱。一个神迹或许能使你们震惊，但被逐赶的鬼怪返'回时带着 7 个其他的鬼怪，而人的状况变得比从前更坏了。

C. 宗教。

《马太福音》，第 18 章，第 1—10 节。最伟大的人，ἐν τη βασιλειᾳ των υύρανων〔天国中最伟大的人〕，他最接近于孩子们。孩子们的天使（参看第 10 节）在天上常见天父的面。在孩子们的天使那里，没有客观的存在能被理解，因为否则的话，也必定从别人的天使那里产生这样的想法，别人认为他们在直观神，用这种口气说话。孩子们的未展开的统一、无意识物，他们在神当中的存在与生命，表现在一种形态中；然后，这形态又实体化、孤立化，它与神的联系，是对神的永恒的直观。为了描述在这种限制形式之外的精神、神物，为了描述这被限制的生命物的共同生活，柏拉图把纯粹的生命和被限制物置入时间的差别之中，他使纯粹的精神完全生活在对神物的直观之中，使它们在地球上的生活中也同样如此，只是带着对天国东西的模糊意识。换个方式，耶稣把孩子精神的本性、神物认作是天使，这天使总是生活在对神的直观之中；还是在这个形式中，天使不是被描述为神，而是被描述为神的儿子、特殊者。直观者与被直观物的对立，它们是对立的，是主体、客体，在直观中对立自行消除了，它们的差别只是分离的可能性，一个总是直观太阳的人，只是感觉阳光，感觉作为本质。完全在对另一个人的

直观中生活的人，是这另一个人的本身，只带着另一种存在的可能性。因此直接地被置入联结，因为 ὁυἱοζ ἀννρωπου ἦλνε σωσαι το ἀπολωλοζ〔人子拯救一切三元论〕，与命令相和解，扬弃分离，成为统一的。这种统一是对神的直观，变得像小孩。如果无礼的人不听从团体，那么他就作为异教徒和税吏。谁孤立自己，拒绝被尝试的联合，相反地坚持认为……

此外，参看第 19 节。耶稣换个方式论述这种统一：如果二个人在某事上是一致的，并且你们请求某事，那么天父将成全你们。"请求""成全"的说法，就这样已成为习用的，并且成为……

D. 故事。方式，如他作为个人面对很多个人，很多个人面对他。传播他的教义。

他开始传教。《马太福音》，第 4 章，第 17 节。同上，第 19 节。招收西门和其他人〔跟他走〕。

参看第 22 节。在两种情况下，放弃自己固有的联系和需要，离开他们原有的生活。但不拒绝与税吏和罪人来往，《马太福音》，第 9 章，第 11 节。

犹太民族的状况，如同羊没有牧羊人，第 9 章，第 36 节。

对法利赛人说，《马太福音》，第 16 章，第 3 节，你们不能分辨这时候的神迹。

派出十二门徒。《马太福音》，第 10 章。他们得到的教导。耶稣传教：ἤγγχεν ἡ βασιλεια των υύρανων〔天国在此〕，其余的一切都是消极的。你们不要考虑旅行的需要；要看，你们在哪里找到配得上住的地方。如果这一家配得上，那么你们所求的平安就来到这家（εἰρηνη〔平安〕，他命令要先向这家请安）；如果配不上，那么你们所求的平安仍归你们。平安分两种情况：这取决于这家是否配得上，平安作为问语是否在这家受欢迎，或者致平安时的热情是否在有情感的人那里奏效；否则，你们所求的平安归你们。你们不要浪费安宁，它在你们身上。所以，不是劝导、探讨、训练，而是世界的仇恨、迫害。天父的灵将在你们里头说话，不必思虑你们要说什么。勇敢，部分是由于自己的痛苦，部分是由于他们的使命将给世界所带来的败坏。

参看第41节。谁把先知作为先知 εἰζ ὀνομα προφητου〔作为先知来接待〕来接待（对他来说，先知就是先知），把正义的人作为正义的人来接待，把门徒作为门徒来接待，他就可以得到先知的报答、财物，正如人理解人，那么他对本身就有理解。

不满意于他的时代接受他的教义的方式（《马太福音》，第11章）。这教义的作用局限于 νηπιουζ，χυπιωυταζ，πεφυρτισμενουζ〔沉重、劳苦、重担〕。由此他开始对法利赛人慷慨陈词。他对问题、原因的回答只倾向于使法利赛人沉默，只是进攻性的，他向别的听众提出真的东西。

《马太福音》，第12章，第49节。耶稣脱离生活关系。

比喻，《马太福音》，第13章。关于传播他的教义的方式，这个教义的命运，一切比喻（好的播种者、麦子、稗子、芥菜籽、面酵、被找的宝贝等等）完全类似于神话，不过与犹太人的实际情况〔相联系〕[1]。在这一切比喻中，没有 fabula docet〔讲授故事〕，没有产生出道德，而是历史、生成，以及存在物、永恒物、生物的

---

① 〔 〕中的话，系德文编者诺尔所加。——中译者注

发展。存在的生成是自然的秘密。关于要诚心诚意地信服善等等所作的一切乏味的唠叨，要比超感官的开导、复活等等，更是无限的空洞。大量的比喻表明没有能力来说明它们要说明的东西；只具有伟大希望的价值，但与人们所了解的相比，是另一回事。参看第55节。他们除了现实，什么也没看到，没有看到神灵；除了他们本身是什么，什么也没看见。《马太福音》，第25章，也是如此。这些比喻既非东方的寓言，又非希腊的神话。东方的寓言与希腊的神话说到的是事情本身、存在、美的事物及其发展、出自于自身。东方人的变幻通常成为如此巨大的、非自然的诞生，因为它们自为，即单单属于幻想，所以被看作是庞然大物。希腊人的变幻诚然也作为实物、作为在生物和现实物上的变形而出现，但通过幻想与自然的行动、人的形式相联接。他们想保留东方的庞然大物时，并不因此丧失理想的东西；但理想的东西并不成为个人的生活（西利兹、维纳斯等等）。这些神灵形象中的非人的东西，只是要摆脱对他们来说是异质的东西，例如重负、劳作、困境等等。基督的这些比喻是实际上的比喻、现代的寓言，在这现代的寓言中，有一种 tertium comparationis〔第三类的比拟〕，即那里想像的是相同的事（在古代《伊索寓言》中，本身是欲望、本能、立即改变的生活），在比喻中是完全现实的事情，因此总是恰巧一致的东西。

图书在版编目(CIP)数据

黑格尔早期神学著作/(德)黑格尔著;贺麟译.—北京:商务印书馆,2017
(汉译世界学术名著丛书:120年纪念版:珍藏本)
ISBN 978-7-100-14890-0

Ⅰ.①黑… Ⅱ.①黑… ②贺… Ⅲ.①基督教—研究 ②德国古典哲学—研究 Ⅳ.①B978 ②B516.35

中国版本图书馆CIP数据核字(2017)第162017号

汉译世界学术名著丛书
(120年纪念版·珍藏本)
黑格尔早期神学著作
〔德〕黑格尔 著
贺麟 译

商 务 印 书 馆 出 版
(北京王府井大街36号 邮政编码100710)
商 务 印 书 馆 发 行
北 京 冠 中 印 刷 厂 印 刷
ISBN 978-7-100-14890-0

2017年12月第1版 开本 710×1000 1/16
2017年12月北京第1次印刷 印张 33
定价:165.00元